国家中等职业教育改革发展示范学校建设教材

主　编　吕秋霞

浙江交通技师学院组织编写

汽车发动机维修

浙江科学技术出版社

图书在版编目(CIP)数据

汽车发动机维修 / 吕秋霞主编；浙江交通技师学院组织编写. — 杭州：浙江科学技术出版社，2013.11
国家中等职业教育改革发展示范学校建设教材
ISBN 978-7-5341-5688-5

Ⅰ.①汽… Ⅱ.①吕… ②浙… Ⅲ.①汽车—发动机—车辆修理—中等专业学校—教材 Ⅳ.①U472.43

中国版本图书馆CIP数据核字(2013)第245911号

丛书名 国家中等职业教育改革发展示范学校建设教材
书　名 汽车发动机维修
组织编写 浙江交通技师学院
主　编 吕秋霞

出版发行 浙江科学技术出版社
网　址 www.zkpress.com
杭州市体育场路347号 邮政编码：310006
销售部电话：0571-85171220
排　版 杭州兴邦电子印务有限公司
印　刷 杭州杭新印务有限公司
经　销 全国各地新华书店

开　本 787×1092 1/16　　印　张 17.75
字　数 410 000
版　次 2013年11月第1版 2013年11月第1次印刷
书　号 ISBN 978-7-5341-5688-5　　定　价 72.00元

责任编辑 刘雯静　　封面设计 孙 菁
责任校对 张 宁　　责任印务 崔文红

国家示范学校建设计划项目领导小组

组　　长　唐锡军

副 组 长　楼杨森　陈运清　裘玉平　李忠跃

　　　　　洪　波

顾　　问　戚光辉

国家示范学校建设计划项目办公室

主　　任　裘玉平(兼)

副 主 任　龚建伟　许云珍

国家中等职业教育改革发展示范学校建设教材编审委员会

主　　任　裘玉平

委　　员　(按姓氏笔画排序)

　　　　　王连英　毛祥永　许云珍　应建明

　　　　　陈　虹　周　健　胡大宏　徐立能

　　　　　龚建伟　程　晟　傅　凯

本书主编　吕秋霞

本书编写人员　宗苍龙　应镇康　吕秋霞　陈新权

前言 Preface

为了加快技能人才培养步伐，推进教育改革创新，提高办学水平，根据《国家中长期教育改革发展规划纲要(2010—2020年)》关于加强职业教育基础能力建设的要求，按照中华人民共和国人力资源和社会保障部《关于大力推进技工院校改革发展的意见》的精神，结合建设国家中等职业教育改革发展示范学校的情况，我们在专业调研和人才需求分析的基础上，通过与行业专家共同分析论证，建立了汽车维修、汽车车身修复、汽车营销、现代物流和数控加工五个专业的人才培养方案。为了更好地实现人才培养目标，我们于2011年10月启动了五大专业核心课程系列教材的编写工作。

本系列教材以职业能力为本位，以能力应用为核心，以“必需、够用”为原则；紧密联系生产、教学实际，加强教学针对性，与相应的职业资格标准相互衔接。根据相应行业对技能型人才的培养要求，本系列教材具有以下特点：

1. 采用任务驱动形式编写，以企业实际工作项目为设计依据，通过学习目标与要求、任务引入、任务实施等模块，介绍知识和技能。

2. 体现职业教育的特点，注重知识的前沿性和全面性、内容的实用性和实践性、能力形成的渐进性和系统性。

3. 体现了国家职业能力标准应知、应会的知识技能要求，突出了技能训练和学习能力的培养，符合专业培养目标和职业能力的基本要求。取材合理，难易程度适中，符合中等职业学校学生的实际水平。

4. 文字简洁，通俗易懂，图文并茂，形式生动，有利于激发学习兴趣，提高学习效果。

《汽车发动机维修》一书根据国家中等职业教育改革发展示范学校建设“汽车维修”专业人才培养方案进行编写，是学校汽车维修专业的核心课程教材。其功能在于培养汽车维修工人的基本职业能力，达到本专业学生应具备的高级工知识要求。本书也可作为汽车维修专业技术等级考核及培训用书和相关技术人员的参考用书。全书由十一个项目组成,分别介绍了“5S”管理的基础知识,汽车维修安全常识,发动机总成的吊、装作业,发动机的认知与拆装,曲柄连杆机构的检修,配气机构的检修,电子控制汽油机燃油喷射系统的检修,传统柴油发动机燃油供给系统的检修,柴油发动机电子控制系统的检修,润滑系统的检修,冷却系统的检修。

本书由吕秋霞担任主编，项目一至项目四由宗苍龙编写；项目五、项目六由应镇康编写;项目七至项目九由吕秋霞编写;项目十、项目十一由陈新权编写。本书在编写过程中得到了企业专家和学校老师的支持,在此表示感谢。

由于时间仓促、编者经历和水平有限,教材内容难免有不足之处,希望广大读者及时提出宝贵意见和建议,以便修订和完善。

编著者

2013 年 6 月

目录 Contents

项目一 "5S"管理的基础知识 / 1

任务 "5S"管理的基础知识 / 1

项目二 汽车维修安全常识 / 6

任务一 汽车维修车间的安全 / 6

任务二 汽车维修常用工、量具的安全使用 / 10

项目三 发动机总成的吊、装作业 / 16

任务 发动机总成的吊、装作业 / 16

项目四 发动机的认知与拆装 / 26

任务一 发动机总体结构的认知 / 26

任务二 发动机附件的拆装 / 30

项目五 曲柄连杆机构的检修 / 40

任务一 曲柄连杆机构的认知 /40

任务二 机体组的检修 / 45

任务三 活塞连杆组的检修 / 56

任务四 曲轴飞轮组的检修 / 70

项目六 配气机构的检修 / 83

任务一 配气机构的认知 / 83

任务二 气门组的检修 / 88

任务三 气门传动组的检修 / 96

项目七 电子控制汽油机燃油喷射系统的检修 / 113

任务一 电子控制汽油机燃油喷射系统及常用检测设备的认知 / 113

任务二 电子控制汽油机燃油供给系统的检修 / 125

任务三 电子控制汽油机空气供给及相关系统的检修 / 154

任务四 电子控制汽油机排气系统及排放的控制 / 177

项目八 传统柴油发动机燃油供给系统的检修 / 192

任务一 传统柴油发动机燃油供给系统的认知 / 192

任务二 传统柴油发动机燃油供给系统的检修 / 195

项目九 柴油发动机电子控制系统的检修 / 216

任务一 柴油发动机电子控制燃油供给系统及检修 / 216

任务二 电子控制柴油发动机的辅助系统及检修 / 227

项目十 润滑系统的检修 / 237

任务一 机油的检查与更换 / 237

任务二 润滑系统主要部件的检修 / 245

项目十一 冷却系统的检修 / 256

任务一 冷却液的检查与更换 / 256

任务二 冷却系统主要部件的检修 / 261

参考文献 / 275

项目一 “5S”管理的基础知识

学习目标与要求

1. 能理解为什么要开展“5S”管理。
2. 能说明“5S”管理的基础知识。
3. 能完成实施“5S”管理。
4. 能完成“5S”管理的操作。
5. 会查阅“5S”管理知识的相关资料。

任务 “5S”管理的基础知识

任务引入

某维修车间工具箱一直损坏严重，且工具摆放凌乱，企业为加强管理且节约成本，对车间的全部工人的工具箱进行“5S”管理操作。

任务分析

通过本任务的学习，能知道“5S”管理基础知识的基本内容，并能通过查阅“5S”管理知识的相关资料，在车间内推行“5S”管理。

任务实施

一、准备

场地/用具、设备

1. 车间或模拟车间中留10人左右用的实习场地一块，对应数量的课桌椅，白板或张贴板一块。
2. 个人防护用品、用具，汽车常用维修、检测设备和工具。
3. 视频会议室。

资料

1. “5S”实施的卡片。
2. 汽车常用维修、检测设备的使用说明书和安全操作规定。
3. 各汽车维修车间的相关教学视频、教学课件。
4. 教材、笔记本。

二、要求

10 人左右为一组，在教师的指导下，先进行相关知识的学习，再进行“5S”的推行，最后进行工具箱“5S”管理的技能学习。

三、相关知识学习

（一）“5S”管理知识

“5S”就是整理（Seiri）、整顿（Seiton）、清扫（Seiso）、清洁（Seikeetsu）、素养（Shitsuke）。因这 5 个词日语的罗马拼音均以“S”开头，故简称为“5S”。

1. 整理。

（1）整理：将工作场所中的任何物品区分为必要的与不必要的，必要的留下来，不必要的物品彻底清除。

图示	目的
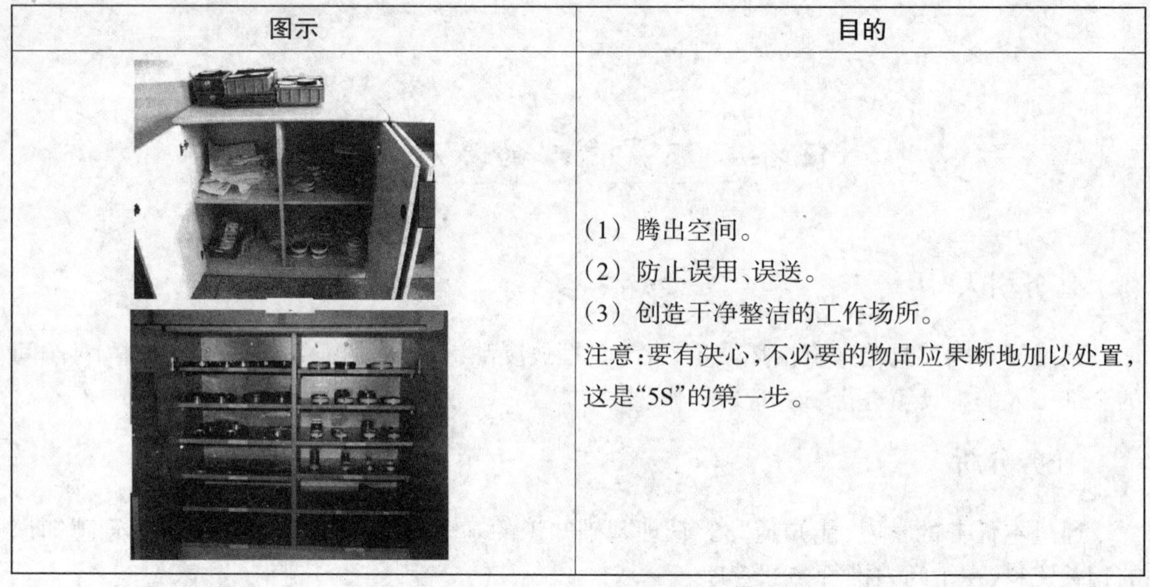	（1）腾出空间。 （2）防止误用、误送。 （3）创造干净整洁的工作场所。 注意：要有决心，不必要的物品应果断地加以处置，这是“5S”的第一步。

（2）实施要领：

①对自己的工作场所（范围）进行全面检查，包括看得见的和看不见的地方（如设备内部、踏板底下等）。

②制定“要”和“不要”的判别基准。

③按基准清除不要的物品。

④重要的是物品的“现使用价值”，而不是“原购买价值”。

⑤制订废弃物处理方法。

⑥每日自我检查。

2. 整顿。

（1）整顿：必要的东西分门别类地依规定的位置放置，并摆放整齐，加以标示。

图示	目的
	（1）消除“寻找”的浪费。 （2）工作场所清楚明了。 （3）整整齐齐的工作环境。 （4）消除过多的积压物品。

（2）实施要领：

①落实“整理”的工作。

②明确“三要素”原则：场所、方法、标示。

③明确“三定”原则：定点、定容、定量。

④大量使用“目视管理”。

3. 清扫。

（1）清扫：清除工作场所内的脏污，并防止脏污的发生，保持工作场所干净亮丽。

图示	目的
	（1）保持令人心情愉快、干净亮丽的环境。 （2）减少脏污对品质的影响。 （3）减少工业伤害事故。

（2）实施要领：

①建立清扫责任区（室内、室外）。

②执行例行扫除，清理脏污。

③调查污染源，加以杜绝或隔离。

④建立清扫基准，作为作业规范。

4. 清洁。

（1）清洁：将上面的“3S”实施的做法制度化、规范化，并贯彻执行及维持。

图示	目的
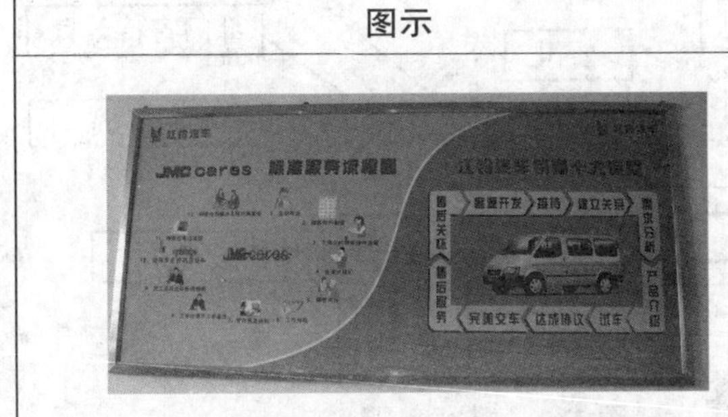	维持以上“3S”的成果。

（2）实施要领：

①落实前面“3S”的工作。

②制定“5S”实施时间表。

③制订评比方法。

④制订奖惩制度，加强执行。

⑤主管经常带头巡查，带动全员重视。应对每个岗位制定岗位“5S”日常确认表，明确应负责的范围、对象、方法、周期、要求，定期检查实施及记录状况。厂区内所有的区域、设备都应有十分明确的“5S”责任人。此外，制定“5S”活动竞赛方法，导入竞争制度，有助于“5S”活动的持续开展下去。

5. 素养。

（1）素养：人人养成好习惯，依规定行事，培养积极进取的精神。

图示	目的
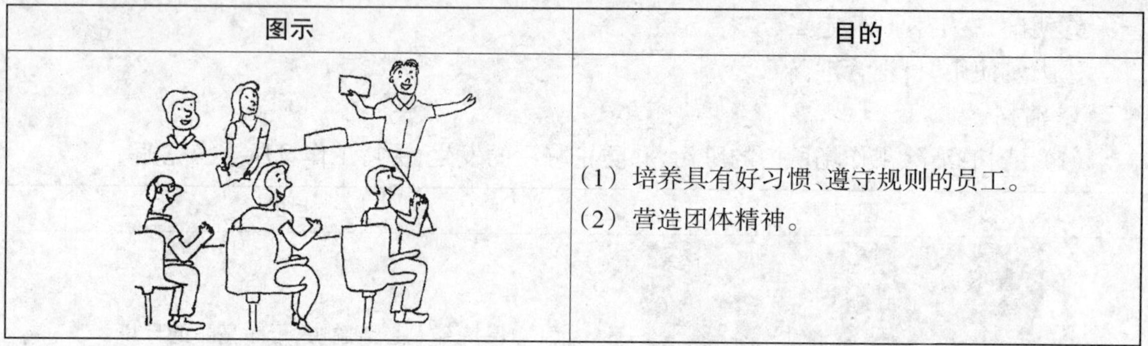	（1）培养具有好习惯、遵守规则的员工。 （2）营造团体精神。

（2）实施要领：

①制定服装、肩章、工作帽等识别标准。

②制定共同遵守的有关规则、规定。

③制定礼仪守则。

④教育训练。

⑤推动各种精神提升活动（早会、礼貌运动等）。

（二）“5S”活动的推行

1. “5S”活动在企业中的推行步骤如图 1–1 所示：

（1）成立推行小组。

（2）制定“5S”管理规范、标准和制度。

（3）宣传和培训工作。

（4）推行。

（5）实施。

（6）检查。

（7）考核。

（8）整改。

全方位整体推进

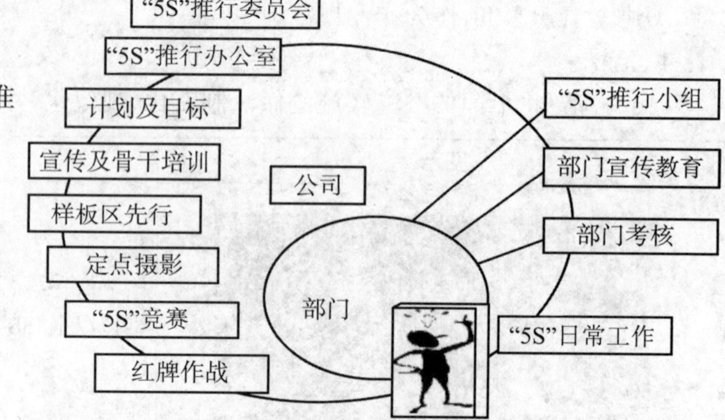

图 1–1 推行步骤

2. “5S”活动有计划的过程控制如图 1–2 所示。

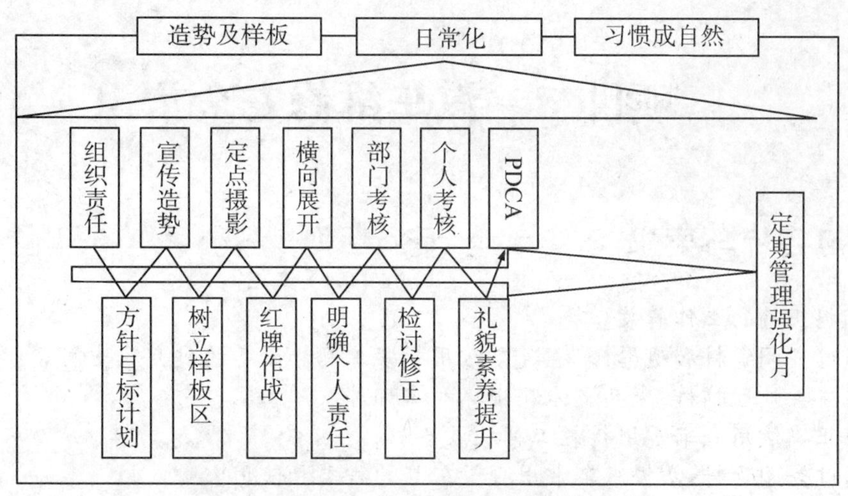

图 1-2 有计划的过程控制

3. “5S”活动的不断提升的推行原则，如图 1-3 所示。

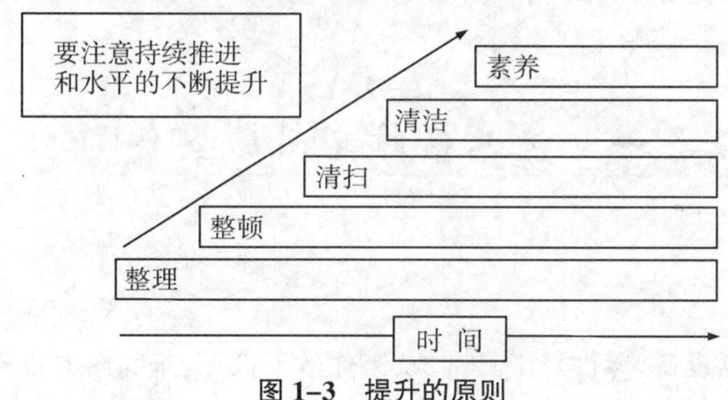

图 1-3 提升的原则

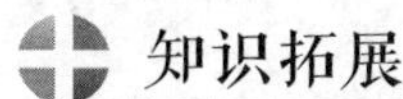

知识拓展

一、“6S”安全

有些企业根据自身的特点，将“5S”变为“6S”“7S”，甚至“10S”。第六个“S”基本上是指安全，即保障员工的人身安全，保证生产连续、安全、正常地进行，同时减少因安全事故而带来的经济损失。

安全管理的内容包括如下几个方面：

1. 推行“5S”管理。
2. 识别安全隐患。
3. 建立安全标志，如图 1-4 所示。
4. 定期制订消除隐患的改善计划。
5. 建立安全巡视制度。
6. 细化班组安全管理。

图 1-4 安全标志

二、“7S”节约

就是对时间、空间、能源等方面合理利用，以发挥它们的最大效能，从而创造一个高效率的、物尽其用的工作场所。

项目二　汽车维修安全常识

学习目标与要求

1. 掌握正确的工作着装。
2. 通过查阅资料和观摩，掌握汽车常用拆装工具和设备的种类及使用。
3. 能安善处理辅料、废弃液体和损坏的零部件。
4. 会正确使用汽车常用拆装工具及设备。
5. 通过查阅资料，掌握汽车常用测量工具的种类和使用。
6. 能熟练使用各种汽车维修设备。

任务一　汽车维修车间的安全

任务引入

某汽车维修车间机器设备、零件及工具乱放，工作效率低下，车间内电线线路紊乱，工人工作不仔细，安全事故频发，现对该车间进行安全整治。

任务分析

通过本任务的学习，能掌握正确的工作着装，安全掌握各种机器设备的使用，能妥善处理辅料、废弃液体和损坏的零部件，做到“三不落地”，规范管理，消除维修过程中的各类安全隐患。

任务实施

一、准备

场地/用具、设备

1. 车间或模拟车间中留10人左右用的实习场地一块，对应数量的课桌椅，白板或张贴板一块，多媒体教学设备一套。
2. 汽车一辆、维修工作服一套、汽车维修常用工具。

资料

1. 汽车常用维修、检测设备的使用说明书和安全操作规定。
2. 相关教学视频、教学课件。
3. 教材、笔记本。

二、要求

10人左右为一组，在教师的指导下，先进行相关知识的学习，再对车间进行安全隐患排查，最后对汽车维修机器设备进行操作的技能学习。

三、相关知识学习

（一）个人安全防护用品

个人安全防护用品指为防止一种或多种有害因素对自身的直接危害所穿用或佩戴的器具的总称。汽车维修人员正确使用个人安全防护用品，可以避免操作过程中对身体造成的直接危害，如图2–1所示为汽车维修人员的着装规范。

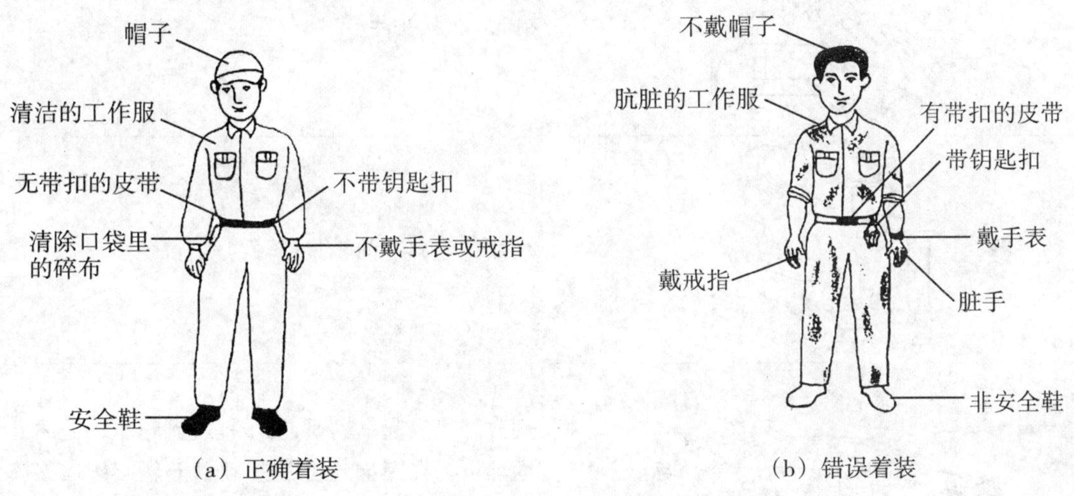

图2–1　着装规范

（二）车间内

1. 要始终保持工作场地干净，以保护自己和其他人免受伤害。

图示	注意事项
	（1）不要把工具或零件留在人有可能踩到的地方。 （2）立即清理干净任何飞溅的燃油、机油或者润滑脂。 （3）工作时不要采取不舒服的姿势。 （4）处理沉重的物体时要极度小心，因为万一物品跌落到脚上可能会使人受伤。 （5）从一个工作地点转移到另外一个工作地点时，一定要走指定的通道。

2. 正确使用机具设备。

图示	注意事项
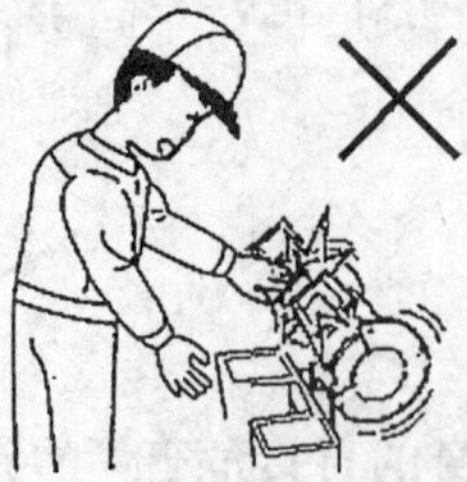	正确使用电气、液压和气动设备。
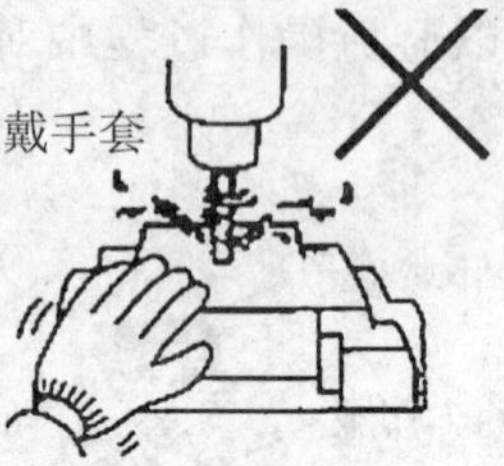	操作旋转的工具或者在一个有旋转运动的地方工作时，不要戴手套。
	使用产生碎片的工具前，戴好护目镜。
	用升降机升起车辆时，初步提升到轮胎稍微离开地面即可。在完全升起之前，确认车辆牢固地支撑在升降机上。升起后，千万不要试图摇晃车辆。

3. 在车间内要注意防火，严禁吸烟。

图示	预防措施
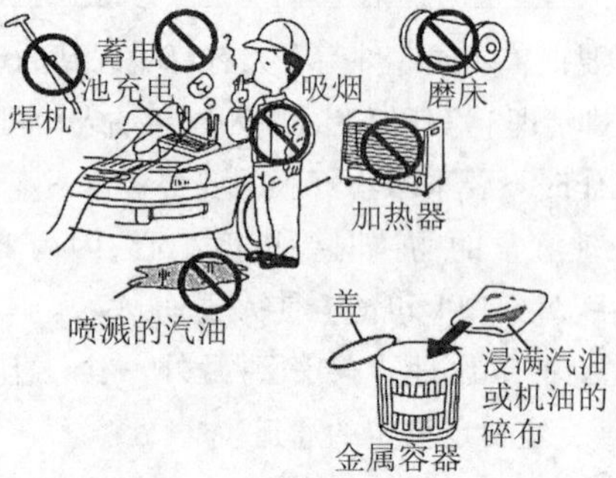	（1）在机油存储地或可燃的零件清洗剂附近，不要使用明火。 （2）仅在必要时才将燃油或清洗溶剂携带到车间，携带时还要使用能够密封的特制容器。 （3）吸满汽油或机油的碎布应被放置到带盖的金属容器内。 （4）不要在处于充电状态的电池附近使用明火或产生火花。 （5）不要将可燃性废机油和汽油丢弃到阴沟里。

4. 要正确使用电气设备。

图示	工作要领
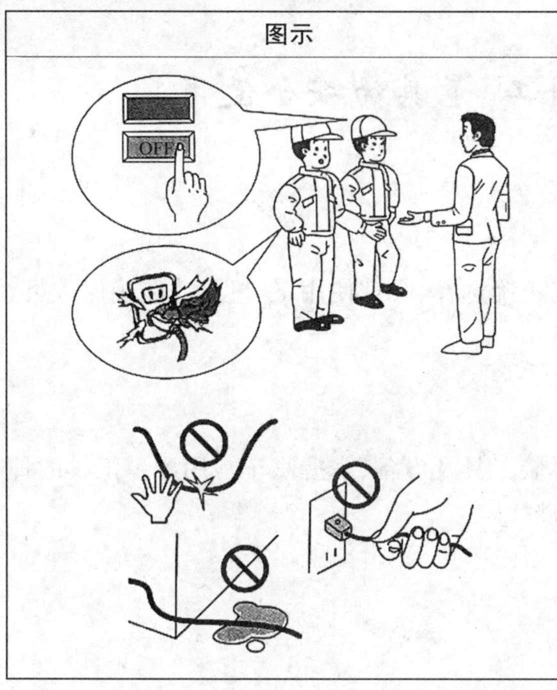	（1）防护措施： ①电路中发生短路或意外火灾，在进行灭火步骤之前应关掉开关。向管理员或领导报告不正确的布线和电气设备安装。 ②发现电气设备有任何异常，应立即关掉开关,并联系管理员或领导。 （2）危险行为： ①不要靠近断裂或摇晃的电线。 ②拔下插头时,不要拉电线,而应当拉插头本身。 ③为防止电击,千万不要用湿手接触任何电气设备。 ④不要让电缆通过潮湿或浸有油的地方、炽热的表面,或者尖角附近。 ⑤在开关、配电盘或马达等物附近不要使用易燃物,因为它们容易产生火花。

知识拓展

危险警告标签:不少汽车部件上可以看到带有警告标志的标贴。对于所警告的内容,必须严格遵守。

图示			
说明	警告带有高压电。在发动机运转或点火开关接通时切勿触碰这些部件。	部件或总成贴有警告三角形和打开书本标志，表示在触摸或调整这类部件之前应参阅车主手册。	识别汽车是否使用含有石棉的零件和备件。
图示			
说明	禁止在附近使用明火或火焰，因为存在高度易燃或易爆的液体或蒸气。	警告该部件含有腐蚀性物质。	警告附近存在易爆物质。

任务二　汽车维修常用工、量具的安全使用

任务引入

在发动机拆装及检修项目作业中，维修工需正确选择、合理使用工、量具才能确保人员、机器的安全及技术数据的正确。

任务分析

通过本任务的学习，会正确使用汽车常用拆装工具及设备，掌握汽车常用测量工具的种类和使用，并能按照汽车维修手册进行零件的检测。

任务实施

一、准备

场地/用具、设备

1. 车间或模拟车间中留10人左右用的实习场地一块，对应数量的课桌椅，白板或张贴板一块，多媒体教学设备一套。
2. 个人防护用品、用具，汽车常用维修、检测设备和工具。
3. 缸体一只。
4. 汽车维修常用工具。

资料

1. 各汽车公司售后服务网页。
2. 卡罗拉汽车维修手册及电子技术资料。
3. 汽车常用维修、检测设备的使用说明书和安全操作规定。
4. 相关教学视频、教学课件。
5. 教材、笔记本。

二、要求

10人左右为一组，在教师的指导下，先进行相关知识的学习，再对汽车维修常用工、量具进行正确操作的技能学习。

三、相关知识学习

（一）汽车维修常用拆装工具

1. 扳手类。

（1）呆扳手。如下所示为其正确与错误的使用方法。

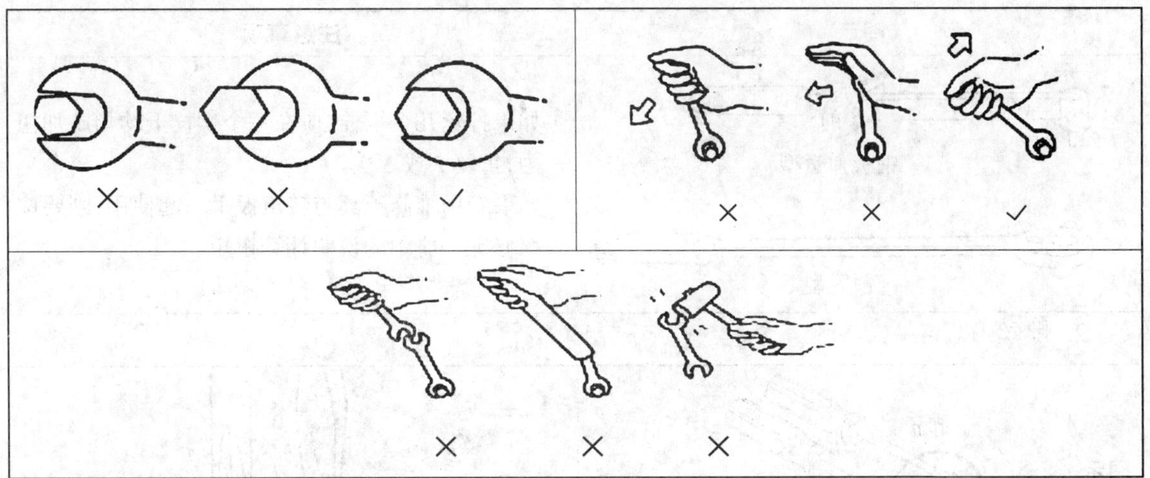

（2）梅花扳手。环的内孔由两个正六边形互相同心错转 30°而成。

图示	使用方法
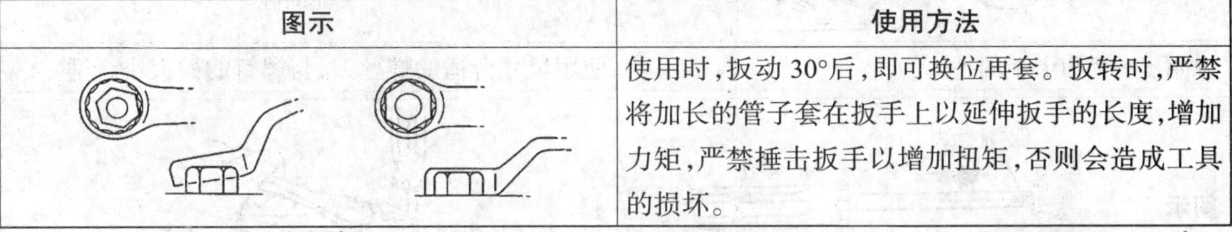	使用时，扳动 30°后，即可换位再套。扳转时，严禁将加长的管子套在扳手上以延伸扳手的长度，增加力矩，严禁捶击扳手以增加扭矩，否则会造成工具的损坏。

（3）可调扳手。可调扳手适用于尺寸不规则的螺栓、螺母。旋转其调节螺丝可改变孔径。一个可调扳手可用来代替多个开口扳手，但不适于施加大扭矩。在操作时转动调节螺杆，使孔径与螺栓、螺母头部配合完好。

错误使用	正确使用	错误使用	正确使用
×	✓	×	✓

（4）套筒扳手组。它是一种组合型工具，使用时由几件组成一把扳手。套筒扳手的材料、环孔形状与梅花扳手相同，适用于拆装位置狭窄或需要一定力矩的螺栓或螺母。

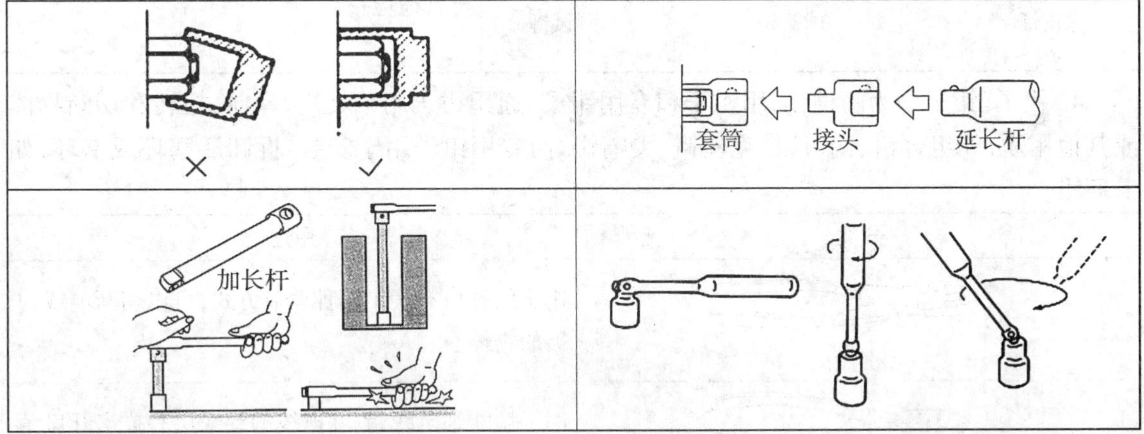

（5）扭矩扳手。它用以拧紧螺栓、螺母达到规定的转矩，分为预置型和钢板弹簧型两种。

图示	注意事项
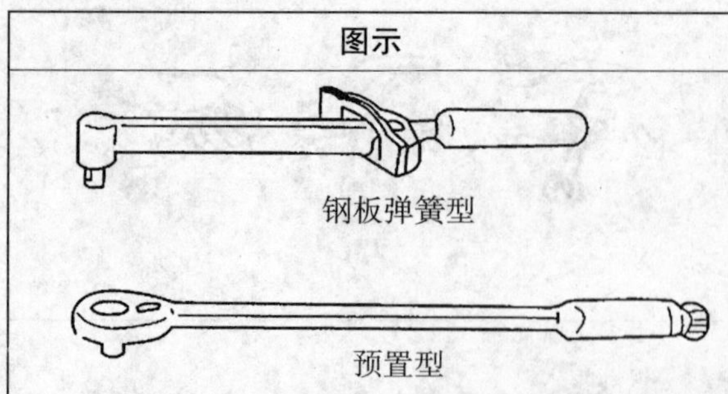	①如果拧紧几个螺栓，应在每个螺栓上均匀施加扭力，重复 2 或 3 次。 ②如果专用维修工具与转矩扳手一起使用，则要按照修理手册中的说明计算扭矩。

2. 螺丝刀。

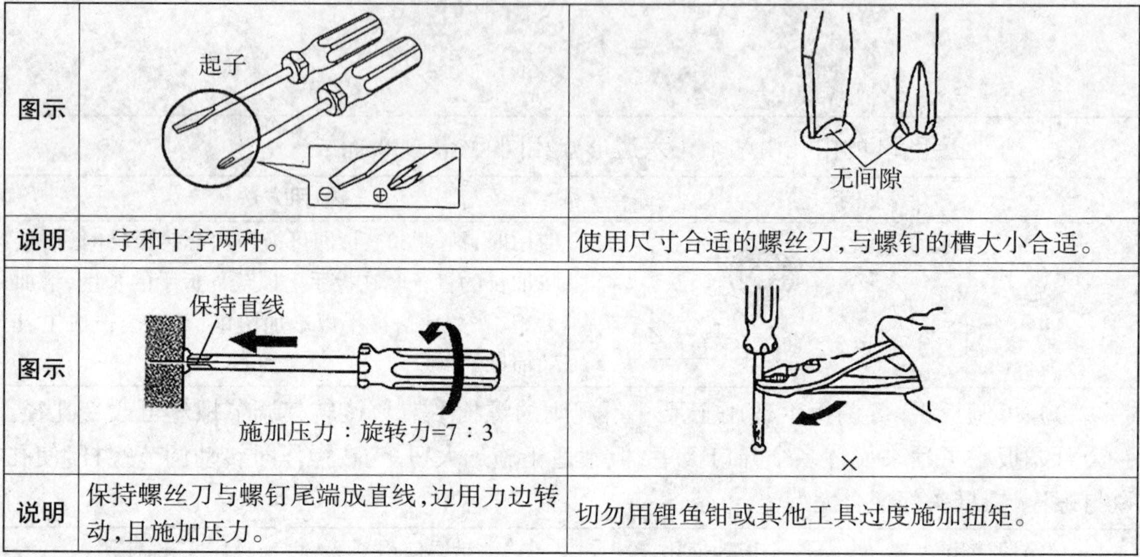

图示		
说明	一字和十字两种。	使用尺寸合适的螺丝刀，与螺钉的槽大小合适。
图示		
说明	保持螺丝刀与螺钉尾端成直线，边用力边转动，且施加压力。	切勿用锂鱼钳或其他工具过度施加扭矩。

3. 锤子。

图示	使用范围
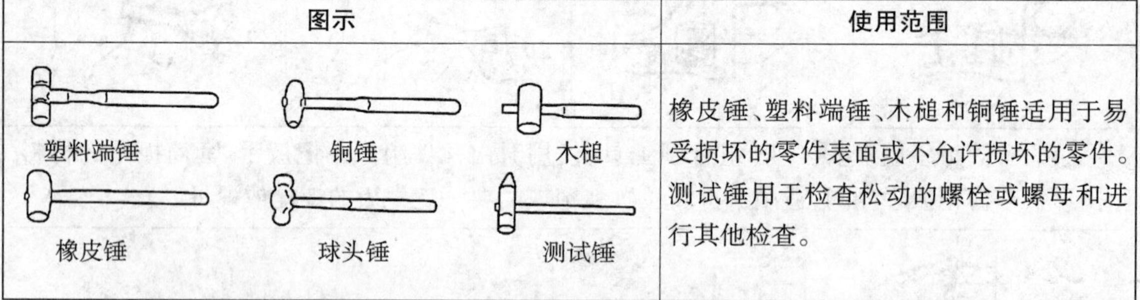	橡皮锤、塑料端锤、木槌和铜锤适用于易受损坏的零件表面或不允许损坏的零件。测试锤用于检查松动的螺栓或螺母和进行其他检查。

4. 钳子。钳子分为两种：通用钳子和专用钳子。通用钳子用于夹持、弯曲、扭转和切断物体或其他用途，如组合钳、偏口钳、克丝钳、尖嘴钳。而专用钳子用于安装、拆卸活塞环或卡环，如卡环钳。

分类	用途
组合钳	钳子的开口有大小两种调节方式，可以切断电线一类的物体。
偏口钳	用于切断细电线，剥除电线的绝缘层和拔出开口销之类的物体。

分类	用途
克丝钳	用于切断粗电线之类的物体以及夹持和弯曲物体。
尖嘴钳	用于组合钳无法使用的狭窄地方或在孔中夹持销子之类的物体。
卡环钳	用于拆装或安装卡环。

（二）汽车维修常用测量工具

1. 游标卡尺。游标卡尺是一种中等精度的量具，可以直接测量零件的外径、孔径、长度、宽度、深度和孔距等。

（1）结构：常用的游标卡尺按其测量精度，有 0.05mm 和 0.02mm 两种。除了普通游标卡尺之外，还有深度游标卡尺、高度游标卡尺和齿轮游标卡尺等。常见游标卡尺结构如图 2–2 所示。

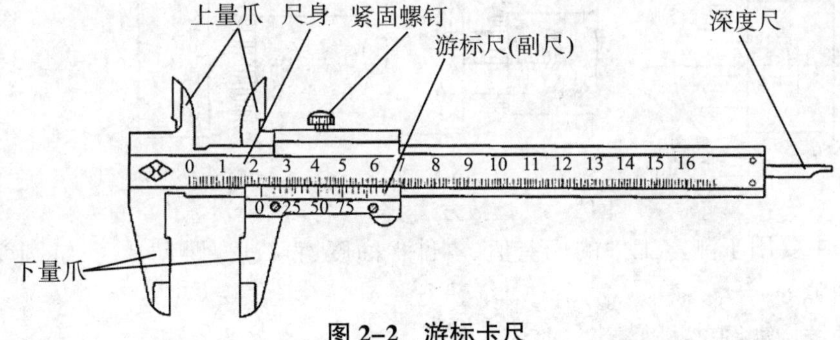

图 2–2　游标卡尺

（2）读数方法：

①读出副尺零刻线所指示主尺上左边刻线的毫米整数。

②观察副尺上零刻线右边第几条刻线与主尺某一刻线对准，将游标精度乘以副尺上的格数，即为毫米小数值。

③将主尺上整数和副尺上的小数值相加，即得被测工件的尺寸，如图 2–3 所示。

工件尺寸 = 主尺整数 + 游标卡尺精度 × 副尺格数

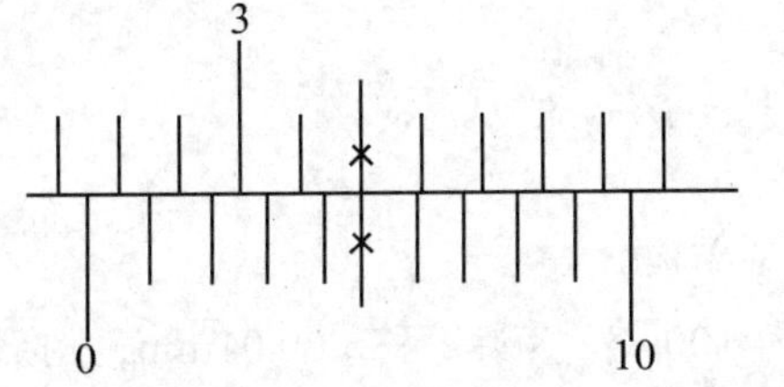

0.1mm精度（27+5×0.1）mm=27.5mm

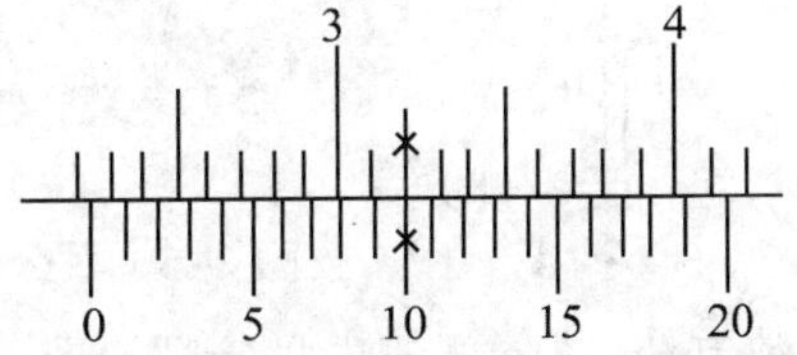

0.05mm精度（22+10×0.05）mm=22.5mm

图 2–3　读数方法

2. 外径千分尺。按照测量范围可以分为 0～25mm、25～50mm、50～75mm、75～100mm 和 100～125mm 等多种规格，每种千分尺的测量范围均为 25mm。

（1）外径千分尺的结构如图 2-4 所示。

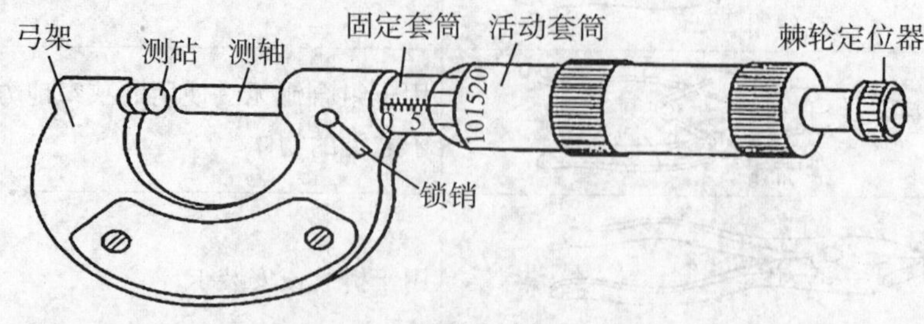

图 2-4　外径千分尺的结构

（2）读数方法：

①从固定套筒上露出的刻线读出工件尺寸的毫米整数和半毫米整数。

②从活动套筒上由固定套筒纵向线所对准的刻线读出工件尺寸的小数部分（百分之几毫米）。不足一格的（千分之几毫米），可用估算读法确定。

③将两次读数相加就是工件的测量尺寸，如图 2-5 所示。

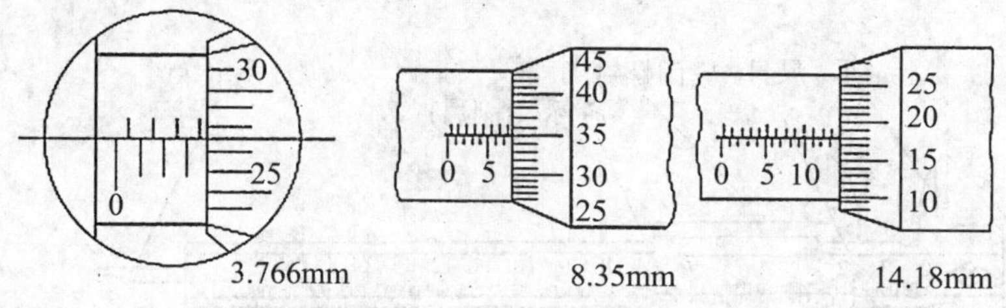

图 2-5　读数方法

3. 百分表。它主要用于测定工件的偏差值、零件平面度、直线度、跳动量、汽缸圆度、圆柱度误差以及配合间隙等。

（1）百分表的结构如图 2-6 所示。

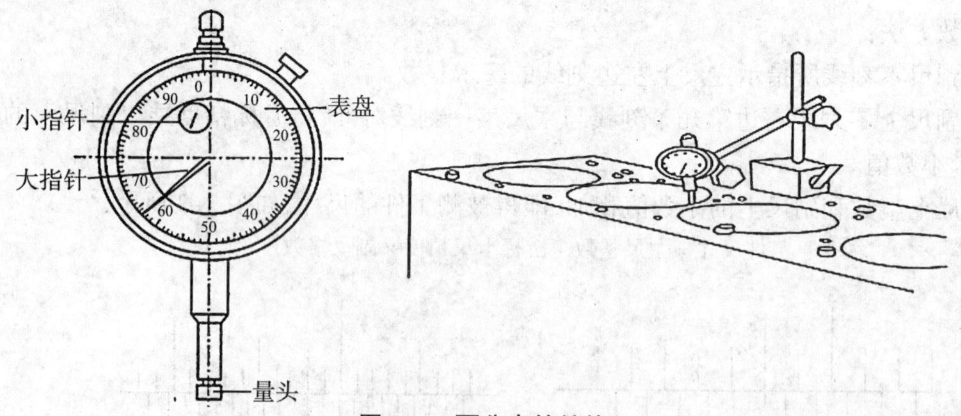

图 2-6　百分表的结构

（2）读数方法：百分表的表盘分度一般分为 100 格，量头每移动 0.01mm，大指针就转 1 格（表示 0.01mm）；大指针超过 1 圈，小指针偏转 1 格（表示 1mm）。指针的偏转量就是被测零件（工件）的实际偏差或间隙值。

4. 塞尺。使用时，可以用一片进行测量，也可以由多片组合叠加在一起进行测量。在汽车维修中,主要用于测量气门间隙、制动器间隙等。

(1) 结构。塞尺又称厚薄规或测隙规,是一种由多片不同厚度的标准钢片所组成的用来测量间隙与厚度的工具,如图 2–7 所示。

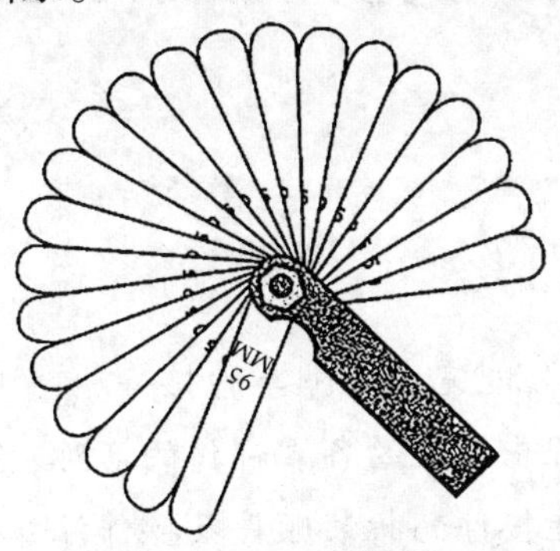

图 2–7　塞尺的结构

(2) 注意事项:

①不允许在测量过程中剧烈弯折塞尺,或用较大的力硬将塞尺插入被检测间隙,否则将损坏塞尺的测量表面或零件表面的精度。

②使用完后,应将塞尺擦拭干净,并涂上一薄层工业凡士林,然后将塞尺折回夹框内,以防锈蚀、弯曲、变形而损坏。

项目三　发动机总成的吊、装作业

学习目标与要求

1. 说出汽车的总体构造。
2. 能识别汽车的“17位码”，能完成故障车的接待。
3. 能说出发动机吊装过程中涉及的各零部件的名称、作用及结构。
4. 能说出与发动机总成连接件的拆装顺序及操作注意事项。
5. 会查阅发动机拆装及其零部件的技术资料。

任务　发动机总成的吊、装作业

任务引入

卡罗拉 1ZR-FE 发动机出现大故障，此时维修技师需对该发动机进行大修，从该车上拆装发动机总成。

任务分析

通过本任务的学习，能知道汽车发动机的总体构造与工作原理；能说出发动机吊装过程中涉及的各零部件的名称、作用及结构；能说出与发动机总成连接件的拆装顺序及操作注意事项。通过查阅发动机拆装及其零部件的技术资料，完成发动机总成的拆装。

任务实施

一、准备

场地/用具、设备

1. 车间或模拟车间中留 10 人左右用的实习场地一块，对应数量的课桌椅，白板或张贴板一块，多媒体教学设备。
2. 装用卡罗拉发动机的汽车一辆、卡罗拉发动机总成数台、发动机吊架、变速器吊架、发动机拆装专用工具等常用拆装设备。

资料

1. 各汽车公司售后服务网页。
2. 卡罗拉汽车维修手册及电子技术资料。
3. 汽车常用维修、检测设备的使用说明书和安全操作规定。
4. 相关教学视频。
5. 教材、笔记本。

二、要求

10 人左右为一组，在教师的指导下，先进行相关知识的学习，再进行发动机总体结构及各零部件的名称、作用及结构的认知，最后进行汽车发动机总成吊、装作业的技能学习。

三、相关知识学习

（一）汽车的总体结构

一辆汽车通常由发动机、底盘、车身、电气设备四部分组成，其框架图及相应部位功用如图 3–1 所示。

（1）汽车的组成以及各部位作用。

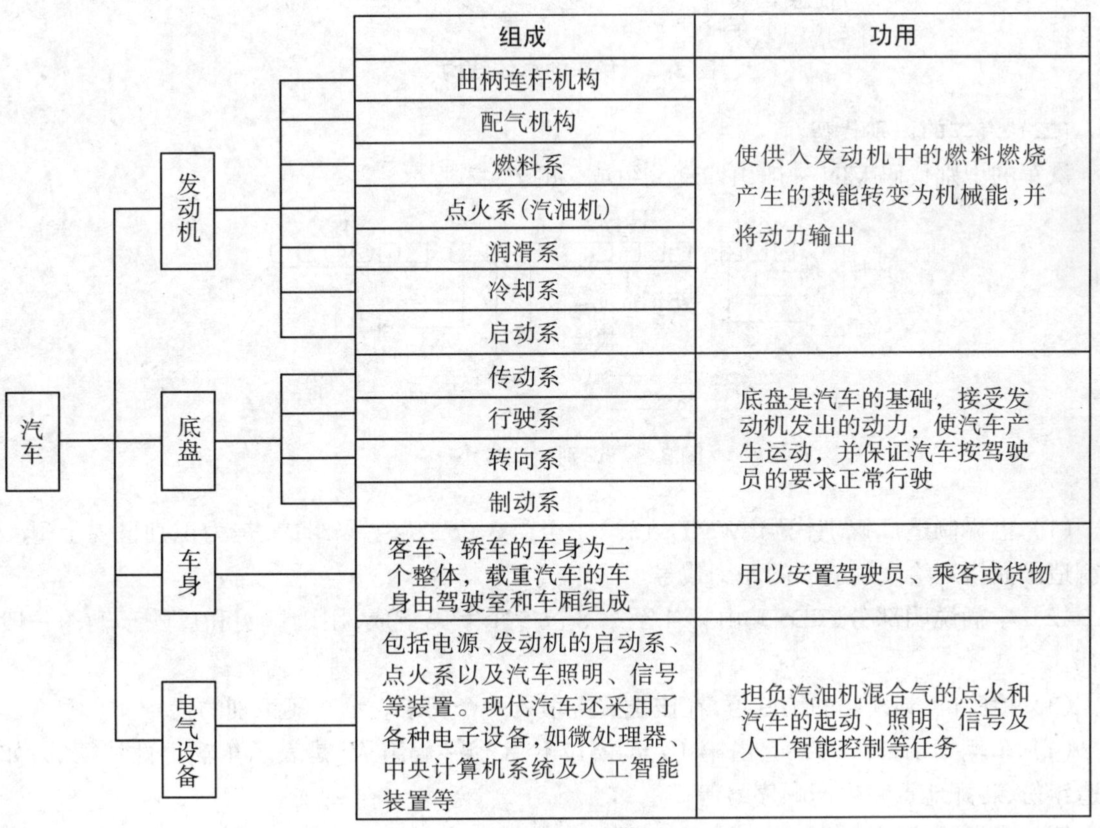

图 3–1　汽车结构框架图及相应部位功用

（2）货车的总体结构如图 3-2 所示。

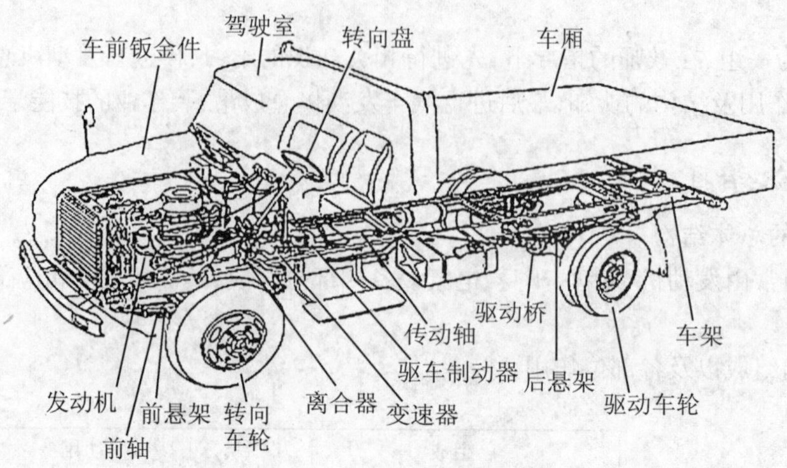

图 3-2　货车的总体结构

（二）汽车的识别代码

汽车的识别代码 VIN 一般由四部分组成，如图 3-3 所示。

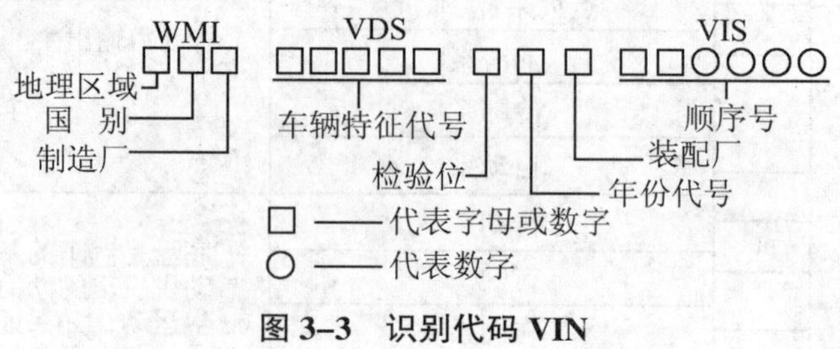

图 3-3　识别代码 VIN

（1）世界制造厂识别代码（WMI）。由第 1 至第 3 位 3 个字码组成，是为识别世界上每一个制造厂而指定给该制造厂的一个代号。

（2）车辆说明部分（VDS）。由第 4 至第 8 位 5 个字码组成，用以说明和反映车辆的一般特征。

（3）检验位。VIN 码的第 9 位，在该位置应填入一个用来表示车辆识别的代号。

（4）车辆指示部分（VIS）。由第 10 至第 17 位 8 个字码组成，是表示车辆个性特征的，如制造年份、装配地点和生产顺序号等。

例如：LSVHJ133022221761：该 VIN 码的含义是 2002 年，上海大众汽车有限公司生产的桑塔纳 2000 型轿车，该车配备 AYJ 发动机，FNV（01N.A）自动变速器，出厂编号为 221761。

（三）发动机总成的拆装

对发动机的进气系统、燃油系统、冷却系统、润滑系统等的基本检查及汽缸压缩压力、汽油压力进行测试后，查取音响、防盗密码，记录无线电台预置频率，通过自诊断系统将故障码及有关信息资料调出后，把发动机从车体上拆下才进行检修工作。不同车型的发动机从车架上拆下的方法也不同。一般在拆卸发动机前，应断开或松开发动机与其他系统联系的所有电路、气路、油路、水路，并将发动机与变速器总成脱离，然后将发动机拆卸下来。一般拆卸主要步骤如下：

1. 拆卸发动机前准备。

图示	准备工作
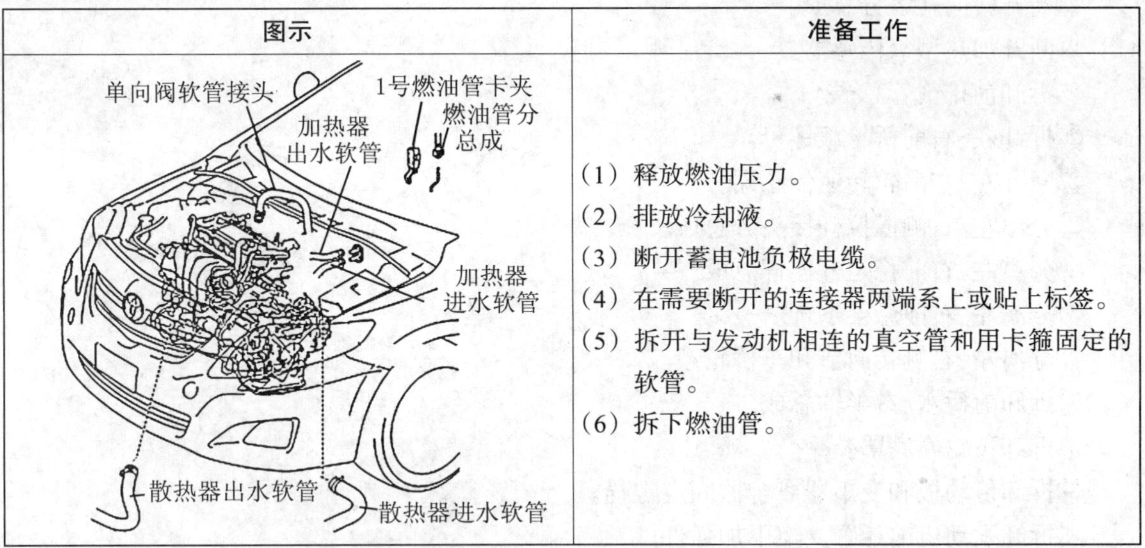	（1）释放燃油压力。 （2）排放冷却液。 （3）断开蓄电池负极电缆。 （4）在需要断开的连接器两端系上或贴上标签。 （5）拆开与发动机相连的真空管和用卡箍固定的软管。 （6）拆下燃油管。

2. 1ZR-FE 发动机总成的拆卸。

注意:不同的发动机拆装的步骤不同,具体步骤和技术参照各自的维修手册。

（1）拆卸步骤:

①燃油系统卸压。

②定位前轮,使其面向正前位置。

③拆卸前轮。

④拆卸发动机后部左侧底罩。

⑤拆卸发动机后部右侧底罩。

⑥排空发动机冷却液。

⑦排空传动桥油。

⑧拆卸散热器上空气导流板。

⑨拆卸空气滤清器盖分总成。

⑩拆卸蓄电池及架。

⑪分离散热器进、出水软管。

⑫断开变速器控制拉索总成。

⑬断开加热器出、进水软管。

⑭断开燃油管分总成。

⑮拆卸多楔带。

⑯拆卸发电机总成。

⑰分离带皮带轮的压缩机总成。

⑱分离离合器分离缸总成。

⑲断开发动机线束。

⑳固定方向盘。

㉑拆卸转向柱孔盖消音板。

㉒分离转向中间轴总成。
㉓断开转向孔盖分总成。
㉔断开加热型氧传感器。
㉕拆卸前排气管总成。
㉖拆卸左、右前桥轮毂螺母。
㉗断开左、右前轮转速传感器。
㉘分离左、右侧横拉杆接头分总成。
㉙分离左、右前稳定杆连杆总成。
㉚分离左、右前悬架下臂。
㉛分离左、右侧转向节和车桥轮毂。
㉜拆卸前桥左、右半轴总成。
㉝拆卸飞轮壳底罩。
㉞拆卸传动板和变矩器离合器固定螺栓。
㉟拆卸发动机前悬置支架下加强件。
㊱拆卸左、右前悬架横梁加强件。
㊲拆卸左、右前悬架横梁后支架。
㊳拆卸前悬架横梁分总成。
㊴拆卸前悬架横梁。
㊵拆卸带传动桥的发动机总成。
㊶拆卸发动机悬置隔振垫。
㊷安装发动机吊架。
㊸拆卸传动桥壳侧盖。
㊹拆卸启动机总成。
㊺拆卸传动桥总成。
㊻拆卸离合器盖总成。
㊼拆卸离合器盘总成。
㊽拆卸飞轮分总成。
㊾拆卸传动板和齿圈分总成。
㊿拆卸发动机线束。

（2）部分零部件如图 3–4 所示。

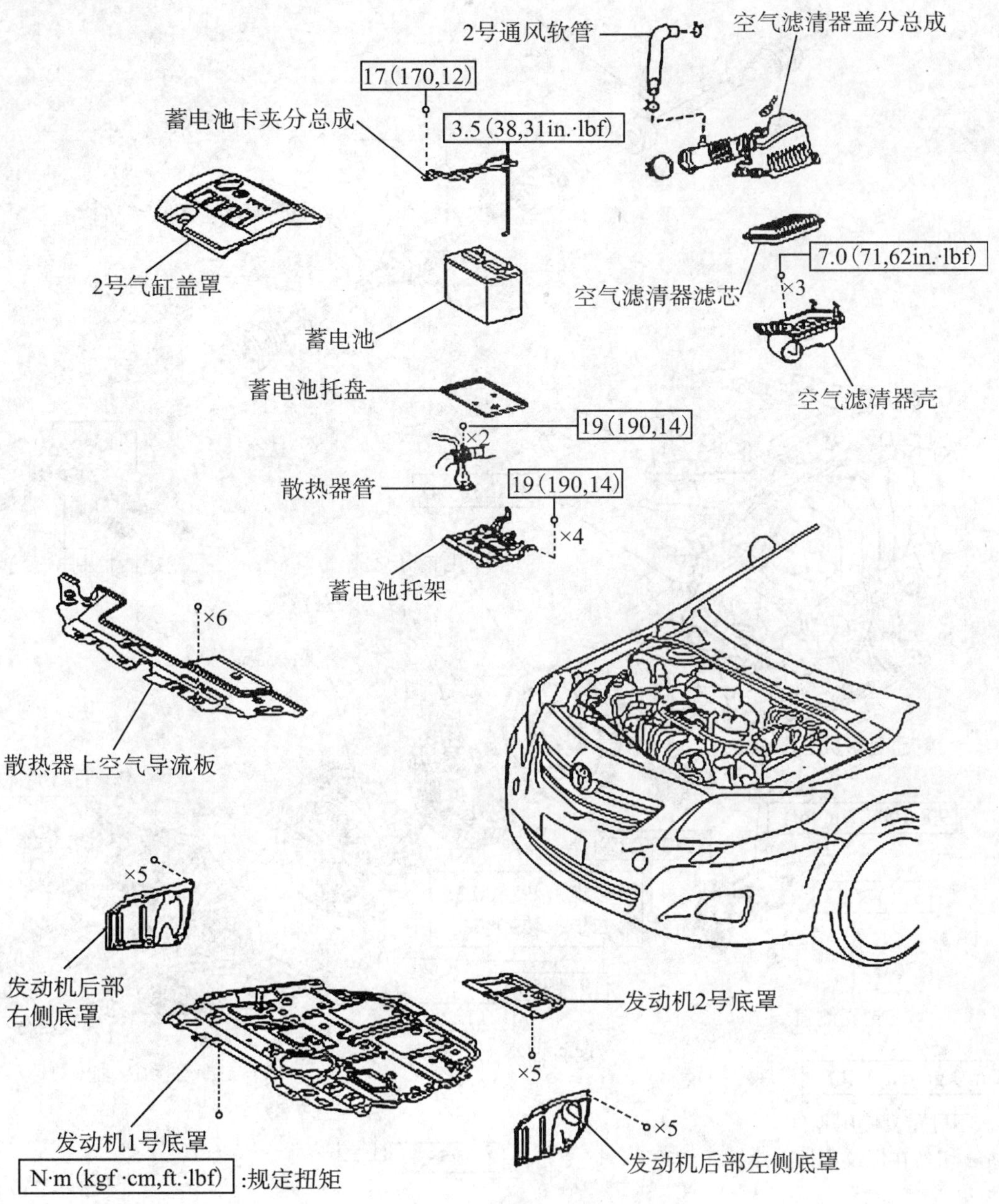

图 3–4　部分零部件（1）

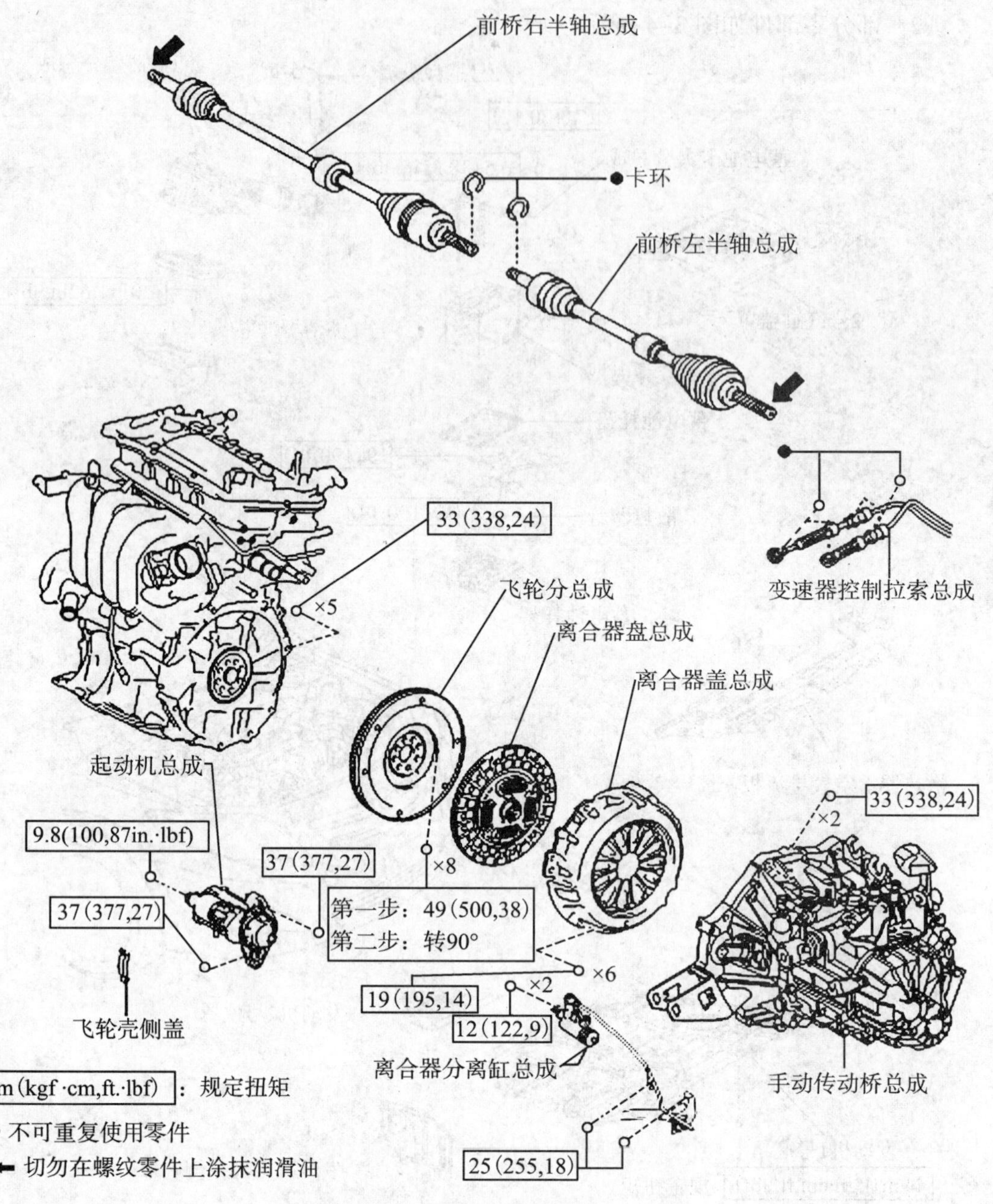

图 3–4　部分零部件(2)

（3）相关零件拆装步骤的介绍。

图示	拆装步骤
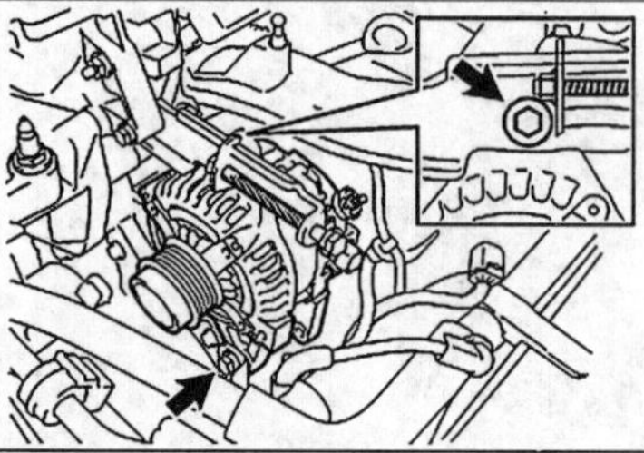	拆卸发电机总成： （1）拆下端子盖。 （2）拆下螺母并将线束断开。 （3）断开连接器和线束卡夹。 （4）拆下发电机总成。 （5）拆下螺栓和线束卡夹支架。

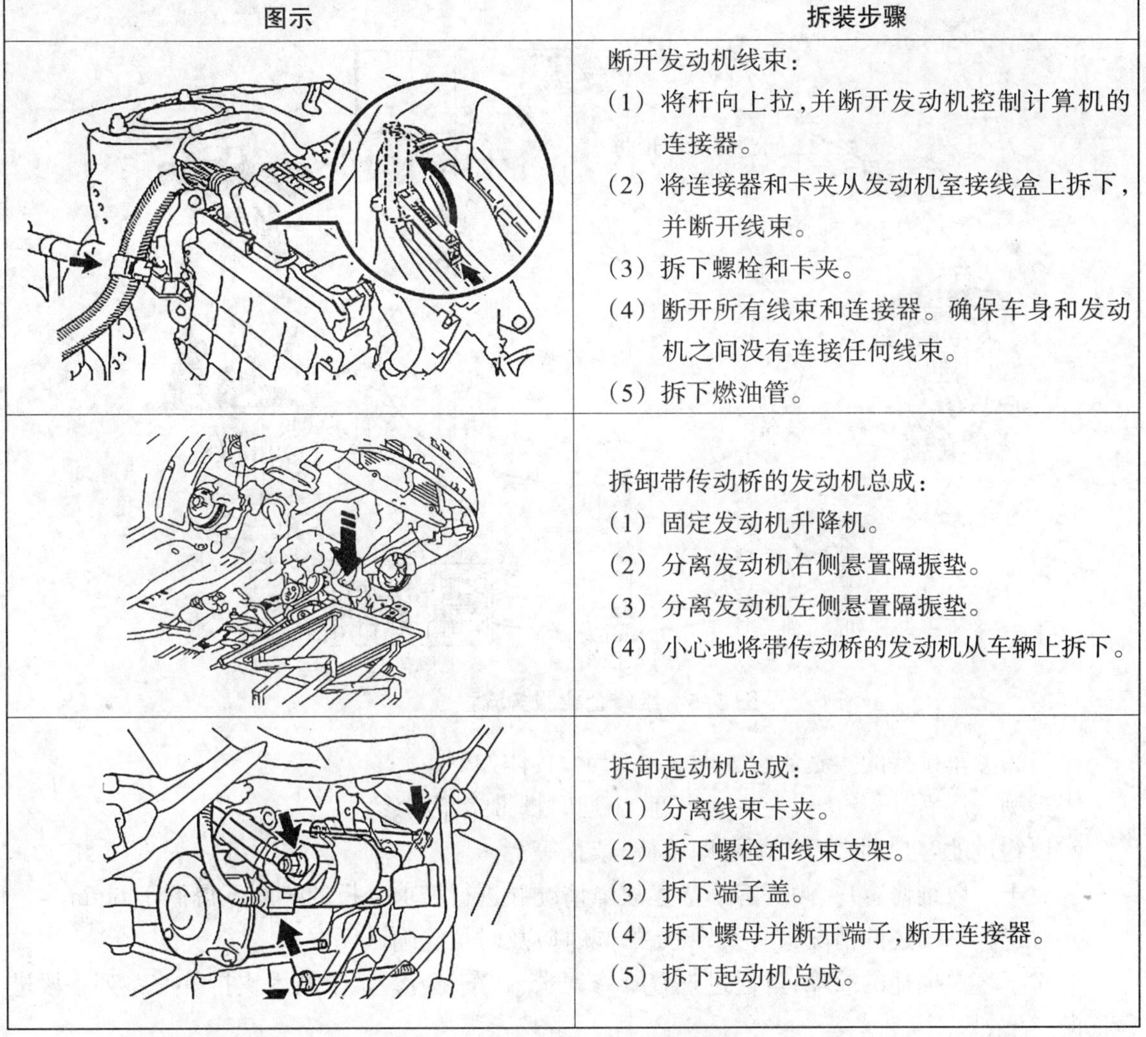

图示	拆装步骤
	断开发动机线束： （1）将杆向上拉，并断开发动机控制计算机的连接器。 （2）将连接器和卡夹从发动机室接线盒上拆下，并断开线束。 （3）拆下螺栓和卡夹。 （4）断开所有线束和连接器。确保车身和发动机之间没有连接任何线束。 （5）拆下燃油管。
	拆卸带传动桥的发动机总成： （1）固定发动机升降机。 （2）分离发动机右侧悬置隔振垫。 （3）分离发动机左侧悬置隔振垫。 （4）小心地将带传动桥的发动机从车辆上拆下。
	拆卸起动机总成： （1）分离线束卡夹。 （2）拆下螺栓和线束支架。 （3）拆下端子盖。 （4）拆下螺母并断开端子，断开连接器。 （5）拆下起动机总成。

3. 发动机总成的安装。按照与以上拆卸步骤相反的顺序进行。

知识拓展

故障车的接待：故障车的接待是汽车维修服务流程的一个重要环节，汽车维修服务流程是否科学完整，这种流程执行得是否全面和细致，直接体现了该企业的经营管理水平。

（1）某汽车维修企业服务流程如图 3–5 所示。

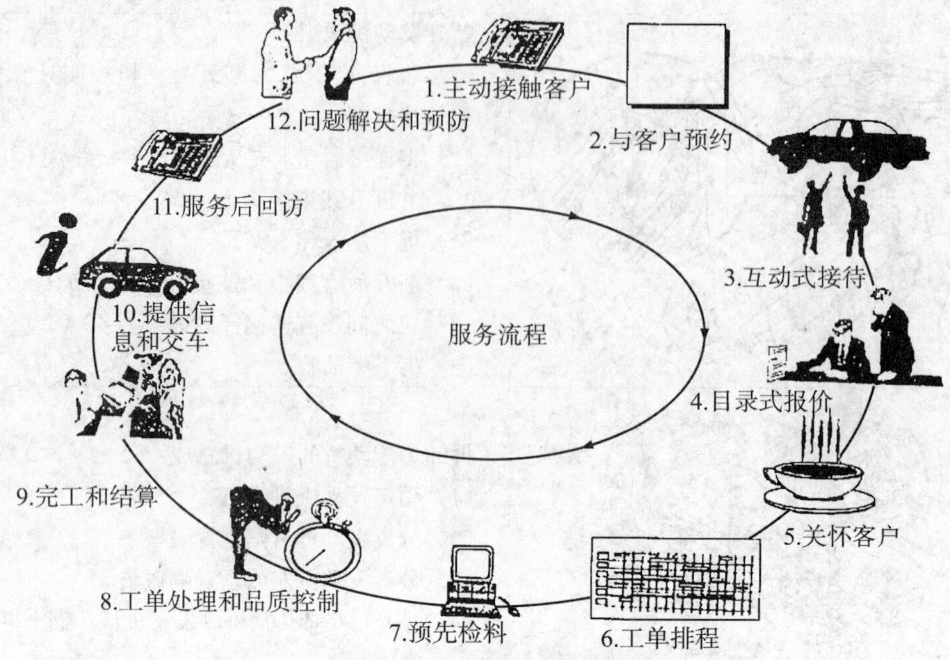

图 3-5 维修企业服务流程

（2）故障车接待的实施流程如图 3-6 所示，具体如下：

①车辆入厂后，服务接待应主动出迎，出迎时携带接车问诊表。

②预约过的客户到来后必须立即接待，禁止等待。

③对于一般维修客户，倾听客户描述故障情况并进行需求分析的时间不得低于 6min。

④对于客户描述的情况，在记录要点的同时应及时重复确认无误。

⑤对于客户描述的故障，可通过查看维修记录、试车、会诊、请求技术支持等一系列手段进行诊断。

⑥根据客户描述情况确定进厂项目，若暂无配件，应主动向客户说明并向客户提供到货时间。

⑦打印维修施工单（委托单）前，应对提车时间及费用情况进行预估。

⑧业务接待应在客户面前将护车套件安置好，提醒客户保管好贵重物品，并亲自将车辆送入车间。

⑨业务接待将车辆送入车间时，应先建议客户去客户休息室休息，然后将车辆送入。

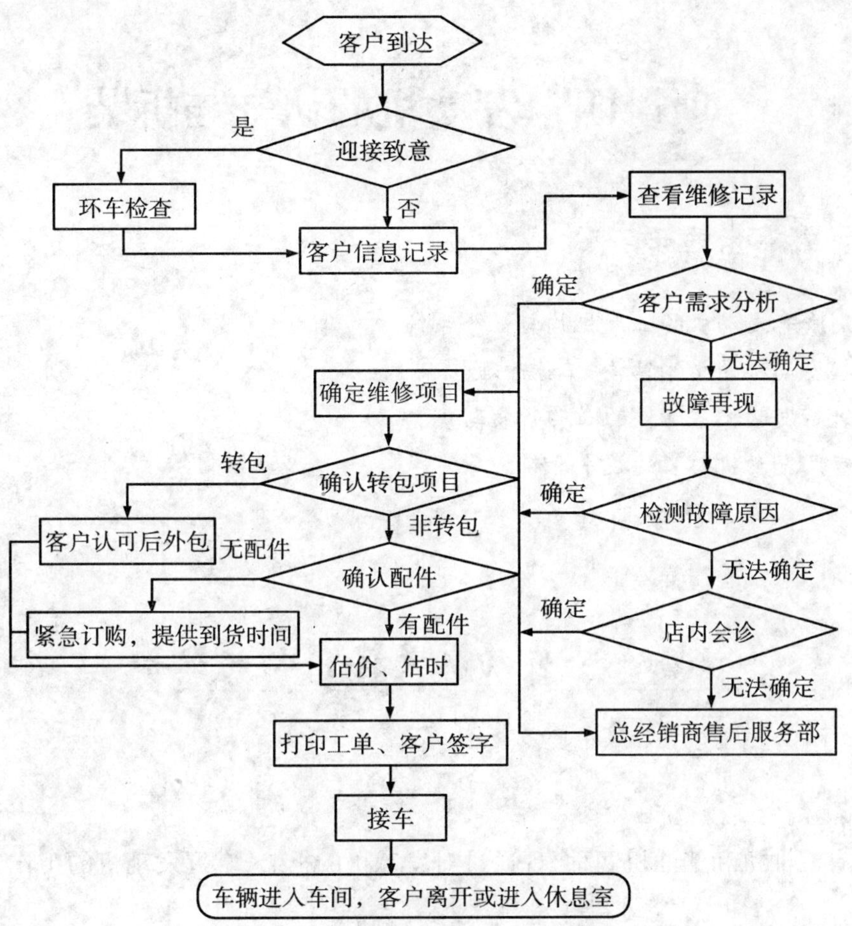

图 3–6　故障车接待的实施流程

项目四 发动机的认知与拆装

学习目标与要求

1. 识别汽车发动机的三大机构与五个系统。
2. 掌握发动机的总体结构、工作原理。
3. 会进行发动机各附件的正确拆装与调整。
4. 会查阅发动机拆装的技术资料。

任务一 发动机总体结构的认知

任务引入

发动机有汽油机和柴油机两种，现通过对发动机的拆装，掌握发动机的工作原理及相关常用术语。

任务分析

通过本任务的学习，能识别汽车发动机的三大机构与五大系统，并掌握发动机的工作原理，掌握国产发动机的型号编制规则，为发动机的拆装打好基础。

任务实施

一、准备

场地/用具、设备

1. 车间或模拟车间中留10人左右用的实习场地一块，对应数量的课桌椅，白板或张贴板一块，多媒体教学设备一套。
2. 个人防护用品、用具，汽车常用维修设备和工具。
3. 发动机教学模型、卡罗拉发动机总成、发动机吊架、变速器吊架、发动机拆装专用工具等常用拆装设备。

资料

1. 各汽车公司售后服务网页。
2. 卡罗拉汽车维修手册及电子技术资料。
3. 汽车常用维修、检测设备的使用说明书和安全操作规定。
4. 相关教学视频、教学课件。
5. 教材、笔记本。

二、要求

10人左右为一组，在教师的指导下，先进行相关知识的学习，再进行发动机结构及各零部件的名称、作用及结构的认知，最后进行汽油发动机部分零件拆装的技能学习。

三、相关知识学习

（一）发动机的总体结构

一辆汽车通常由发动机、底盘、车身、电气设备四部分组成。典型的汽油发动机总体结构如图 4–1 所示。

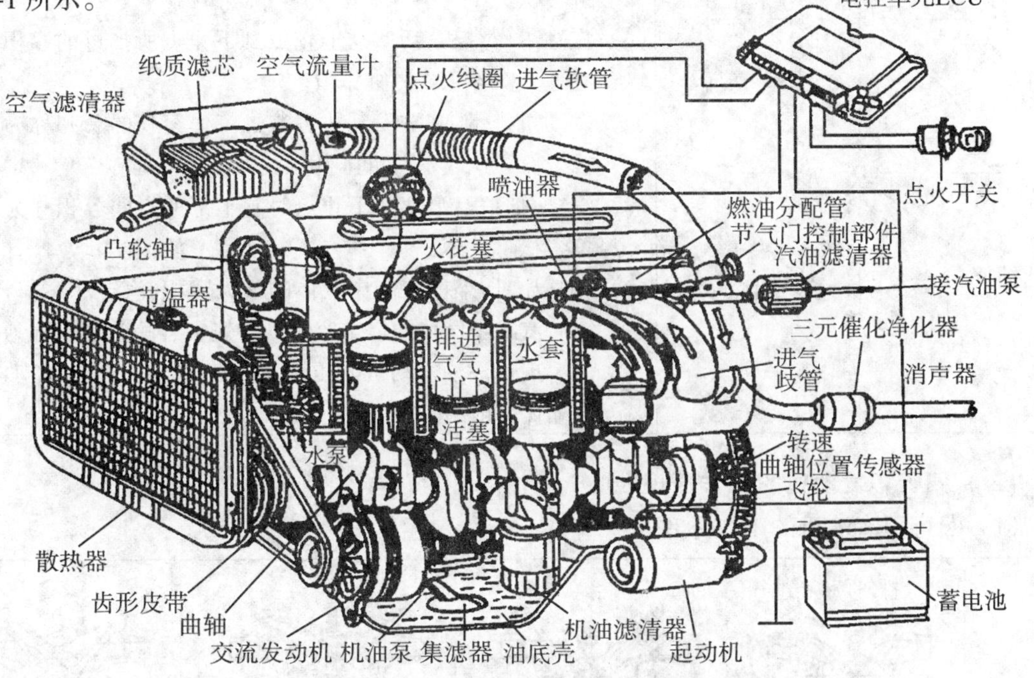

图 4–1　典型的汽油发动机总体结构

汽油发动机一般由两大机构（配气机构、曲柄连杆机构）和五个系统（燃料系、点火系、冷却系、润滑系和启动系）组成。

1. 发动机的分类。常见的汽车发动机是将燃料和空气混合后直接输入发动机内部燃烧而产生热能，然后再将其转变为机械能，故被称为内燃机，其具体分类见表 4–1。

表 4–1　发动机的分类

分类标准	类别		备注
按每一个工作循环需要的活塞行程分类	四行程式	二行程式	汽车常用的是四行程式发动机
按使用的燃料不同分类	汽油机	柴油机	通常中、小型汽车采用汽油机，重型汽车采用柴油机
按冷却的方式不同分类	液冷式	风冷式	目前汽车常用的是液冷式发动机
按汽缸数目分类	单缸发动机	多缸发动机	目前汽车常用的是多缸发动机
按活塞在汽缸内的运动方式分类	往复活塞式	旋转活塞式	目前汽车常用的是往复活塞式发动机

2. 发动机常用术语。

图示	常用术语
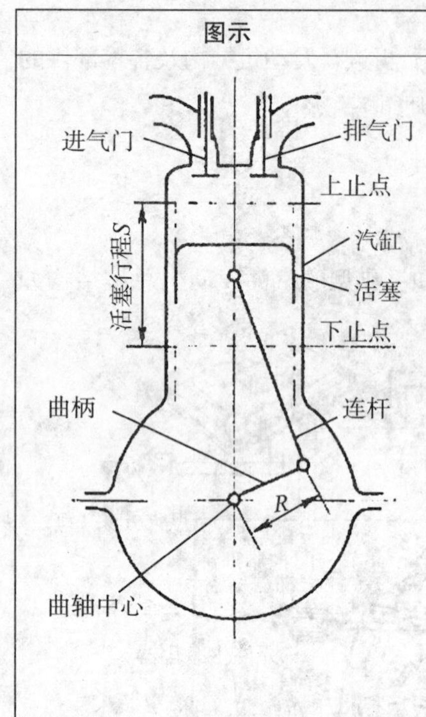	(1) 上止点:活塞顶部离曲轴中心最远处,即活塞的最高位置。 (2) 下止点:活塞顶部离曲轴中心最近处,即活塞的最低位置。 (3) 活塞行程:上、下止点之间的距离。 (4) 曲柄半径:曲轴与连杆下端的连接中心至曲轴中心的距离(R)称为曲柄半径。 (5) 燃烧室容积:活塞在上止点时其上部的空间容积称为燃烧室容积。 (6) 汽缸工作容积:活塞从上止点到下止点所扫过的容积称为汽缸工作容积或汽缸排量。 (7) 发动机排量:多缸发动机各汽缸工作容积的总和称为发动机工作容积或发动机排量。 (8) 汽缸总容积:活塞在下止点时它上部的空间容积称为汽缸总容积。 (9) 压缩比:压缩前汽缸中气体的最大容积(汽缸总容积)与压缩后汽缸中气体的最小容积(燃烧室容积)之比称为压缩比。现代汽油发动机的压缩比一般为6～9,柴油发动机的压缩比一般为16～22。

(二) 四行程发动机的工作原理

(1) 四行程汽油机的工作原理。

工作原理	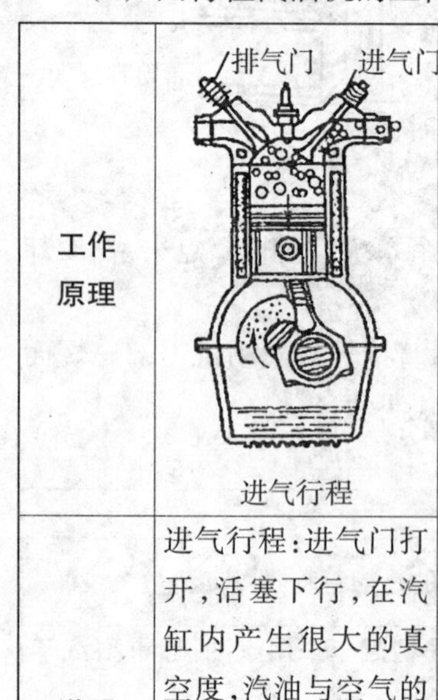 进气行程	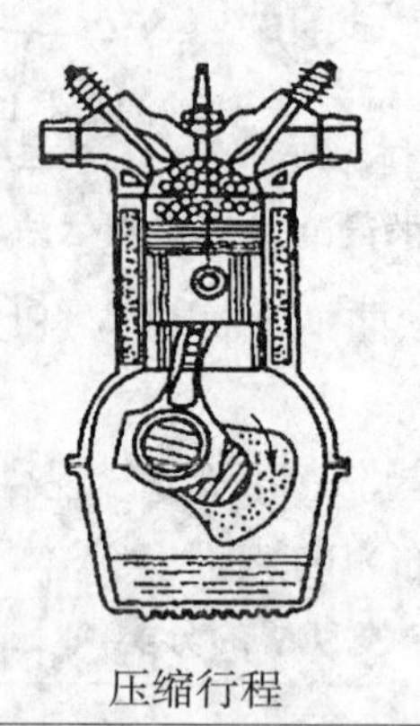 压缩行程	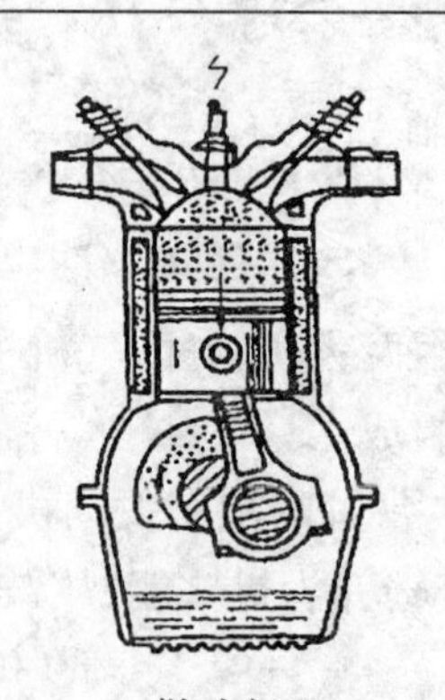 做功行程	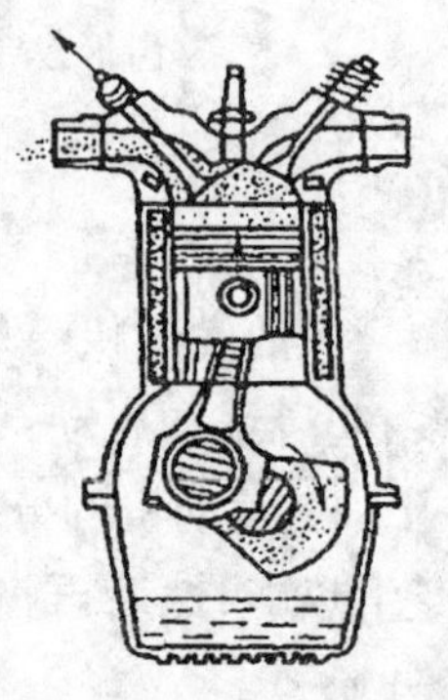 排气行程
说明	进气行程:进气门打开,活塞下行,在汽缸内产生很大的真空度,汽油与空气的混合气从进气门被吸入汽缸内,当活塞行至下止点时,进气门关闭,进气行程结束。	压缩行程:进气门和排气门关闭,活塞上行。雾状的汽油进一步蒸发,与空气形成可燃混合气,可燃混合气在汽缸内不断被压缩,当活塞行至上止点时,压缩行程结束。	做功行程:压缩行程结束时,混合气的温度和压力都变得很高,火花塞点火,混合气开始剧烈燃烧,在燃烧室内形成高压并推动活塞下行,从而驱动曲轴旋转,并将动力输出。	排气行程:活塞到达下止点,做功行程结束,排气门开启,燃烧后的废气从排气道喷出。此后活塞上行,将残余的废气挤出汽缸,随后重新开始下一个循环。

（2）四行程柴油机的工作原理。

四行程柴油机和四行程汽油机的工作原理相似，每一个工作循环也经历进气、压缩、做功、排气四个行程。但由于柴油发动机使用的燃料是柴油，其黏度比汽油大，不易蒸发，而其自燃温度却比汽油低，故可燃混合气的形成及燃烧方式都与汽油发动机不同。

柴油发动机没有火花塞，柴油由喷油器直接喷入汽缸，与压缩后的高温空气混合并自燃。喷油泵和喷油器是柴油发动机燃料供给系中最为重要的部件。

柴油发动机在进气行程吸入汽缸的是纯空气，在压缩行程空气被急剧压缩。由于柴油机的压缩比比汽油机高得多，压缩终了时，汽缸内的空气温度大大超过了柴油的自燃温度，这时将柴油直接喷入，使其自燃点火，产生高压气体并推动活塞向下运动，从而带动曲轴旋转而做功，做功后活塞在曲轴转动惯性作用下继续上行，将废气经排气门排入大气中。

（三）国产发动机的型号编制规则

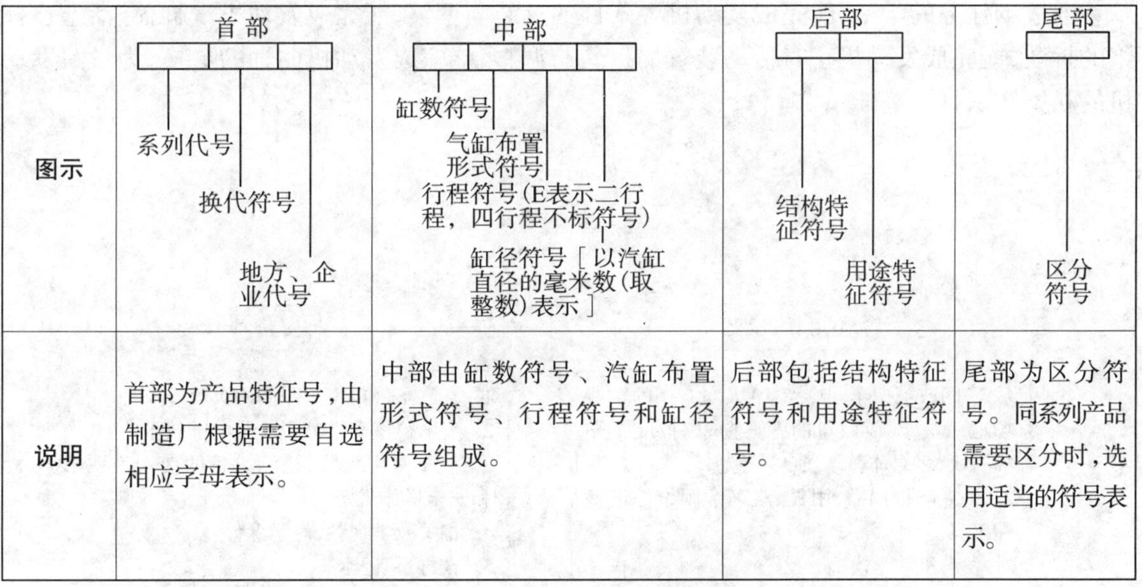

	首部	中部	后部	尾部
图示	系列代号 换代符号 地方、企业代号	缸数符号 气缸布置形式符号 行程符号（E表示二行程，四行程不标符号） 缸径符号［以汽缸直径的毫米数（取整数）表示］	结构特征符号 用途特征符号	区分符号
说明	首部为产品特征号，由制造厂根据需要自选相应字母表示。	中部由缸数符号、汽缸布置形式符号、行程符号和缸径符号组成。	后部包括结构特征符号和用途特征符号。	尾部为区分符号。同系列产品需要区分时，选用适当的符号表示。

另外，具体的汽缸布置形式符号、结构特征符号、用途特征符号见表 4–2。

表 4–2　各种特征符号

汽缸布置形式符号		结构特征符号		用途特征符号	
符号	含义	符号	结构特征	符号	用途
无符号	多缸直列及单缸	无符号	水冷	无符号	通用型
V	V形	F	风冷	G	工程机械
P	平卧形	N	凝气冷却	Q	汽车

例如：165F 柴油机——表示单缸、四行程、缸径为 65mm、风冷、通用型。

492QA 汽油机——表示四缸、直列、四行程、缸径为 92mm、水冷、汽车用。

YZ6102 柴油机——表示六缸、直列、四行程、缸径为 102mm、水冷、汽车用。

任务二　发动机附件的拆装

任务引入

卡罗拉汽车机油压力指示灯亮，且发动机内有异响，此时维修技师初步判断为发动机内部故障，需对发动机进行拆解、判断、检修。

任务分析

通过本任务的学习，能完成发动机各附件的拆装与调整，能完成发动机汽缸盖、活塞连杆组的拆装，能完成发动机正时传动装置的拆装与调整，能完成发动机曲轴的更换，为学习发动机的相关知识打好基础。

任务实施

一、准备

场地/用具、设备

1. 车间或模拟车间中留 10 人左右用的实习场地一块，对应数量的课桌椅，白板或张贴板一块，多媒体教学设备一套。
2. 个人防护用品、用具，汽车常用维修设备和工具。
3. 发动机教学模型。
4. 卡罗拉发动机总成。
5. 发动机吊架、变速器吊架、发动机拆装专用工具等常用拆装设备。

资料

1. 各汽车公司售后服务网页。
2. 卡罗拉汽车维修手册及电子技术资料。
3. 汽车常用维修、检测设备的使用说明书和安全操作规定。
4. 相关教学视频、教学课件。
5. 教材、笔记本。

二、要求

10 人左右为一组，在教师的指导下，先进行相关知识的学习，再进行发动机各零部件的结构和连接顺序的认知，最后进行发动机拆装的技能学习。在教学过程中，可以以 2～3 人为一小组进行操作训练，每小组学生针对一台发动机进行学习，采用几台发动机同时进行教学的方式，教师现场指导并适时组织学生进行点评、小结。

三、相关知识学习

(一) 1ZR-FE发动机附件的拆卸

1ZR-FE 发动机总成及相关附件如图 4–2 所示。

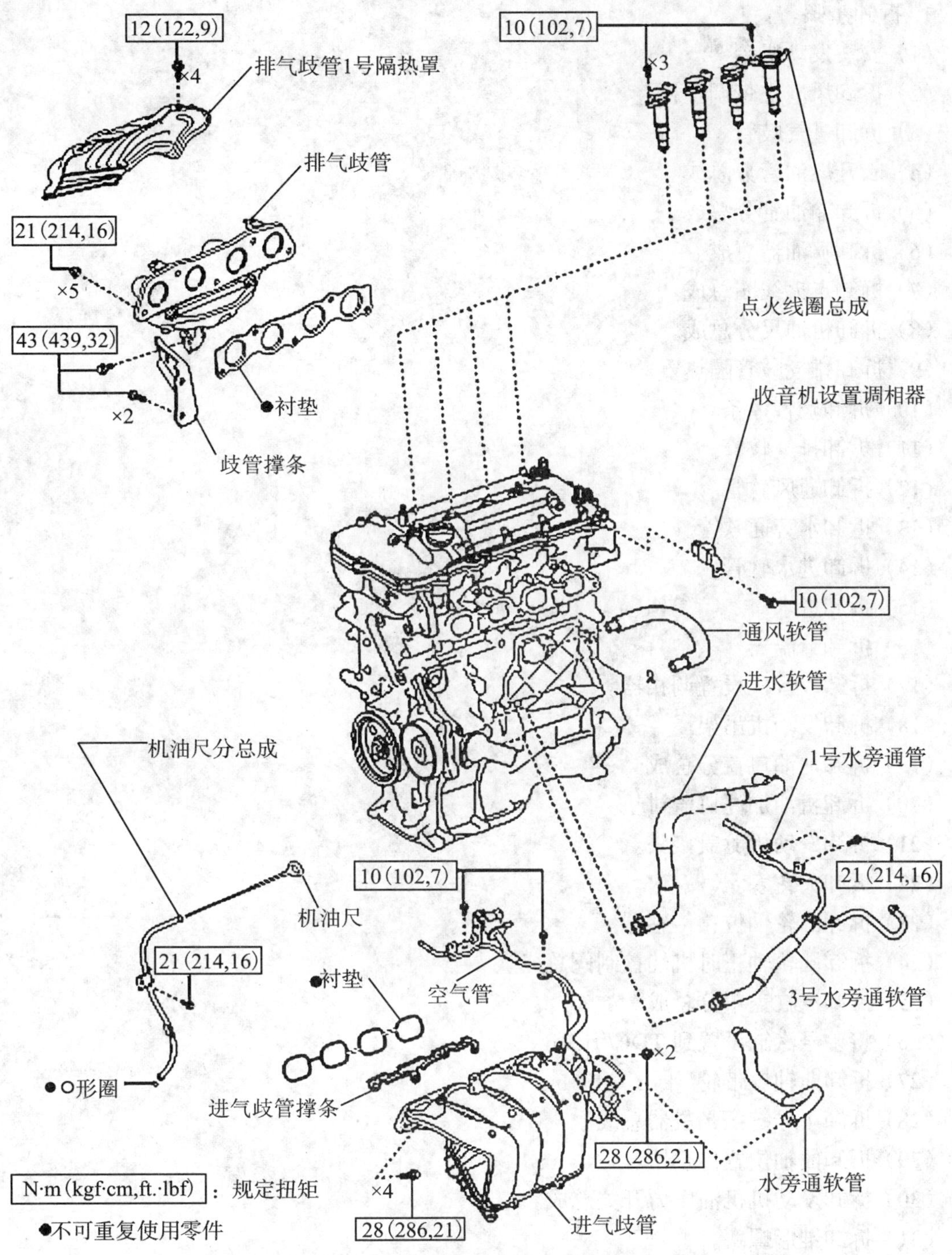

图 4–2　1ZR-FE 发动机总成及相关附件

1. 拆卸步骤。

（1）安装发动机台架。

（2）拆卸风扇皮带调整杆。

（3）拆卸进气歧管。

（4）断开燃油管分总成。

（5）拆卸输油管分总成。

（6）拆卸喷油器总成。

（7）拆卸点火线圈总成。

（8）拆卸机油尺分总成。

（9）拆卸排气歧管隔热罩。

（10）拆卸歧管撑条。

（11）拆卸排气歧管。

（12）拆卸通风软管。

（13）拆卸水旁通软管。

（14）拆卸进水软管。

（15）拆卸进水口。

（16）拆卸节温器。

（17）拆卸收音机设置调相器。

（18）拆卸发动机吊架。

（19）拆卸加油口盖分总成。

（20）拆卸机油加注口盖衬垫。

（21）拆卸发动机舱盖接头。

（22）拆卸火花塞。

（23）拆卸凸轮轴位置传感器。

（24）拆卸凸轮轴正时机油控制阀总成。

（25）拆卸汽缸盖罩分总成。

（26）将 1 号汽缸设置到 TDC/ 压缩。

（27）拆卸曲轴皮带轮。

（28）拆卸 1 号链条张紧器总成。

（29）拆卸曲轴位置传感器。

（30）拆卸发动机机油压力开关总成。

（31）拆卸锥形螺塞。

（32）拆卸爆震控制传感器。

（33）拆卸发动机冷却液温度传感器。

（34）拆卸机油滤清器分总成。

（35）拆卸正时链条盖分总成。

（36）拆卸正时链条盖油封。

（37）拆卸进水口壳。

（38）拆卸发电机支架。
（39）拆卸链条张紧器导板。
（40）拆卸 1 号链条分总成。
（41）拆卸 2 号链条振动阻尼器。
（42）拆卸曲轴正时链轮。
（43）拆卸 2 号链条分总成。
（44）拆卸 1 号曲轴位置信号盘。
（45）拆卸曲轴正时齿轮键。
（46）拆卸凸轮轴正时齿轮总成。
（47）拆卸排气凸轮轴正时齿轮总成。
（48）拆卸凸轮轴轴承盖。
（49）拆卸凸轮轴。
（50）拆卸凸轮轴壳分总成。
（51）拆卸凸轮轴轴承盖。
（52）拆卸汽缸盖衬垫。
（53）拆卸通风箱。
（54）拆卸带连杆的活塞分总成。
（55）拆卸连杆轴承。
（56）拆卸活塞环组件。
（57）拆卸活塞。
（58）拆卸曲轴。
（59）拆卸曲轴上止推垫圈。
（60）拆卸曲轴轴承。
（61）拆卸机油喷嘴分总成。
（62）清洁汽缸体。

1ZR-FE 发动机总成的局部分解图如图 4-3、图 4-4 所示。

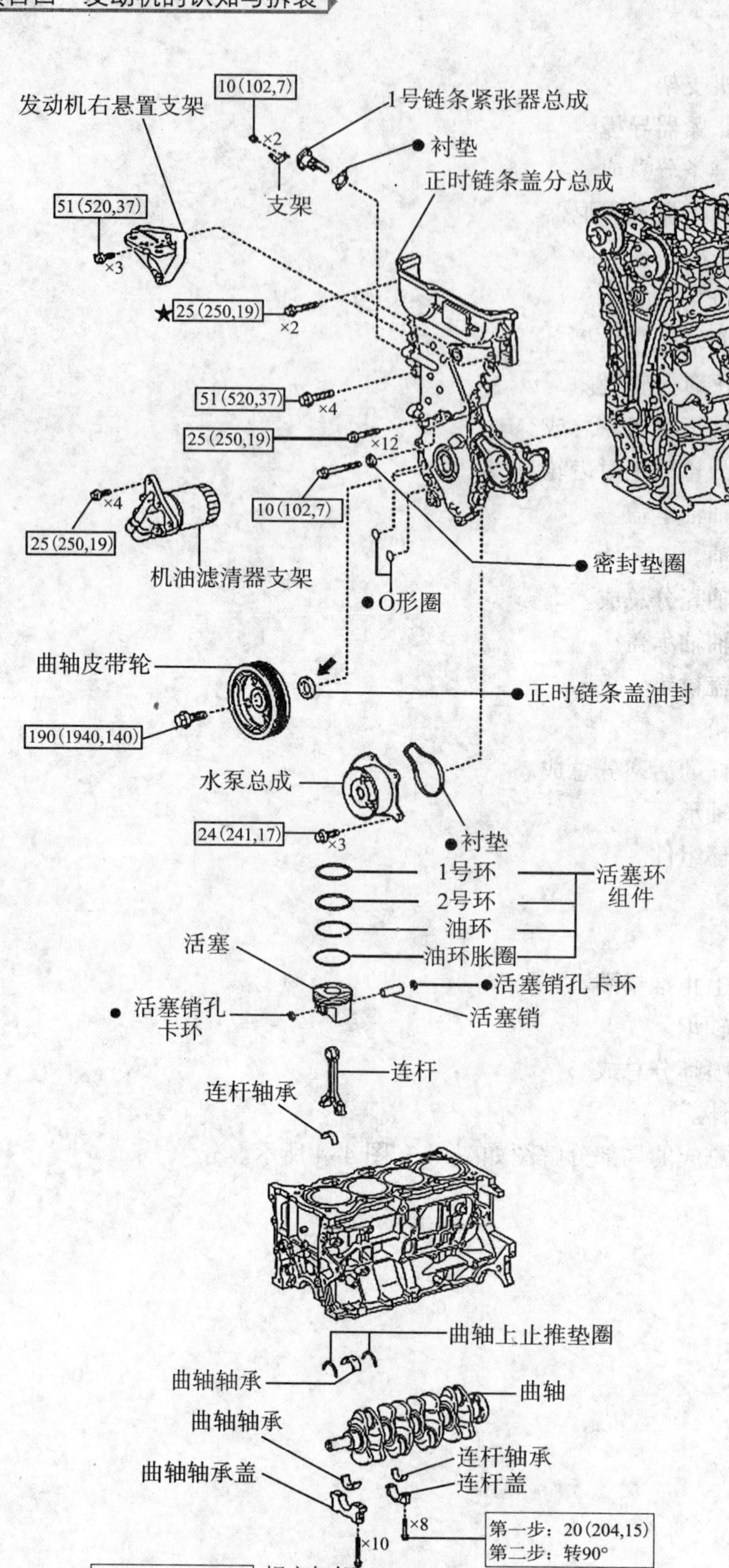

图 4-3　1ZR-FE 发动机总成的局部分解图(1)

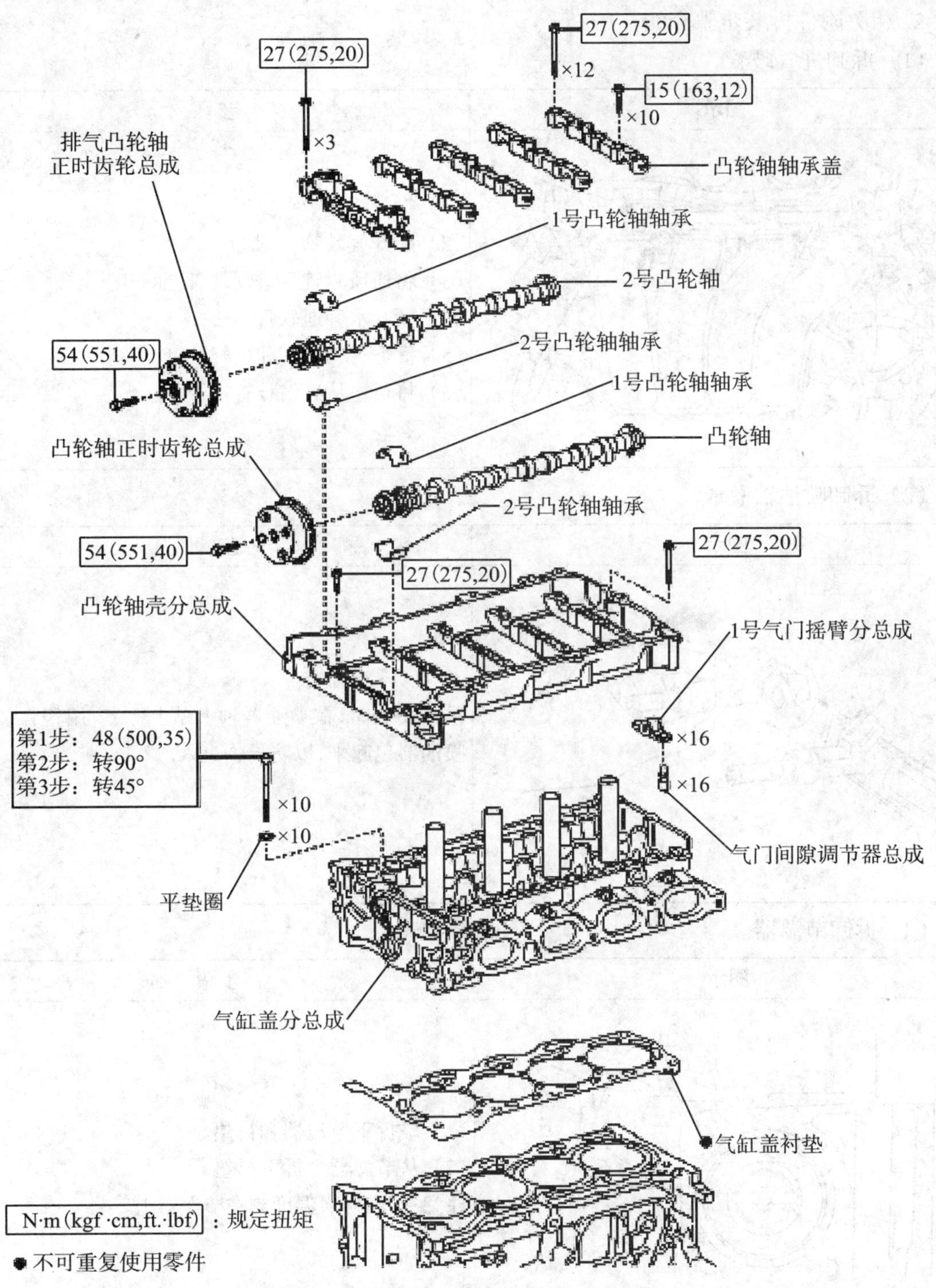

图 4-4　发动机总成的局部分解图(2)

2. 相关附件拆装步骤介绍。

（1）拆卸进气歧管。

图示	步骤
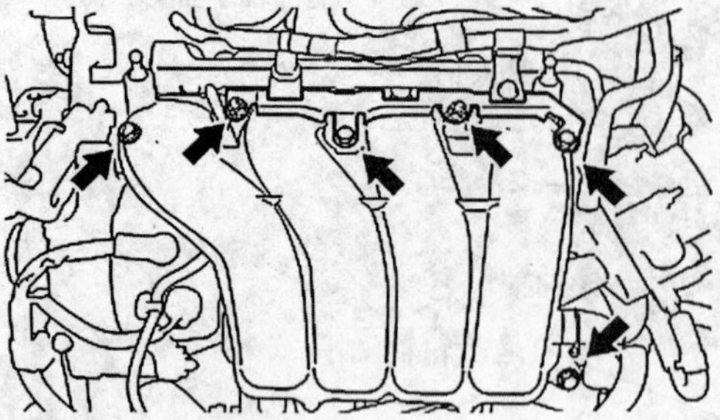	（1）拆下线束卡夹支架。 （2）断开气歧管。 （3）将通风软管从进气歧管上断开。 （4）断开水旁通软管。 （5）拆下进气歧管和进气歧管撑条。 （6）将衬垫从进气歧管上拆下。

（2）拆卸喷油器总成。

图示	步骤
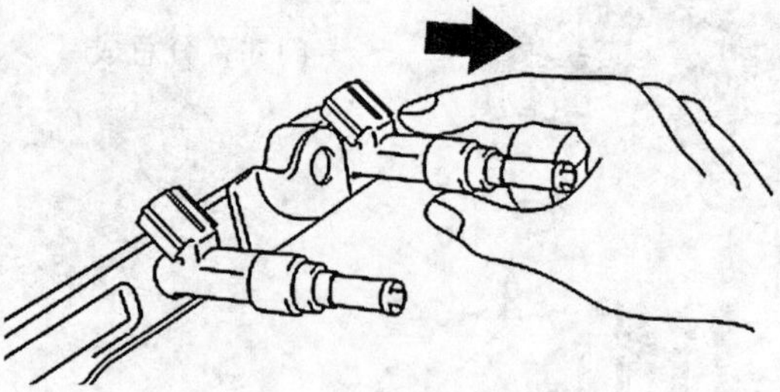	重新安装时，在喷油器轴上贴上标签，用塑料袋将喷油器包起来，以防异物进入。

（3）拆卸节温器。

图示	步骤
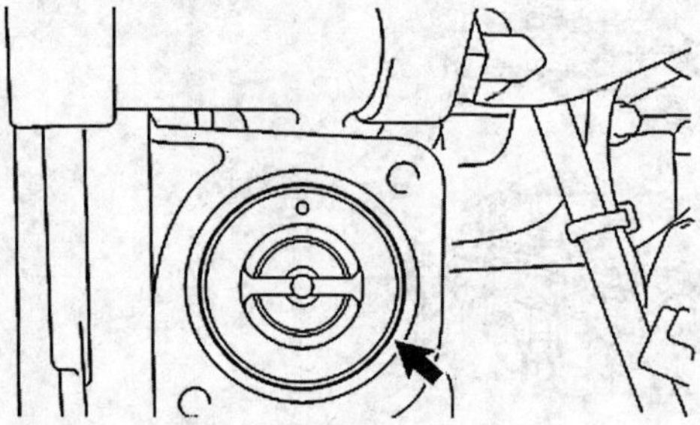	（1）歧拆下节温器和衬垫。 （2）从节温器上拆下衬垫。 注意：阀门开启温度刻在节温器上。

（4）拆卸火花塞。

图示	步骤
	用 14mm 火花塞扳手。

（5）拆卸汽缸盖罩分总成。

图示	步骤
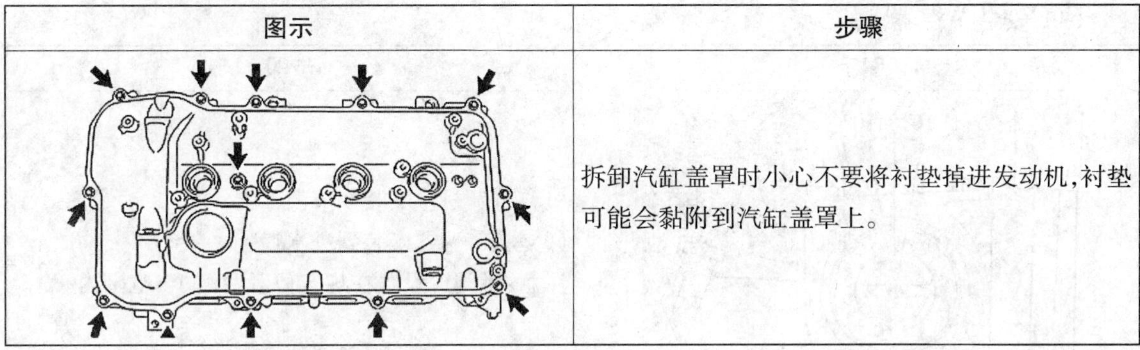	拆卸汽缸盖罩时小心不要将衬垫掉进发动机，衬垫可能会黏附到汽缸盖罩上。

（6）拆卸正时链条盖油封。

图示	步骤
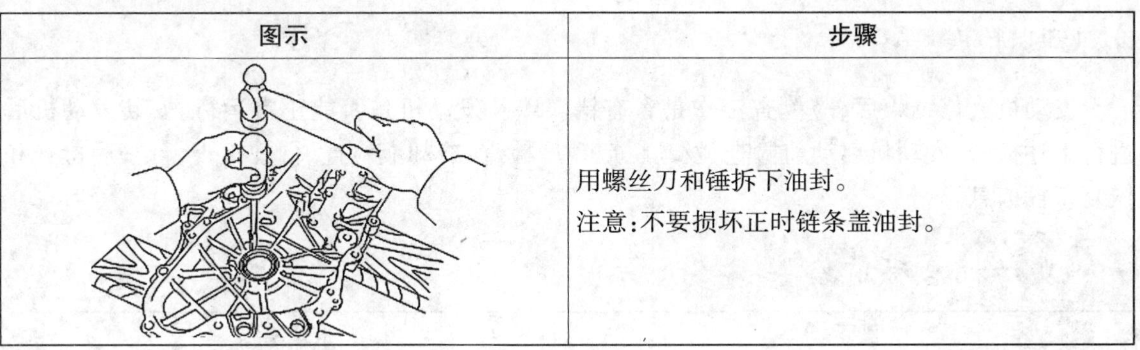	用螺丝刀和锤拆下油封。 注意：不要损坏正时链条盖油封。

（二）发动机附件的安装

1. 按照与以上拆卸相反的顺序进行。

2. 相关零件安装步骤。

（1）安装正时链条盖油封。

图示	步骤
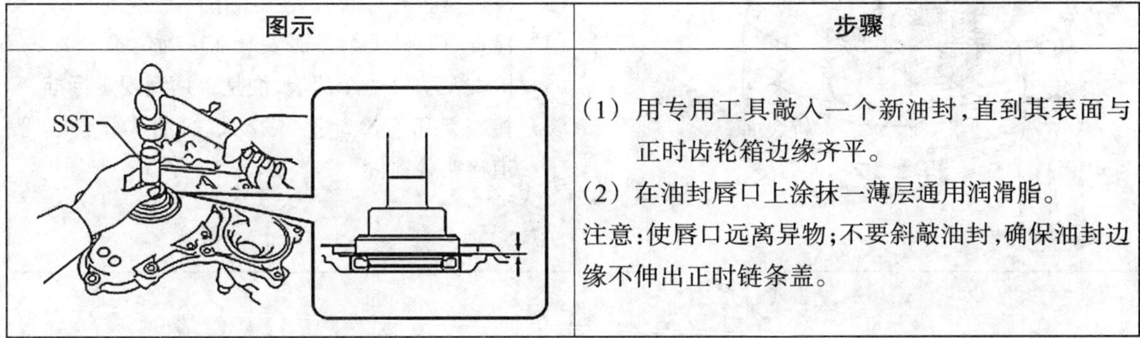	（1）用专用工具敲入一个新油封，直到其表面与正时齿轮箱边缘齐平。 （2）在油封唇口上涂抹一薄层通用润滑脂。 注意：使唇口远离异物；不要斜敲油封，确保油封边缘不伸出正时链条盖。

（2）安装机油滤清器分总成。

图示	步骤
	（1）检查并清洗机油滤清器的安装面。 （2）在新机油滤清器的衬垫上涂抹一层干净的发动机机油。 （3）将机油滤清器轻轻地旋到位并拧紧，直到衬垫接触机油滤清器底座。

（3）安装节温器。

图示	步骤
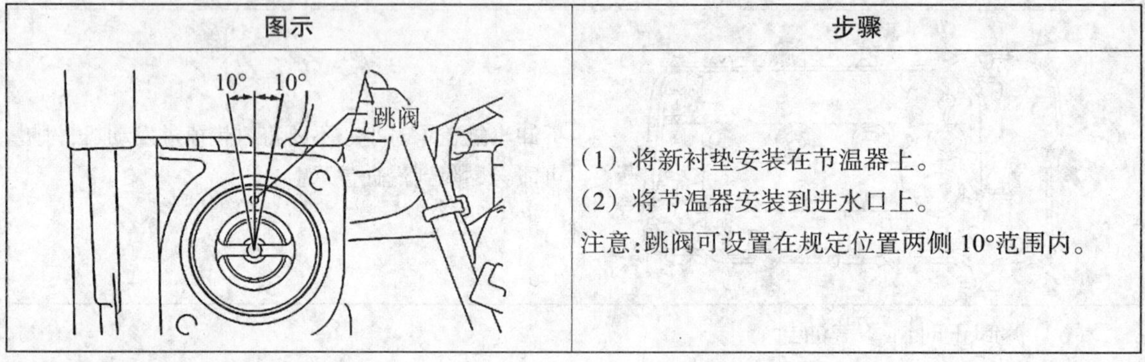	（1）将新衬垫安装在节温器上。 （2）将节温器安装到进水口上。 注意：跳阀可设置在规定位置两侧 10°范围内。

知识拓展

发动机大修结束后，应检查工作是否有错误以及发动机是否能正常运行。安装发动机后进行下述检查：发动机启动前检查、发动机启动后检查、冷却液检查、行驶检查、行驶后检查和恢复车辆信息。

一、发动机启动前检查

图示	检查事项
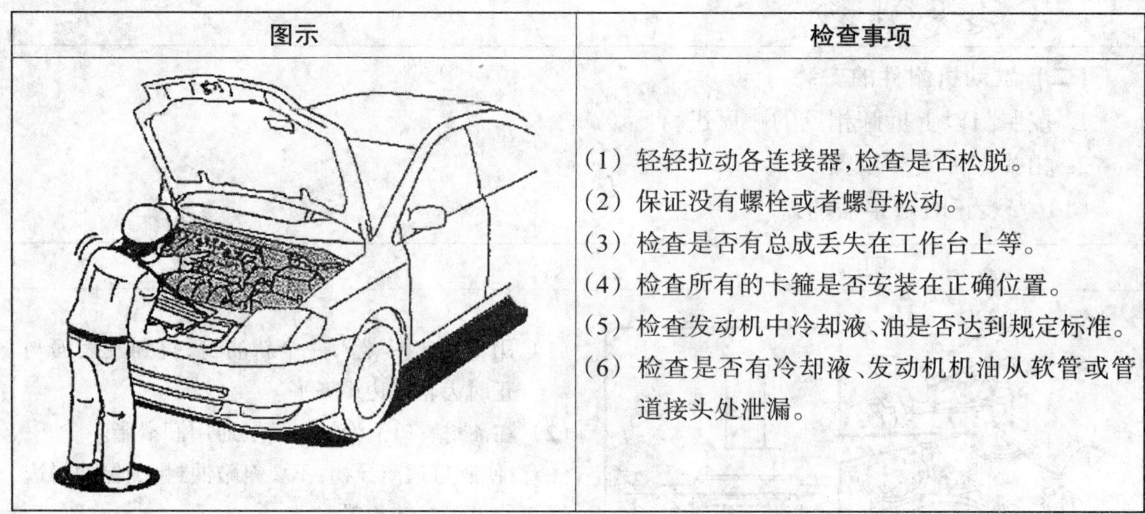	（1）轻轻拉动各连接器，检查是否松脱。 （2）保证没有螺栓或者螺母松动。 （3）检查是否有总成丢失在工作台上等。 （4）检查所有的卡箍是否安装在正确位置。 （5）检查发动机中冷却液、油是否达到规定标准。 （6）检查是否有冷却液、发动机机油从软管或管道接头处泄漏。

二、发动机启动后检查

图示	检查事项
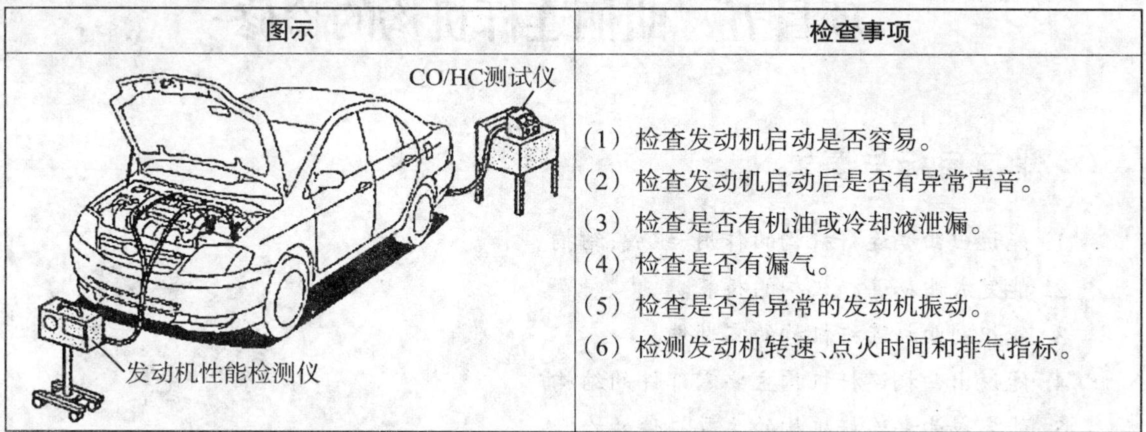	(1) 检查发动机启动是否容易。 (2) 检查发动机启动后是否有异常声音。 (3) 检查是否有机油或冷却液泄漏。 (4) 检查是否有漏气。 (5) 检查是否有异常的发动机振动。 (6) 检测发动机转速、点火时间和排气指标。

三、行驶检查

加速和减速时,检查是否有异常噪声。

四、行驶后检查

行驶后检查发动机是否有冷却液、润滑油、缸内气体渗漏等现象,各发动机连接件是否有松旷、异响现象。

五、恢复车辆信息

所有的检查都完成后,恢复已经记录下的下述车辆信息:选择收音机频道、时钟、方向盘位置以及座椅位置等。

项目五　曲柄连杆机构的检修

学习目标与要求

1. 能说出曲柄连杆机构的作用、组成、结构。
2. 能完成曲柄连杆机构的拆装。
3. 能识别曲柄连杆机构的零部件。
4. 能说出曲柄连杆机构主要零部件的结构。
5. 能完成曲柄连杆机构的主要机件的检修。
6. 能熟练掌握相关技术资料的查询方法。
7. 锻炼自主学习分析能力、自我展示能力，并能培养团队合作精神、职业道德素养。

任务一　曲柄连杆机构的认知

任务引入

某装用1ZR-FE发动机的汽车，在发动机运行过程中发现动力下降、怠速不稳、排气管有水蒸气现象，且冷却液消耗较多，经拆检后发现为个别汽缸的汽缸垫烧蚀。经过维修技师更换汽缸垫后，发动机恢复正常。

任务分析

通过本任务的学习，能知道曲柄连杆机构的作用、组成和运动关系；能说出曲柄连杆机构的工作条件、受力情况；能懂得曲轴扭转减振器、液压支撑的作用、组成及基本原理，为进一步学习曲柄连杆机构的检修打好基础。

任务实施

一、准备

场地/用具、设备	资料
1. 车间或模拟车间中留10人左右用的实习场地一块，对应数量的课桌椅，白板或张贴板一块，多媒体教学设备一套。 2. 个人防护用品、用具，汽车常用维修设备和工具。 3. 卡罗拉发动机一台。 4. 装用卡罗拉发动机的汽车一辆。 5. 汽车维修专用工具及辅料： SST 09223－15030、09950－70010（09951－07100）、SST 09205—16010、SST 09213—58013、09330－00021、SST 09205－16010、直六角扳手、活塞环扩张器、螺丝刀、铜棒、活塞环压缩器、塑料锤、衬垫刮刀、黏合剂、刷子及清洗溶剂、油密封胶、漆等。	1. 各汽车公司售后服务网页。 2. 卡罗拉汽车维修手册及电子技术资料。 3. 汽车常用维修、检测设备的使用说明书和安全操作规定。 4. 相关教学视频及教学课件。 5. 教材、笔记本。

二、要求

10人左右为一组，在教师的指导下，先进行相关知识的学习，再进行1ZR-FE发动机曲柄连杆机构的拆装（本任务的拆装，主要是为了便于学生学习曲柄连杆机构的结构，不要求每个学生动手参与），最后分析曲柄连杆机构受力情况、工作条件，介绍曲轴扭转减振器、液压支撑的作用、组成及基本原理。

三、相关知识学习

（一）曲柄连杆机构的作用及组成

1. 作用：提供燃料燃烧场所，并将燃料燃烧后产生的作用在活塞上的气体压力转变为使曲轴旋转的转矩，对外输出动力。

2. 组成：

（1）机体组：由汽缸体、汽缸盖、汽缸垫、上下曲轴箱等机件组成。

（2）活塞连杆组：由活塞、活塞环、活塞销、连杆等机件组成。

（3）曲轴飞轮组：由曲轴、飞轮、扭转减振器等机件组成。

典型发动机曲柄连杆机构如图5-1所示。

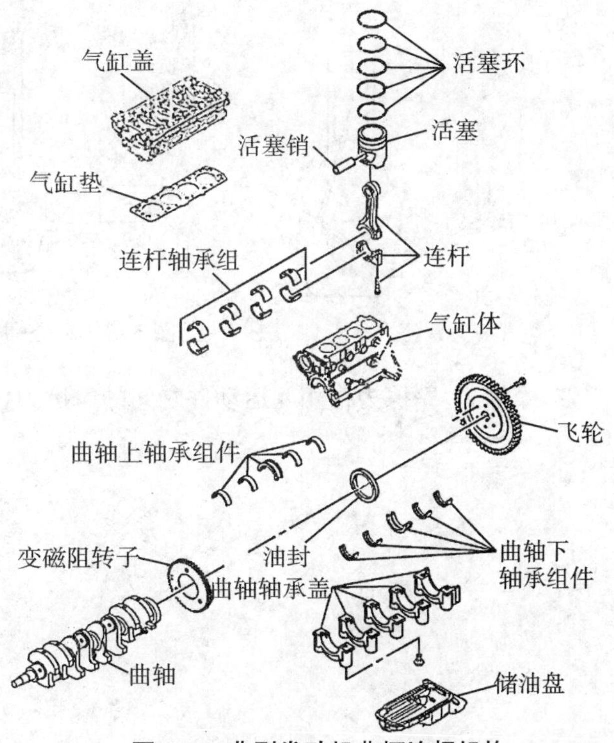

图5-1　典型发动机曲柄连杆机构

（二）曲柄连杆机构的运动分析

曲柄连杆机构受的力主要有气体压力、往复惯性力、旋转离心力和摩擦力等。

1. 气压力 F_P。做功冲程时产生的气压力 F_P 分解为 F_{P1} 和 F_{P2}，F_{P2} 称侧压力，如图 5-2(a)所示，它使活塞的一个侧面压向汽缸壁，造成该侧磨损严重；F_{P1} 经连杆传给曲柄销，分解为 F_R 和 F_S 两个力，F_R 使曲轴主轴颈处受压，F_S 为周向产生转矩的力。

压缩冲程时气体压力分解产生的侧压力方向朝右，如图 5-2(b)所示。

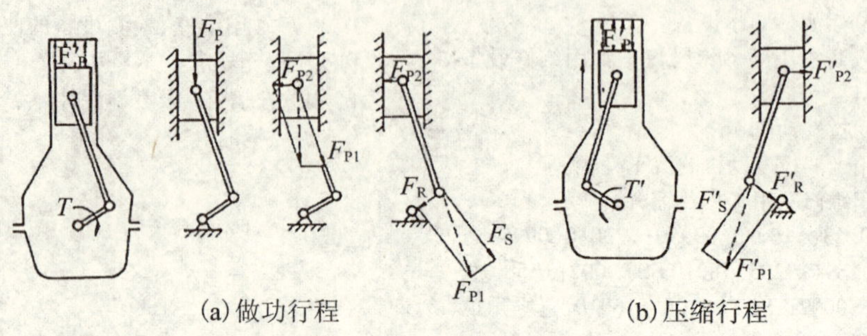

图 5-2　做功行程和压缩行程

2. 惯性力。

（1）往复惯性力 F_J。活塞在上半行程时，惯性力都向上；在下半行程时，惯性力都向下。在上下止点，活塞运动方向改变，速度为零，加速度最大，惯性力也最大；在行程中部附近，活塞运动速度最大，加速度为零，惯性力也等于零。

（2）离心惯性力 F_c。旋转机件的圆周运动产生离心惯性力，方向背离曲轴中心向外。离心力加速轴承与轴颈的磨损，也引起发动机振动而传到机体外，如图 5-3 所示。

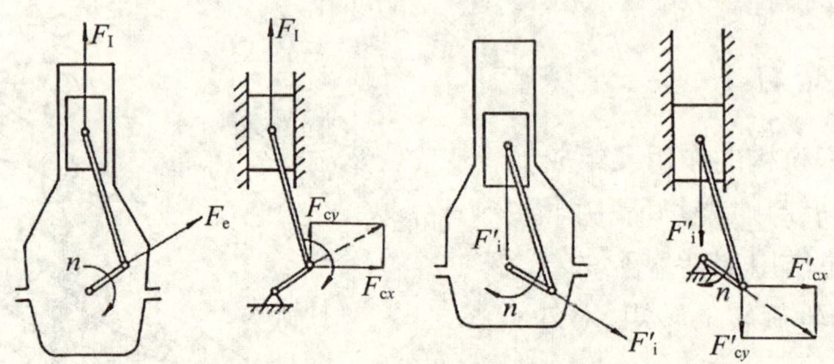

图 5-3　离心惯性力

3. 摩擦力。摩擦力指相互运动件之间的摩擦力，是造成配合表面磨损的根源。

（三）曲轴的扭转振动及采取措施

1. 曲轴的扭转振动。

图示	说明
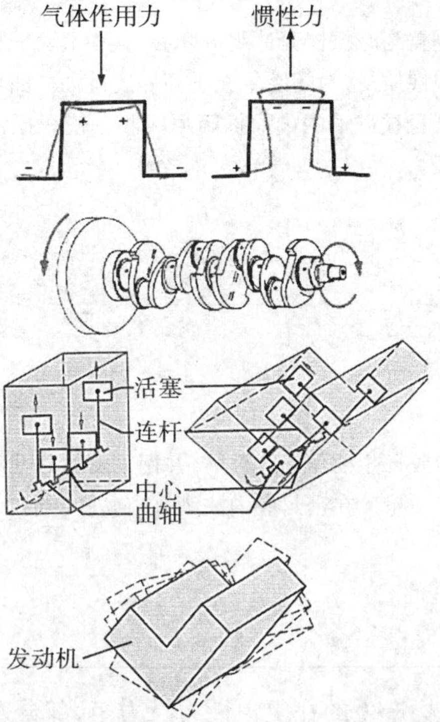	（1）活塞上下运动时，气体作用力和惯性力通过连杆作用在曲轴上并使其弯曲。 （2）曲轴因材料的弹性在气体作用力的作用下扭转。 （3）弯曲应力和扭转应力叠加在一起，以冲击形式作用的气体作用力使曲轴扭转。这个力在辅助行程中停止作用时，曲轴反向振动，由此产生扭转振动。 （4）在4缸发动机中每两个活塞同时产生向上和向下的作用力，因此力矩相互抵消。 （5）在6缸V形发动机中这些力作用在V形角方向，因此作用力无法平衡，这会使发动机产生摇摆。

2. 防止发动机扭转振动和摇摆的措施。

（1）扭转减振器。发动机运转时，随着转速的变化，当连杆作用在曲轴上的扭转外力的变化频率与曲轴自振频率成倍数关系时，便会出现共振。共振会引起功率损失、传动机构磨损加剧，严重时会将曲轴扭断。为了消除曲轴扭转振动，许多发动机在曲轴上装有扭转减振器，常见的有橡胶扭转减振器、硅油扭转减振器、橡胶—硅油扭转减振器。

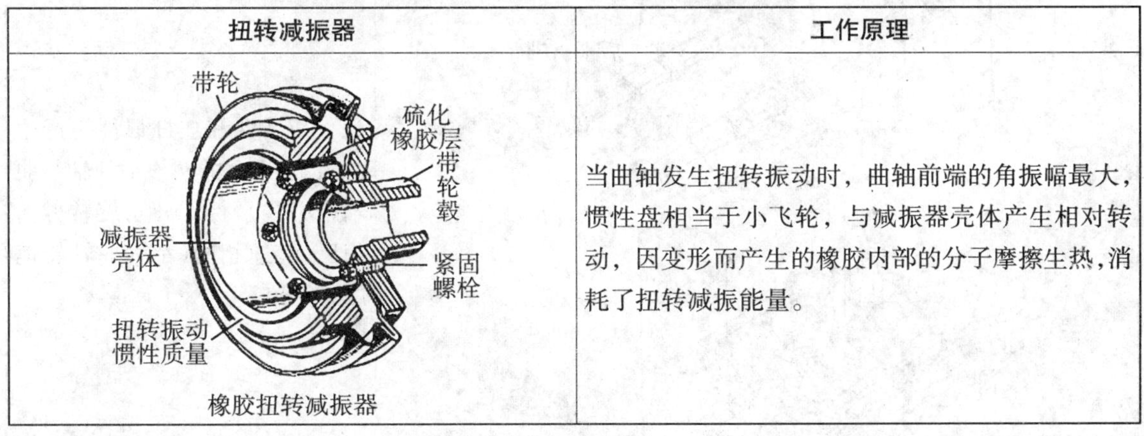

扭转减振器	工作原理
橡胶扭转减振器	当曲轴发生扭转振动时，曲轴前端的角振幅最大，惯性盘相当于小飞轮，与减振器壳体产生相对转动，因变形而产生的橡胶内部的分子摩擦生热，消耗了扭转减振能量。

扭转减振器	工作原理
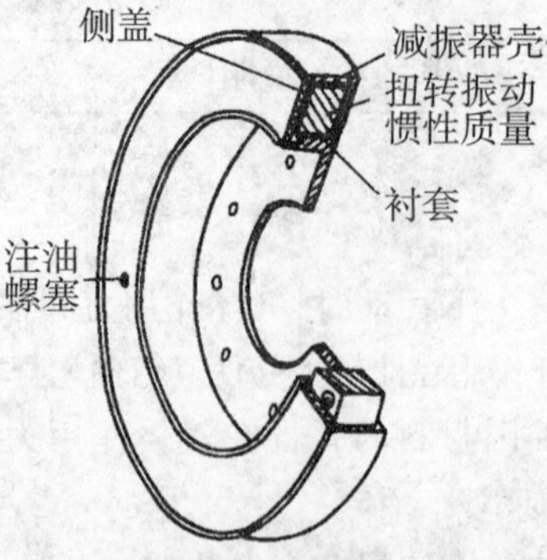 侧盖 减振器壳体 扭转振动 惯性质量 衬套 注油 螺塞 硅油扭转减振器	侧盖与减振器壳体组成闭腔,其中滑套着扭转振动惯性质量,封闭腔中充满高黏度硅油。曲轴的振动能量被硅油的内摩擦阻尼吸收，使扭振消除或减轻。
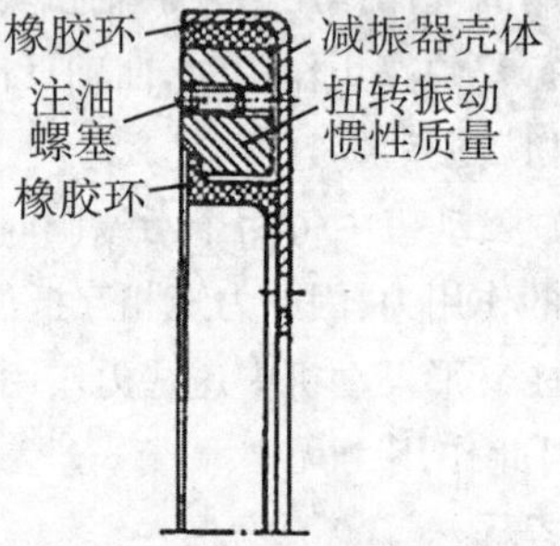 橡胶环 减振器壳体 注油 螺塞 扭转振动 惯性质量 橡胶环 硅油—橡胶扭转减振器	橡胶环主要作为弹性体,并用来密封硅油和支撑惯性质量。在密封腔内注满有高黏度硅油。

（2）平衡机构。为了更好地平衡曲柄连杆机构产生的往复惯性力及力矩,部分发动机采用了平衡机构,以进一步降低发动机的振动及噪声。现以 F23A3 发动机为例加以说明。

图示	工作原理
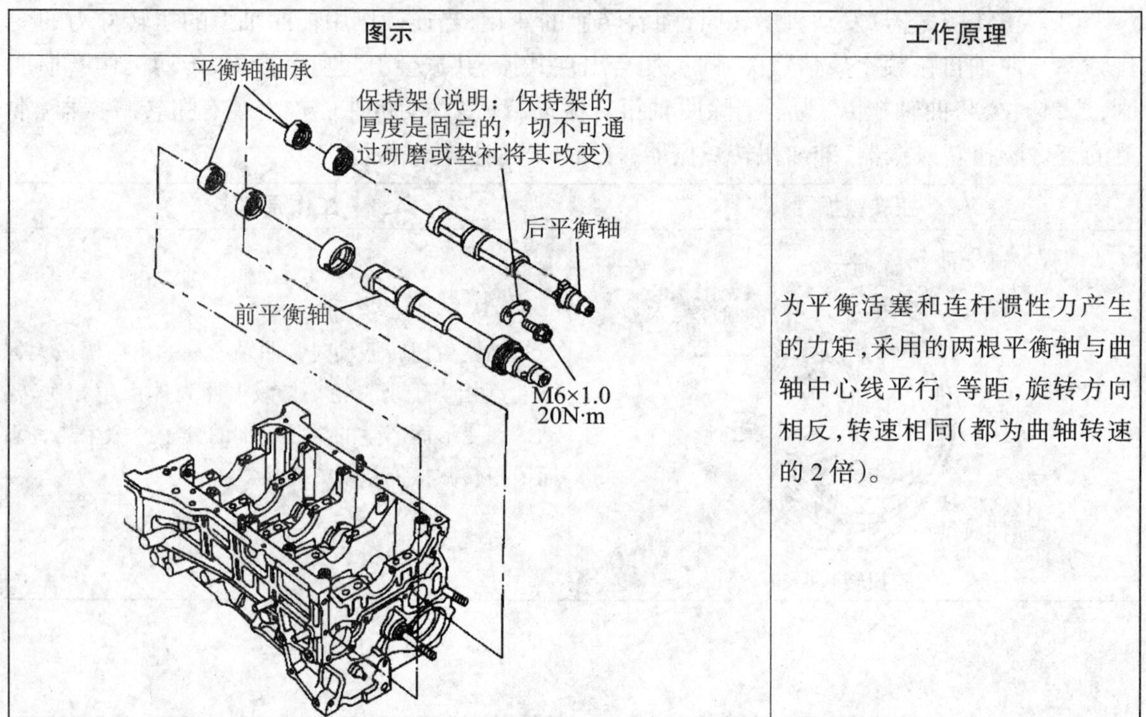	为平衡活塞和连杆惯性力产生的力矩,采用的两根平衡轴与曲轴中心线平行、等距,旋转方向相反,转速相同(都为曲轴转速的 2 倍)。

（四）发动机的支撑

1. 类型。发动机一般通过汽缸体和飞轮壳或变速器壳上的三点或四点弹性支撑在车架上。三点支撑有前一后二、前二后一两种形式，四点支撑为前二后二的支撑方式，如图 5–4 所示。

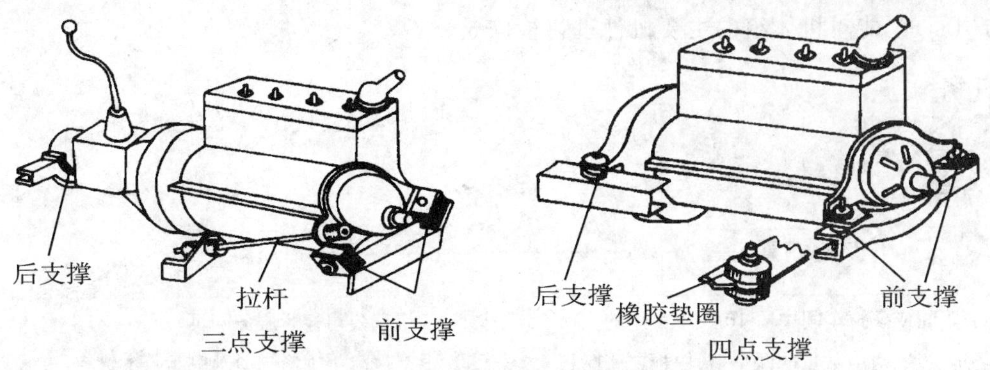

图 5–4　发动机的支撑类型

2. 液压支撑。

图示	工作原理
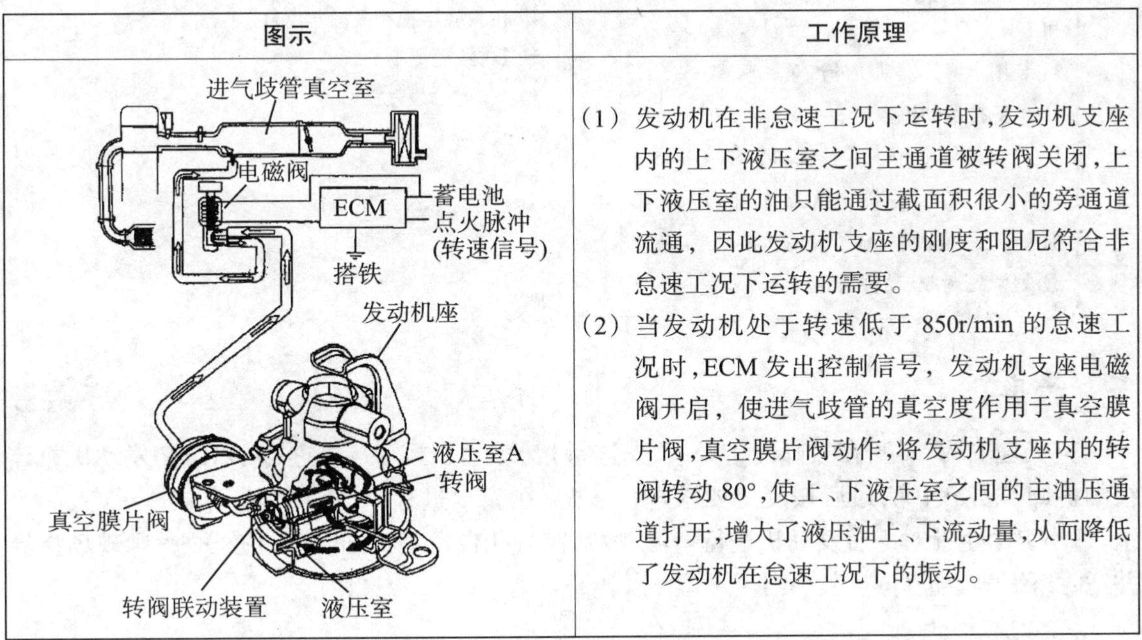	（1）发动机在非怠速工况下运转时，发动机支座内的上下液压室之间主通道被转阀关闭，上下液压室的油只能通过截面积很小的旁通道流通，因此发动机支座的刚度和阻尼符合非怠速工况下运转的需要。 （2）当发动机处于转速低于 850r/min 的怠速工况时，ECM 发出控制信号，发动机支座电磁阀开启，使进气歧管的真空度作用于真空膜片阀，真空膜片阀动作，将发动机支座内的转阀转动 80°，使上、下液压室之间的主油压通道打开，增大了液压油上、下流动量，从而降低了发动机在怠速工况下的振动。

任务二　机体组的检修

任务引入

有一 1ZR-FE 发动机已运行多年，近期发现动力下降，油耗增加，怠速不稳，低速时有明显敲缸声响，并有烧机油现象。经测量汽缸压力发现各缸汽缸压力明显过低，拆检后确认为汽缸磨损后密封不良所致。通过维修技师更换活塞、活塞环、汽缸套后发动机恢复正常。

任务分析

通过本任务的学习，能完成机体组的拆装，能识别机体组的零部件，能说出机体组主要机件的结构原理，能对机体组的主要机件进行检修。

任务实施

一、准备

场地/用具、设备

1. 车间或模拟车间中留 10 人左右用的实习场地一块，对应数量的课桌椅，白板或张贴板一块，多媒体教学设备一套。
2. 个人防护用品、用具，汽车常用维修设备和工具。
3. 装用卡罗拉发动机的汽车一辆。
4. 卡罗拉发动机数台。
5. 汽车维修专用工具及辅料：SST 09205－16010、量缸表、螺旋测微器、精密直尺和测隙规、直六角扳手、刷子及清洗溶剂、染色渗透液体、密封胶、黏合剂等。

资料

1. 各汽车公司售后服务网页。
2. 卡罗拉汽车维修手册及电子技术资料。
3. 汽车常用维修、检测设备的使用说明书和安全操作规定。
4. 相关教学视频及教学课件。
5. 教材、笔记本。

二、要求

10 人左右为一组，在教师的指导下，先进行相关知识的学习，再进行 1ZR-FE 发动机机体组的拆卸、检修训练，最后按规定要求进行装配。在教学过程中，可将学生分成 2～3 人一小组，每小组学生针对一台发动机进行学习，教师针对几台发动机同时进行教学。教师现场指导并适时组织学生进行点评、小结。

三、相关知识学习

（一）机体组的认知

1. 机体组的组成。机体组由汽缸体、汽缸盖和汽缸垫等机件组成，如图 5-5 所示。

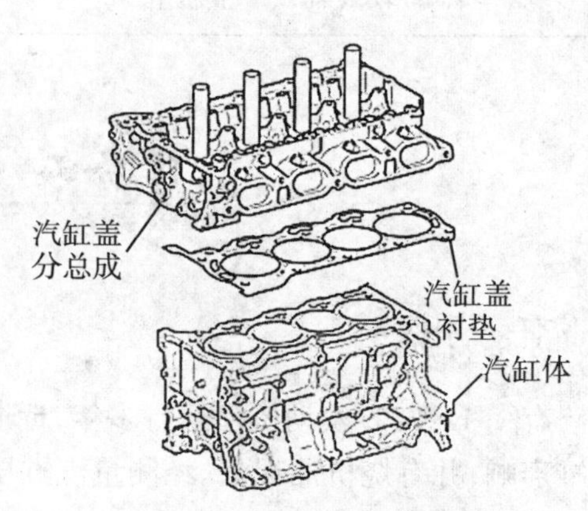

图 5-5　机体组的组成

2. 汽缸体。汽缸体（或汽缸套）与曲轴箱制成一体，一般由灰铸铁或铝合金铸成。

（1）汽缸类型。汽缸有直接加工和镶汽缸套两种。为了节省贵金属材料，降低成本，方便维修，现代汽车广泛采用镶入汽缸套的方法。为了提高汽缸表面的耐磨性，目前已经有采用等离子或激光表面处理的缸套。

汽缸套分为干式缸套和湿式缸套 2 种。

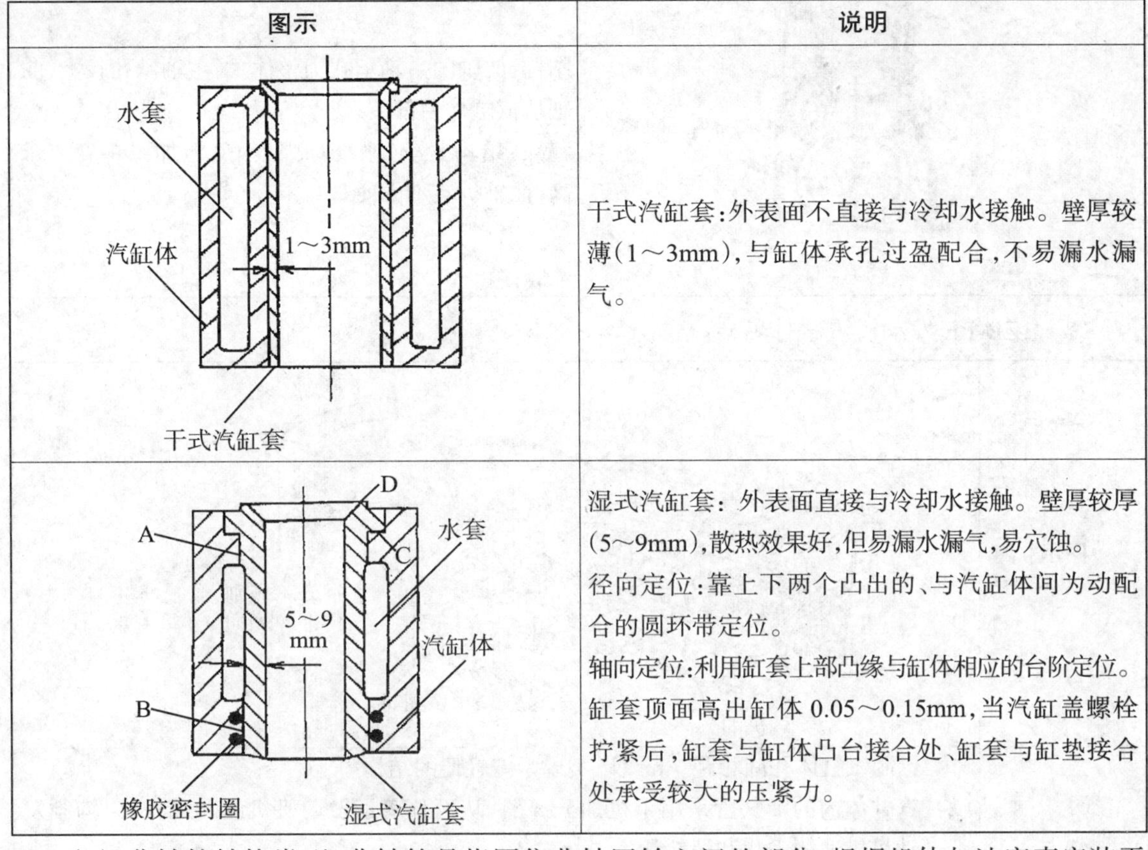

图示	说明
水套 汽缸体 1～3mm 干式汽缸套	干式汽缸套：外表面不直接与冷却水接触。壁厚较薄（1～3mm），与缸体承孔过盈配合，不易漏水漏气。
D A 水套 C 5～9 mm 汽缸体 B 橡胶密封圈 湿式汽缸套	湿式汽缸套：外表面直接与冷却水接触。壁厚较厚（5~9mm），散热效果好，但易漏水漏气，易穴蚀。 径向定位：靠上下两个凸出的、与汽缸体间为动配合的圆环带定位。 轴向定位：利用缸套上部凸缘与缸体相应的台阶定位。缸套顶面高出缸体 0.05～0.15mm，当汽缸盖螺栓拧紧后，缸套与缸体凸台接合处、缸套与缸垫接合处承受较大的压紧力。

（2）曲轴箱结构类型。曲轴箱是指围住曲轴回转空间的部分。根据机体与油底壳安装平面的位置不同，机体通常分为一般式、龙门式、隧道式 3 种类型。

图示	说明
一般式	结构：油底壳安装平面和曲轴旋转中心在同一高度。 特点：刚度和强度较差，曲轴易漏油。
龙门式	结构：油底壳安装平面低于曲轴的旋转中心。 特点：强度和刚度都好，但结构笨重。

图示	说明
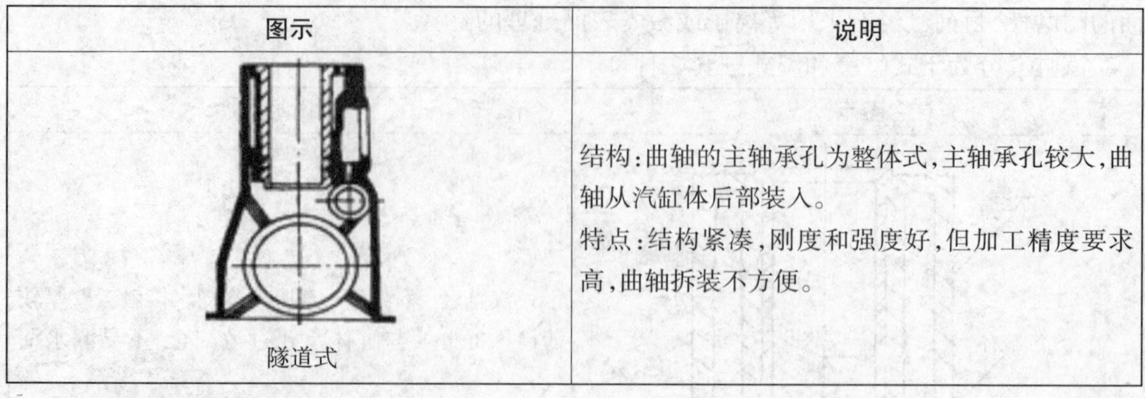 隧道式	结构：曲轴的主轴承孔为整体式，主轴承孔较大，曲轴从汽缸体后部装入。 特点：结构紧凑，刚度和强度好，但加工精度要求高，曲轴拆装不方便。

（3）1ZR-FE 发动机汽缸体特点。

图示	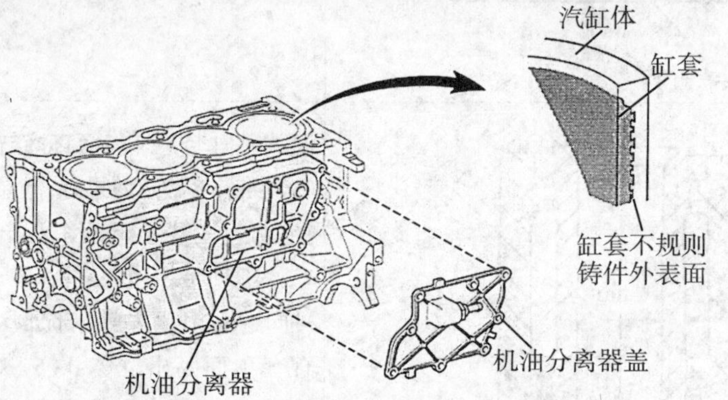 汽缸体 缸套 缸套不规则铸件外表面 机油分离器盖 机油分离器
特点	（1）铝制汽缸体孔间相距 7mm，以实现紧凑轻便的结构。 （2）汽缸体内的蹿气管采用了机油分离器，从而分离了发动机机油和蹿气，以抑制发动机机油的劣化和消耗量。 （3）带此缸套的汽缸体不能进行镗缸。缸内有刺状突起，大面积的不规则铸件外表面可加强缸套和铝缸体间的附着力，利于散热、降低整体温度及减小汽缸孔热变形。
图示	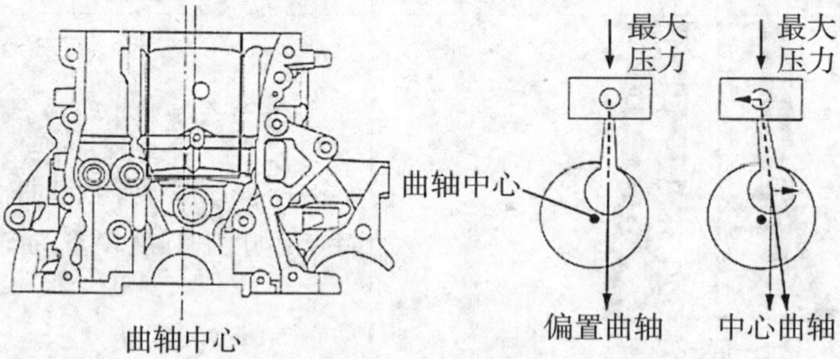 最大压力 最大压力 曲轴中心 曲轴中心 偏置曲轴 中心曲轴
特点	采用偏置曲轴，使缸孔中心与曲轴中心相比向进气道移动了 8mm，因此当施加最大压力时汽缸壁所受侧压力减小，提高了燃油经济性。

3. 汽缸盖。用来封闭汽缸上部，并与活塞顶部和汽缸壁共同构成燃烧室。常见的缸盖材料有铸铁、铝合金，轿车汽油机多采用铝合金汽缸盖。

（1）汽缸盖结构。

图示	说明
	汽缸盖的结构取决于发动机的冷却方式、每缸气门数、凸轮轴位置、进排气道及燃烧室形状等。 汽缸盖上有气门座、气门导管孔、进排气通道、润滑油道等，内部铸有冷却水套。

（2）汽油机燃烧室类型。为了保证发动机具有良好的动力性、经济性，对汽油机燃烧室有较高的要求。通常要求其结构紧凑，冷却面积小，有良好的进气、挤气涡流。常见的燃烧室类型如下：

图示	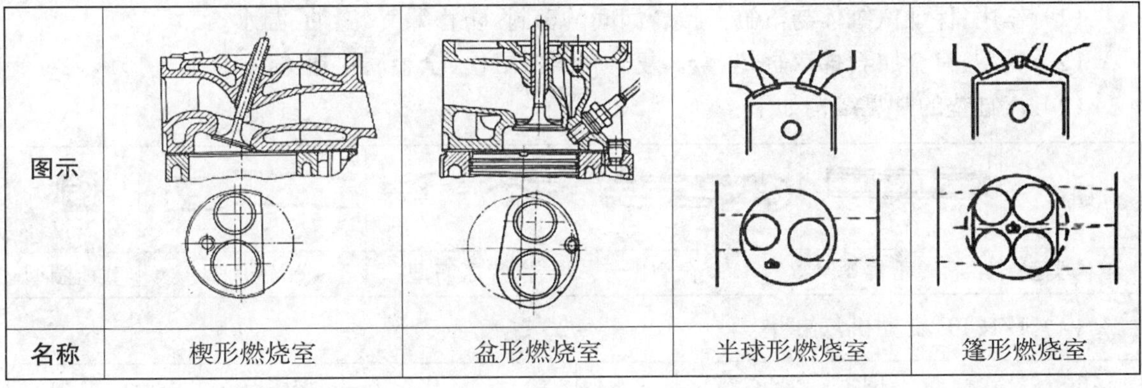			
名称	楔形燃烧室	盆形燃烧室	半球形燃烧室	篷形燃烧室

（3）1ZR-FE 发动机汽缸盖。

图示	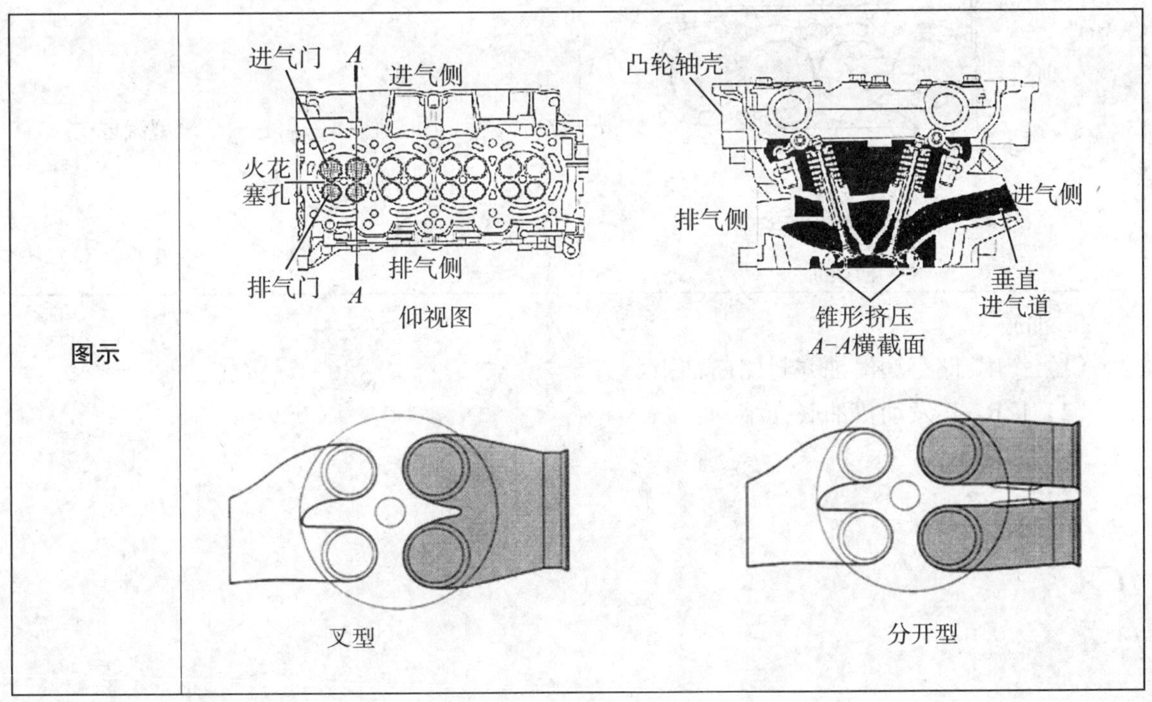

特点	(1) 将凸轮轴壳与汽缸盖分离,简化了汽缸盖结构。 (2) 铝制汽缸盖包含篷形燃烧室。火花塞位于燃烧室的中央以提高发动机的抗爆震性能。 (3) 缩小了进气门和排气门的夹角,并设定为 29°以形成紧凑的汽缸盖。 (4) 采用 M12 螺纹尺寸的火花塞以增大进气门和排气门直径,从而提高了进气和排气效率。 (5) 用垂直式进气道以提高进气效率。 (6) 采用锥形挤压式结构以提高抗爆震性能和进气效率。 (7) 汽缸盖装有长喷嘴型燃油喷油器以缩短从燃油喷油器到进气门的距离,从而防止了燃油附着于进气道壁,且减少了 HC 废气排放。 (8) 采用叉型进气道以减少进气道壁的总表面面积,因此可防止燃油附着于进气道壁上,从而减少了 HC 废气排放。

4. 汽缸垫。

(1) 作用:保证汽缸体与汽缸盖接合面间的密封,防止漏气、漏油、漏水。

(2) 类型:有金属石棉汽缸垫、金属复合材料汽缸垫、全金属衬垫等。

(3) 汽缸垫的常见结构如下:

图示					
结构类型	金属石棉型	复合型	钢片压筋型	平钢片型	载荷圈型

(4) 1ZR-FE 发动机汽缸垫。

图示	说明
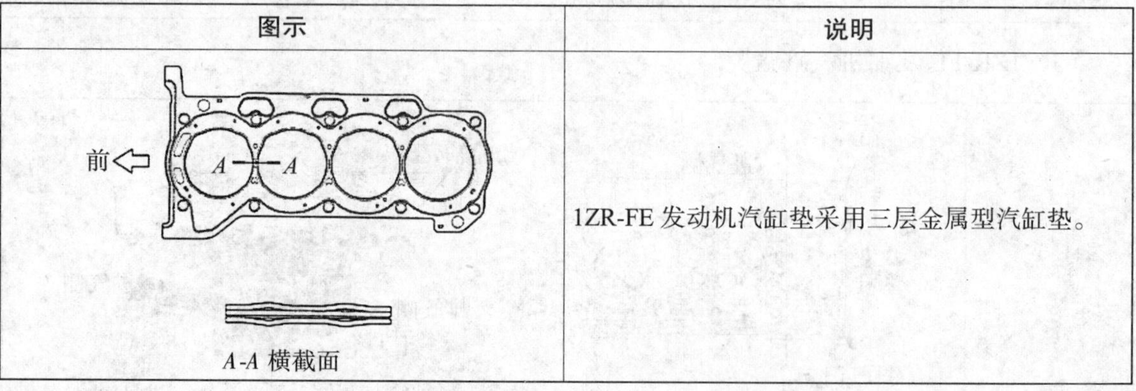	1ZR-FE 发动机汽缸垫采用三层金属型汽缸垫。

5. 油底壳。

(1) 作用:储存润滑油并封闭曲轴箱。

(2) 1ZR-FE 发动机油底壳结构。

图示	说明
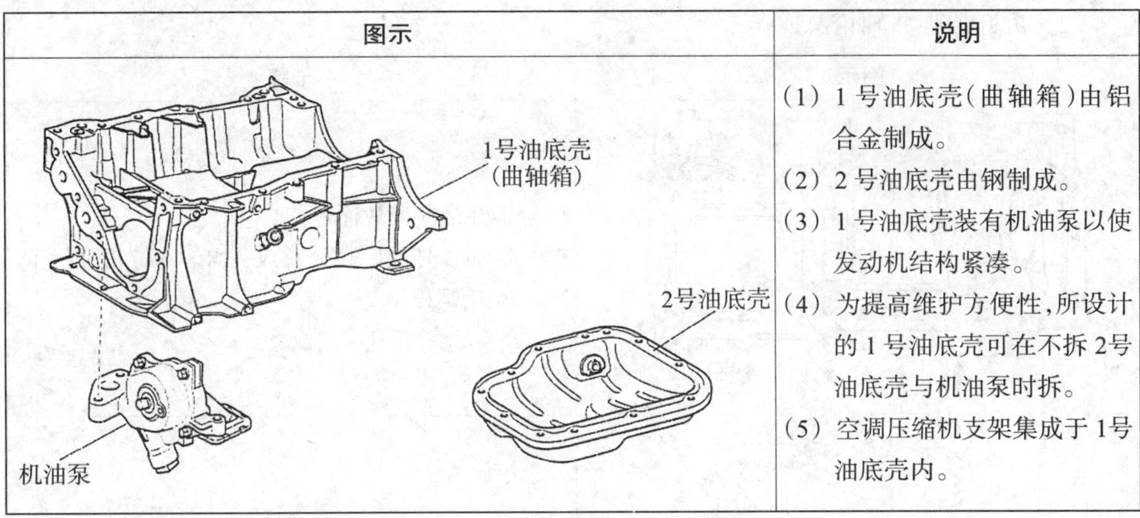	(1) 1 号油底壳(曲轴箱)由铝合金制成。 (2) 2 号油底壳由钢制成。 (3) 1 号油底壳装有机油泵以使发动机结构紧凑。 (4) 为提高维护方便性,所设计的 1 号油底壳可在不拆 2号油底壳与机油泵时拆。 (5) 空调压缩机支架集成于 1号油底壳内。

(二)机体组的检修

1. 机体组的常见耗损及危害见表 5–1。

表 5–1　机体组的常见耗损及危害

名称	耗损	危害
汽缸体	汽缸体变形	影响接合面之间的密封性
	汽缸磨损	产生敲缸响、活塞与汽缸之间密封不良
汽缸盖	缸盖变形	影响接合面之间的密封性
	缸盖裂纹	漏水、漏气
汽缸垫	烧蚀	燃烧室密封不良,漏气、漏水、漏油
汽缸螺栓	磨损	影响螺栓拧紧扭矩

2. 机体组的拆卸。

(1) 拆卸汽缸盖。

图示	步骤
	按图示顺序,用 10mm 的双六角扳手,分几步均匀地松开并拆下 10 个汽缸盖螺栓和 10 个平垫圈。
	(1) 使用头部缠有胶带的螺丝刀,撬动汽缸盖和汽缸体之间的部位,拆下汽缸盖。 (2) 拆卸汽缸垫。

（2）拆卸加强曲轴箱总成。

图示	步骤
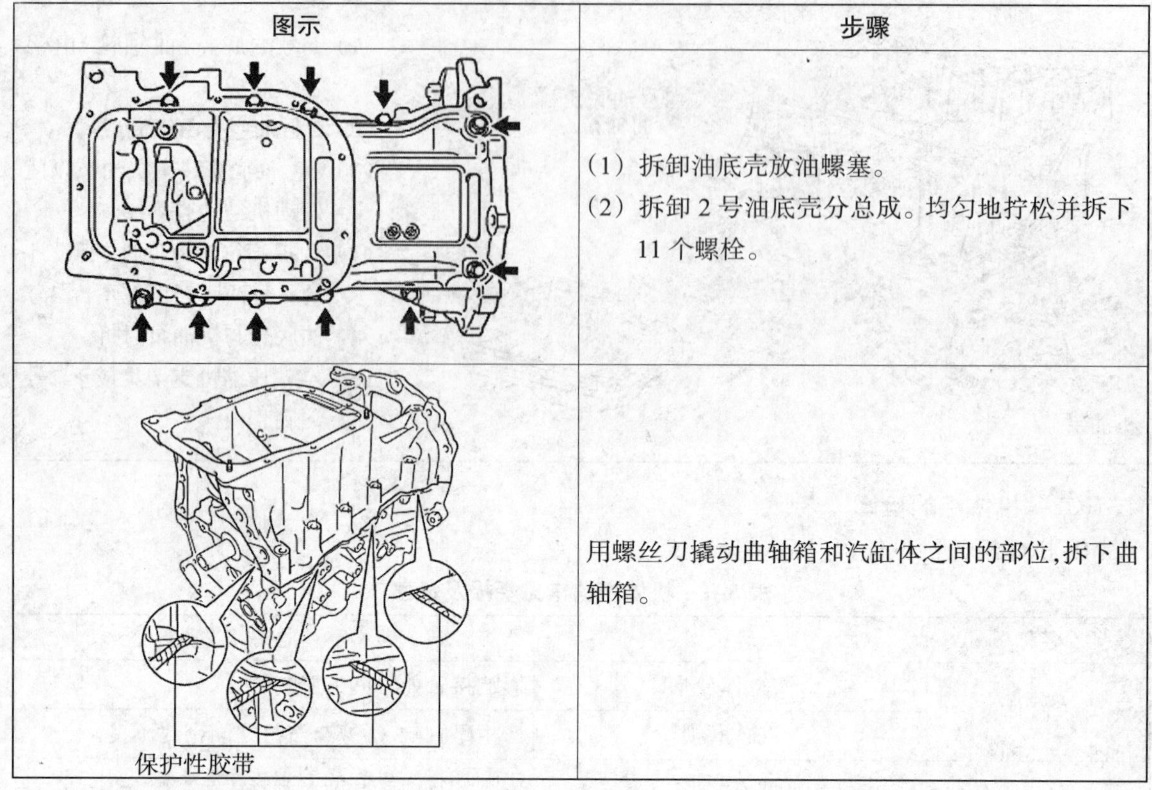	（1）拆卸油底壳放油螺塞。 （2）拆卸 2 号油底壳分总成。均匀地拧松并拆下 11 个螺栓。
	用螺丝刀撬动曲轴箱和汽缸体之间的部位，拆下曲轴箱。

3. 机体组的检修。

（1）汽缸体的检修。

①汽缸的磨损特点。

a. 汽缸的磨损是不均匀的，正常磨损时，在汽缸轴线方向上呈上大下小的不规则锥形磨损。

b. 在第一道活塞环上止点顶边稍下处磨损最大。非正常的磨损特点如下：

* 在断面上的磨损呈不规则的椭圆形，一般是前后或左右方向磨损最大。

* 各缸的磨损程度也不一致。通常位于发动机两端的汽缸，因其冷却强度大，磨损量往往比中部的汽缸略大。

各种原因引起的汽缸磨损如图 5–6 所示。

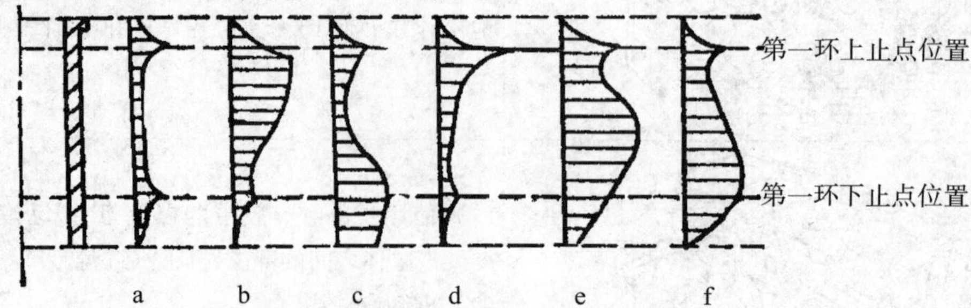

a. 正常磨损　b. 磨料（尘埃、积炭）磨损　c. 磨料（机油中磨粒）磨损　d. 熔着磨损
e. 腐蚀磨损（低温启动频繁）　f. 腐蚀磨损（冷却液温太低）

图 5–6　各种原因引起的汽缸磨损

②汽缸磨损的测量。

a. 汽缸的圆度误差及圆柱度误差。

图示	量缸表	测量部位：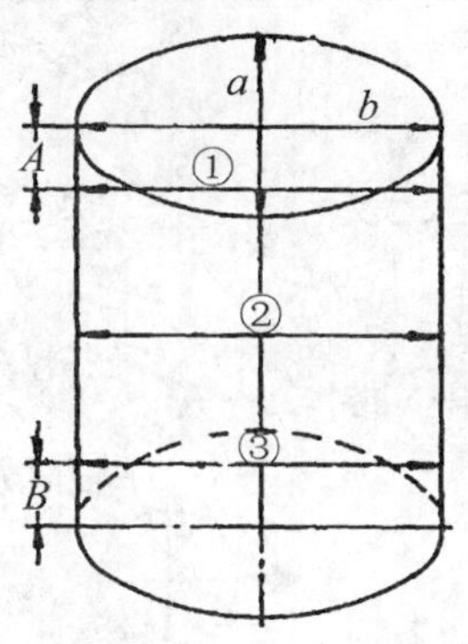
误差表示	汽缸的磨损用圆度误差、圆柱度误差来表示。 汽缸的圆度误差：在同一断面上测得的最大直径与最小直径差值的一半，即为该断面的圆度误差。 把上、中、下三个断面上的最大圆度误差作为该缸的圆度误差。 汽缸的圆柱度误差：把上、中、下三个断面上测得的最大直径与最小直径差值的一半作为该缸的圆柱度误差。 用量缸表测量时，测量的部位(图中 A、B)处要符合要求。 在实际测量时，每个断面只测前后、左右两个直径。 当汽缸磨损超过允许的限度时，可视需要修理汽缸、更换缸套或直接更换缸体。	

b. 量缸表的使用方法。

图示	使用方法
	（1）按被测汽缸的标准尺寸选择合适的接杆，装上后，暂不拧紧固定螺母。 （2）把外径千分尺调到被测汽缸的标准尺寸，将装好的量缸表放入千分尺。 （3）稍微旋动接杆，使量缸表指针转动约 2mm，使指针对准刻度零处，扭紧接杆的固定螺母。为使测量正确，重复校零一次。 （4）使用量缸表时，一手拿住隔热套，另一手托住管子下部靠近本体的地方。 （5）将校对后的量缸表活动测杆在平行于曲轴轴线方向和垂直于曲轴轴线方向，沿汽缸轴线方向上、中、下取 3 个位置。 （6）测量时，使量缸表的活动测杆同汽缸轴线保持垂直，才能测量准确。 注意：测量时，必须使量缸表与汽缸的轴线保持垂直。应前后摆动量缸表，指针指示到最小数字时，即表示量杆与汽缸轴线垂直，此读数为标准读数。当大指针顺时针方向离开“0”位时，表示汽缸直径小于标准尺寸的缸径；若逆时针方向离开“0”位时，表示汽缸直径大于标准尺寸的缸径。

c. 1ZR-FE 发动机汽缸测量。

图示	测量方法
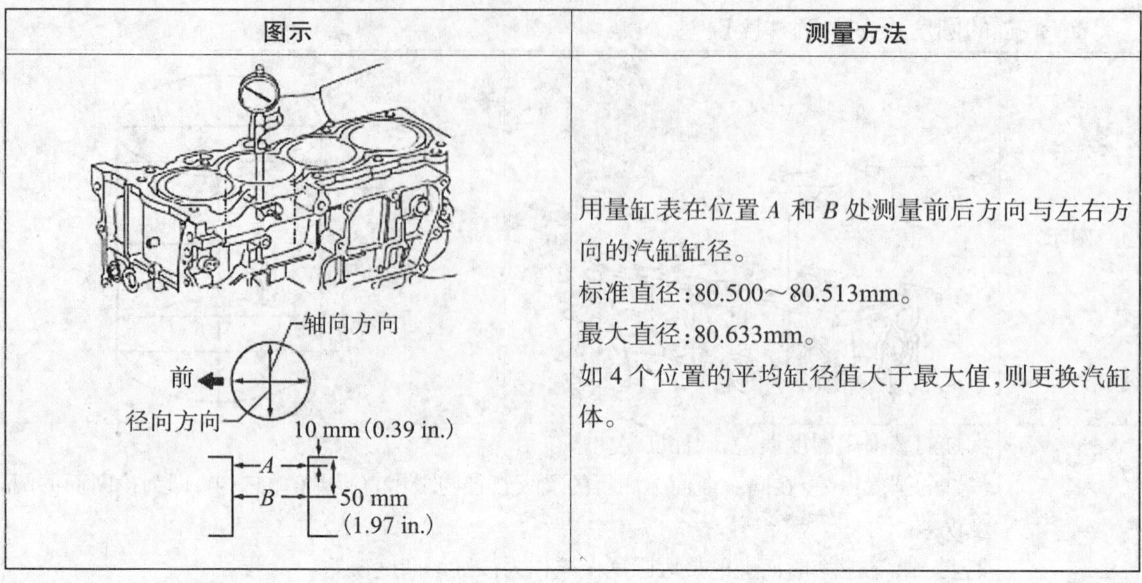	用量缸表在位置 *A* 和 *B* 处测量前后方向与左右方向的汽缸缸径。 标准直径：80.500～80.513mm。 最大直径：80.633mm。 如 4 个位置的平均缸径值大于最大值，则更换汽缸体。

③1ZR-FE 发动机汽缸体翘曲度的检查。

图示	检查方法
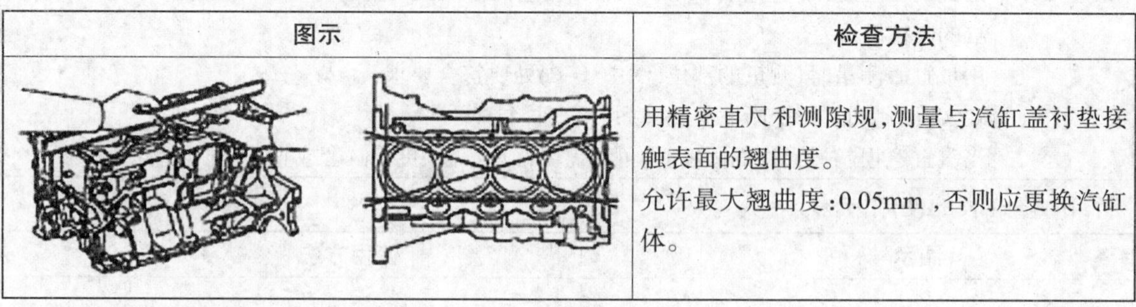	用精密直尺和测隙规，测量与汽缸盖衬垫接触表面的翘曲度。 允许最大翘曲度：0.05mm，否则应更换汽缸体。

（2）汽缸盖的检修。

①汽缸盖平面度的检查。

图示	检查方法
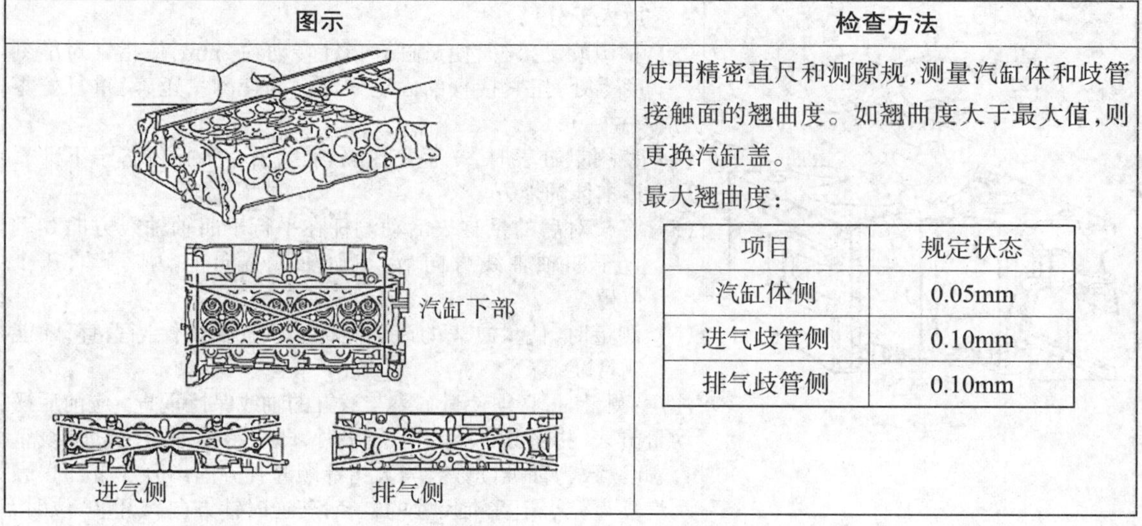	使用精密直尺和测隙规，测量汽缸体和歧管接触面的翘曲度。如翘曲度大于最大值，则更换汽缸盖。 最大翘曲度：

项目	规定状态
汽缸体侧	0.05mm
进气歧管侧	0.10mm
排气歧管侧	0.10mm

②检查汽缸盖是否有裂纹。

图示	检查方法
	用染色渗透法检查进气口、排气口以及汽缸体表面是否有裂纹。如有裂纹，则更换汽缸盖。

（3）汽缸垫的检修。

①汽缸垫常见损伤部位。

图示	损伤部位
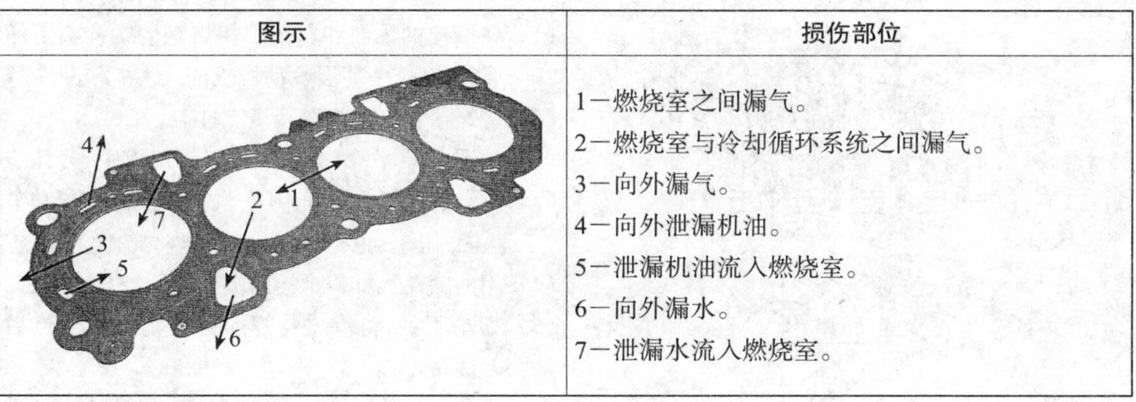	1—燃烧室之间漏气。 2—燃烧室与冷却循环系统之间漏气。 3—向外漏气。 4—向外泄漏机油。 5—泄漏机油流入燃烧室。 6—向外漏水。 7—泄漏水流入燃烧室。

②汽缸垫常见损伤分析见表 5–2。

表 5–2　汽缸垫常见损伤分析

现象	原因
冷却液大量损耗	由于汽缸垫损坏，冷却液进入燃烧室
冷却液大量损耗，从排气管中排出白色废气烟雾	大量冷却水进入燃烧室蒸发并以白色蒸汽形式从排气管排出
补液罐打开时有气泡从冷却液中冒出	燃烧气体受压进入冷却系统内，可闻及系统内有废气气味
冷却液表面呈彩色	机油从润滑循环系统进入冷却系统
拔出的机油标尺上附有一层浅灰色乳液，机油中混进了水泡	冷却液进入了机油循环系统

4. 机体组的装配。

安装时应注意清洁和润滑工作，按与以上拆卸相反的顺序进行。

相关零件安装步骤介绍如下：

（1）汽缸垫的安装。

图示	安装方法
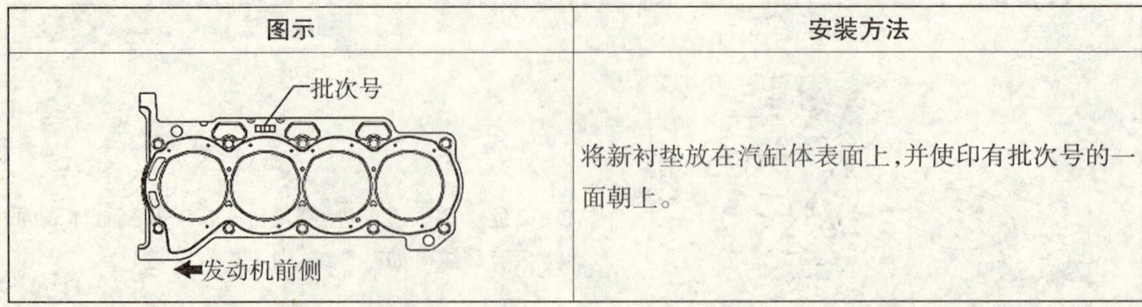	将新衬垫放在汽缸体表面上，并使印有批次号的一面朝上。

注意：

①清除接触面的所有机油。

②确保衬垫按正确的方向安装。

（2）安装汽缸盖总成。

图示	步骤
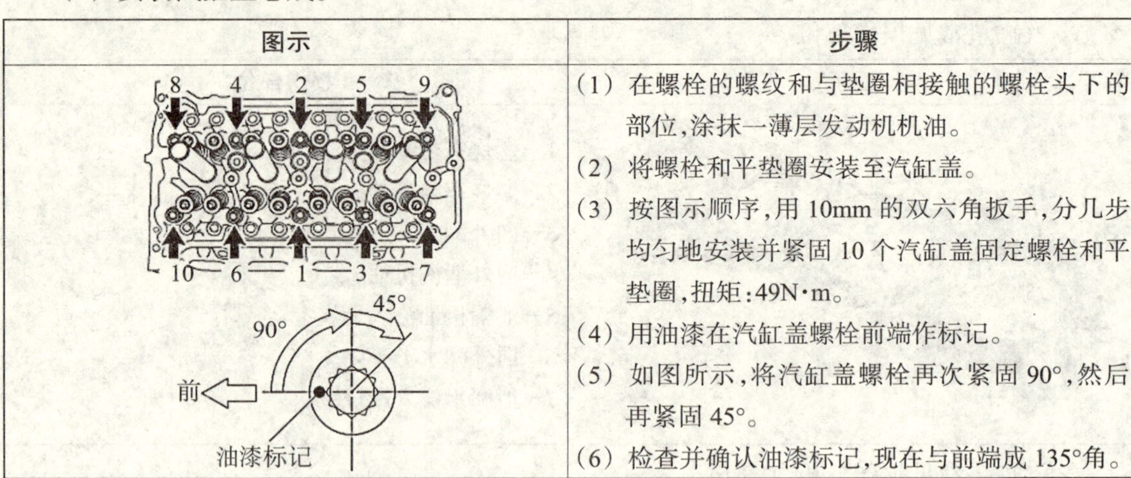	（1）在螺栓的螺纹和与垫圈相接触的螺栓头下的部位，涂抹一薄层发动机机油。 （2）将螺栓和平垫圈安装至汽缸盖。 （3）按图示顺序，用 10mm 的双六角扳手，分几步均匀地安装并紧固 10 个汽缸盖固定螺栓和平垫圈，扭矩：49N·m。 （4）用油漆在汽缸盖螺栓前端作标记。 （5）如图所示，将汽缸盖螺栓再次紧固 90°，然后再紧固 45°。 （6）检查并确认油漆标记，现在与前端成 135°角。

任务三　活塞连杆组的检修

任务引入

有一 1ZR-FE 发动机在运行中发现动力下降，油耗增加，怠速不稳，测量汽缸压力时发现个别汽缸的汽缸压力过低，经拆检后发现个别汽缸的活塞环密封不良，通过维修技师更换活塞环后发动机恢复正常。

任务分析

通过本任务的学习，能完成活塞连杆组的拆装，能识别活塞连杆组的零部件，能说出活塞连杆组主要机件的结构原理，能对活塞连杆组的主要机件进行检修。

任务实施

一、准备

场地/用具、设备

1. 车间或模拟车间中留10人左右用的实习场地一块，对应数量的课桌椅，白板或张贴板一块，多媒体教学设备一套。
2. 个人防护用品、用具，汽车常用维修设备和工具。
3. 装用卡罗拉发动机的汽车一辆。
4. 卡罗拉发动机数台。
5. 汽车维修专用工具：SST 09205－16010、活塞环扩张器、活塞环压缩器、连杆校正仪、游标卡尺、螺旋测微器、百分表及支架、测隙规、测径规、塑料间隙规、铰刀、衬垫刮刀、刷子、螺丝刀、塑料锤、铜棒等工量具。

资料

1. 各汽车公司售后服务网页。
2. 卡罗拉汽车维修手册及电子技术资料。
3. 汽车常用维修、检测设备的使用说明书和安全操作规定。
4. 相关教学视频及教学课件。
5. 教材、笔记本。

二、要求

10人左右为一组，在教师的指导下，先进行相关知识的学习，再进行1ZR-FE发动机活塞连杆组的拆卸、检修，最后按规定要求进行装配。在教学过程中，可将学生分成2～3人一小组，每小组学生针对一台发动机进行学习，教师针对几台发动机同时进行教学。教师现场指导并适时组织学生进行点评、小结。

三、相关知识学习

（一）活塞连杆组结构的认知

1. 活塞连杆组组成。

典型活塞连杆组由活塞、活塞环、活塞销、连杆等机件组成，如图5–7所示。

功用：

①与汽缸盖、汽缸壁等共同组成燃烧室。

②承受气体压力，并将此力传给连杆，以推动曲轴旋转。

工作环境：

①高温：散热条件差，顶部工作温度高达600～700K，且分布不均匀。

②高速：线速度达到10m/s，承受很大的惯性力。

③高压：活塞顶部承受最高可达3～5MPa（汽油机）的压力。

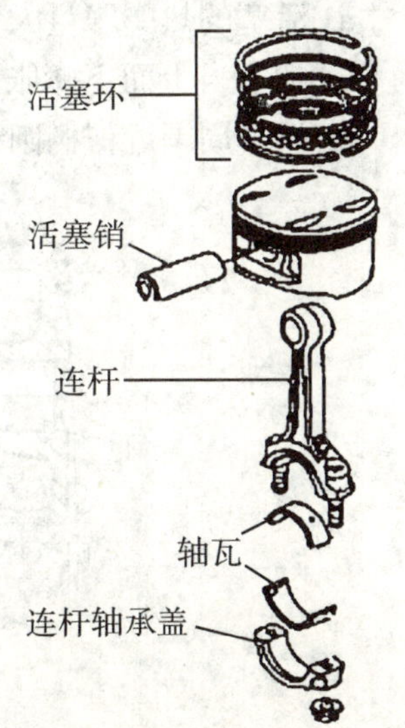

图5–7　典型活塞连杆组

2. 活塞。

（1）活塞的结构。

图示	结构
活塞顶 环槽 活塞销座 活塞裙部	活塞顶部：燃烧室的组成部分，主要用于承受气体压力。 活塞头部：第一道活塞环槽与活塞销孔之间的部分。安装活塞环，与活塞环一起密封汽缸，将顶部吸收的热量通过活塞环传给汽缸壁。 活塞裙部：从油环槽下端面起至活塞最下端的部分，包括销座孔。其对活塞在汽缸内的往复运动起导向作用，并承受侧压力。

（2）活塞顶部形状。

图示	平顶活塞	凹顶活塞	凸顶活塞	成型顶活塞
说明	应力分布较均匀，多用在汽油机上。	有利于可燃混合气的燃烧，提高压缩比，防止活塞碰气门。	顶部强度高，有利于改善换气过程。	便于混合气的混合与燃烧。

（3）活塞的变形。

①变形原因：热膨胀、侧向力和气体力的作用，如图 5-8 所示。

②变形规律：

a. 活塞的热膨胀量大于汽缸的膨胀量，使配缸间隙变小。

b. 活塞自上而下膨胀量由大而小。

c. 裙部周围近似椭圆形变化，长轴沿销座孔轴线方向。

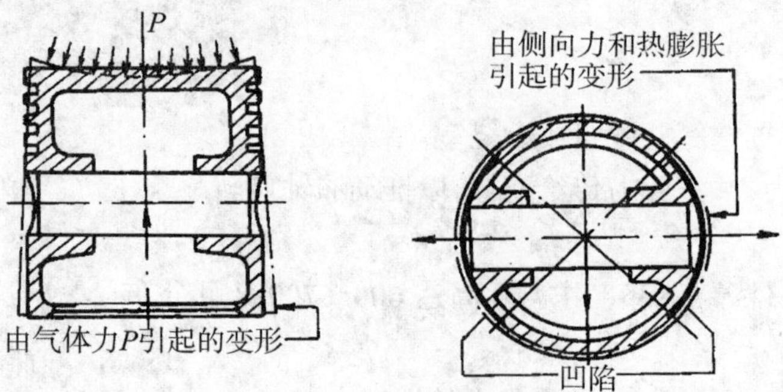

图 5-8　活塞变形的原因

（4）活塞变形采取的相应措施。

图示	措施
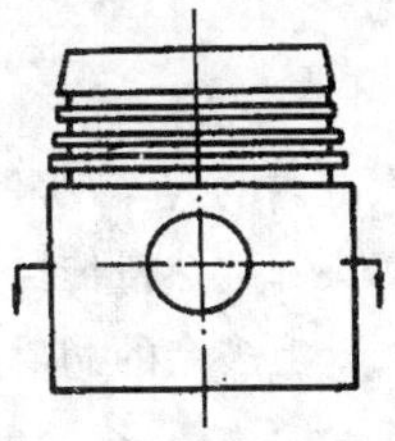 活塞的梯形结构	活塞纵断面制成上小下大的截锥形或阶梯形。
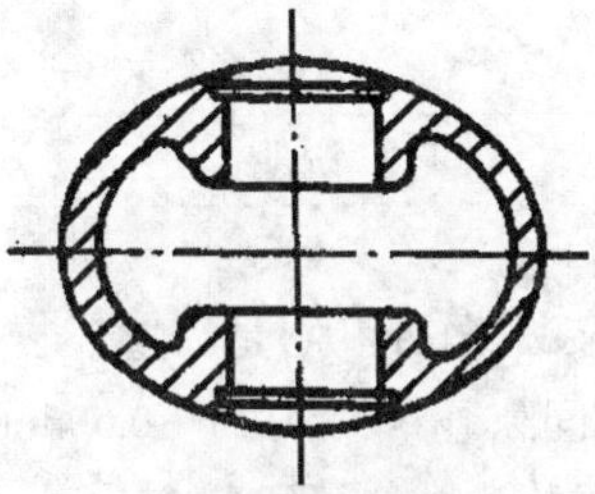 活塞的椭圆结构	活塞裙部制成椭圆形（长轴垂直于销座孔轴线方向），销座处凹陷 0.5～1.0mm。
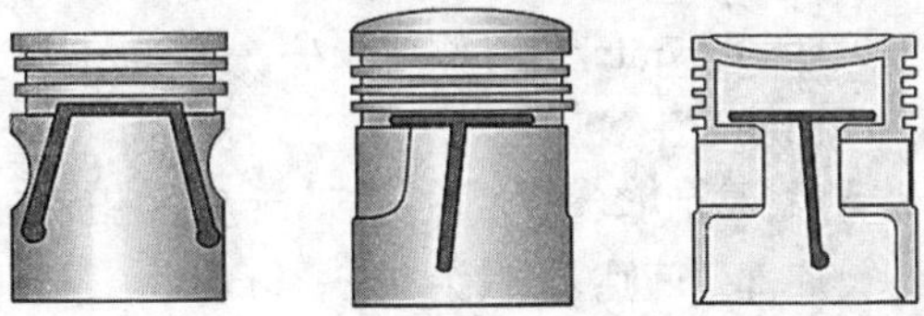 Ⅱ形槽　裙部开槽　T形槽	汽油机活塞的裙部开横槽（隔热槽）、竖槽（膨胀槽）。柴油机一般不开。
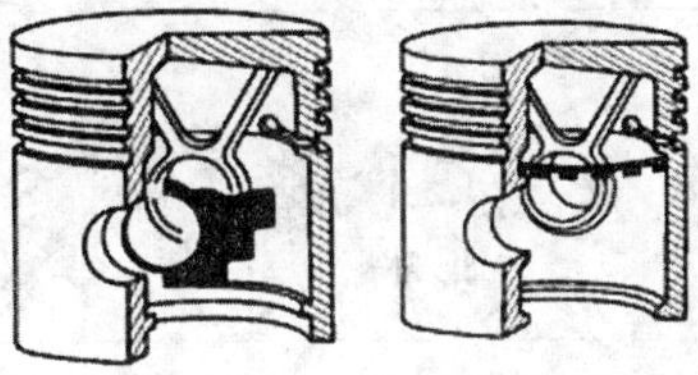	采用双金属活塞：在销座孔中镶铸了线膨胀系数仅为铸铝 1/10 的“恒范钢片”。
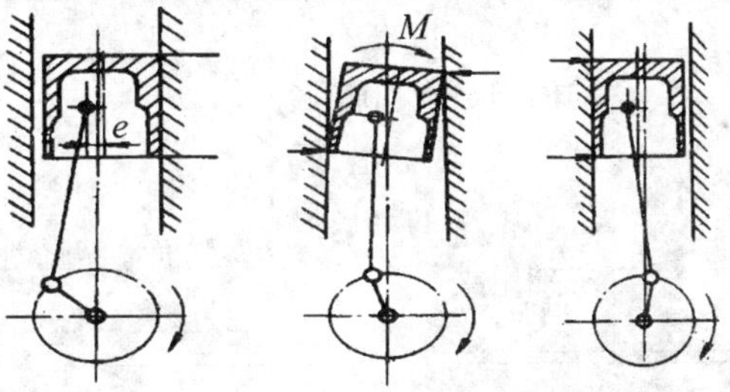 *e*　*M*	采用偏置销座：活塞销座孔中心线向承受做功侧压力的一面偏移 1～2mm，减轻活塞换向时对汽缸壁的敲击。

3．活塞环。活塞环是具有弹性的开口环，分为气环和油环。

材料：多采用合金铸铁、粉末冶金、金属陶瓷等材料。对于强化发动机，则用球墨铸铁，以加强环的强度和冲击韧性。

（1）作用。

图示	说明
第一道气环　标记　标记　第二道气环　隔环　油环	（1）密封：防止汽缸内的气体蹿入油底壳。 （2）传热：将活塞头部的热量传给汽缸壁。 （3）刮油：将汽缸壁上多余的润滑油刮下来。

（2）活塞环的"三隙"。

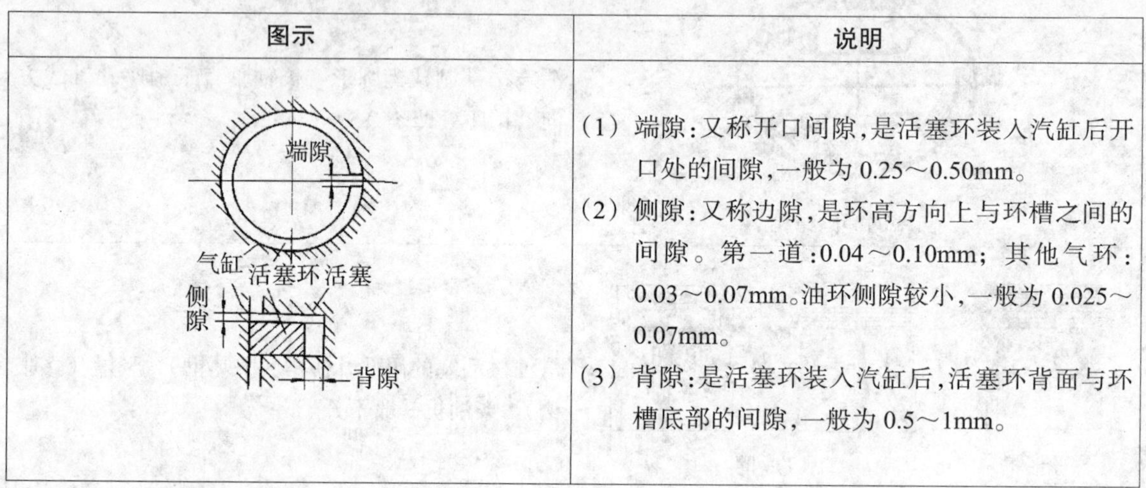

图示	说明
端隙　气缸　活塞环　活塞　侧隙　背隙	（1）端隙：又称开口间隙，是活塞环装入汽缸后开口处的间隙，一般为0.25～0.50mm。 （2）侧隙：又称边隙，是环高方向上与环槽之间的间隙。第一道：0.04～0.10mm；其他气环：0.03～0.07mm。油环侧隙较小，一般为0.025～0.07mm。 （3）背隙：是活塞环装入汽缸后，活塞环背面与环槽底部的间隙，一般为0.5～1mm。

（3）气环的断面形状。

图示	矩形环	锥面环	梯形环	桶形环
作用	加工方便，活塞散热好，但易产生"泵油"作用。	与缸壁线接触，有利于磨合及密封。	活塞在缸内左右换向时，环的侧隙、背隙会发生变化，易将环槽中的结胶物清理出来。	活塞上下运动时都能与缸壁形成楔形空间，有利于油膜的形成。环与缸壁为弧面接触，密封性好，磨合性好。

图示	扭曲环　矩形环受力情况（F_1 F_2）　外切口扭曲环扭转力偶（M F_1 F_2）　内切口扭曲环扭转力偶（M F_1 F_2）
作用	在矩形环的内圆上边缘或外圆下边缘切槽或倒角而成。能消除"泵油"作用，环的密封性、磨合性较好，并具有向下刮油作用。

（4）油环的结构。

图示	说明
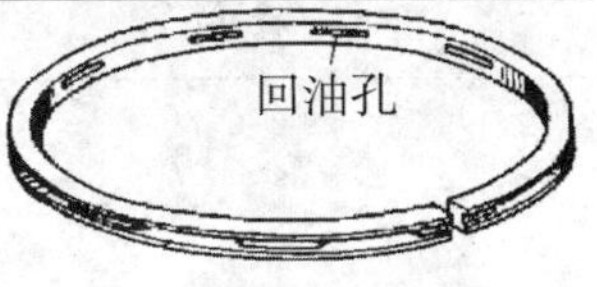 回油孔 普通油环	整体式：其外圆上切有环形槽，槽底开有回油用的小孔或窄槽。
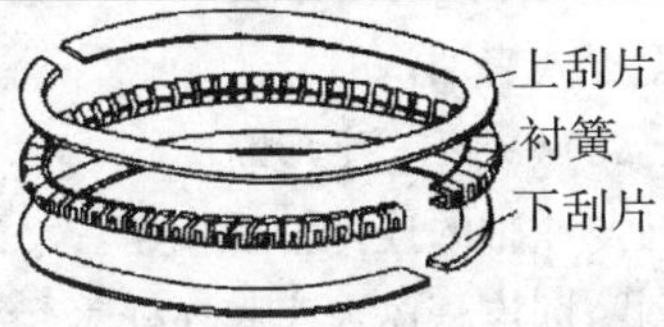 上刮片 衬簧 下刮片 钢带组合油环	组合式：由上下刮油片和产生径向、轴向弹力的衬簧组成。

油环的特点如下：

①密封好。

②无侧隙，不蹿油。

③刮油能力强。因钢片薄，对缸壁比压大。

④上下片可分别动作，适应性好。

⑤回油能力强。

4. 活塞销。

（1）作用：连接活塞和连杆，将活塞承受的气体压力传递给连杆。

（2）结构：用低碳钢或低碳合金钢制成的厚壁管状体。

（3）连接方式。

图示	连接方式
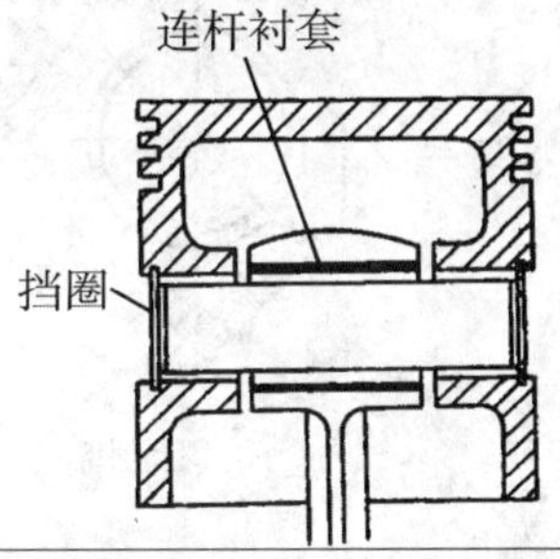 连杆衬套 挡圈	全浮式安装：在冷态时，活塞销与销座孔为过渡配合，而在发动机正常工作温度下，活塞销能在连杆衬套和活塞销座孔中自由转动。 装配时，将活塞放入热水或热机油中加热后，迅速将销装入。
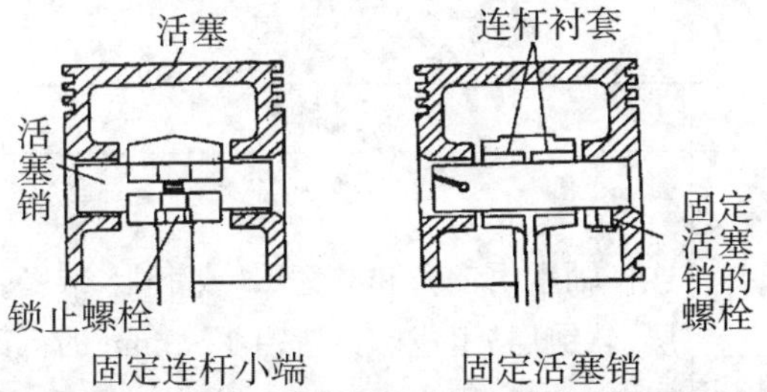 活塞 活塞销 锁止螺栓 固定连杆小端 连杆衬套 固定活塞销的螺栓 固定活塞销	半浮式安装：活塞销相对于连杆小头或相对于销座孔能转动（一般固定连杆小头）。 装配时，加热连杆小头后，将销装入，冷态时为过盈配合。

5. 连杆。

（1）功用：将活塞承受的气体压力传递给曲轴，将活塞的往复运动转变为曲轴的旋转运动。

（2）材料：用优质中碳钢或中碳合金钢锻造而成。

（3）连杆结构。

典型连杆结构	说明
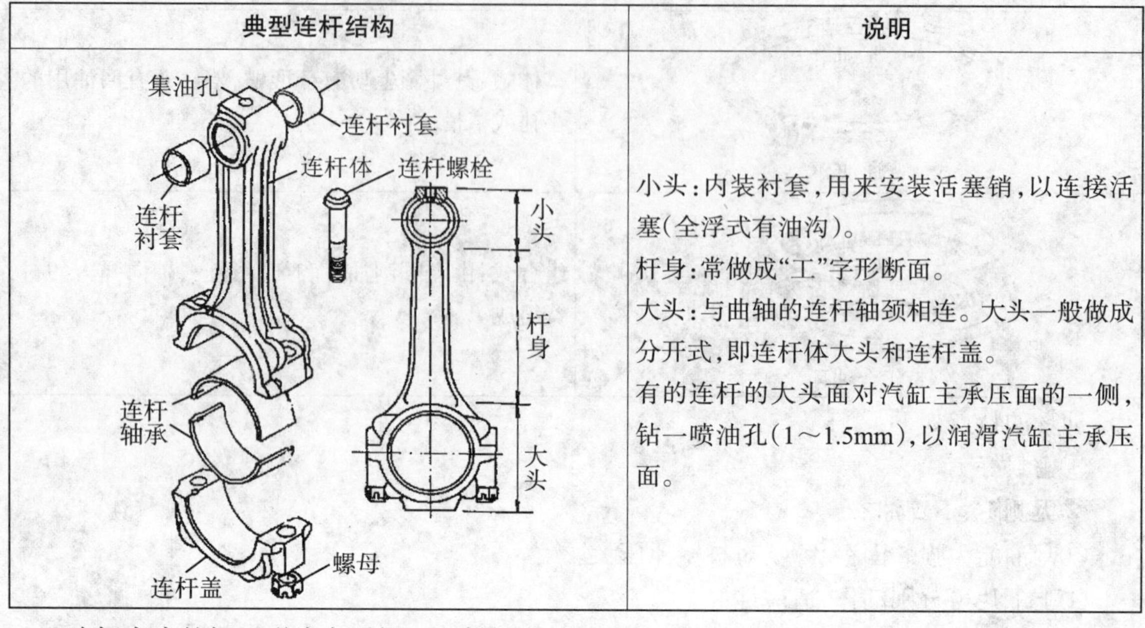	小头：内装衬套，用来安装活塞销，以连接活塞（全浮式有油沟）。 杆身：常做成“工”字形断面。 大头：与曲轴的连杆轴颈相连。大头一般做成分开式，即连杆体大头和连杆盖。 有的连杆的大头面对汽缸主承压面的一侧，钻一喷油孔（1～1.5mm），以润滑汽缸主承压面。

连杆大头的切口形式有平切口和斜切口。

平切口：汽油发动机通常采用平切口，并通过连杆螺栓定位（连杆螺栓的配合部位采用精加工）。

斜切口：柴油发动机通常采用斜切口。

定位方法有：锯齿形定位、套或销定位、止口定位，如图 5-9 所示。

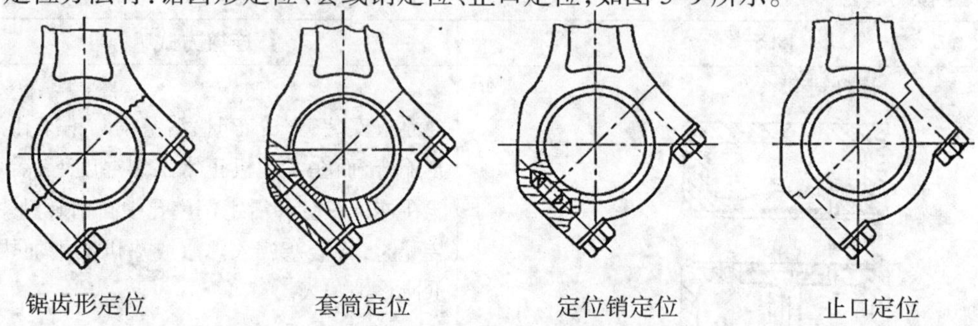

图 5-9　连杆大头的定位方法

6. 连杆轴承。

图示	说明
铝合金衬片 钢背 铅-锡-铜镀层 镀锡板	连杆轴承由钢背和减磨层（或钢背、减磨合金层、软镀层）组成。钢背由 1～3mm 的低碳钢制成。减磨层为 0.3～0.7mm 的减磨合金，层质较软，能保护轴颈。

图示	说明
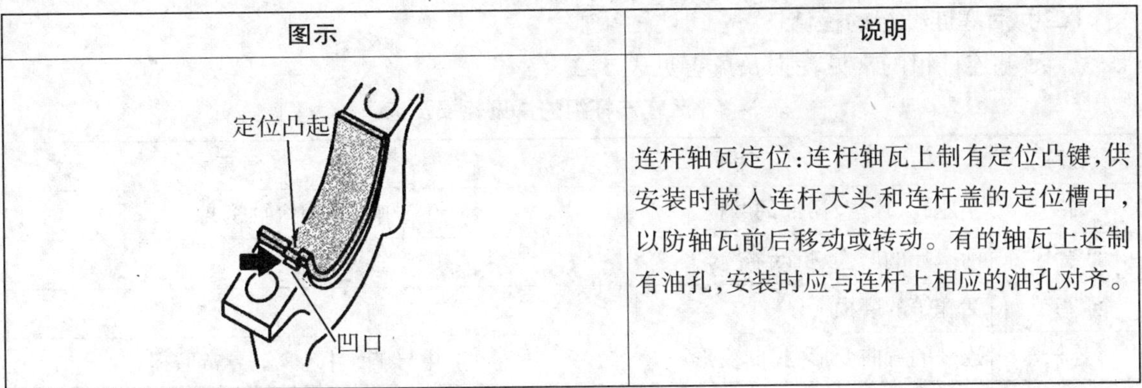	连杆轴瓦定位:连杆轴瓦上制有定位凸键,供安装时嵌入连杆大头和连杆盖的定位槽中,以防轴瓦前后移动或转动。有的轴瓦上还制有油孔,安装时应与连杆上相应的油孔对齐。

7. 1ZR-FE 发动机活塞连杆组的特点。

（1）1ZR-FE 发动机的活塞及活塞环。

图示	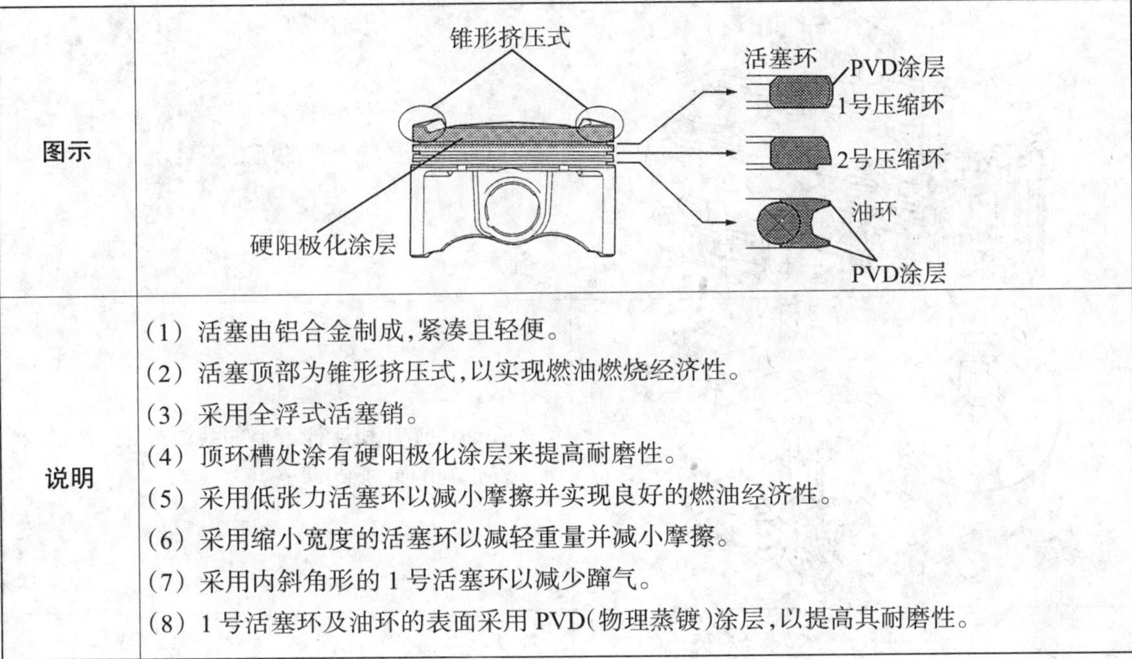
说明	（1）活塞由铝合金制成,紧凑且轻便。 （2）活塞顶部为锥形挤压式,以实现燃油燃烧经济性。 （3）采用全浮式活塞销。 （4）顶环槽处涂有硬阳极化涂层来提高耐磨性。 （5）采用低张力活塞环以减小摩擦并实现良好的燃油经济性。 （6）采用缩小宽度的活塞环以减轻重量并减小摩擦。 （7）采用内斜角形的 1 号活塞环以减少蹿气。 （8）1 号活塞环及油环的表面采用 PVD(物理蒸镀)涂层,以提高其耐磨性。

（2）1ZR-FE 发动机的连杆及轴承。

图示	说明
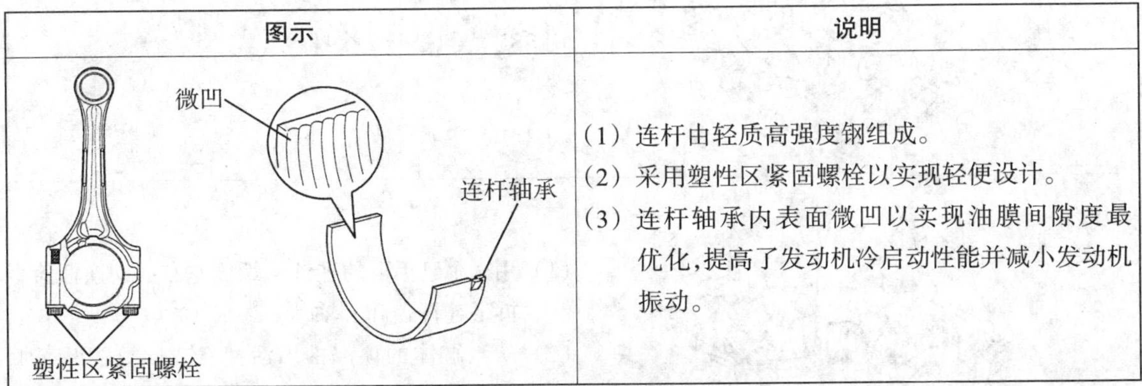	（1）连杆由轻质高强度钢组成。 （2）采用塑性区紧固螺栓以实现轻便设计。 （3）连杆轴承内表面微凹以实现油膜间隙度最优化,提高了发动机冷启动性能并减小发动机振动。

（二）活塞连杆组的检修

1. 活塞连杆组的常见耗损及危害见表 5-3。

表 5-3　活塞连杆组的常见耗损及危害

名称	耗损	危害
活塞	销座孔、环槽、裙部的磨损	产生异响，影响汽缸密封
活塞环	活塞环的磨损、折断、错位	影响汽缸密封
活塞销	活塞销的磨损	产生异响
连杆	连杆的弯曲变形、扭曲变形	产生异响，引起汽缸异常磨损

2. 活塞连杆组的拆卸。

图示	步骤
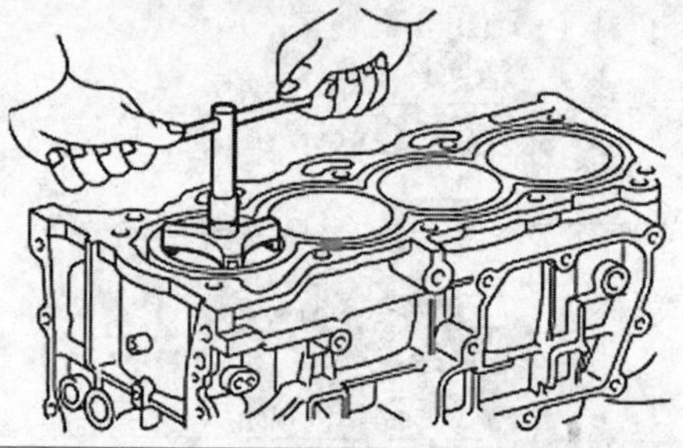	用铰刀去除汽缸壁上部的所有积炭。
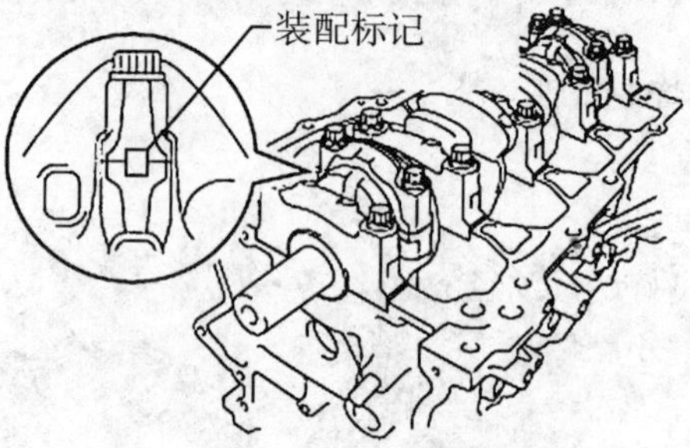 装配标记	检查并确认连杆和连杆盖上的装配标记互相对准以确保正确的重新装配。
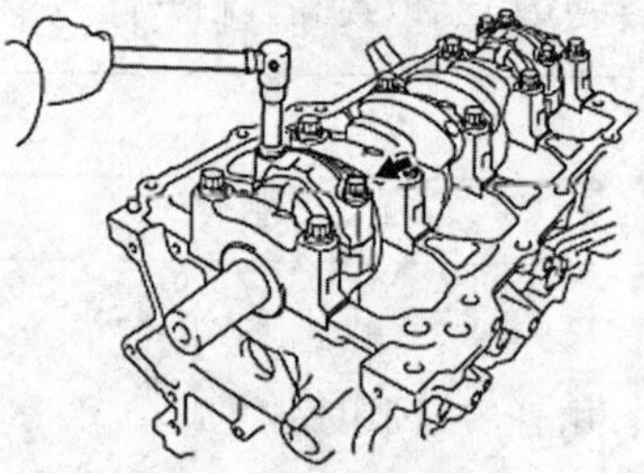	用 SST 均匀松开 2 个螺栓。
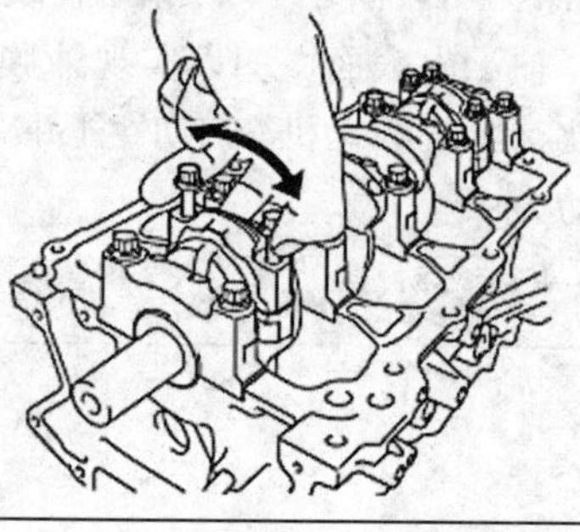	（1）用 2 个已拆下的连杆盖螺栓左右摇动连杆盖，拆下连杆盖和下轴承。 （2）从汽缸体的顶部推出活塞、连杆总成和上轴承，按正确的顺序摆放活塞和连杆总成。

图示	步骤
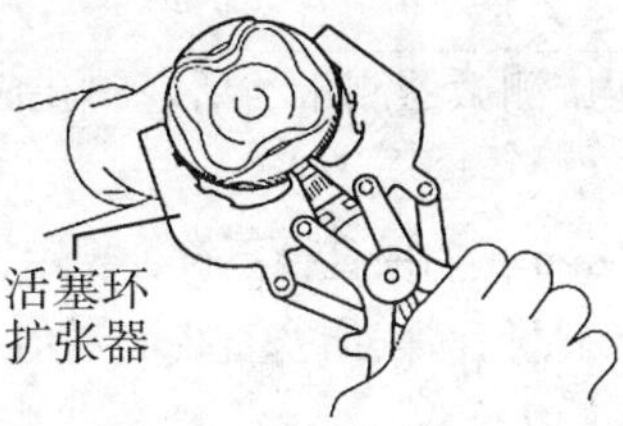 活塞环 扩张器	拆卸活塞环组件：用活塞环扩张器拆下 2 个压缩环,用手拆下油环刮片和油环胀圈。
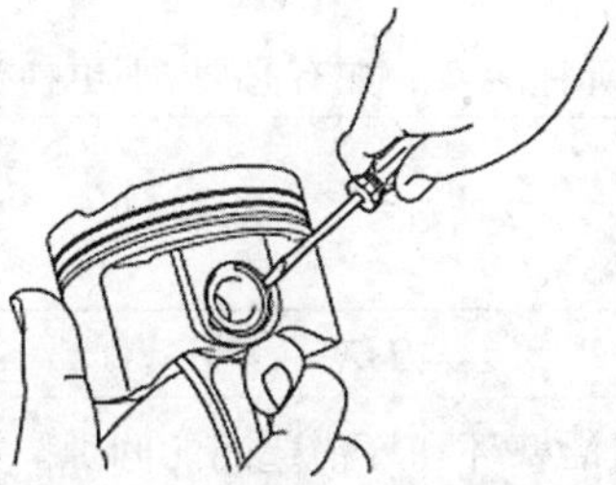	拆卸活塞销:使用螺丝刀撬出 2 个卡环。
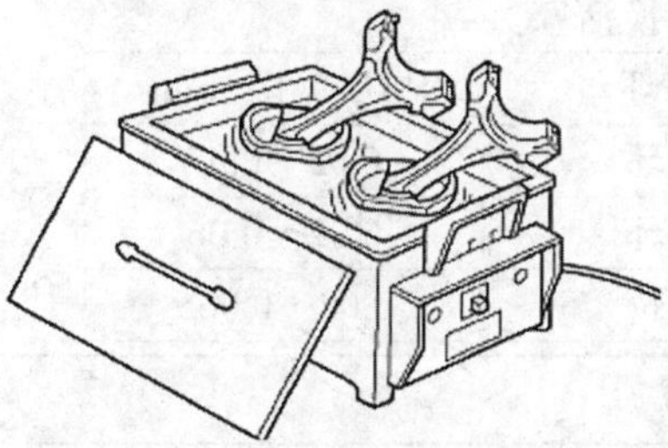	逐渐加热各活塞到 80～90℃。
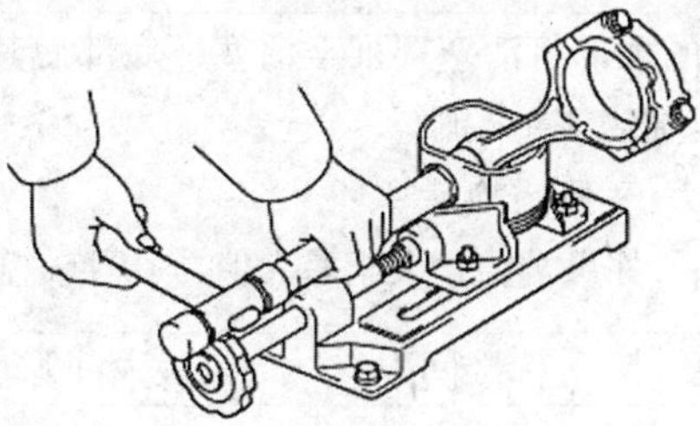	用塑料锤和铜棒轻轻敲出活塞销并拆下连杆。按正确顺序摆放活塞、活塞环、连杆和轴承。

3. 发动机活塞连杆组的检修。

（1）活塞的检修。

①活塞的清洁。

图示	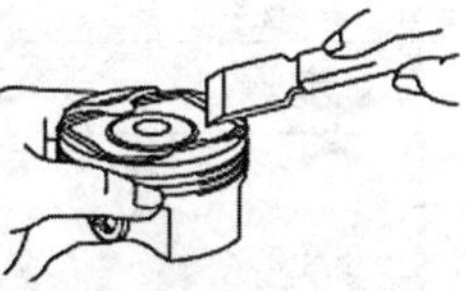	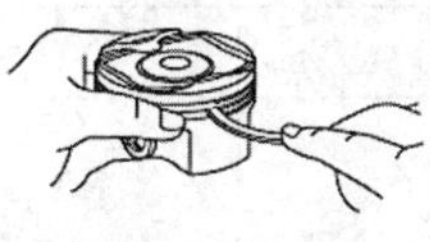	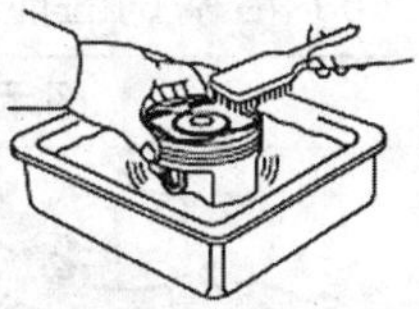
步骤	用衬垫刮刀去除活塞顶部的积炭。	用环槽清洁工具或折断的活塞环清洁活塞环槽。	用刷子和溶剂彻底清洁活塞。

②检查活塞油膜间隙。

图示	方法
12.6mm	在距活塞底部 12.6 mm 处，用螺旋测微器测量与活塞销孔成直角的活塞直径。 标准活塞直径:80.4461 ~ 80.471 mm 。如果直径不符合规定,则更换活塞。 检查活塞油膜间隙:用汽缸缸径测量值减去活塞直径测量值。 标准油膜间隙:0.029~ 0.052 mm 。 最大油膜间隙:0.09 mm。 如油膜间隙大于最大值,则更换所有活塞。如有必要,则更换汽缸体。

(2) 活塞环的检修。

①检查环槽侧隙。

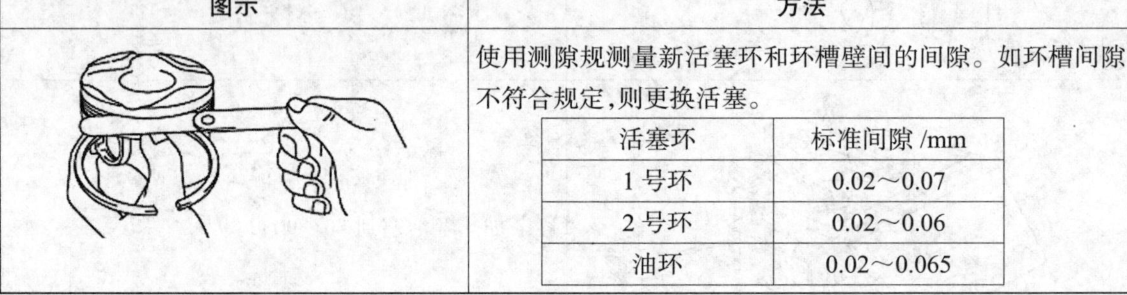

图示	方法
	使用测隙规测量新活塞环和环槽壁间的间隙。如环槽间隙不符合规定,则更换活塞。

活塞环	标准间隙 /mm
1 号环	0.02~0.07
2 号环	0.02~0.06
油环	0.02~0.065

②检查活塞环端隙。

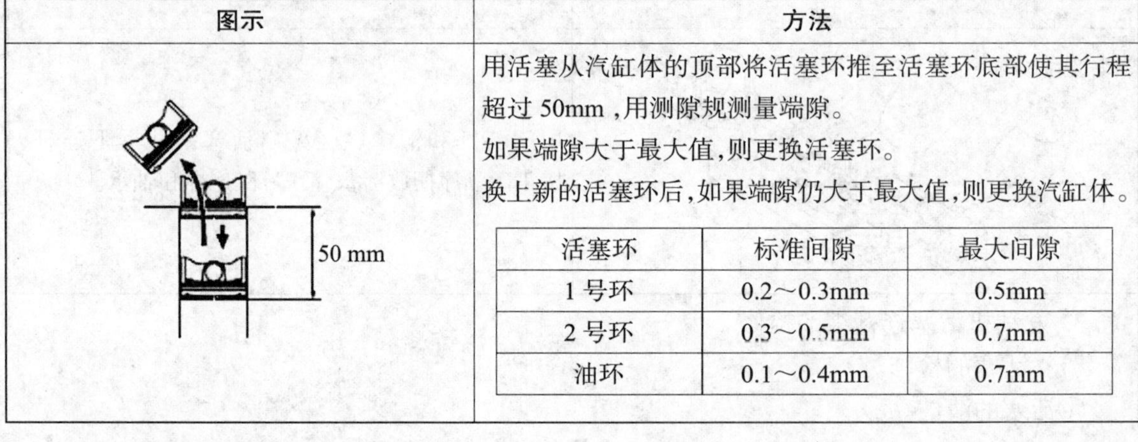

图示	方法
	用活塞从汽缸体的顶部将活塞环推至活塞环底部使其行程超过 50mm ,用测隙规测量端隙。 如果端隙大于最大值,则更换活塞环。 换上新的活塞环后,如果端隙仍大于最大值,则更换汽缸体。

活塞环	标准间隙	最大间隙
1 号环	0.2~0.3mm	0.5mm
2 号环	0.3~0.5mm	0.7mm
油环	0.1~0.4mm	0.7mm

(3) 活塞销的检修。

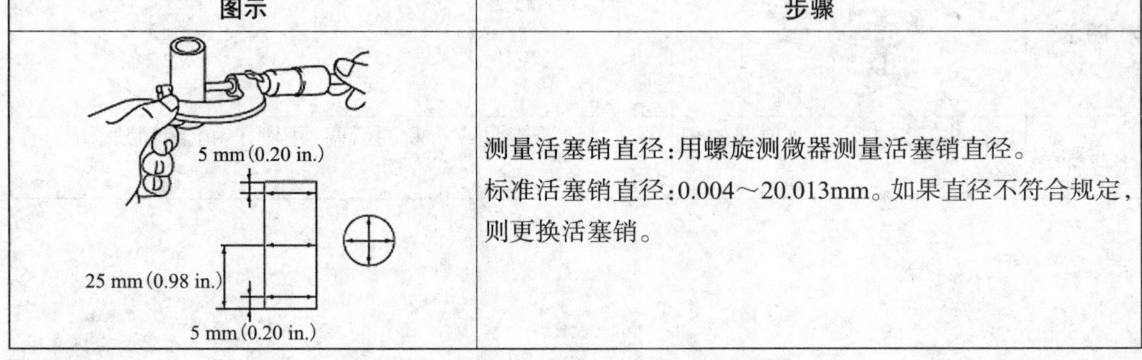

图示	步骤
	测量活塞销直径:用螺旋测微器测量活塞销直径。 标准活塞销直径:0.004~20.013mm。如果直径不符合规定,则更换活塞销。

图示	步骤
	测量活塞销孔径:用测径规测量活塞销孔径。 标准活塞销孔径:20.006～20.015mm。如果直径不符合规定,则更换活塞。
	测量连杆小头孔径:用测径规测量连杆小头孔径。 标准连杆小头孔径:20.012～20.021mm。如果直径不符合规定,则更换连杆。

④检查活塞销油膜间隙。

图示	方法
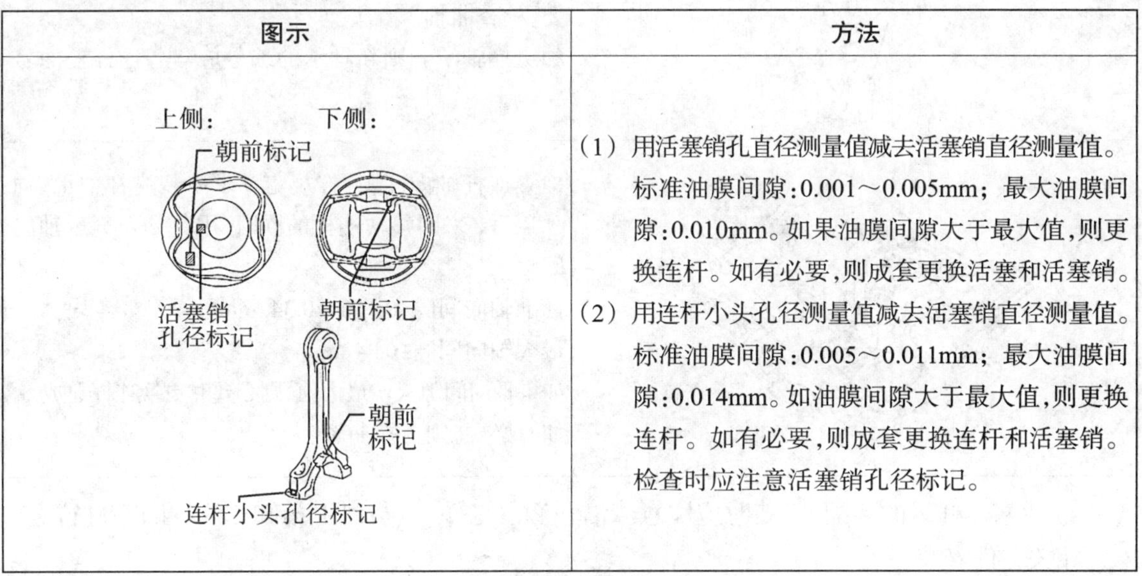	(1) 用活塞销孔直径测量值减去活塞销直径测量值。 标准油膜间隙:0.001～0.005mm；最大油膜间隙:0.010mm。如果油膜间隙大于最大值,则更换连杆。如有必要,则成套更换活塞和活塞销。 (2) 用连杆小头孔径测量值减去活塞销直径测量值。 标准油膜间隙:0.005～0.011mm；最大油膜间隙:0.014mm。如油膜间隙大于最大值,则更换连杆。如有必要,则成套更换连杆和活塞销。 检查时应注意活塞销孔径标记。

（4）连杆的检修。

图示	步骤
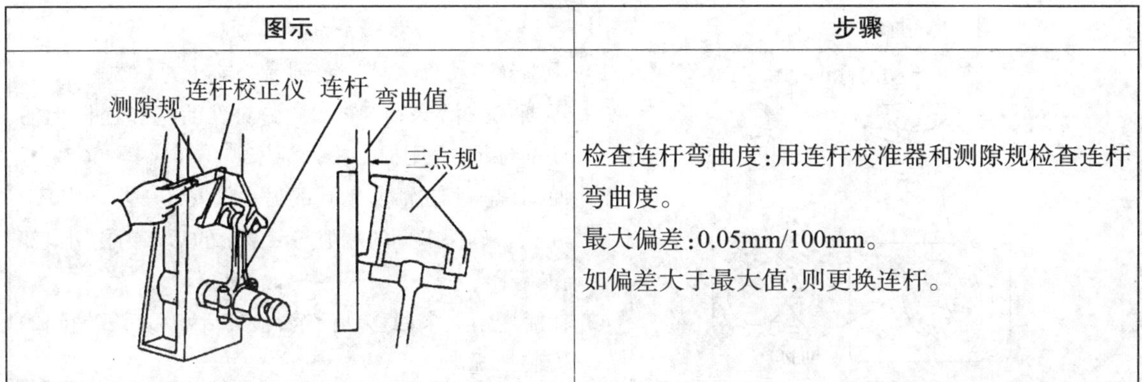	检查连杆弯曲度:用连杆校准器和测隙规检查连杆弯曲度。 最大偏差:0.05mm/100mm。 如偏差大于最大值,则更换连杆。

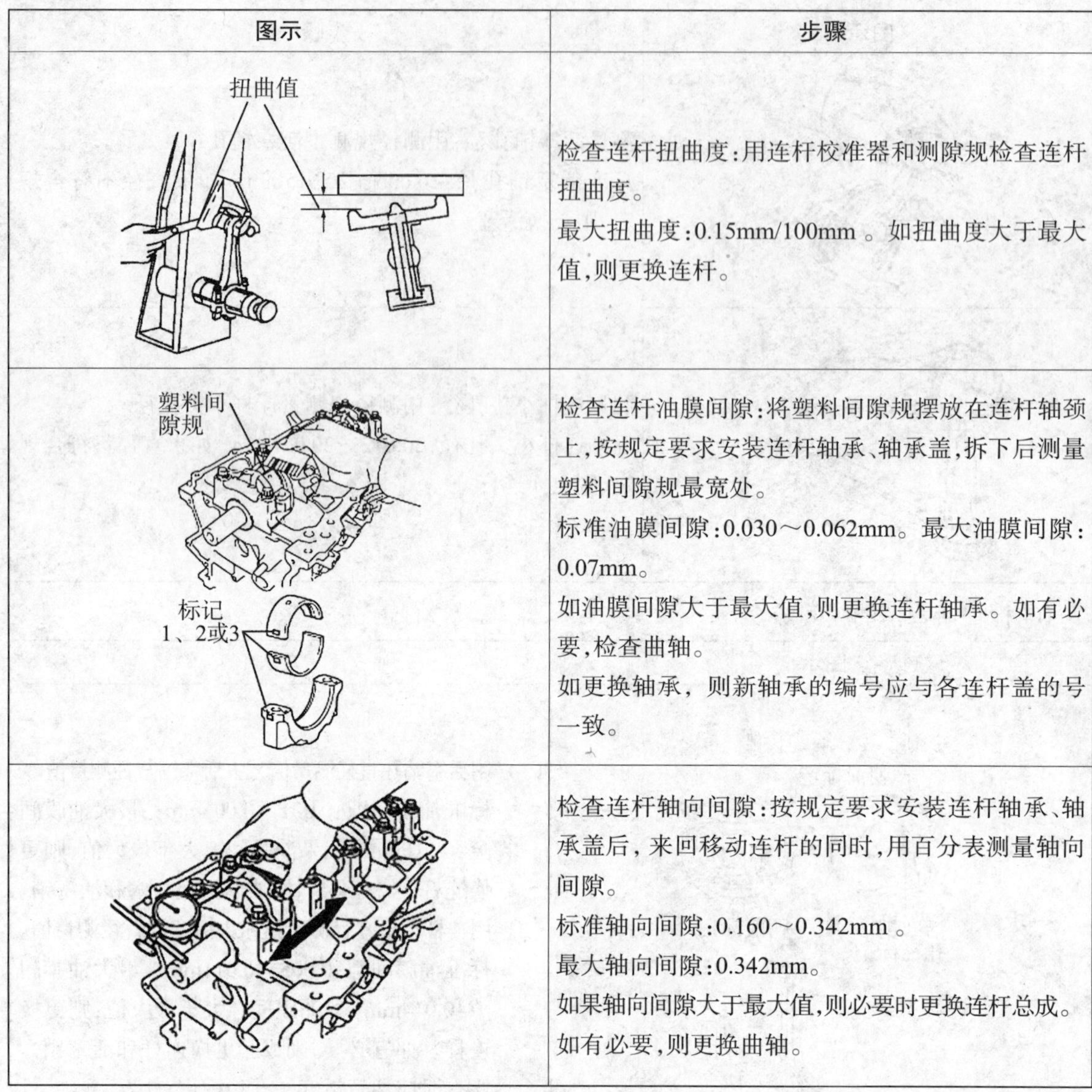

图示	步骤
	检查连杆扭曲度：用连杆校准器和测隙规检查连杆扭曲度。 最大扭曲度：0.15mm/100mm。如扭曲度大于最大值，则更换连杆。
	检查连杆油膜间隙：将塑料间隙规摆放在连杆轴颈上，按规定要求安装连杆轴承、轴承盖，拆下后测量塑料间隙规最宽处。 标准油膜间隙：0.030～0.062mm。最大油膜间隙：0.07mm。 如油膜间隙大于最大值，则更换连杆轴承。如有必要，检查曲轴。 如更换轴承，则新轴承的编号应与各连杆盖的号一致。
	检查连杆轴向间隙：按规定要求安装连杆轴承、轴承盖后，来回移动连杆的同时，用百分表测量轴向间隙。 标准轴向间隙：0.160～0.342mm。 最大轴向间隙：0.342mm。 如果轴向间隙大于最大值，则必要时更换连杆总成。如有必要，则更换曲轴。

4. 活塞连杆组的装配。安装时应注意清洁和润滑工作，按与以上拆卸相反的顺序进行。相关零件安装步骤介绍：

（1）安装活塞。

图示	步骤及注意事项
朝前标记 朝前标记	（1）用螺丝刀将新卡环安装到活塞销孔的一端。 （2）逐渐加热活塞到80～90℃，对准活塞和连杆上的朝前标记，并用拇指推入活塞。 （3）使用螺丝刀在活塞销孔的另一端安装一个新卡环。注意：确保卡环的端隙与活塞上的活塞销孔切口部位错开。 （4）在活塞销上来回移动活塞，检查活塞和活塞销间的安装情况。

（2）安装活塞环组件。

图示	步骤及注意事项
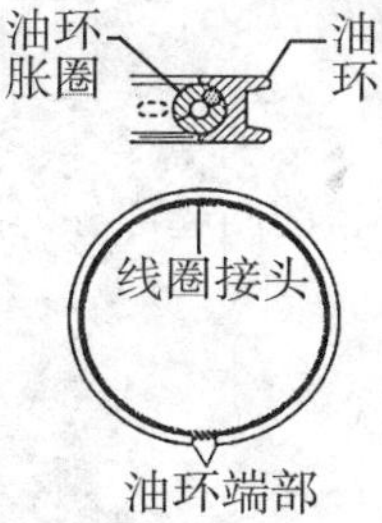 油环胀圈 油环 线圈接头 油环端部	用手安装油环胀圈和油环刮片。 注意：安装胀圈和油环，使其环端处于相反的两侧。 将胀圈牢固安装至油环的内槽。
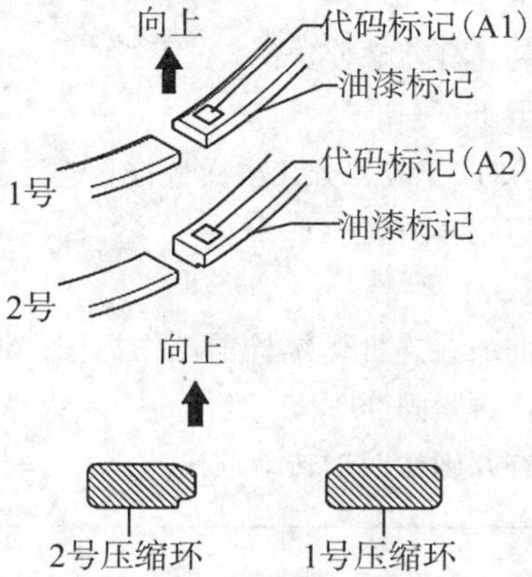 向上 代码标记（A1） 油漆标记 1号 代码标记（A2） 油漆标记 2号 向上 2号压缩环　1号压缩环	用活塞环扩张器安装 2 个压缩环，使油漆标记处于图示位置。 注意： 安装 1 号压缩环，使代码标记（A1）朝上。 安装 2 号压缩环，使代码标记（A2）朝上。 油漆标记仅在新活塞环上检查到。重新使用活塞环时，应检查各活塞环外形，以将其安装至正确位置。
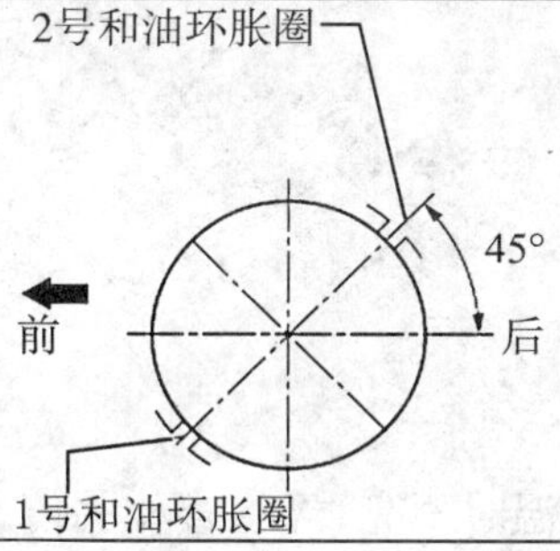 2号和油环胀圈 45° 前 后 1号和油环胀圈	放置活塞环以使活塞环端处于如图所示位置。

（3）安装带连杆的活塞分总成。

图示	步骤
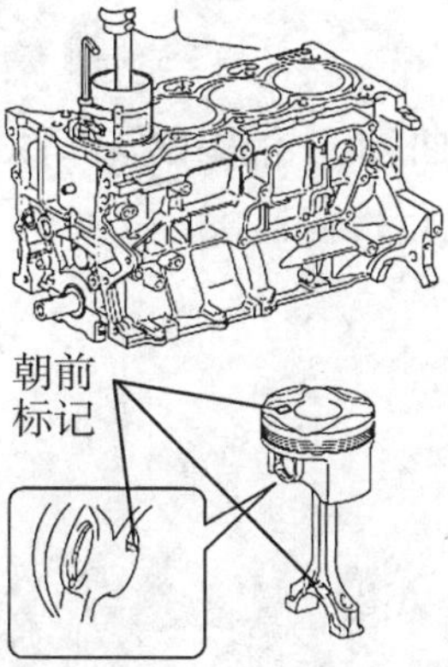 朝前标记	使活塞朝前标记朝前，用活塞环压缩器将相应号的活塞和连杆总成压入汽缸内。 注意： 将连杆插入活塞时，不要使其接触机油喷嘴。 使连杆盖与连杆的号相匹配。

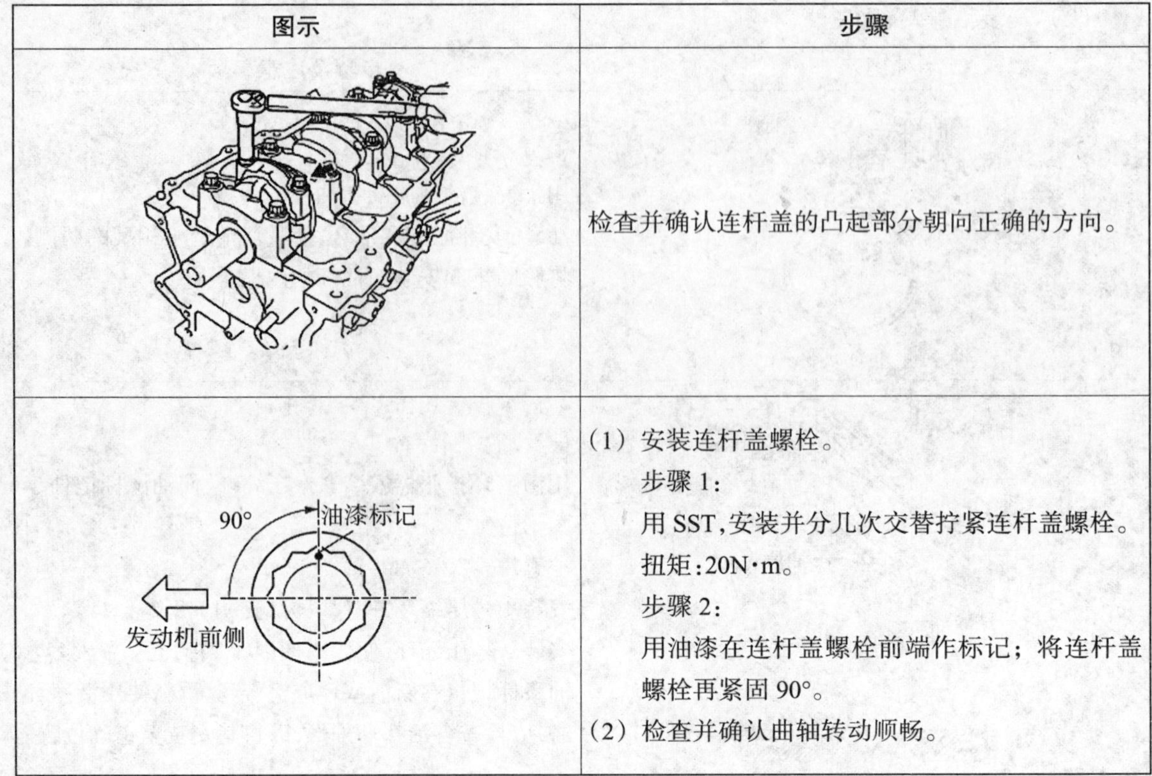

图示	步骤
	检查并确认连杆盖的凸起部分朝向正确的方向。
90° 油漆标记 发动机前侧	(1) 安装连杆盖螺栓。 步骤 1: 用 SST,安装并分几次交替拧紧连杆盖螺栓。 扭矩:20N·m。 步骤 2: 用油漆在连杆盖螺栓前端作标记；将连杆盖螺栓再紧固 90°。 (2) 检查并确认曲轴转动顺畅。

任务四　曲轴飞轮组的检修

任务引入

有一 1ZR-FE 发动机在运行中发现机油灯常亮,但低温时不亮,经检查相关传感器及线路均正常。经拆检后发现连杆轴承间隙过大且有烧蚀现象,通过维修技师更换连杆轴承,并检查油膜间隙正常后,发动机恢复正常。

任务分析

通过本任务的学习,能完成曲轴飞轮组的拆装,能识别曲轴飞轮组的零部件,能说出曲轴飞轮组主要机件的结构原理,能对曲轴飞轮组的主要机件进行检修。

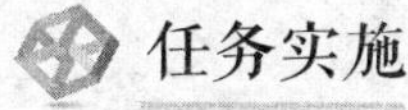

任务实施

一、准备

场地/用具、设备

1. 车间或模拟车间中留10人左右用的实习场地一块，对应数量的课桌椅，白板或张贴板一块，多媒体教学设备一套。
2. 个人防护用品、用具，汽车常用维修设备和工具。
3. 卡罗拉发动机数台。
4. 装用卡罗拉发动机的汽车一辆。
5. 汽车维修专具及辅料：SST 09213－58013、09330－00021、SST 09223－15030、09950－70010(09951－07100)、百分表及V形块、螺旋测微器、测隙规、游标卡尺、塑料锤，黏合剂、油漆等工量具。

资料

1. 各汽车公司售后服务网页。
2. 卡罗拉汽车维修手册及电子技术资料。
3. 汽车常用维修、检测设备的使用说明书和安全操作规定。
4. 相关教学视频及教学课件。
5. 教材、笔记本。

二、要求

10人左右为一组，在教师的指导下，先进行相关知识的学习，再进行1ZR-FE发动机曲轴飞轮组的拆卸、检修，最后按规定要求进行装配。在教学过程中，可将学生分成2～3人一小组，每小组学生针对一台发动机进行学习，教师针对几台发动机同时进行教学。教师现场指导并适时组织学生进行点评、小结。

三、相关知识学习

（一）曲轴飞轮组结构的认知

1. 曲轴飞轮组组成。曲轴飞轮组由曲轴、飞轮、扭转减振器等组成。

图示	说明
紧固螺栓 轴承盖 双质量飞轮或传动盘 紧固螺栓 滚针轴承 紧固螺栓 曲轴链轮 靶轮 轴瓦 止推垫片 (用于第3道轴承，油槽朝外)	（1）功用： ①把活塞连杆组传来的气体压力转变为扭矩对外输出。 ②驱动配气机构及其他附属装置。 （2）工作条件：承受气体压力、惯性力、惯性力矩。承受交变载荷的冲击。曲轴大多采用优质中碳钢或中碳合金钢，有的采用球墨铸铁。

2. 曲轴。

（1）曲轴的基本结构。

结构	说明
连杆轴颈 平衡重 曲拐 曲轴后端凸缘 主轴颈 曲柄 曲轴前端	曲轴由前端轴、主轴颈、连杆轴颈、曲柄、平衡重、后端轴等组成。其中一个连杆轴颈和它两端的曲柄及主轴颈构成一个曲拐。 主轴颈：曲轴的支承部分。 连杆轴颈：连接连杆。 曲轴臂：用来连接主轴颈和连杆轴颈。 平衡重：用来平衡连杆轴颈、曲柄等产生的离心力。

（2）曲轴的支承形式。

支承形式	说明
全支承曲轴	全支承曲轴（主轴颈数比连杆轴颈数多一个）提高曲轴的刚度和弯曲强度，减轻主轴承的载荷，但曲轴的加工表面增多，主轴承数增多，使机体加长。柴油机一般多采用此种支承方式。
非全支承曲轴	非全支承曲轴（主轴颈数少于连杆轴颈数）缩短了曲轴的长度，使发动机总体长度有所减小，但主轴承载荷较大。承受载荷较小的汽油机可以采用此种方式。

（3）曲轴前端。

<table>
<tr><th>图示</th><th>说明</th></tr>
<tr><td>
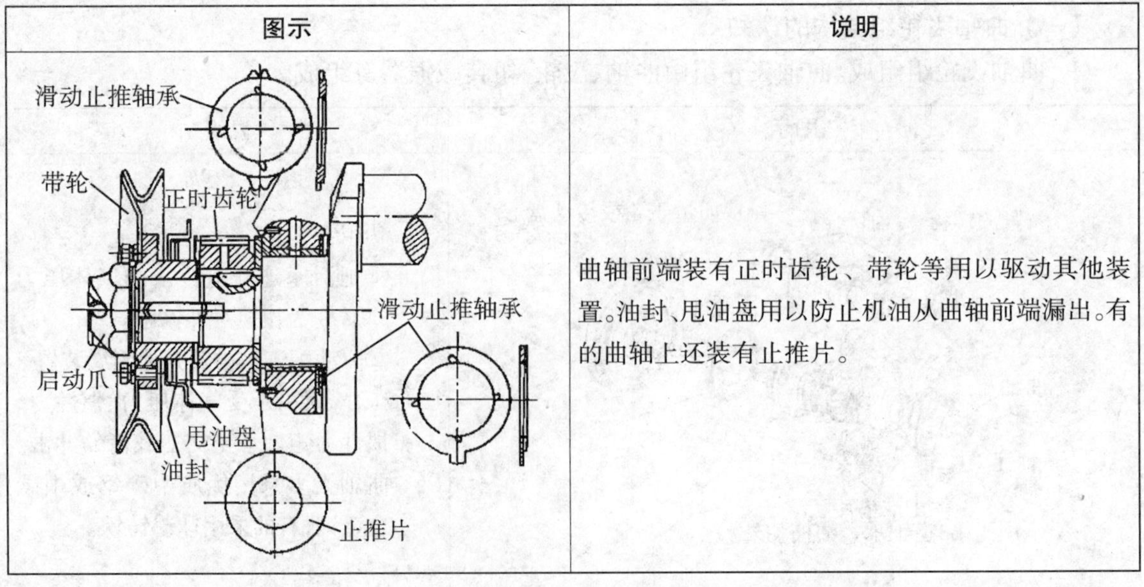

</td><td>曲轴前端装有正时齿轮、带轮等用以驱动其他装置。油封、甩油盘用以防止机油从曲轴前端漏出。有的曲轴上还装有止推片。</td></tr>
</table>

（4）曲轴后端。曲轴后端有安装飞轮的凸缘，为了防止机油向后漏出，常采用甩油盘、油

封(自紧油封或填料油封)及回油螺纹装置。常用结构如下：

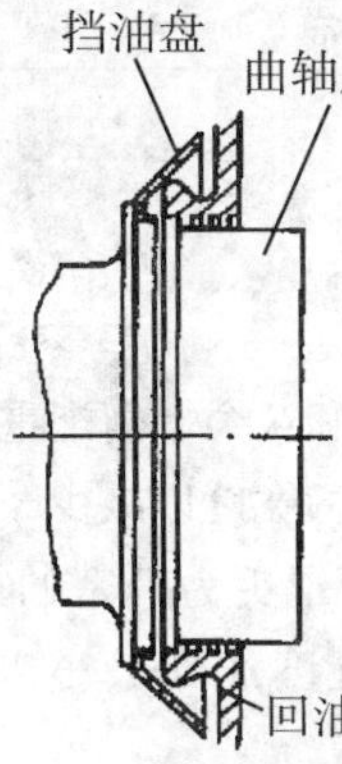

挡油盘＋回油盘	挡油盘＋密封填料	挡油盘＋回油螺纹＋密封填料
挡油盘、曲轴后端、回油盘	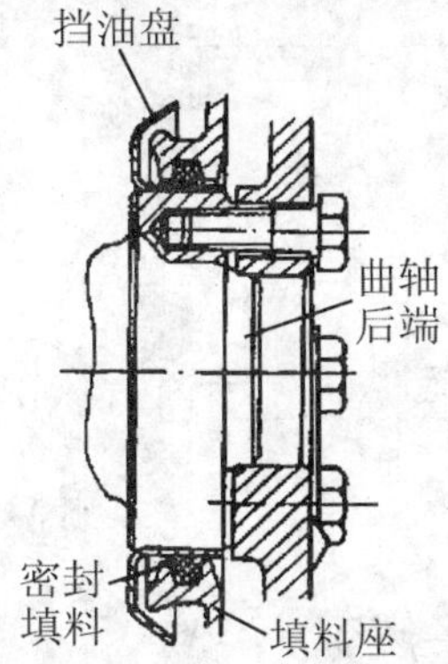 挡油盘、曲轴后端、密封填料、填料座	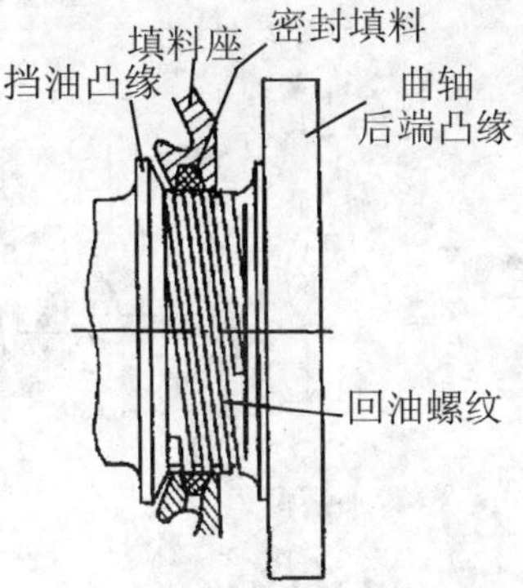 填料座、密封填料、挡油凸缘、曲轴后端凸缘、回油螺纹

自紧式橡胶油封	卸油槽＋挡油凸缘＋回油螺纹＋密封填料
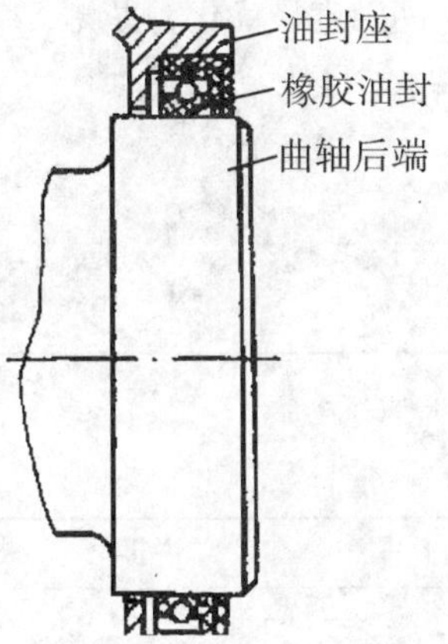 油封座、橡胶油封、曲轴后端	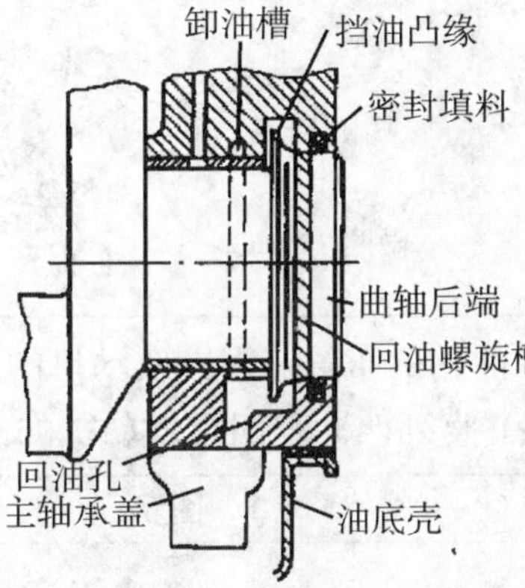 卸油槽、挡油凸缘、密封填料、曲轴后端、回油螺旋槽、回油孔、主轴承盖、油底壳

(5) 曲轴的轴向定位。为限制曲轴的前后蹿动量，在某一道主轴承的两侧装有止推片。止推片由低碳钢背和减磨层组成，或采用翻边轴瓦，如图 5-10 所示。

安装时，止推片有减磨层的一面朝向转动件(有油槽一面)。当曲轴向前窜动时，后止推片承受轴向推力；向后窜动时，前止推片承受轴向推力。

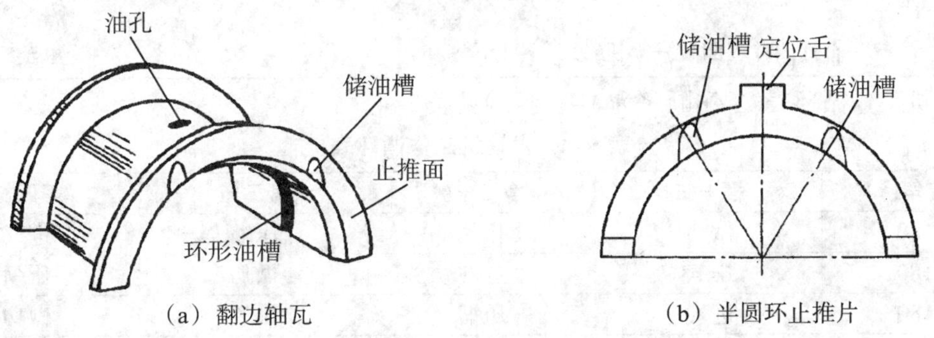

图 5-10　曲轴的轴向定位

（6）1ZR-FE 发动机曲轴和轴承特点。

图示	特点
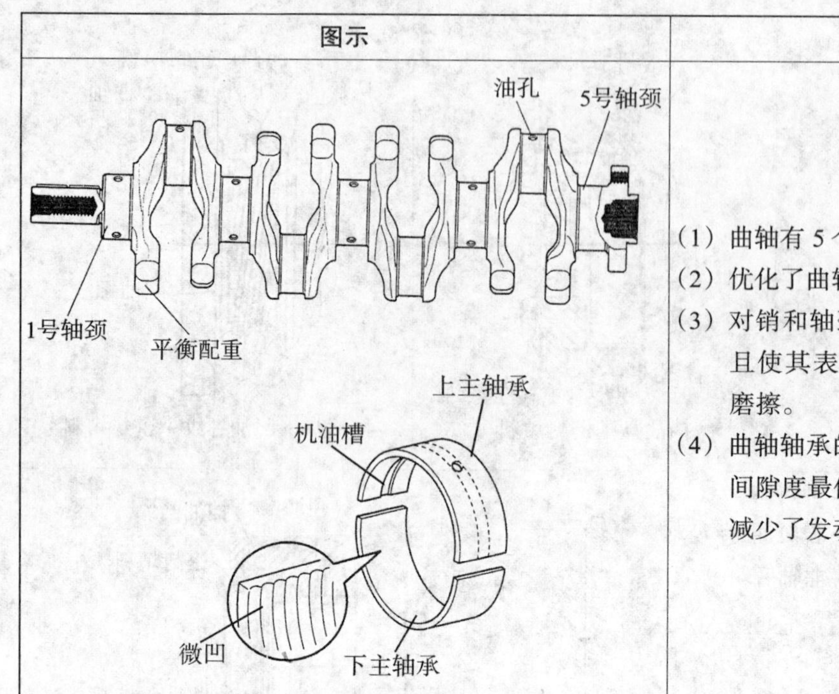	（1）曲轴有 5 个轴颈和 8 个平衡配重。 （2）优化了曲轴轴承的宽度以减少摩擦。 （3）对销和轴颈进行了更为精密的加工，且使其表面粗糙度达到最小以减少磨擦。 （4）曲轴轴承的衬片表面微凹以实现油膜间隙度最优化，提高了冷启动性能并减少了发动机振动。

3. 曲拐的布置与多缸发动机的工作顺序。

（1）直列四冲程四缸发动机的曲拐布置。

图示	说明
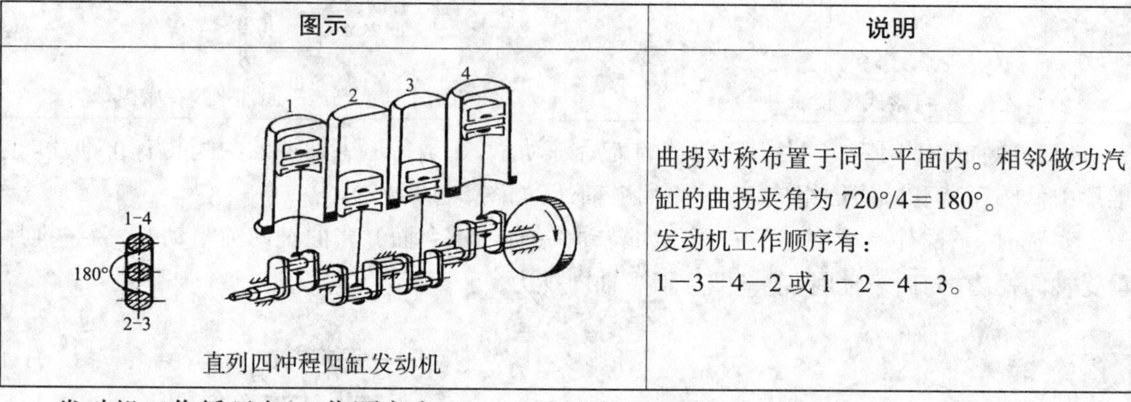直列四冲程四缸发动机	曲拐对称布置于同一平面内。相邻做功汽缸的曲拐夹角为 720°/4＝180°。 发动机工作顺序有： 1—3—4—2 或 1—2—4—3。

发动机工作循环表(工作顺序为 1–3–4–2)见表 5–4。

表 5–4　发动机工作循环表

曲轴转角(°)	第一缸	第二缸	第三缸	第四缸
0～180	做功	排气	压缩	进气
0～180	排气	进气	做功	压缩
0～180	进气	压缩	排气	做功
0～180	压缩	做功	进气	排气

（2）直列四冲程六缸发动机的曲拐布置。

图示	说明
1 2 3 4 5 6 1-6 120° 2-5 3-4 直列四冲程六缸发动机	曲拐对称布置于三个平面内。相邻做功汽缸的曲拐夹角为 720°/6＝120°。 发动机工作顺序为： 1—5—3—6—2—4 或 1—4—2—6—3—5。

V 形 6 缸四冲程发动机的工作循环表(工作顺序为 R1、L3、R3、L2、R2、L1)见表 5–5。

表 5–5　V 形 6 缸四冲程发动机的工作循环表

<table>
<tr><th colspan="2">曲轴转角/(°)</th><th>第一缸</th><th>第二缸</th><th>第三缸</th><th>第四缸</th><th>第五缸</th><th>第六缸</th></tr>
<tr><td rowspan="3">0～180</td><td>0～60</td><td rowspan="3">做功</td><td rowspan="2">排气</td><td>进气</td><td>做功</td><td rowspan="2">压缩</td><td rowspan="3">进气</td></tr>
<tr><td>60～120</td><td rowspan="3">压缩</td><td rowspan="3">排气</td></tr>
<tr><td>120～180</td><td rowspan="3">进气</td><td rowspan="3">做功</td></tr>
<tr><td rowspan="3">180～360</td><td>180～240</td><td rowspan="3">排气</td><td rowspan="3">压缩</td></tr>
<tr><td>240～300</td><td rowspan="3">做功</td><td rowspan="3">进气</td></tr>
<tr><td>300～360</td><td rowspan="3">压缩</td><td rowspan="3">排气</td></tr>
<tr><td rowspan="3">360～540</td><td>360～420</td><td rowspan="3">进气</td><td rowspan="3">做功</td></tr>
<tr><td>420～480</td><td rowspan="3">排气</td><td rowspan="3">压缩</td></tr>
<tr><td>480～540</td><td rowspan="3">做功</td><td rowspan="3">进气</td></tr>
<tr><td rowspan="3">540～720</td><td>540～600</td><td rowspan="3">压缩</td><td rowspan="3">排气</td></tr>
<tr><td>600～660</td><td rowspan="2">进气</td><td rowspan="2">做功</td></tr>
<tr><td>660～720</td><td>排气</td><td>压缩</td></tr>
</table>

4. 飞轮。

图示	说明
飞轮	功用： （1）储存能量：在做功行程储存能量，用以完成其他三个行程，使发动机运转平稳。 （2）利用飞轮上的齿圈启动时传力。 （3）将动力传给离合器。 （4）克服短暂的超负荷。

图示	说明
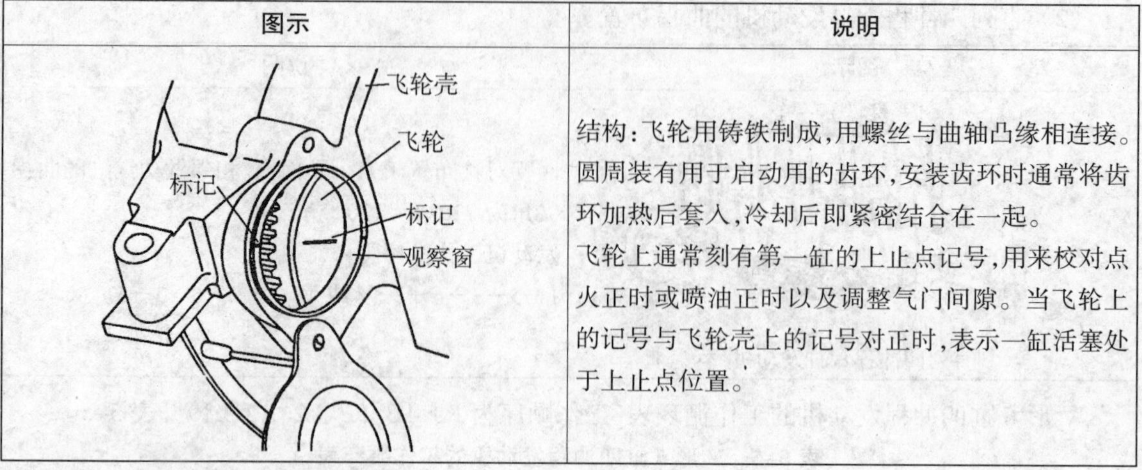	结构：飞轮用铸铁制成，用螺丝与曲轴凸缘相连接。圆周装有用于启动用的齿环，安装齿环时通常将齿环加热后套入，冷却后即紧密结合在一起。 飞轮上通常刻有第一缸的上止点记号，用来校对点火正时或喷油正时以及调整气门间隙。当飞轮上的记号与飞轮壳上的记号对正时，表示一缸活塞处于上止点位置。

（二）曲轴飞轮组的检修

1. 曲轴飞轮组的常见耗损及危害见表 5–6。

表 5–6　曲轴飞轮组的常见耗损及危害

名称	耗损	危害
曲轴	曲轴的磨损、弯曲变形、扭曲变形	产生异响、发动机抖震、机油压力下降影响润滑性能
曲轴油封	老化、磨损	油封漏油、机油消耗增加

2. 曲轴飞轮组的拆卸。

（1）曲轴后油封的拆卸。

图示	步骤及注意事项
SST SST	用 SST 固定住曲轴。
	拆下 8 个螺栓、后隔垫、传动板和前隔垫。

图示	步骤及注意事项
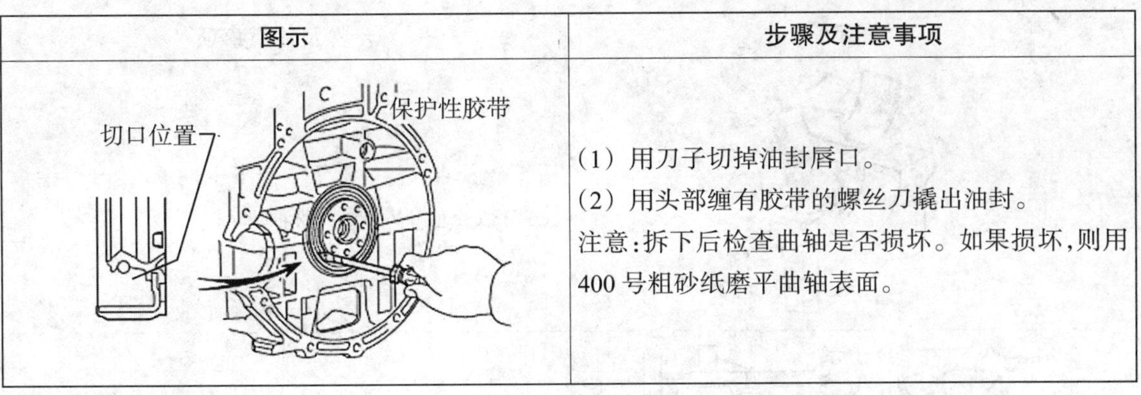	（1）用刀子切掉油封唇口。 （2）用头部缠有胶带的螺丝刀撬出油封。 注意：拆下后检查曲轴是否损坏。如果损坏，则用 400 号粗砂纸磨平曲轴表面。

（2）曲轴的拆卸。

图示	步骤及注意事项
	按图示顺序，均匀地拧松并拆下 10 个主轴承盖螺栓。
	（1）用 2 个已拆下的主轴承盖螺栓拆卸 5 个主轴承盖和 5 个下轴承。 （2）提出曲轴。 注意：将下轴承和主轴承盖作为一个组件保存，按正确的顺序摆放主轴承盖。
	从汽缸体上拆下曲轴上止推垫圈。
	从汽缸体上拆下 5 个主轴承。 注意：按正确的顺序摆放轴承。

图示	步骤及注意事项
	从 5 个主轴承盖上拆下 5 个下主轴承。 注意:按正确的顺序摆放轴承。
	用 5mm 六角套筒扳手拆下螺栓和机油喷嘴。

3. 曲轴的检修。

（1）曲轴轴颈磨损。

图示	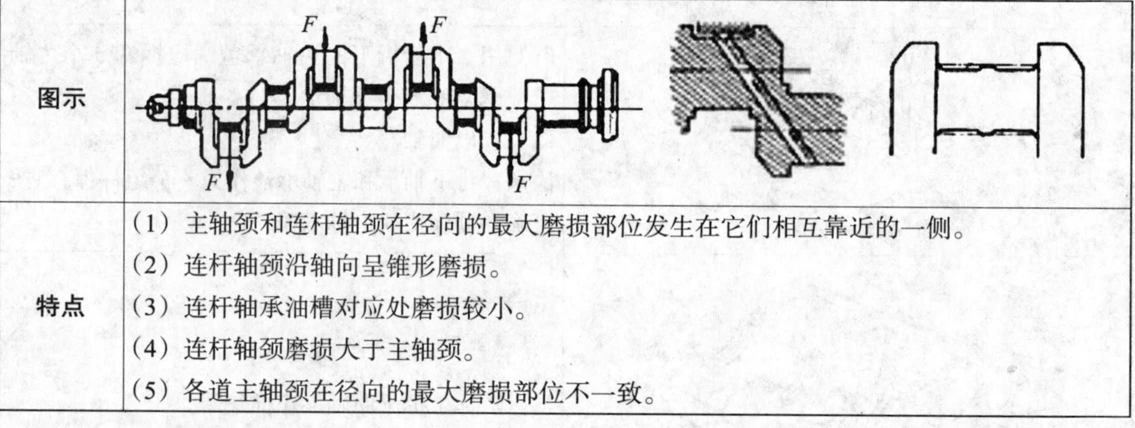
特点	（1）主轴颈和连杆轴颈在径向的最大磨损部位发生在它们相互靠近的一侧。 （2）连杆轴颈沿轴向呈锥形磨损。 （3）连杆轴承油槽对应处磨损较小。 （4）连杆轴颈磨损大于主轴颈。 （5）各道主轴颈在径向的最大磨损部位不一致。

（2）1ZR-FE 发动机曲轴弯曲变形的检测。

图示	方法
	用百分表和 V 形块测量径向跳动值。最大径向跳动:0.03mm。 如果锥度和变形程度大于最大值,则更换曲轴。

（3）1ZR-FE 发动机曲轴主轴颈磨损的检测。

<table>
<tr><th>图示</th><th>方法</th></tr>
<tr><td>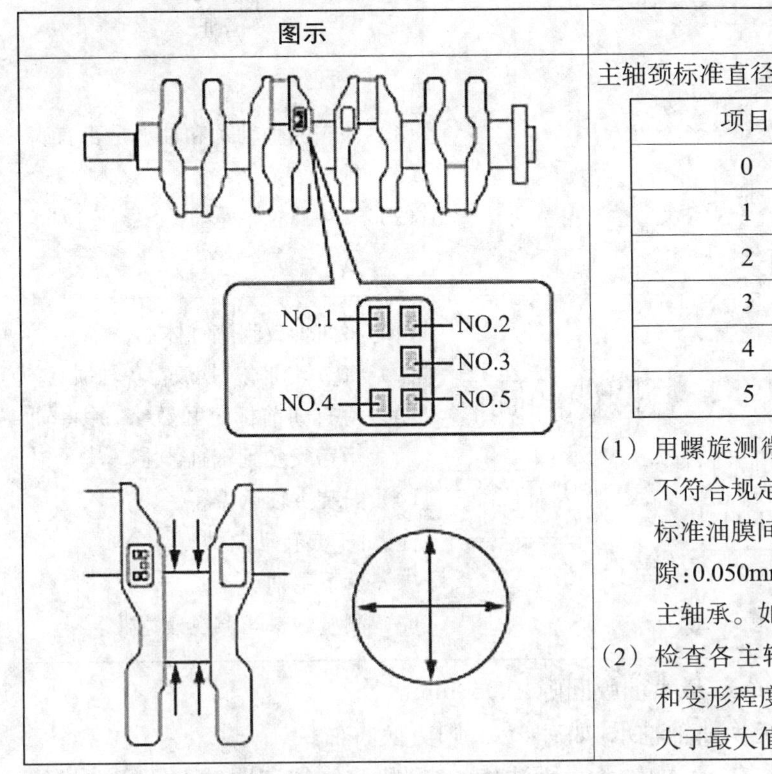
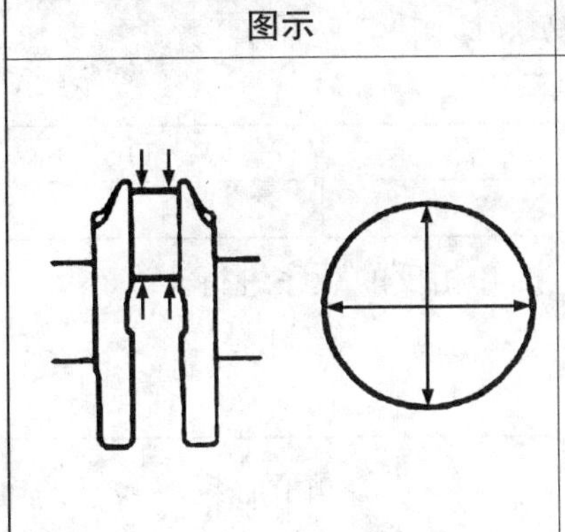</td><td>主轴颈标准直径:47.988～48.000mm,分组如下：
<table><tr><th>项目</th><th>规定状态</th></tr><tr><td>0</td><td>47.999～48.000mm</td></tr><tr><td>1</td><td>47.997～47.998mm</td></tr><tr><td>2</td><td>47.995～47.996mm</td></tr><tr><td>3</td><td>47.993～47.994mm</td></tr><tr><td>4</td><td>47.991～47.992mm</td></tr><tr><td>5</td><td>47.988～47.990mm</td></tr></table>（1）用螺旋测微器测量各主轴颈的直径,如直径不符合规定,则检查曲轴油膜间隙。
标准油膜间隙:0.016～0.039mm。最大油膜间隙:0.050mm。如油膜间隙大于最大值,则更换主轴承。如有必要,更换曲轴。
（2）检查各主轴颈的锥度和变形程度:最大锥度和变形程度:0.004mm。如果锥度和变形程度大于最大值,则更换曲轴。</td></tr>
</table>

（4）1ZR-FE 发动机曲轴连杆轴颈磨损的检测。

<table>
<tr><th>图示</th><th>方法</th></tr>
<tr><td>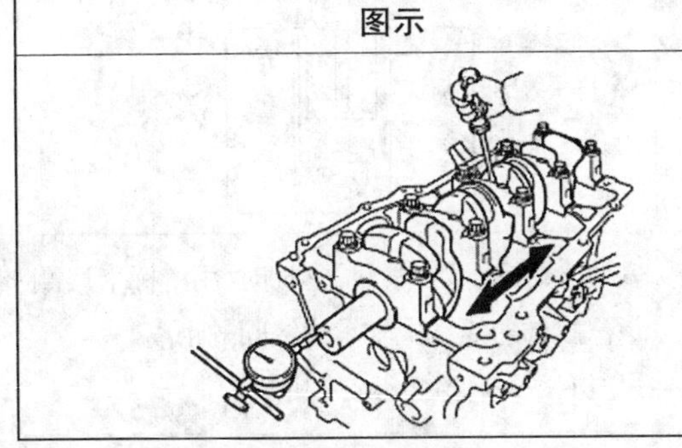</td><td>（1）用螺旋测微器测量各连杆轴颈的直径：
标准直径:43.992～44.000mm。如直径不符合规定,则检查连杆油膜间隙。
标准油膜间隙:0.030～0.062mm。
最大油膜间隙:0.07mm。
如油膜间隙大于最大值,则更换连杆轴承。如有必要,更换曲轴。
（2）检查连杆轴颈的锥度和变形程度：
最大锥度和变形程度:0.004mm。
如锥度和变形程度大于最大值,则更换曲轴。</td></tr>
</table>

（5）1ZR-FE 发动机曲轴轴向间隙的检查。

<table>
<tr><th>图示</th><th>方法</th></tr>
<tr><td></td><td>（1）按规定要求安装主轴承盖。
（2）用螺丝刀来回撬动曲轴的同时,用百分表测量轴向间隙。
标准轴向间隙:0.04～0.14mm。
最大轴向间隙:0.18mm。
如轴向间隙大于最大值,则成套更换止推垫圈。
注意:止推垫圈厚度为 2.43～2.48mm。</td></tr>
</table>

（6）1ZR-FE 发动机曲轴油膜间隙检查。

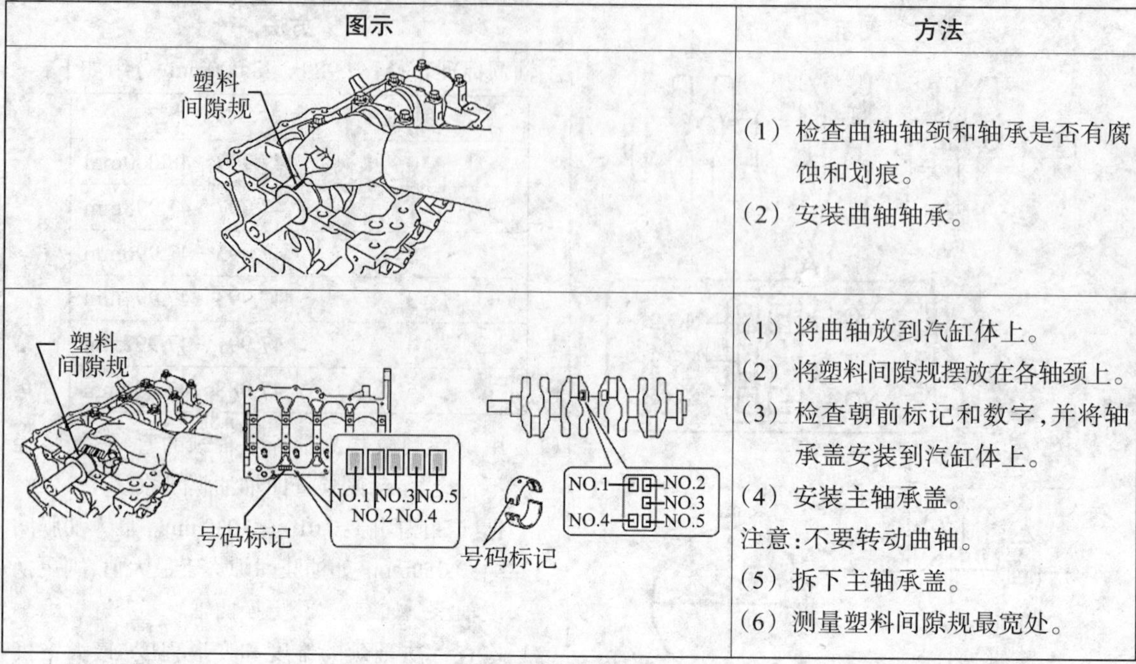

图示	方法
	（1）检查曲轴轴颈和轴承是否有腐蚀和划痕。 （2）安装曲轴轴承。
	（1）将曲轴放到汽缸体上。 （2）将塑料间隙规摆放在各轴颈上。 （3）检查朝前标记和数字，并将轴承盖安装到汽缸体上。 （4）安装主轴承盖。 注意：不要转动曲轴。 （5）拆下主轴承盖。 （6）测量塑料间隙规最宽处。

标准油膜间隙：0.016～0.039mm；最大油膜间隙：0.050mm。

如油膜间隙大于最大值，则更换曲轴轴承。如有必要，则更换曲轴。

如更换轴承，则选择同号的新轴承。如轴承号无法确定，则将汽缸体和曲轴上压印的号码相加，以计算正确的轴承号，然后根据表 5-7 用计算的号码选择新轴承。有 4 种尺寸的标准轴承，分别标有“1”“2”“3”“4”，例如：汽缸体“3”＋曲轴“5”＝总数 8（使用“3”号轴承）。

表 5-7　根据计算的号码选择新轴承

汽缸体+曲轴	0～2	3～5	6～8	9～11
将使用的轴承	1	2	3	4

4. 曲轴的装配。安装时应注意清洁和润滑工作，按与以上拆卸相反的顺序进行。

相关零件安装步骤介绍：

（1）安装曲轴轴承。

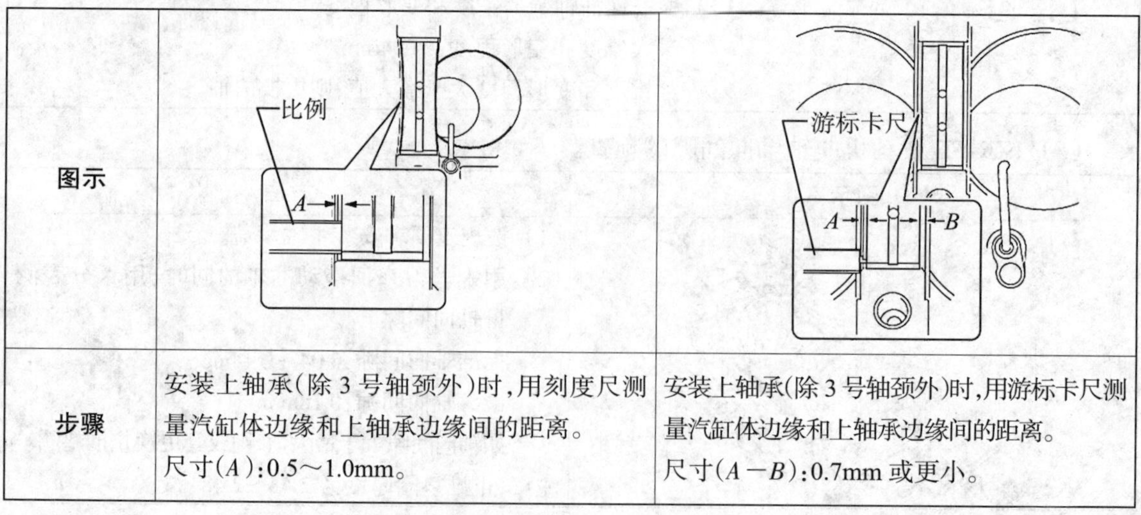

图示		
步骤	安装上轴承（除 3 号轴颈外）时，用刻度尺测量汽缸体边缘和上轴承边缘间的距离。 尺寸（A）：0.5～1.0mm。	安装上轴承（除 3 号轴颈外）时，用游标卡尺测量汽缸体边缘和上轴承边缘间的距离。 尺寸（$A-B$）：0.7mm 或更小。

图示	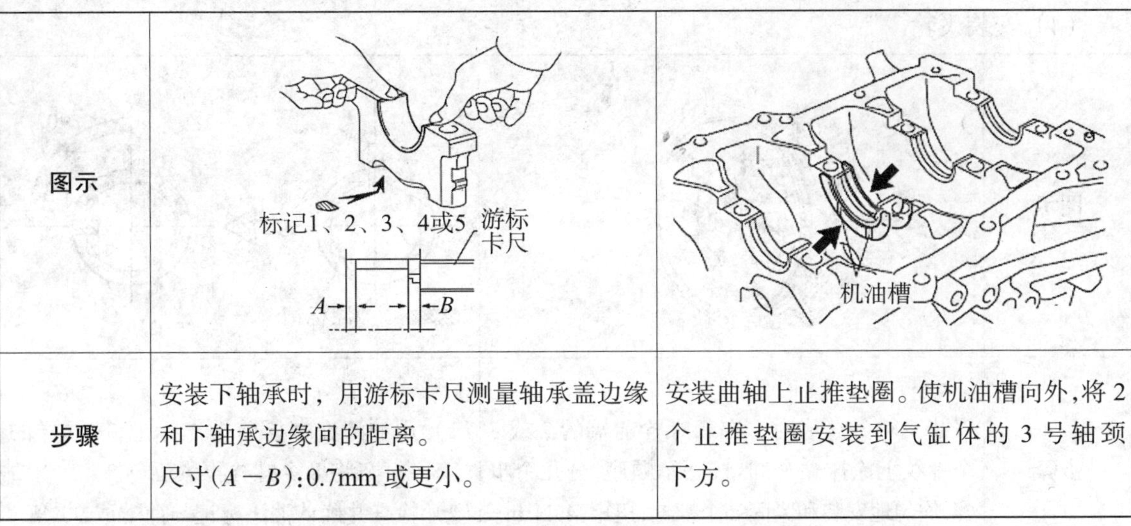	
步骤	安装下轴承时，用游标卡尺测量轴承盖边缘和下轴承边缘间的距离。 尺寸$(A-B)$：0.7mm 或更小。	安装曲轴上止推垫圈。使机油槽向外，将 2 个止推垫圈安装到气缸体的 3 号轴颈下方。

（2）安装曲轴。

图示	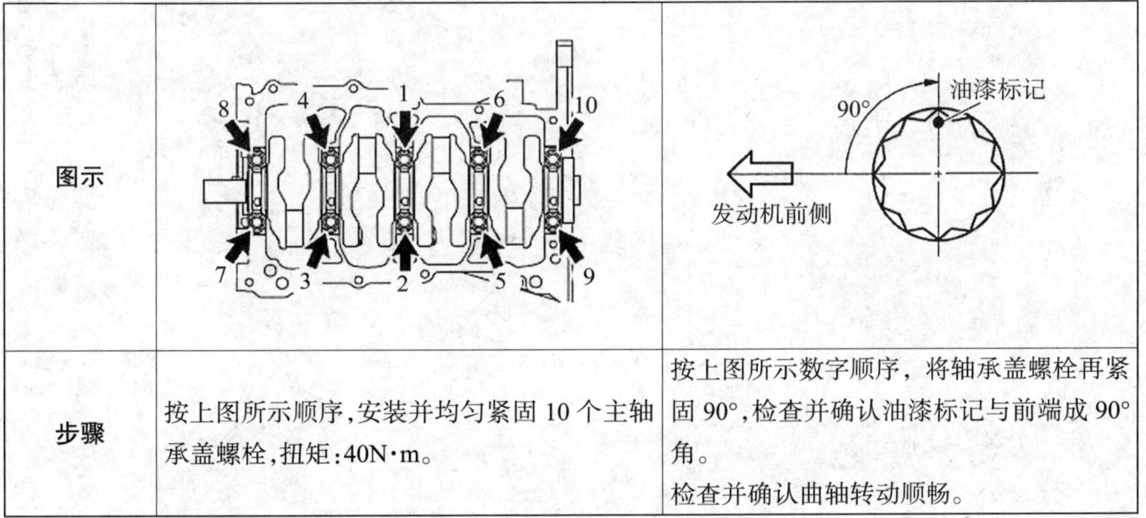	
步骤	按上图所示顺序，安装并均匀紧固 10 个主轴承盖螺栓，扭矩：40N·m。	按上图所示数字顺序，将轴承盖螺栓再紧固 90°，检查并确认油漆标记与前端成 90°角。 检查并确认曲轴转动顺畅。

（3）安装曲轴后油封。

图示	步骤
SST	（1）在新油封唇口涂抹通用润滑脂。 （2）用 SST 和锤子敲入油封，直到其表面与后油封座圈边缘齐平。 注意： 使唇口远离异物；擦去曲轴上多余的润滑脂；不要斜敲油封。

（4）安装飞轮。

图示	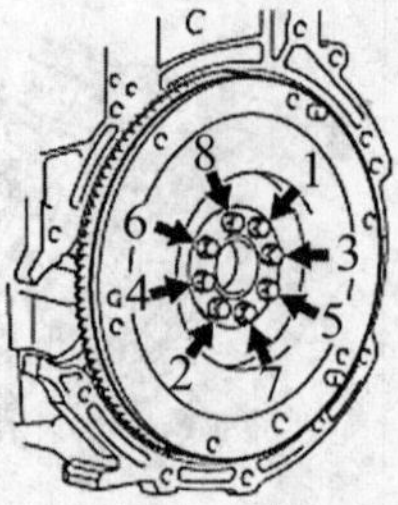	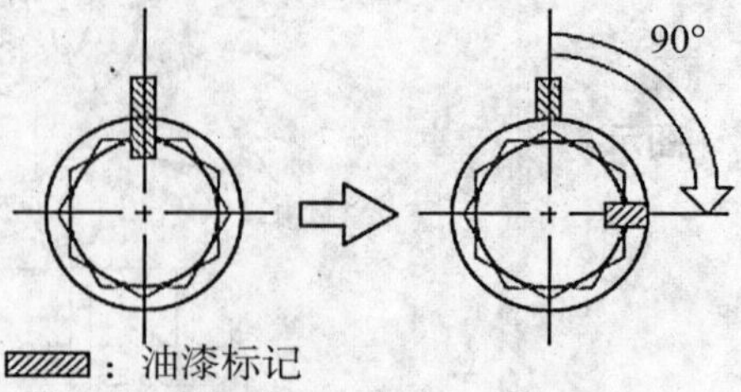
步骤	安装飞轮分总成时，在新螺栓前端的 2 或 3 个螺纹上涂抹黏合剂。按图示顺序，分几个步骤，均匀地安装和紧固 8 个螺栓，扭矩：49N·m。	（1）用油漆在螺栓前端作标记，按同样的顺序，将 8 个螺栓再紧固 90°。 （2）检查并确认油漆标记与前端成 90°角。

项目六　配气机构的检修

学习目标与要求

1. 能说出配气机构的作用、组成、结构。
2. 能完成配气机构的拆装。
3. 能识别配气机构的零部件。
4. 能说出配气机构主要零部件的结构。
5. 能完成配气机构的主要机件的检修。
6. 能熟练掌握相关技术资料的查询方法。
7. 锻炼自主学习分析能力、自我展示能力,并能培养团队合作精神、职业道德素养。

任务一　配气机构的认知

任务引入

有一 1ZR-FE 发动机在维修后启动发动机时,发现发动机不易启动,考虑该车维修时更换过正时链条,于是重新检查正时链条,经拆检后发现正时链条上的记号装配时有误。通过维修技师重新装配后,发动机恢复正常。

任务分析

通过本任务的学习,能知道配气机构的作用、组成和工作过程;能说出配气机构的类型及特点;能说出配气相位图的含义,为进一步学习配气机构的检修打好基础。

任务实施

一、准备

场地/用具、设备	资料
1. 车间或模拟车间中留10人左右用的实习场地一块,对应数量的课桌椅,白板或张贴板一块,多媒体教学设备一套。 2. 个人防护用品、用具,汽车常用维修设备和工具。 3. 装用卡罗拉发动机的汽车一辆。 4. 卡罗拉发动机一台。 5. 专用维修工具及辅料:SST 09202－70020(09202－00010)、SST 09201－41020,SST 09276－75010、SST 09201－10000(09201－01050)、SST 09959－70010(09951－07100)、衬垫刮刀、锤子、塑料锤、E8"TORX"梅花套筒、尖嘴钳、压缩空气枪、磁棒,木块,密封胶等。	1. 各汽车公司售后服务网页。 2. 卡罗拉汽车维修手册及电子技术资料。 3. 汽车常用维修、检测设备的使用说明书和安全操作规定。 4. 相关教学视频及教学课件。 5. 教材、笔记本。

二、要求

10人左右为一组,在教师的指导下,先进行相关知识的学习,再进行1ZR-FE发动机配气机构的拆装(本任务的拆装,主要是为了便于学习配气机构的结构,不要求动手参与),最后分析配气机构的配气相位图。

三、相关知识学习

1. 配气机构的作用。配气机构是进、排气管道的控制机构,它按照汽缸的工作顺序和工作过程的要求,准时地开闭进、排气门,向汽缸供给可燃混合气(汽油机)或新鲜空气(柴油机)并及时排出废气。

2. 配气机构的组成。配气机构由气门组、气门传动组组成。

(1) 气门组:主要由气门、气门座、气门弹簧、弹簧座、锁片、气门导管、气门油封等组成,其功用主要是维持气门的关闭。

(2) 气门传动组:是指从曲轴正时齿轮开始至推动气门动作的所有零件。1ZR-FE发动机的气门传动组主要由曲轴正时齿轮、凸轮轴正时齿轮、正时链条、链条减振器、链条张紧器、进气VVT-i控制器、排气VVT-i控制器、进气凸轮轴、排气凸轮轴、滚针式摇臂、液压间隙调节器等组成。其功用是定时驱动气门使其开闭。

3. 工作原理。

图示	工作原理
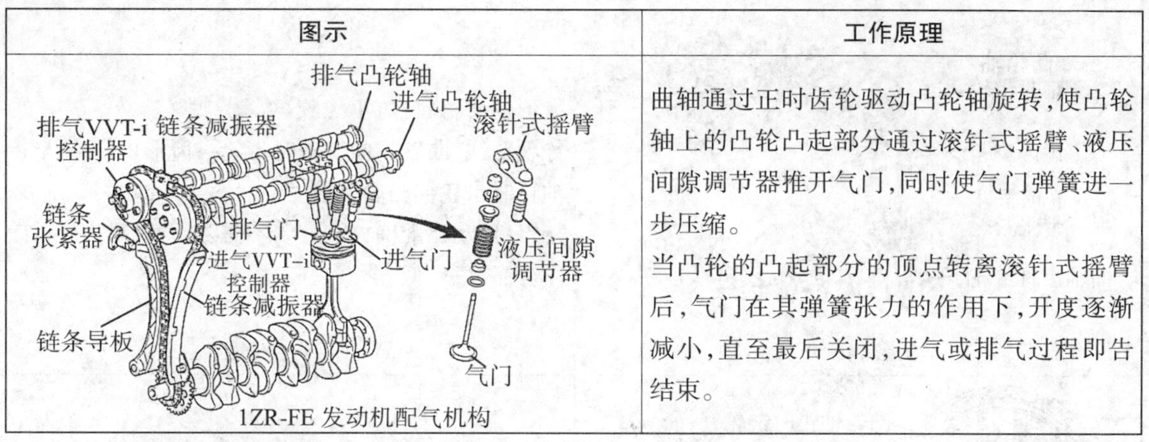 1ZR-FE 发动机配气机构	曲轴通过正时齿轮驱动凸轮轴旋转，使凸轮轴上的凸轮凸起部分通过滚针式摇臂、液压间隙调节器推开气门，同时使气门弹簧进一步压缩。 当凸轮的凸起部分的顶点转离滚针式摇臂后，气门在其弹簧张力的作用下，开度逐渐减小，直至最后关闭，进气或排气过程即告结束。

4. 凸轮轴的布置形式。

图示	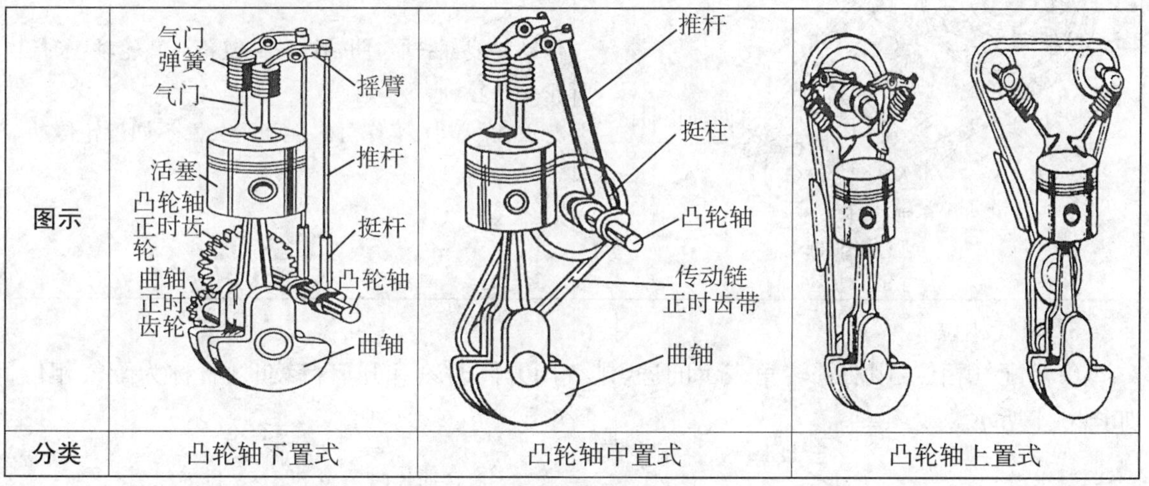		
分类	凸轮轴下置式	凸轮轴中置式	凸轮轴上置式

5. 配气机构的传动方式。

图示	传动方式
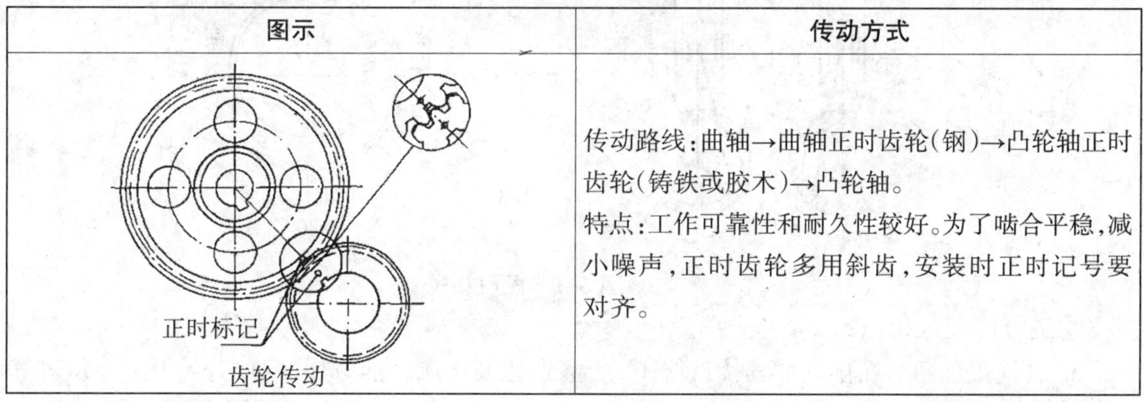 齿轮传动	传动路线：曲轴→曲轴正时齿轮（钢）→凸轮轴正时齿轮（铸铁或胶木）→凸轮轴。 特点：工作可靠性和耐久性较好。为了啮合平稳，减小噪声，正时齿轮多用斜齿，安装时正时记号要对齐。

图示	传动方式
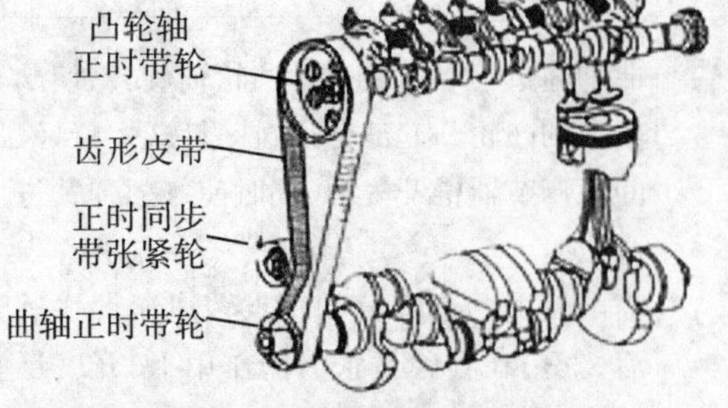 凸轮轴正时带轮 齿形皮带 正时同步带张紧轮 曲轴正时带轮 齿形带传动	齿形皮带材料:氯丁橡胶。 传动路线:曲轴→曲轴正时带轮→齿形皮带→凸轮轴正时带轮→凸轮轴。 特点:传动比准确,效率高,不需要润滑,噪声小,工作可靠,成本低。
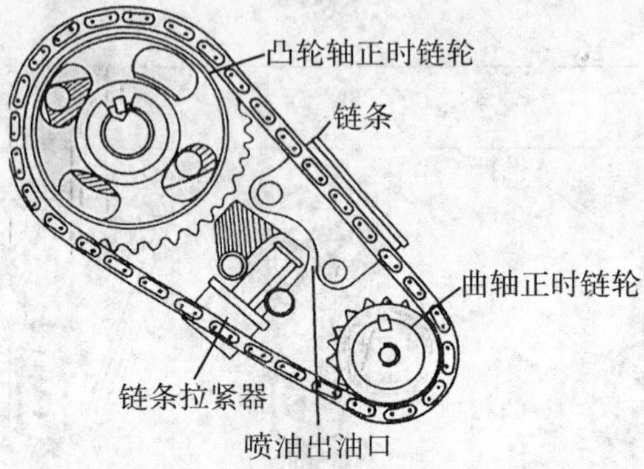 凸轮轴正时链轮 链条 曲轴正时链轮 链条拉紧器 喷油出油口 链条传动	传动路线:曲轴→曲轴链轮→链条→凸轮轴正时链轮→凸轮轴。 特点:噪音小,工作可靠性和耐久性不如齿轮传动。

6. 配气相位。

(1) 配气相位。用曲轴转角表示的进、排气门开闭时刻和开启持续时间,称为配气相位,如图 6-1 所示。

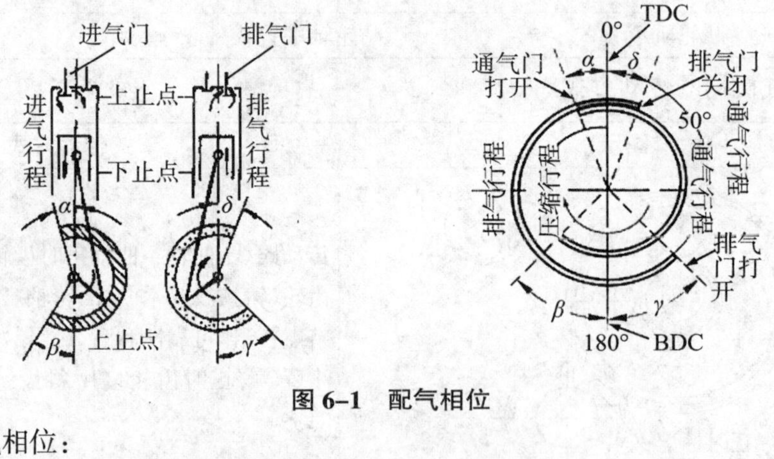

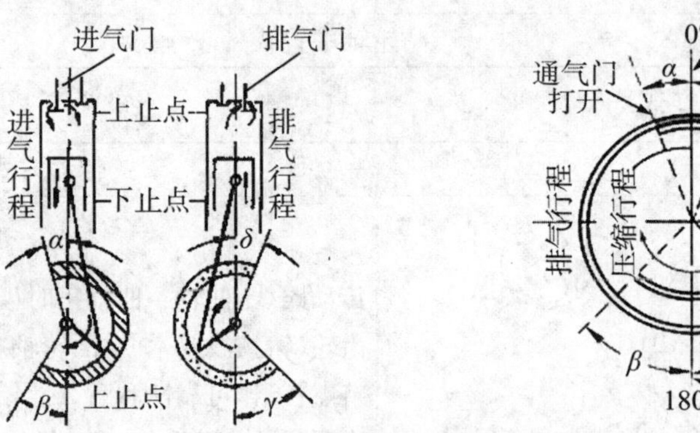

图 6-1　配气相位

①进气门配气相位:

a. 进气提前角。在排气冲程接近终了,活塞到达上止点之前,进气门便开始开启。从进气门开始开启到上止点所对应的曲轴转角称为进气提前角(或早开角)。进气提前角用 α 表示,α 一般为 10°～30°。

b. 进气迟后角。在进气冲程下止点过后,活塞重又上行一段,进气门才关闭。从下止点到进气门关闭所对应的曲轴转角称为进气迟后角(或晚关角)。进气迟后角用 β 表示,β 一般为 40°～70°。进气门开启持续时间内的曲轴转角,即进气持续角为 $\alpha+180°+\beta$。

②排气门配气相位：

a. 排气提前角。在做功行程的后期，活塞到达下止点前，排气门便开始开启。从排气门开始开启到下止点所对应的曲轴转角称为排气提前角（或早开角）。排气提前角用 γ 表示，γ 一般为 40°～80°。

b. 排气迟后角。在活塞越过上止点后，排气门才关闭。从上止点到排气门关闭所对应的曲轴转角称为排气迟后角（或晚关角）。排气迟后角用 δ 表示，δ 一般为 10°～30°。排气门开启持续时间内的曲轴转角，即排气持续角为 $\gamma+180°+\delta$。

③气门叠开。由于进气门早开和排气门晚关，就出现了一段进排气门同时开启的现象，称为气门叠开。同时开启的角度，即进气门早开角与排气门晚关角的和 $\alpha+\delta$，称为气门叠开角。

（2）1ZR-FE 发动机的配气相位。

配气相位图	说明
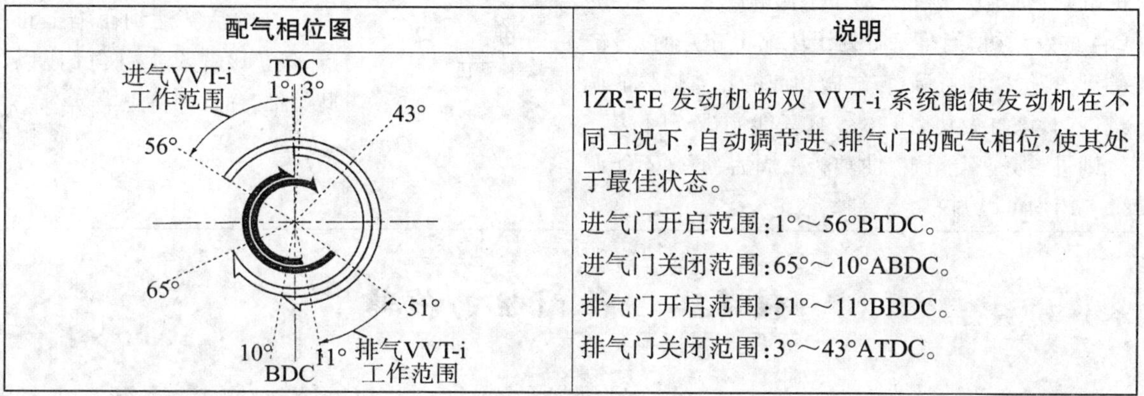	1ZR-FE 发动机的双 VVT-i 系统能使发动机在不同工况下，自动调节进、排气门的配气相位，使其处于最佳状态。 进气门开启范围：1°～56°BTDC。 进气门关闭范围：65°～10°ABDC。 排气门开启范围：51°～11°BBDC。 排气门关闭范围：3°～43°ATDC。

知识拓展

一、气门间隙

图示	工作原理
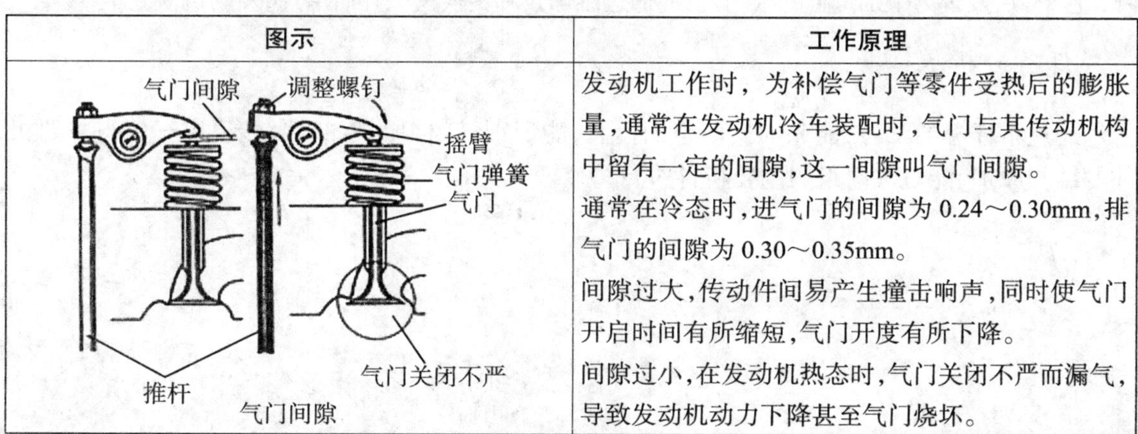 气门间隙	发动机工作时，为补偿气门等零件受热后的膨胀量，通常在发动机冷车装配时，气门与其传动机构中留有一定的间隙，这一间隙叫气门间隙。 通常在冷态时，进气门的间隙为 0.24～0.30mm，排气门的间隙为 0.30～0.35mm。 间隙过大，传动件间易产生撞击响声，同时使气门开启时间有所缩短，气门开度有所下降。 间隙过小，在发动机热态时，气门关闭不严而漏气，导致发动机动力下降甚至气门烧坏。

二、气门间隙的调整

气门间隙的调整见表 6–1。

表 6–1　气门间隙的调整

两次调整法	逐缸调整法
两次调整法:简称“先进后排,对置不调”。按发动机的工作顺序来判断，当某一缸处在压缩上止点时,该缸的进、排气门都是可以调整的。在该缸做功前的汽缸只能调整进气门间隙，而在该缸做功后的汽缸只能调整排气门间隙，而该缸曲拐对应的缸则不能调。例如，对于工作顺序为 1–5–3–6–2–4 的发动机,当第一缸处于压缩上止点时,该缸的进、排气门均可调,该缸做功前的 2、4 缸只能调进气门,该缸做功后的 3、5 缸只能调排气门,第 6 缸则进、排气不能调。曲轴转一周后,原来不能调的气门均可以调 排 5 3 双1 6不 4 2 进	转动曲轴使第一缸活塞处于压缩上止点位置,调整第一缸的进、排气门。按点火顺序使下一缸的活塞达到压缩上止点,调整该缸的进、排气门。以此类推,逐缸调整完毕

任务二　气门组的检修

任务引入

有一 1ZR-FE 发动机在运行中发现动力下降,油耗增加,怠速不稳,经检查个别缸汽缸压力下降,经拆检后发现为个别汽缸的气门烧蚀。通过维修技师更换气门并研磨后,发动机恢复正常。

任务分析

通过本任务的学习,能完成气门组的拆装,能识别气门组的零部件,能说出气门组主要机件的结构原理,能对气门组的主要机件进行检修。

任务实施

一、准备

场地/用具、设备

1. 车间或模拟车间中留10人左右用的实习场地一块，对应数量的课桌椅，白板或张贴板一块，多媒体教学设备一套。
2. 个人防护用品、用具，汽车常用维修设备和工具。
3. 卡罗拉发动机数台。
4. 装用卡罗拉发动机的汽车一辆。
5. 汽车专用维修工具:SST 09201—10000(09201—01050)、09959－70010(09951－07100)、SST 09201－41020、SST 09202－70020（09202－00010)、气门座铰刀、游标卡尺、钢角尺、尖嘴钳、压缩空气枪和磁棒、衬垫刮刀、螺旋测微器、锤子、测径规、5.5mm铰刀、塑料锤,E8“TORX”梅花套筒、密封胶木块等。

资料

1. 各汽车公司售后服务网页。
2. 卡罗拉汽车维修手册及电子技术资料。
3. 汽车常用维修、检测设备的使用说明书和安全操作规定。
4. 相关教学视频及教学课件。
5. 教材、笔记本。

二、要求

10人左右为一组，在教师的指导下，先进行相关知识的学习，再进行1ZR-FE发动机配气机构气门组的拆卸、检修，最后按规定要求进行装配。在教学过程中，可将学生分成2～3人一小组，每小组学生针对一台发动机进行学习，教师针对几台发动机同时进行。教师现场指导并适时组织学生进行点评、小结。

三、相关知识学习

（一）气门组的认知

1. 气门组组成。

结构	作用及要求
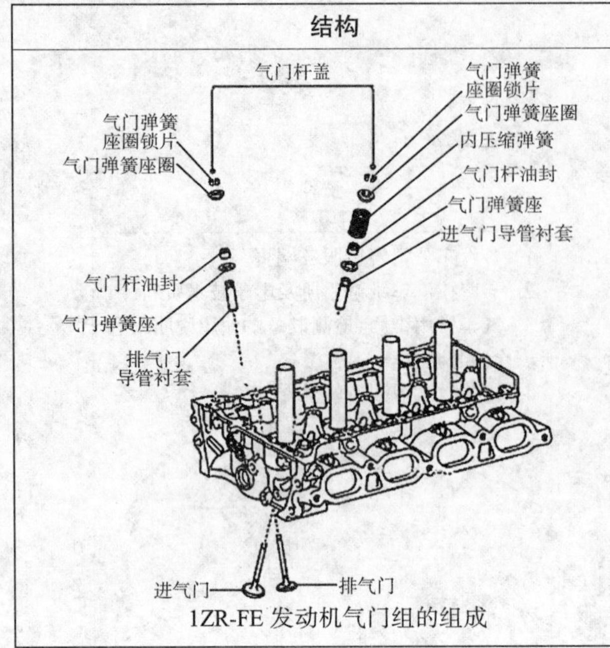 1ZR-FE 发动机气门组的组成	作用：维持进、排气门的关闭。 气门组的要求： （1）气门与气门座贴合严密。 （2）气门导管对气门杆的往复运动导向良好。 （3）气门弹簧两端与气门杆中心线相互垂直，以保证气门头在气门座上不偏斜。 （4）气门弹簧的弹力足以克服气门及其传动件的运动惯性，使气门能迅速闭合，并能保证气门关闭时紧压在气门座上。

2. 气门。

（1）作用：气门是燃烧室的组成部分，是气体进、出燃烧室通道的开关，承受冲击力、高温影响、高速气流冲击，如图 6–2 所示。

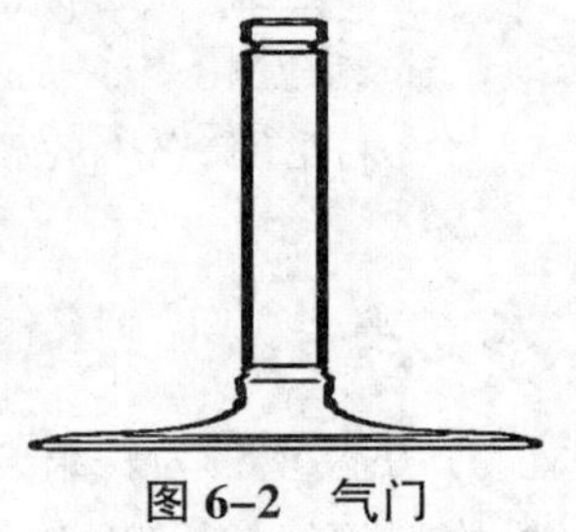

图 6–2 气门

（2）工作条件：

①工作温度高，进气门为 570～670K，排气门为 1050～1200K。

②头部承受气体压力、气门弹簧力等的作用。

③冷却和润滑条件差。

④易被汽缸中燃烧生成物中的有害物质所腐蚀。

（3）结构：

①气门头部：一般进气门头部的直径比排气门的大，以提高进气量。多气门发动机当进气门数多于排气门时，排气门直径大于进气门。

②气门锥角：气门头部的锥面与顶平面的夹角称气门锥角，通常为 30°、45°。部分发动机的进气门锥角为 30°，排气门锥角为 45°。大多数发动机进、排气门都是 45°。

③气门杆部：气门杆部使气门在导管中上下运动时起导向和传热的作用。

气门尾端与弹簧座连接的方式有两种（图 6–3）：

a. 锁片式。将锁片安装在气门尾端的凹槽中。

b. 锁销式。将锁销安装在气门尾端的销孔中。

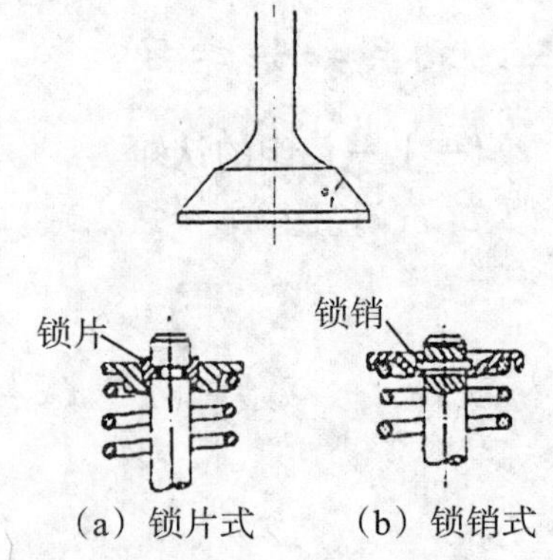

图 6–3 连接方式

3. 气门座，如图 6–4 所示。

（1）作用：气门座在气道与气门锥面相结合的部位，靠其内锥面与气门锥面的紧密贴合密封汽缸。

（2）材料与结构：采用优质灰铸铁或合金铸铁的汽缸盖多采用直接加工法或在缸盖上加工出气门座，铝合金汽缸盖必须镶入用合金铸铁等材料单独制成的气门座。

（3）气门干涉角：气门座锥角与气门锥面角之差叫气门干涉角，一般为 0.5°～1°。

4. 气门弹簧，如图 6–5 所示。

（1）作用：保证气门自动回位关闭。它能吸收气门在开启和关闭过程中传动零件所产生的惯性力，以防止各种传动件彼此分离而破坏配气机构后正常工作。

（2）材料：采用高碳锰钢、铬钒钢弹簧钢制成，钢丝表面经抛光或喷丸处理。

（3）结构。为防止弹簧发生共振，采取以下措施：

①采用变螺距圆柱弹簧，安装时螺距小的一端朝向缸盖。

②采用双弹簧结构，内外弹簧的螺距方向相反。

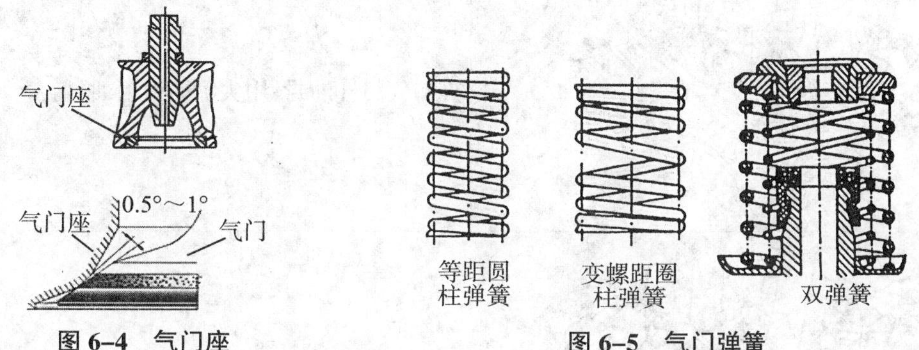

图 6–4　气门座　　图 6–5　气门弹簧

5. 气门导管，如图 6–6 所示。

（1）作用：对气门起导向作用，保证气门直线运动兼起导热作用。

（2）材料：由于润滑较困难，导管一般用含石墨较多的铸铁或粉末冶金制成，以提高自润滑性能。

（3）结构：气门导管为圆柱形管，以过盈配合的方式压入汽缸盖中，部分发动机在导管中部加装定位卡环，以防松动脱落。

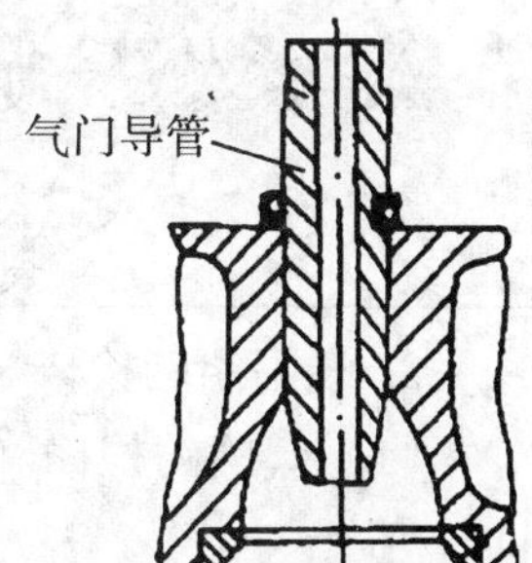

图 6–6　气门导管

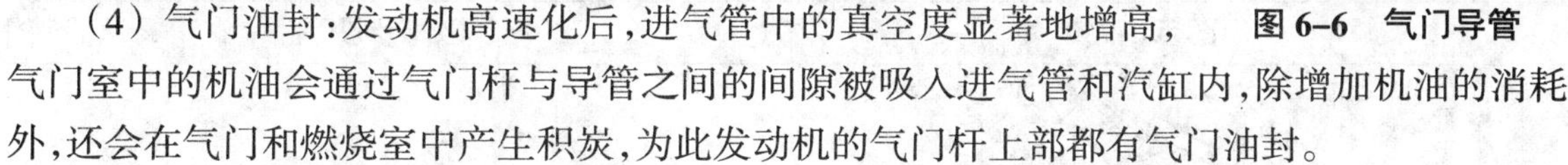

（4）气门油封：发动机高速化后，进气管中的真空度显著地增高，气门室中的机油会通过气门杆与导管之间的间隙被吸入进气管和汽缸内，除增加机油的消耗外，还会在气门和燃烧室中产生积炭，为此发动机的气门杆上部都有气门油封。

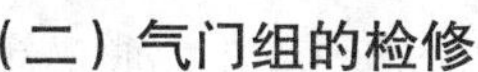

（二）气门组的检修

1. 气门组的常见耗损及危害见表 6–2。

表 6–2　气门组的常见耗损及危害

零件名称	耗损	危害
气门、气门座	密封面磨损、烧蚀	影响汽缸密封
气门导管	磨损	气门室机油易被吸入汽缸，产生烧机油现象
气门弹簧	疲劳断裂、弹性减弱	气门密封不良
气门油封	磨损	气门室机油易被吸入汽缸，产生烧机油现象

2. 气门组的拆卸。

图示	步骤
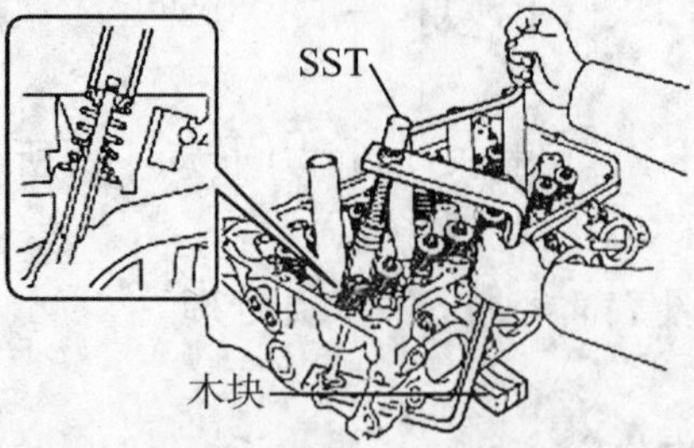 SST 木块	拆下进、排气门： (1) 从汽缸盖上拆下气门杆盖。 (2) 用气门拆装器和木块压缩并拆下气门锁片。 (3) 拆下弹簧座圈和气门。 注意：按正确的顺序摆放拆下的零件。
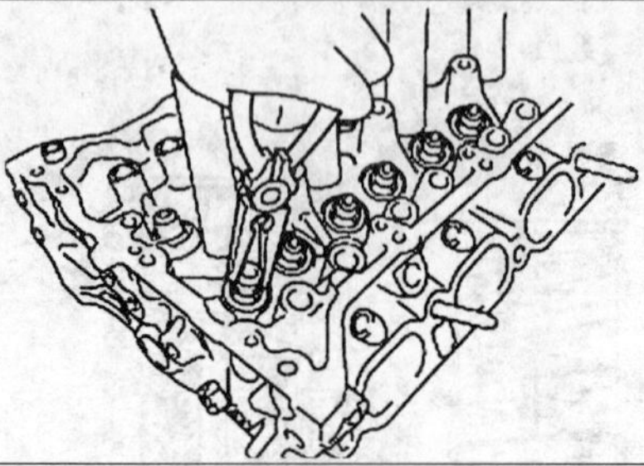	拆卸气门杆油封：用尖嘴钳拆下油封。
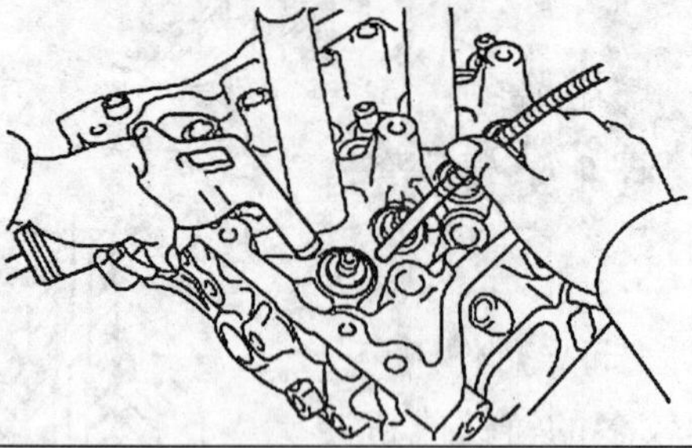	拆卸气门弹簧：用压缩空气和磁棒拆下气门弹簧座。

3. 气门组的检修。

(1) 气门的检修。气门常见的损伤主要有：气门工作锥面磨损起槽、变宽、烧蚀，气门杆弯曲、磨损。

图示	检修步骤
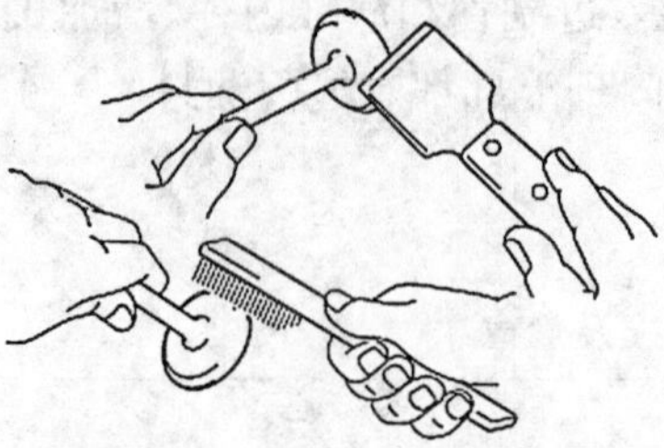	清除积炭：使用衬垫刮刀，刮除气门头部上的所有积炭。
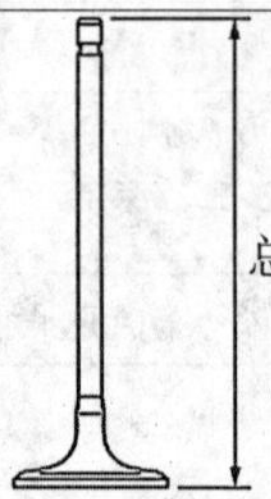 总长	测量气门总长：用游标卡尺测量气门的总长。 1ZR-FE 发动机标准总长： 进气门：109.34mm；排气门：108.25mm。 最小总长： 进气门：108.84mm；排气门：107.75mm。如果总长小于最小值，则更换气门。

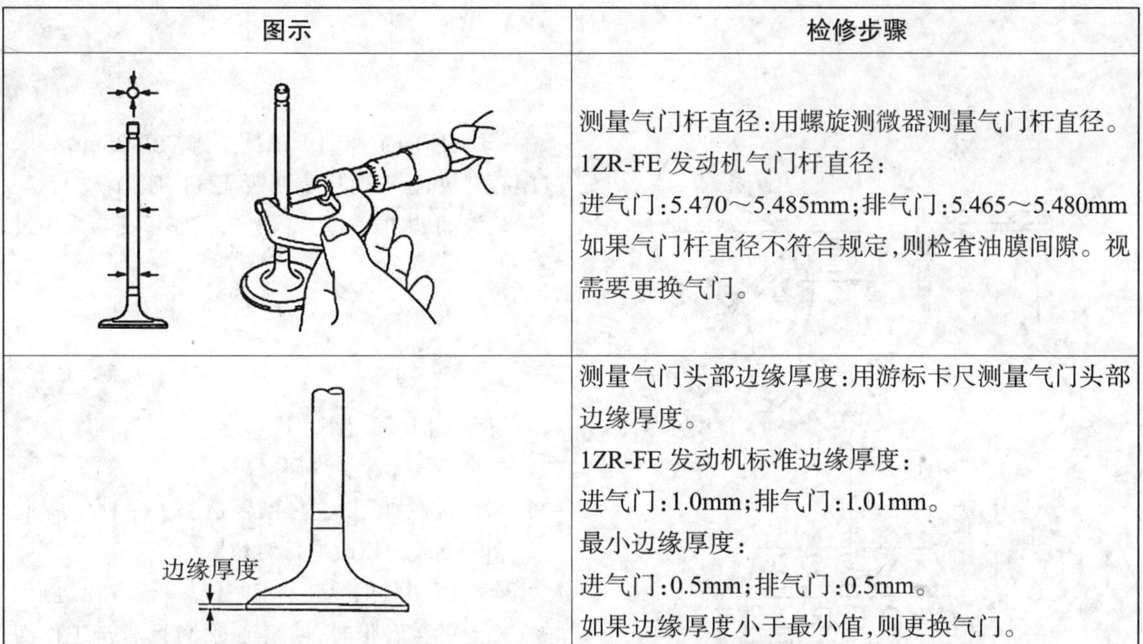

图示	检修步骤
	测量气门杆直径：用螺旋测微器测量气门杆直径。 1ZR-FE 发动机气门杆直径： 进气门：5.470～5.485mm；排气门：5.465～5.480mm 如果气门杆直径不符合规定，则检查油膜间隙。视需要更换气门。
边缘厚度	测量气门头部边缘厚度：用游标卡尺测量气门头部边缘厚度。 1ZR-FE 发动机标准边缘厚度： 进气门：1.0mm；排气门：1.01mm。 最小边缘厚度： 进气门：0.5mm；排气门：0.5mm。 如果边缘厚度小于最小值，则更换气门。

（2）气门座的检修。气门座的损伤主要有工作表面变宽、表面呈现斑点、凹陷，从而造成气门关闭不严。检修步骤如下：

图示	检修步骤
	铰削： （1）用 45°铰刀修整气门座表面，使气门座宽度大于规定值。 （2）用 30°和 75°铰刀修整气门座，使气门可以接触到气门座的整个圆周。应在气门座的中心接触，且气门座宽度应保持在气门座整个圆周周围的规定范围内。
磨光机 砂轮锥形磨头 气缸盖	磨削：为提高效率也可用高速砂轮进行磨削。 气门座宽度： 1ZR-FE 发动机进气门：1.0～1.4mm。 排气门：1.0～1.4mm。

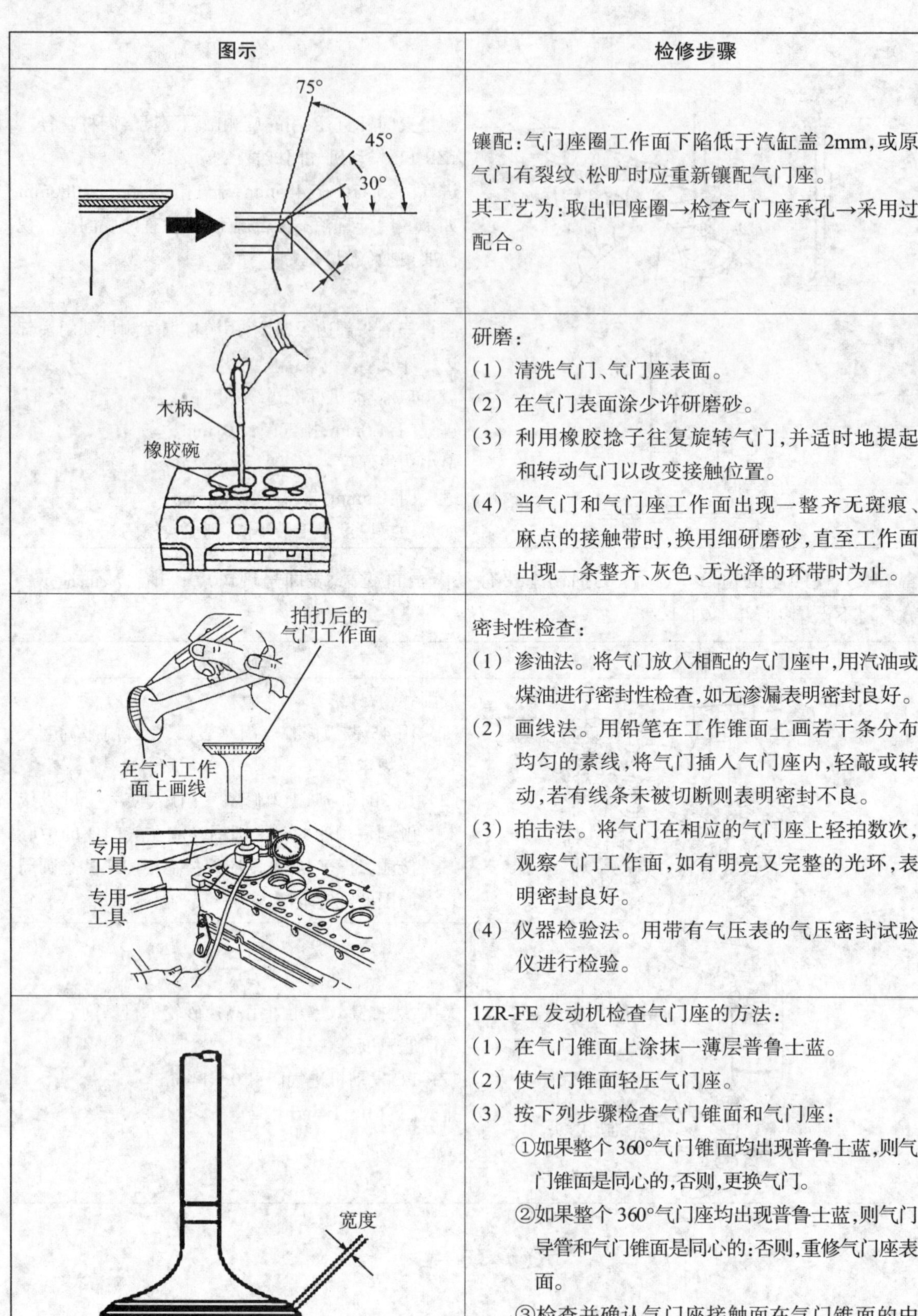

图示	检修步骤
	镶配:气门座圈工作面下陷低于汽缸盖 2mm,或原气门有裂纹、松旷时应重新镶配气门座。 其工艺为:取出旧座圈→检查气门座承孔→采用过配合。
	研磨: (1) 清洗气门、气门座表面。 (2) 在气门表面涂少许研磨砂。 (3) 利用橡胶捻子往复旋转气门,并适时地提起和转动气门以改变接触位置。 (4) 当气门和气门座工作面出现一整齐无斑痕、麻点的接触带时,换用细研磨砂,直至工作面出现一条整齐、灰色、无光泽的环带时为止。
	密封性检查: (1) 渗油法。将气门放入相配的气门座中,用汽油或煤油进行密封性检查,如无渗漏表明密封良好。 (2) 画线法。用铅笔在工作锥面上画若干条分布均匀的素线,将气门插入气门座内,轻敲或转动,若有线条未被切断则表明密封不良。 (3) 拍击法。将气门在相应的气门座上轻拍数次,观察气门工作面,如有明亮又完整的光环,表明密封良好。 (4) 仪器检验法。用带有气压表的气压密封试验仪进行检验。
	1ZR-FE 发动机检查气门座的方法: (1) 在气门锥面上涂抹一薄层普鲁士蓝。 (2) 使气门锥面轻压气门座。 (3) 按下列步骤检查气门锥面和气门座: ①如果整个 360°气门锥面均出现普鲁士蓝,则气门锥面是同心的,否则,更换气门。 ②如果整个 360°气门座均出现普鲁士蓝,则气门导管和气门锥面是同心的:否则,重修气门座表面。 ③检查并确认气门座接触面在气门锥面的中部,气门座宽度在 1.0 和 1.4mm 之间(进、排气门要求相同)。

（3）气门弹簧的检修。气门弹簧主要的损伤有长度缩短、弹力下降或折断等。

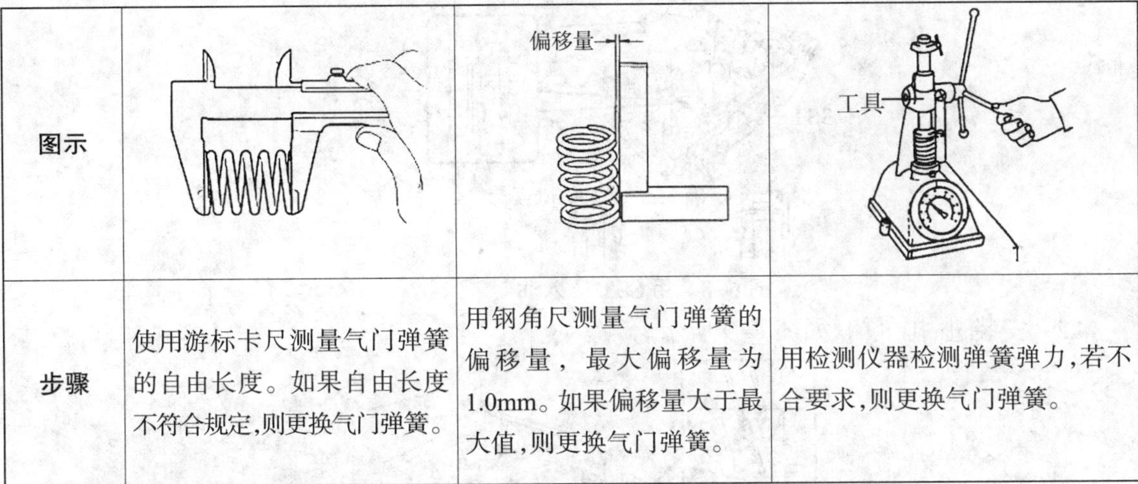

图示			
步骤	使用游标卡尺测量气门弹簧的自由长度。如果自由长度不符合规定，则更换气门弹簧。	用钢角尺测量气门弹簧的偏移量，最大偏移量为1.0mm。如果偏移量大于最大值，则更换气门弹簧。	用检测仪器检测弹簧弹力，若不合要求，则更换气门弹簧。

（4）气门导管的检修。气门导管常见的损伤主要是导管孔的磨损。

<table>
<tr><th>图示</th><th>步骤</th></tr>
<tr><td></td><td>检查油膜间隙：
<table><tr><td>项目</td><td>标准油膜间隙 /mm</td><td>最大油膜间隙 /mm</td></tr><tr><td>进气门</td><td>0.025～0.060</td><td>0.080</td></tr><tr><td>排气门</td><td>0.030～0.065</td><td>0.085</td></tr></table>1ZR-FE 发动机检查气门导管衬套油膜间隙：
（1）用测径规测量气门导管衬套的内径。
衬套内径：5.510～5.530mm。
（2）用导管衬套内径测量值减去气门杆直径测量值。
如间隙大于最大值，则更换气门和气门导管。</td></tr>
<tr><td></td><td>1ZR-FE 发动机气门导管更换：用测径规测量汽缸盖的衬套孔径，标准值：10.285～10.306mm。
如果汽缸盖衬套孔径大于 10.306mm，则将衬套孔径加工为 10.335～10.356mm，以安装加大尺寸 0.05mm 气门导管衬套。
如果汽缸盖衬套孔径大于 10.356mm，则更换汽缸盖。</td></tr>
</table>

4. 气门组的装配。安装时应注意清洁和润滑工作，按照与以上拆卸相反的顺序进行。相关零件安装步骤如下：

（1）安装气门油封，如图 6–7 所示。注意油封的颜色！

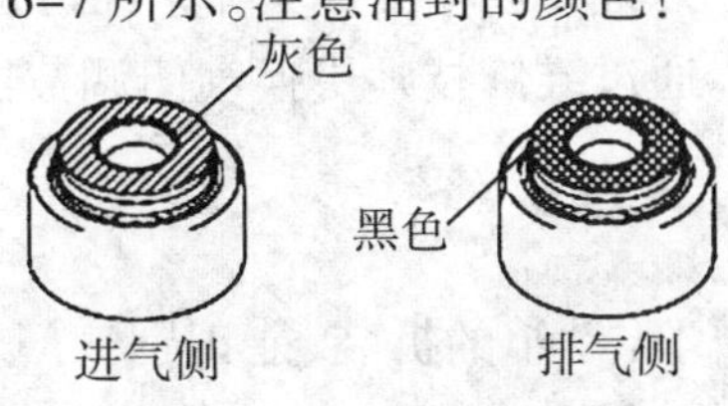

图 6–7　安装气门油封

用专用工具 SST 压入油封，如图 6-8 所示。

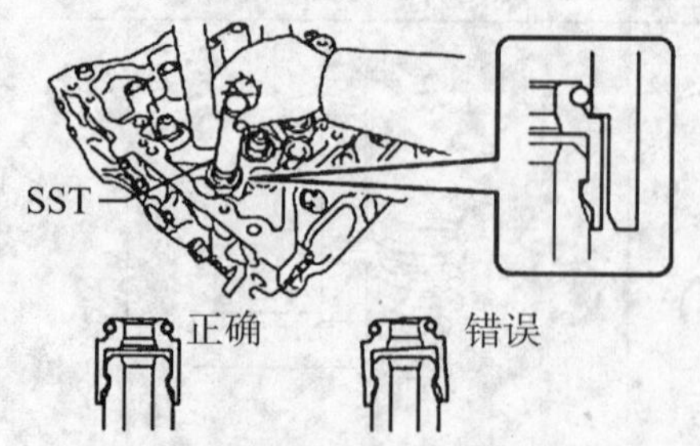

图 6-8　用 SST 压入油封

（2）安装进、排气门，如图 6-9 所示。

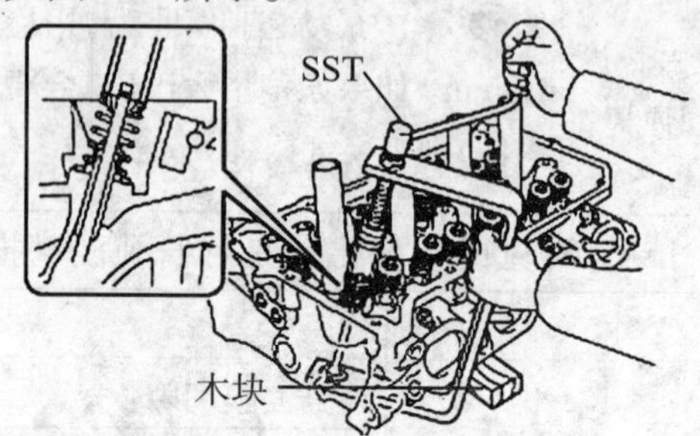

图 6-9　安装进、排气门

用气门拆装器和木块压缩并安装座圈锁片。

用塑料锤轻敲气门顶部以确保安装到位，如图 6-10 所示。

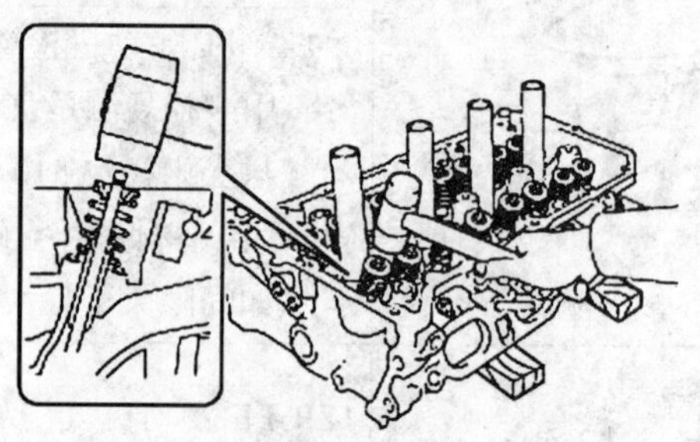

图 6-10　用塑料锤敲气门顶部

任务三　气门传动组的检修

任务引入

有一 1ZR-FE 发动机在运行中发现高速时动力下降，经拆检后发现为个别汽缸的气门调节器密封不良，致使气门开度不足。通过维修技师更换气门调节器后，发动机恢复正常。

任务分析

通过本任务的学习，能完成气门传动组的拆装，能识别气门传动组的零部件，能说出气门传动组主要机件的结构原理，能对气门传动组的主要机件进行检修。

任务实施

一、准备

场地/用具、设备

1. 车间或模拟车间中留10人左右用的实习场地一块，对应数量的课桌椅，白板或张贴板一块，多媒体教学设备一套。
2. 个人防护用品、用具，汽车常用维修设备和工具。
3. 卡罗拉发动机数台。
4. 装用卡罗拉发动机的汽车一辆。
5. SST 09276－75010、压缩空气喷枪、百分表及支架、螺旋测微器、游标卡尺、密封胶等工量具。

资料

1. 各汽车公司售后服务网页。
2. 卡罗拉汽车维修手册及电子技术资料。
3. 汽车常用维修、检测设备的使用说明书和安全操作规定。
4. 相关教学视频及教学课件。
5. 教材、笔记本。

二、要求

10人左右为一组，在教师的指导下，先进行相关知识的学习，再进行1ZR-FE发动机配气机构气门传动组的拆卸、检修，最后按规定要求进行装配。在教学过程中，可将学生分成2～3人一小组，每小组学生针对一台发动机进行学习，教师针对几台发动机同时进行教学。教师现场指导并适时组织学生进行点评、小结。

三、相关知识学习

（一）气门传动组的认知

1. 气门传动组组成。

（1）1ZR-FE发动机采用双凸轮轴结构。

图示	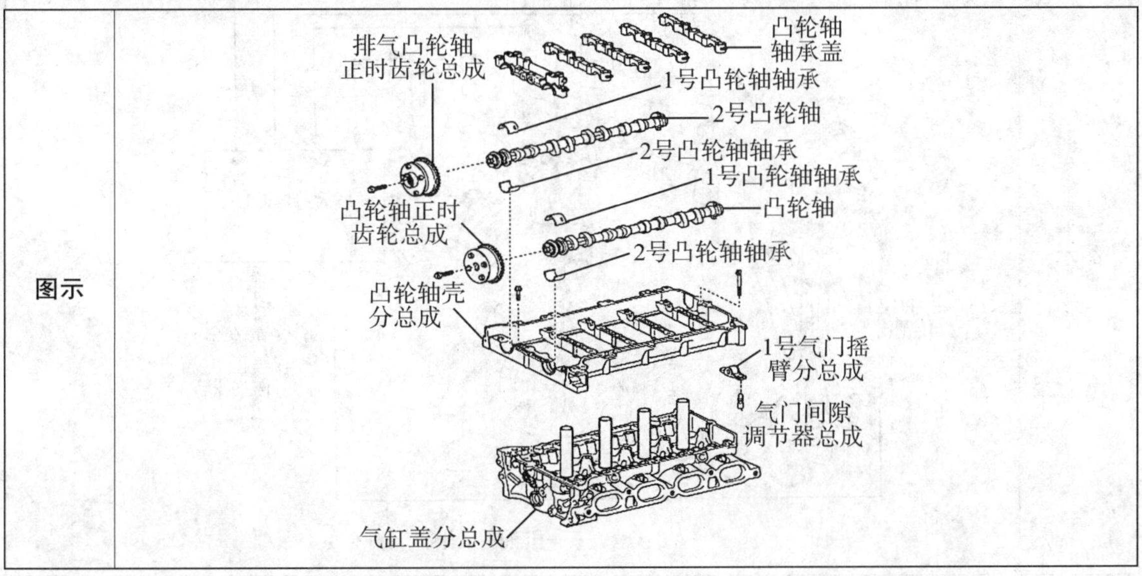

说明	凸轮轴通过轴承安装在汽缸盖分总成上。 凸轮轴上的凸轮经气门摇臂总成、气门间隙调节器总成驱动气门的开闭。 凸轮轴前端装有正时齿轮总成，可以控制进、排气门的配气相位。

（2）凸轮轴的驱动。

图示	说明
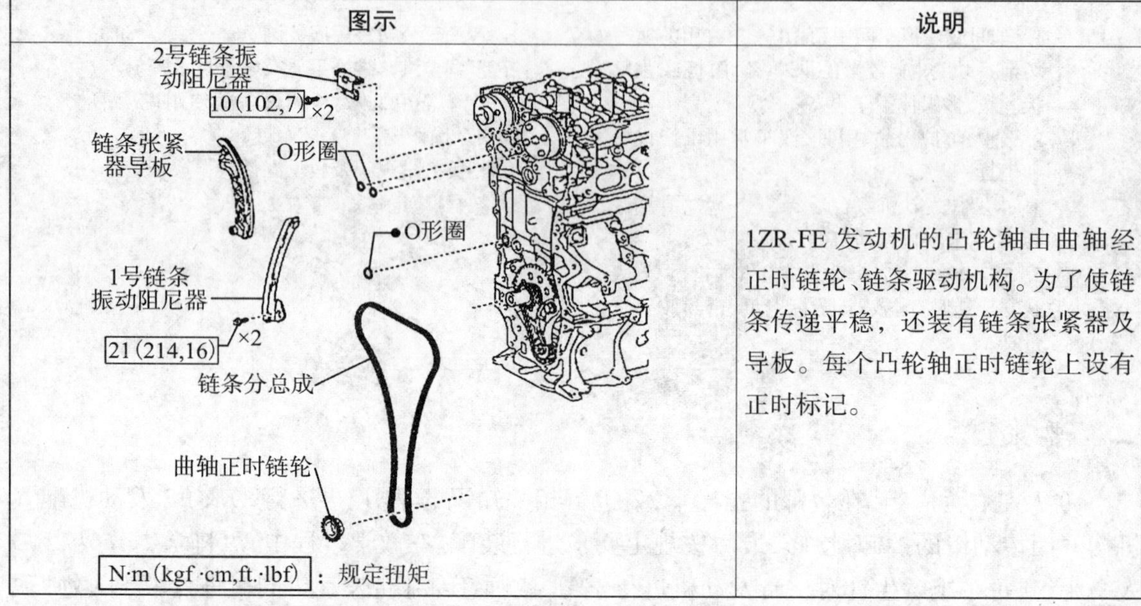	1ZR-FE 发动机的凸轮轴由曲轴经正时链轮、链条驱动机构。为了使链条传递平稳，还装有链条张紧器及导板。每个凸轮轴正时链轮上设有正时标记。

2. 双 VVT-i(智能型可变气门正时控制)系统。

（1）概述。双 VVT-i 系统可将进气和排气凸轮轴分别控制在 55°和 40°(曲轴转角)范围内，以提供适合发动机运转最佳的气门正时，从而增大所有转速范围内的扭矩，提高燃油经济性并减少废气排放。

图示	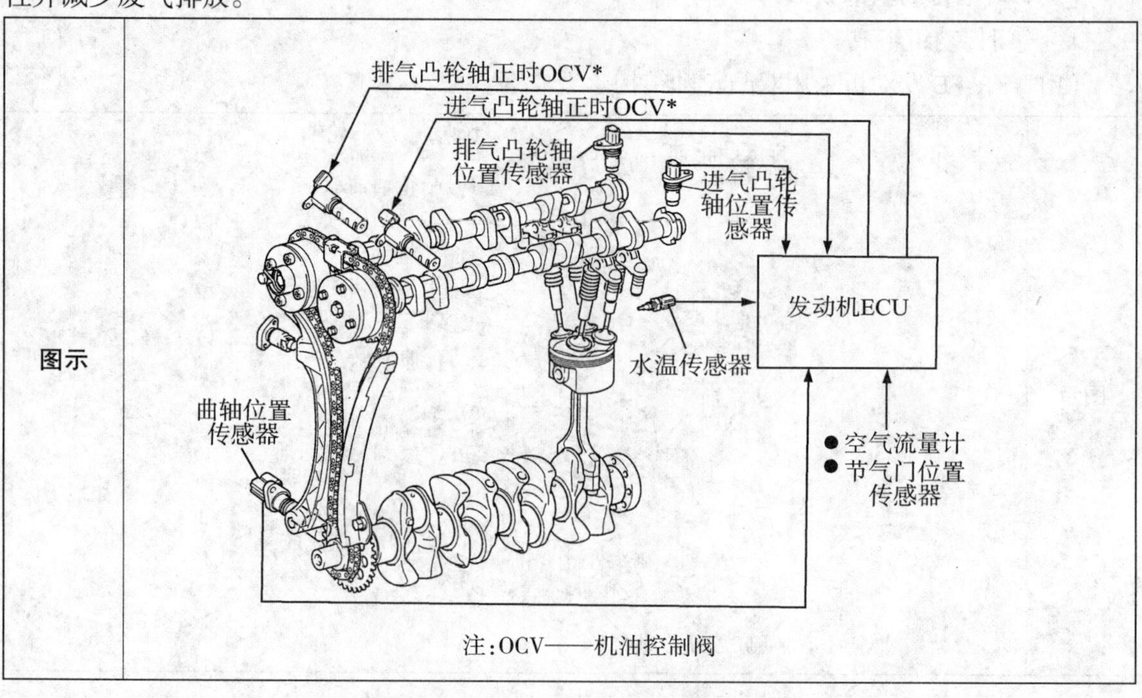 注：OCV——机油控制阀

图示	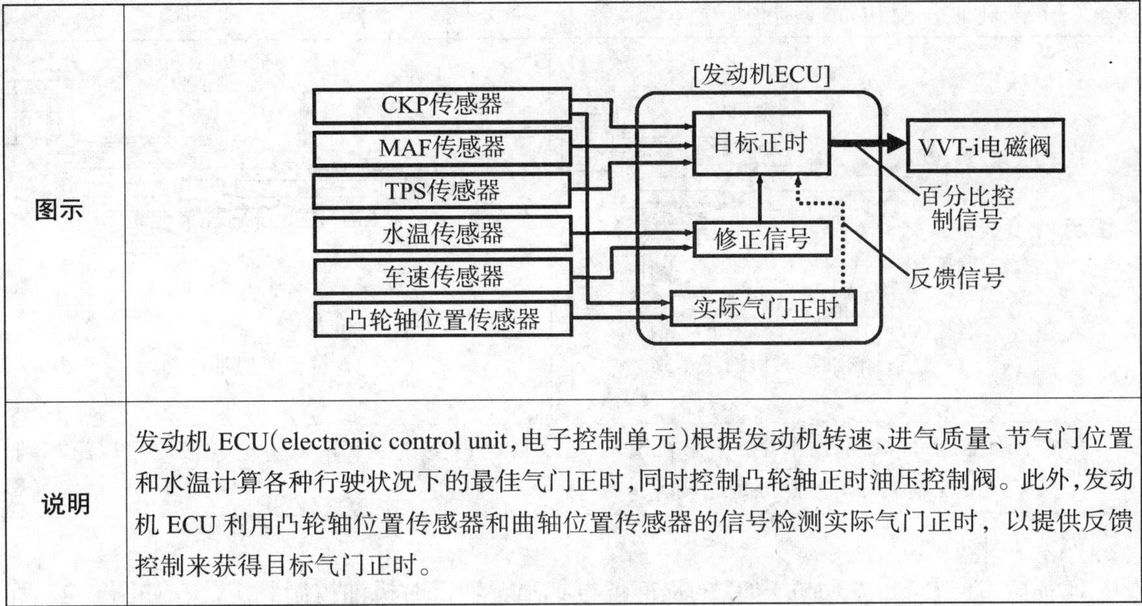
说明	发动机 ECU(electronic control unit,电子控制单元)根据发动机转速、进气质量、节气门位置和水温计算各种行驶状况下的最佳气门正时,同时控制凸轮轴正时油压控制阀。此外,发动机 ECU 利用凸轮轴位置传感器和曲轴位置传感器的信号检测实际气门正时，以提供反馈控制来获得目标气门正时。

（2）VVT-i 控制器。

图示	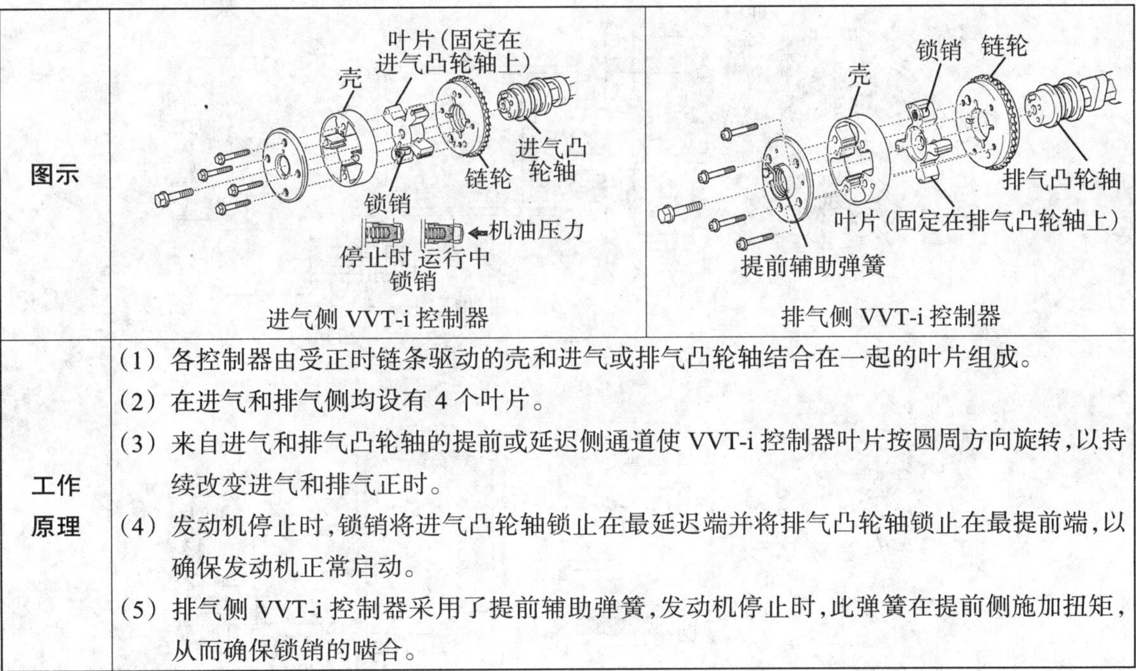 进气侧 VVT-i 控制器　　排气侧 VVT-i 控制器
工作原理	（1）各控制器由受正时链条驱动的壳和进气或排气凸轮轴结合在一起的叶片组成。 （2）在进气和排气侧均设有 4 个叶片。 （3）来自进气和排气凸轮轴的提前或延迟侧通道使 VVT-i 控制器叶片按圆周方向旋转,以持续改变进气和排气正时。 （4）发动机停止时,锁销将进气凸轮轴锁止在最延迟端并将排气凸轮轴锁止在最提前端,以确保发动机正常启动。 （5）排气侧 VVT-i 控制器采用了提前辅助弹簧,发动机停止时,此弹簧在提前侧施加扭矩,从而确保锁销的啮合。

（3）凸轮轴正时机油控制阀。

图示	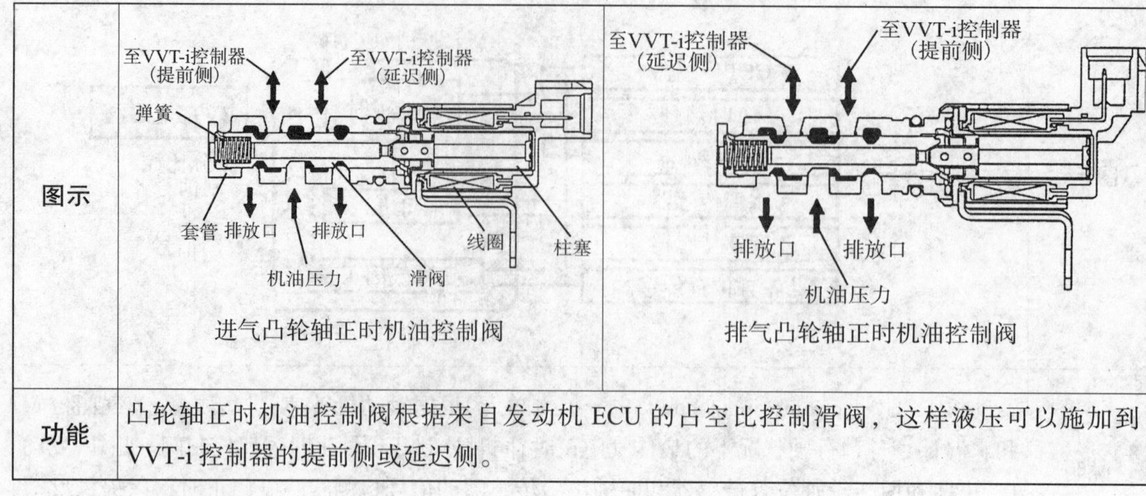
功能	凸轮轴正时机油控制阀根据来自发动机 ECU 的占空比控制滑阀，这样液压可以施加到 VVT-i 控制器的提前侧或延迟侧。

（4）工作原理。

①提前：通过来自发动机 ECU 的提前信号将凸轮轴正时机油控制阀定位在如图 6–11 所示位置时，合成机油压力施加到正时提前侧叶片室，使凸轮轴沿正时提前方向旋转。

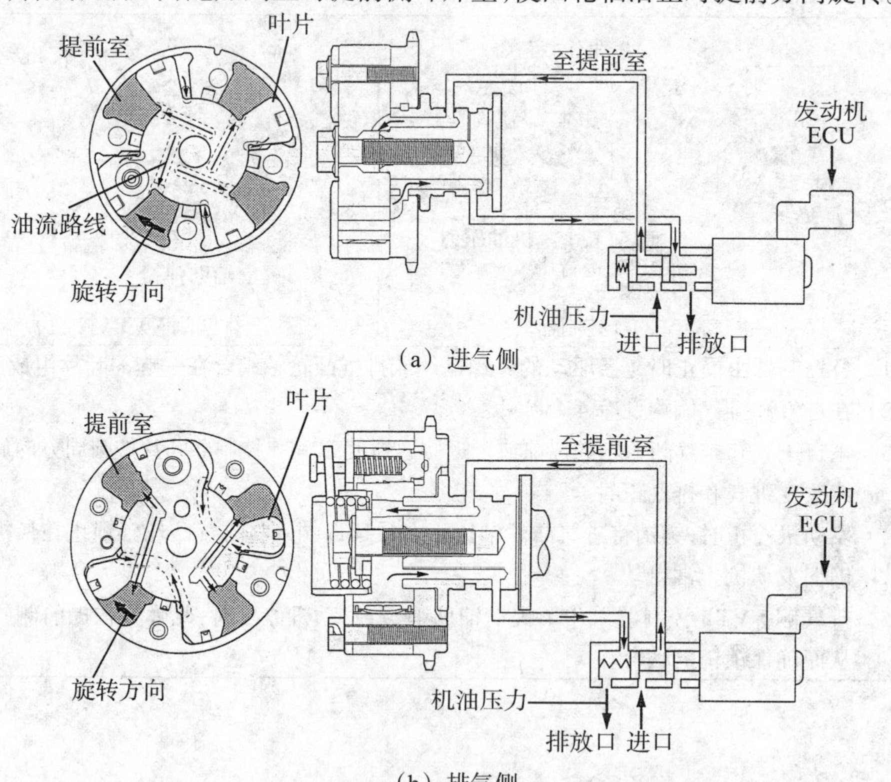

图 6–11　VVT-i 控制器提前工作原理

②延迟：通过来自发动机 ECU 的延迟信号将凸轮轴正时机油控制阀定位在如图 6–12 所示位置时，合成机油压力施加到正时延迟侧叶片室，使凸轮轴沿正时延迟方向旋转。

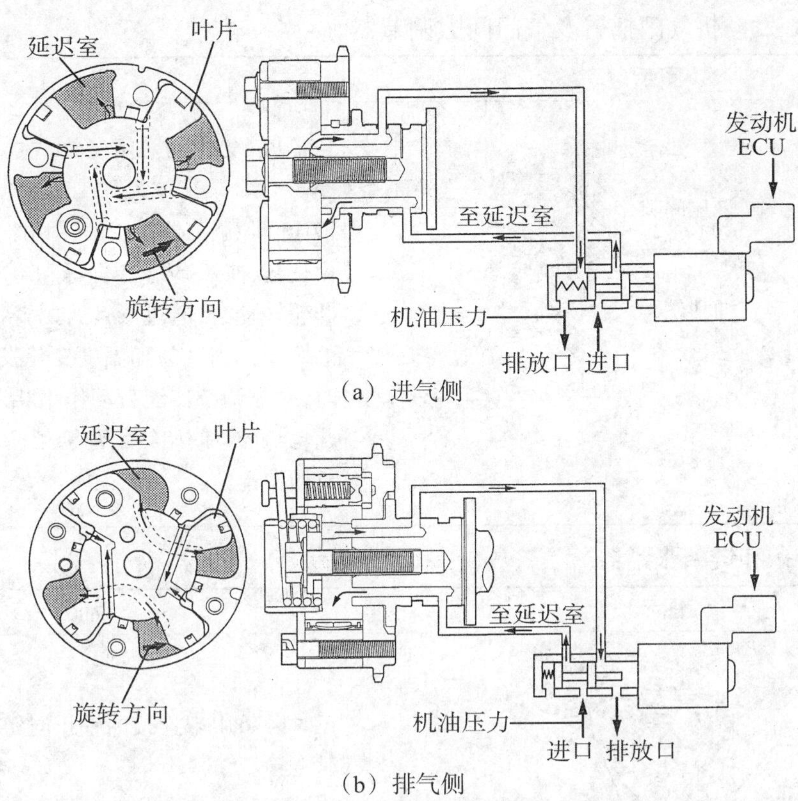

（a）进气侧

（b）排气侧

图 6–12　VVT-i 控制器延迟工作原理

③保持：达到目标正时后，通过使凸轮轴正时机油控制阀保持在中间位置以保持气门正时，直到行驶状态改变，这样可将气门正时调节为所需目标位置，并防止发动机机油在不必要时流出。

3. 1ZR-FE 发动机凸轮轴。

图示	说明
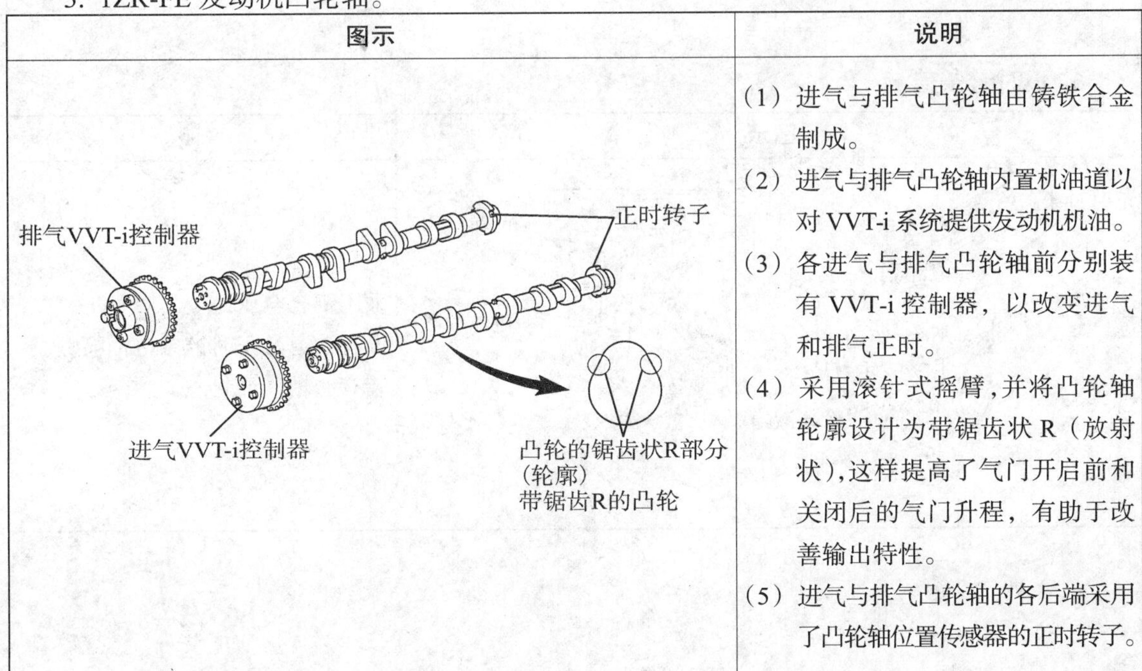	（1）进气与排气凸轮轴由铸铁合金制成。 （2）进气与排气凸轮轴内置机油道以对 VVT-i 系统提供发动机机油。 （3）各进气与排气凸轮轴前分别装有 VVT-i 控制器，以改变进气和排气正时。 （4）采用滚针式摇臂，并将凸轮轴轮廓设计为带锯齿状 R（放射状），这样提高了气门开启前和关闭后的气门升程，有助于改善输出特性。 （5）进气与排气凸轮轴的各后端采用了凸轮轴位置传感器的正时转子。

4. 1ZR-FE 发动机气门摇臂及气门间隙调节器。

图示	说明
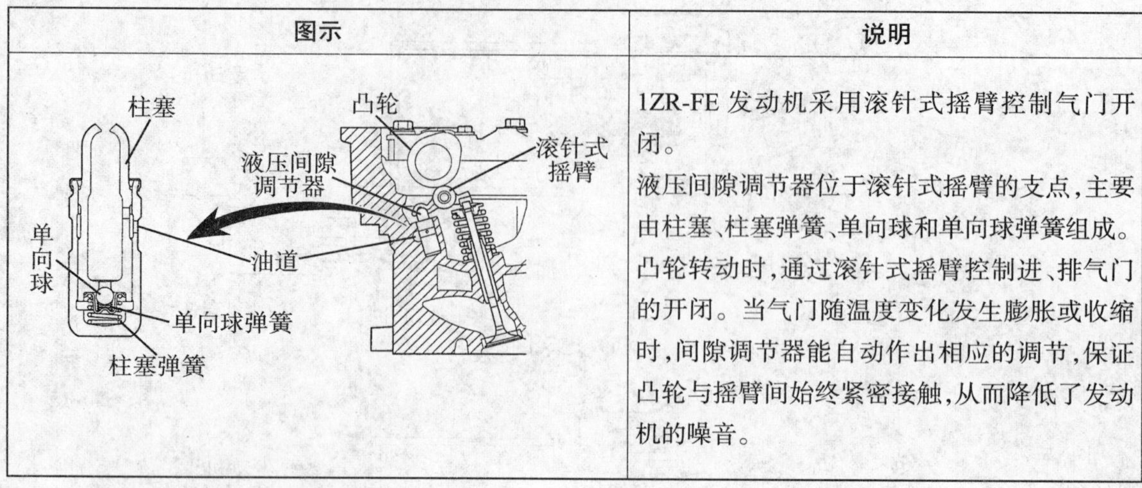	1ZR-FE 发动机采用滚针式摇臂控制气门开闭。 液压间隙调节器位于滚针式摇臂的支点，主要由柱塞、柱塞弹簧、单向球和单向球弹簧组成。 凸轮转动时，通过滚针式摇臂控制进、排气门的开闭。当气门随温度变化发生膨胀或收缩时，间隙调节器能自动作出相应的调节，保证凸轮与摇臂间始终紧密接触，从而降低了发动机的噪音。

5. 正时链条和链条张紧器。

图示	说明
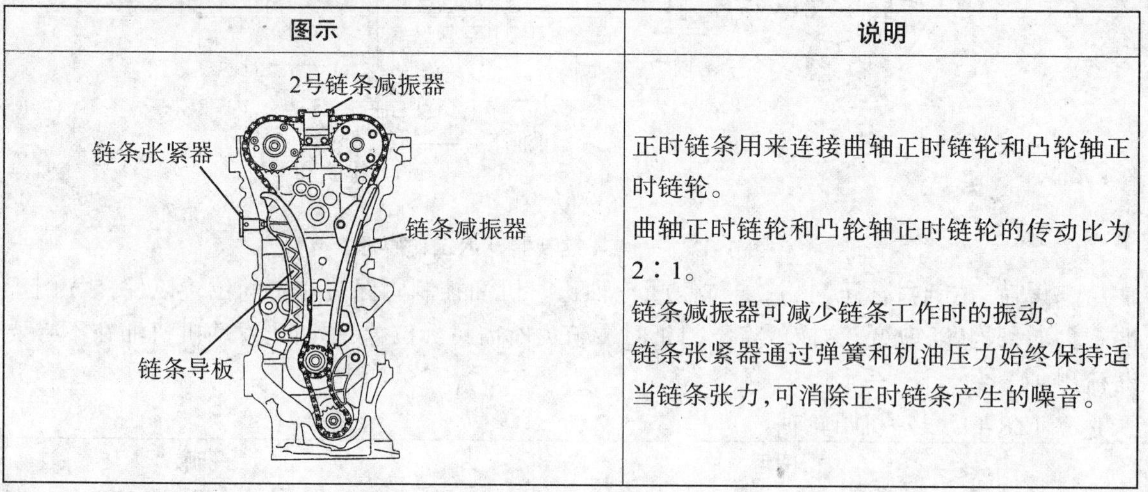	正时链条用来连接曲轴正时链轮和凸轮轴正时链轮。 曲轴正时链轮和凸轮轴正时链轮的传动比为 2∶1。 链条减振器可减少链条工作时的振动。 链条张紧器通过弹簧和机油压力始终保持适当链条张力，可消除正时链条产生的噪音。

6. 正时链条盖。

图示	说明
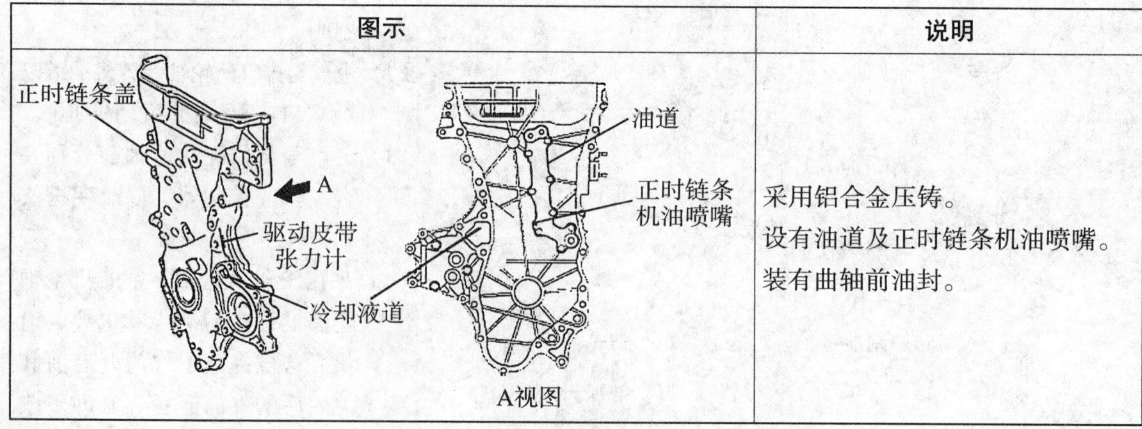A视图	采用铝合金压铸。 设有油道及正时链条机油喷嘴。 装有曲轴前油封。

（二）气门传动组的检修

1. 气门传动组的耗损及危害见表 6–3。

表 6–3　气门传动组的耗损及危害

名称	耗损	危害
凸轮轴	磨损、弯曲变形	影响气门开度
凸轮轴轴承	磨损	产生异响
气门间隙调节器	密封失效	影响气门开度
正时链条	磨损	产生异响，影响配气相位

2. 气门传动组的拆卸。

（1）拆卸链条分总成。

<table>
<tr><th>图示</th><th>步骤</th></tr>
<tr><td>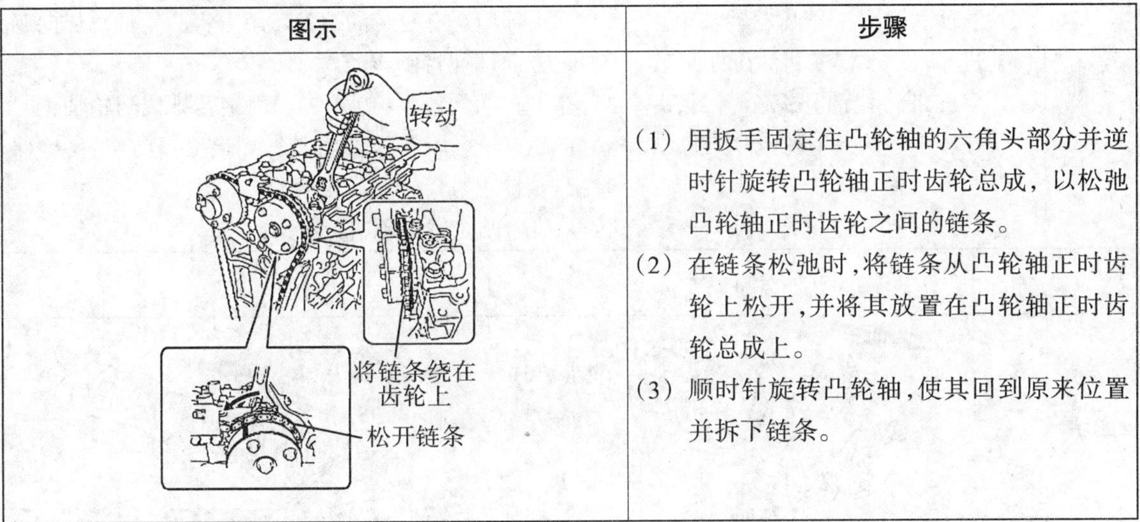
</td><td>（1）用扳手固定住凸轮轴的六角头部分并逆时针旋转凸轮轴正时齿轮总成，以松弛凸轮轴正时齿轮之间的链条。
（2）在链条松弛时，将链条从凸轮轴正时齿轮上松开，并将其放置在凸轮轴正时齿轮总成上。
（3）顺时针旋转凸轮轴，使其回到原来位置并拆下链条。</td></tr>
</table>

（2）检查进气凸轮轴正时齿轮总成。

<table>
<tr><td>图示</td><td>胶带密封部位
胶带
刺一个孔</td><td></td></tr>
<tr><td>步骤</td><td>（1）清理和除去 1 号凸轮轴轴承盖进气侧上的 VVT 机油孔的油脂。
（2）用胶带将机油孔完全密封，并在胶带上刺一个孔（程序 A）。</td><td>（1）向程序 A 中刺出的孔施加大约 150kPa 的空气压力以松开锁销。
（2）用力将凸轮轴总成向提前方向（逆时针）转动。
（3）在可转动的范围（26.5°～28.5°）内旋转凸轮轴正时齿轮 2～3 次，但不要将其转到最大延迟位置，确保凸轮轴正时齿轮总成转动顺畅。
（4）从 1 号凸轮轴轴承盖上取下胶带。</td></tr>
</table>

（3）检查排气凸轮轴正时齿轮总成。

图示	胶带密封部位 胶带 刺一个孔	
步骤	（1）清理和除去1号凸轮轴轴承盖进气侧上的VVT机油孔的油脂。 （2）用胶带将机油孔完全密封，并在胶带上刺一个孔（程序B）。	（1）向程序B中刺出的孔施加大约200kPa的空气压力以松开锁销。 （2）用头部缠绕有胶带的螺丝刀用力将凸轮轴总成向延迟方向（顺时针）转动。 （3）在可转动的范围（19°～21°）内旋转排气凸轮轴正时齿轮2～3次，但不要将其转到最大提前位置，确保凸轮轴正时齿轮总成转动顺畅。 （4）从1号凸轮轴轴承盖上取下胶带。

（4）拆卸凸轮轴正时齿轮总成。

图示	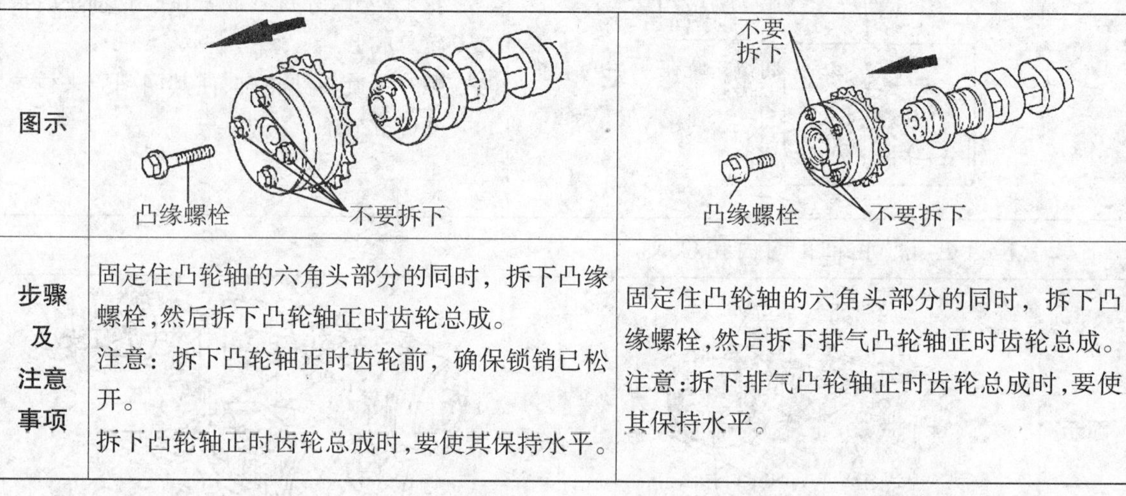	
步骤及注意事项	固定住凸轮轴的六角头部分的同时，拆下凸缘螺栓，然后拆下凸轮轴正时齿轮总成。 注意：拆下凸轮轴正时齿轮前，确保锁销已松开。 拆下凸轮轴正时齿轮总成时，要使其保持水平。	固定住凸轮轴的六角头部分的同时，拆下凸缘螺栓，然后拆下排气凸轮轴正时齿轮总成。 注意：拆下排气凸轮轴正时齿轮总成时，要使其保持水平。

（5）拆卸凸轮轴轴承盖。

图示	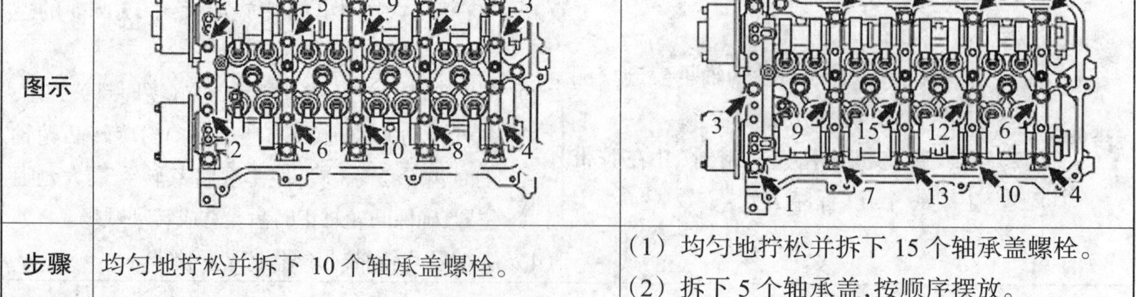	
步骤	均匀地拧松并拆下10个轴承盖螺栓。	（1）均匀地拧松并拆下15个轴承盖螺栓。 （2）拆下5个轴承盖，按顺序摆放。

（6）拆卸凸轮轴及相关零部件。

图示	凸轮轴	2号凸轮轴
步骤	拆下凸轮轴。	拆下 2 号凸轮轴。
图示	摇臂	
步骤	拆下 16 个气门摇臂。	拆下 16 个气门间隙调节器。
图示	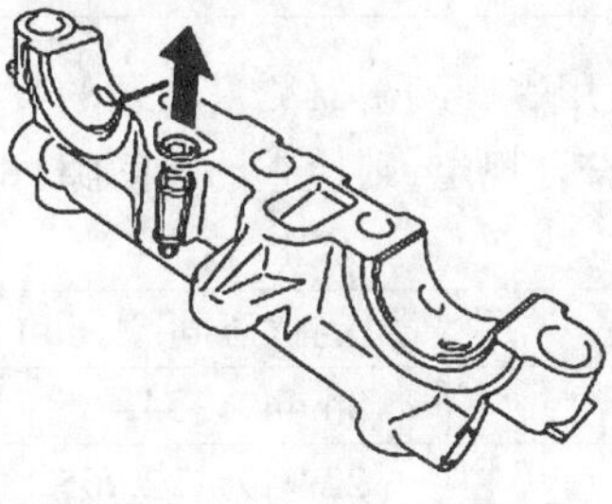	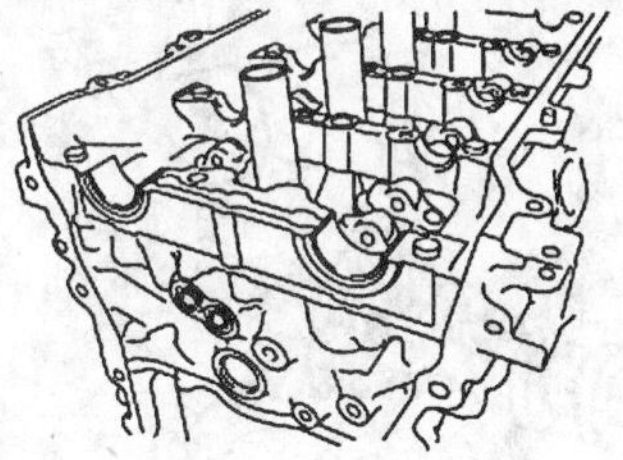
步骤	（1）拆下机油控制阀滤清器。 （2）拆下 2 个 1 号凸轮轴轴承。	拆下 2 个 2 号凸轮轴轴承。

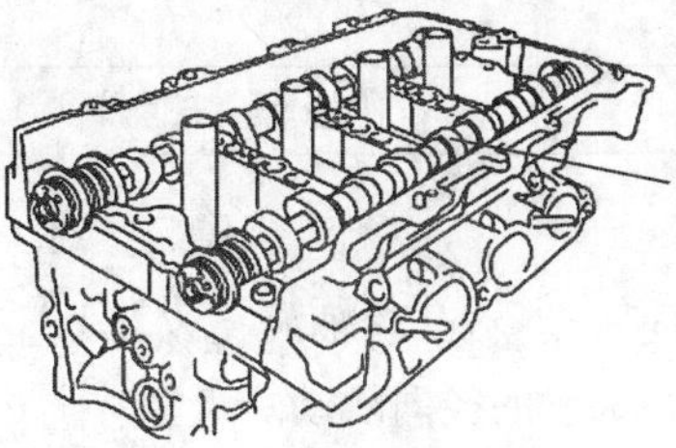

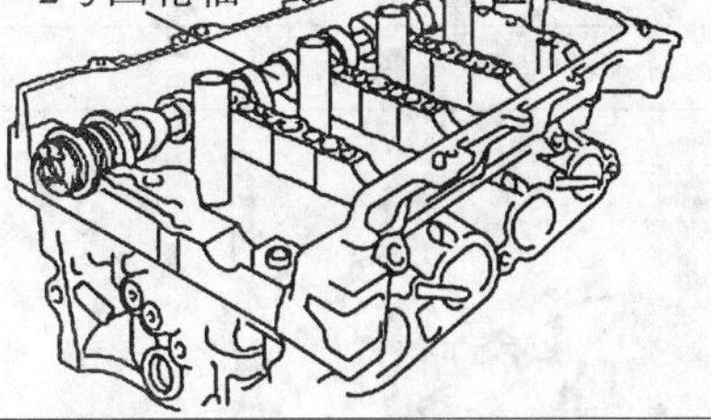

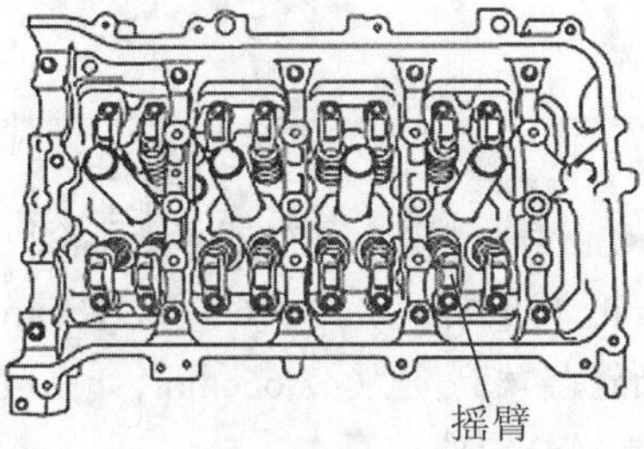

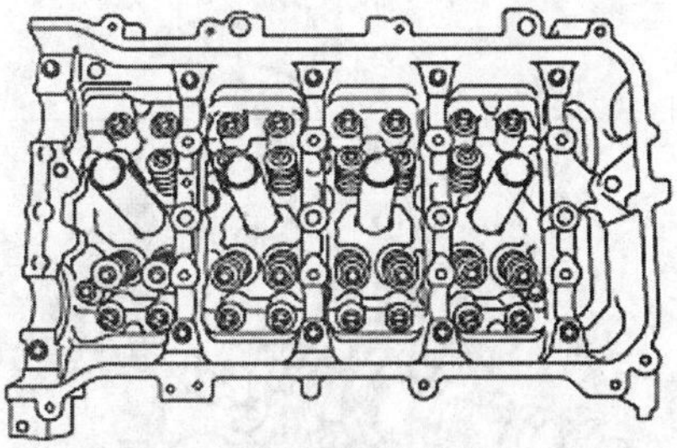

（7）拆卸凸轮轴壳分总成。

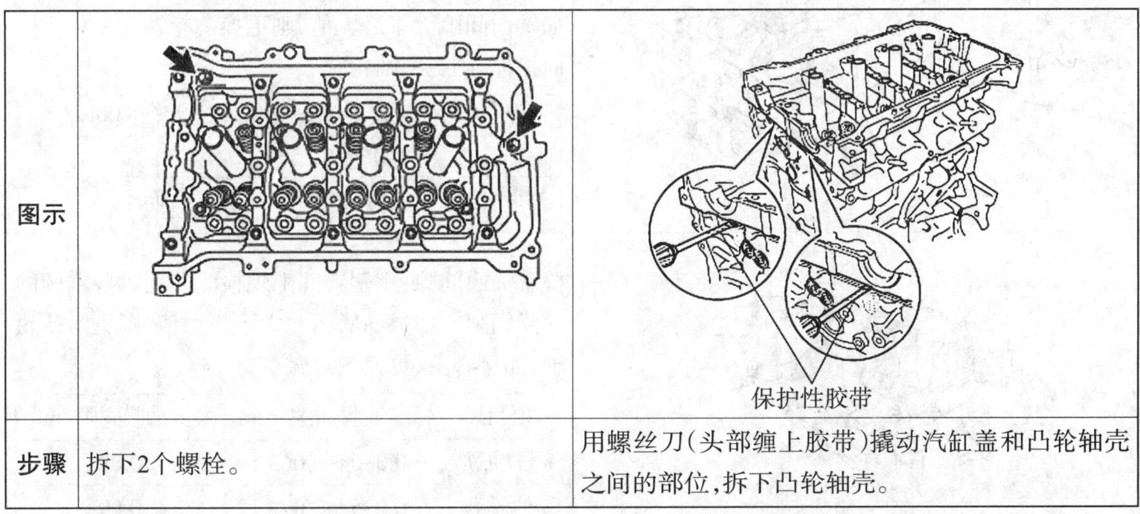

图示		
步骤	拆下2个螺栓。	用螺丝刀（头部缠上胶带）撬动汽缸盖和凸轮轴壳之间的部位，拆下凸轮轴壳。

3. 1ZR-FE 发动机气门传动组的检修。

（1）凸轮轴的检修。

<table>
<tr><th>图示</th><th>步骤</th></tr>
<tr><td></td><td>检查径向跳动：将凸轮轴放在 V 形块上，用百分表测量中心轴颈的径向跳动。
最大径向跳动：0.04mm。
如果径向跳动大于最大值，则更换凸轮轴。</td></tr>
<tr><td></td><td>检查凸轮凸角：用螺旋测微器测量凸轮凸角的高度，标准凸轮凸角高度为 42.816～42.916mm。
最小凸轮凸角高度为 42.666mm，如高度小于最小值，则更换凸轮轴。</td></tr>
<tr><td></td><td>检查轴颈：用螺旋测微器测量轴颈的直径，如果轴颈直径不符合规定，则检查油膜间隙，视需要更换轴承或凸轮轴。
<table>
<tr><th>轴颈位置</th><th>规定状态间隙 /mm</th></tr>
<tr><td>1 号</td><td>34.449～34.465</td></tr>
<tr><td>其他</td><td>22.949～22.965</td></tr>
</table></td></tr>
<tr><td>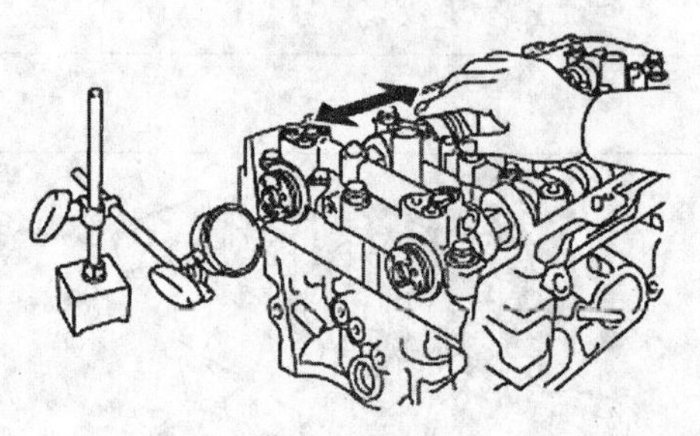</td><td>检查轴向间隙：安装轴承盖，来回移动凸轮轴的同时，用百分表测量轴向间隙。
如轴向间隙大于最大值，则更换凸轮轴壳。如止推面损坏，则更换凸轮轴。
<table>
<tr><th>项目</th><th>规定状态间隙 /mm</th><th>最大轴向间隙</th></tr>
<tr><td>进气</td><td>0.06～0.155</td><td>0.017</td></tr>
<tr><td>排气</td><td>0.06～0.155</td><td>0.017</td></tr>
</table></td></tr>
<tr><td>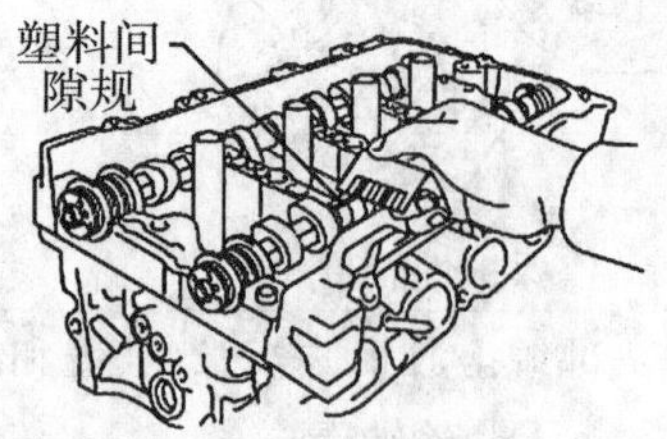
</td><td>检查油膜间隙：用塑料间隙规检测凸轮轴各轴颈的油膜间隙。如果油膜间隙大于最大值，则更换凸轮轴；如有必要，更换汽缸盖。
<table>
<tr><th>项目</th><th>标准油膜间隙 /mm</th><th>最大油膜间隙 /mm</th></tr>
<tr><td>1 号轴颈</td><td>0.030～0.063</td><td>0.08</td></tr>
<tr><td>其他轴颈</td><td>0.035～0.072</td><td>0.09</td></tr>
</table></td></tr>
</table>

（2）其他零部件的检修。

①检查进气凸轮轴正时齿轮总成。

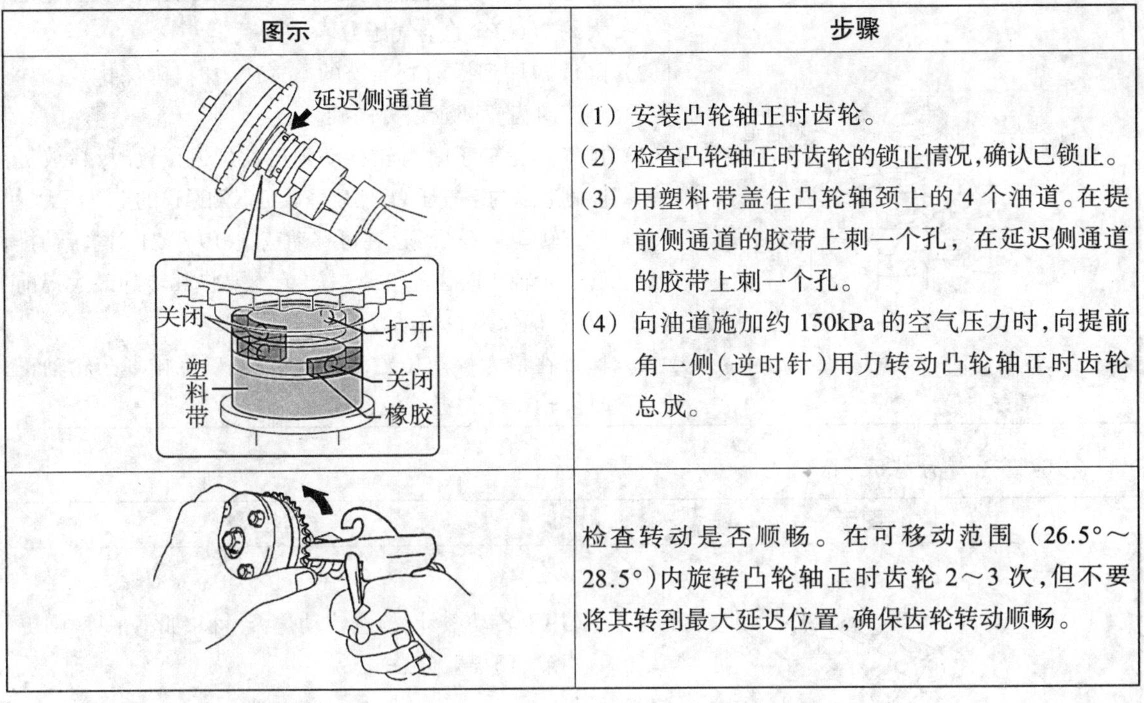

图示	步骤
	（1）安装凸轮轴正时齿轮。 （2）检查凸轮轴正时齿轮的锁止情况，确认已锁止。 （3）用塑料带盖住凸轮轴颈上的4个油道。在提前侧通道的胶带上刺一个孔，在延迟侧通道的胶带上刺一个孔。 （4）向油道施加约150kPa的空气压力时，向提前角一侧（逆时针）用力转动凸轮轴正时齿轮总成。
	检查转动是否顺畅。在可移动范围（26.5°～28.5°）内旋转凸轮轴正时齿轮2～3次，但不要将其转到最大延迟位置，确保齿轮转动顺畅。

②检查排气凸轮轴正时齿轮总成。

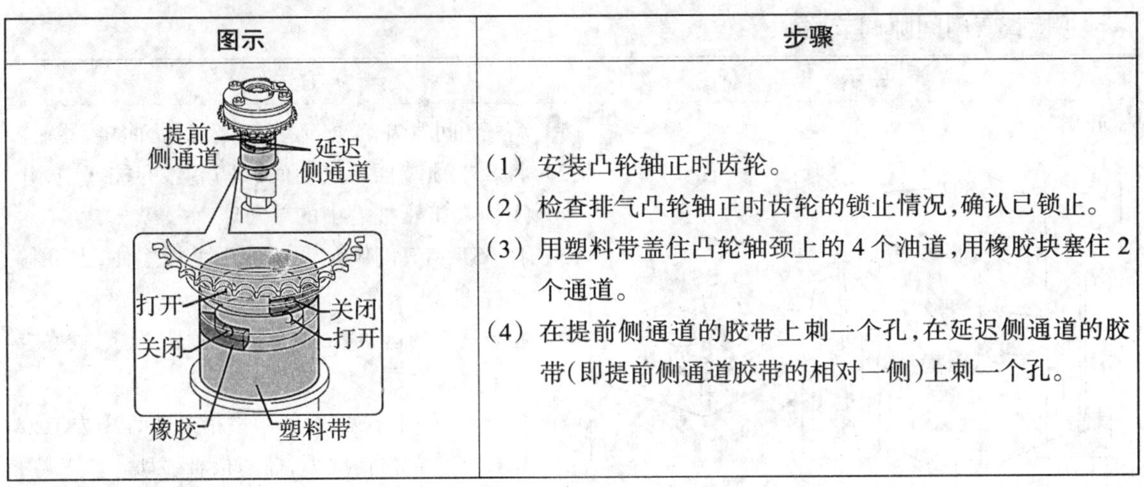

图示	步骤
	（1）安装凸轮轴正时齿轮。 （2）检查排气凸轮轴正时齿轮的锁止情况，确认已锁止。 （3）用塑料带盖住凸轮轴颈上的4个油道，用橡胶块塞住2个通道。 （4）在提前侧通道的胶带上刺一个孔，在延迟侧通道的胶带（即提前侧通道胶带的相对一侧）上刺一个孔。

图示	步骤
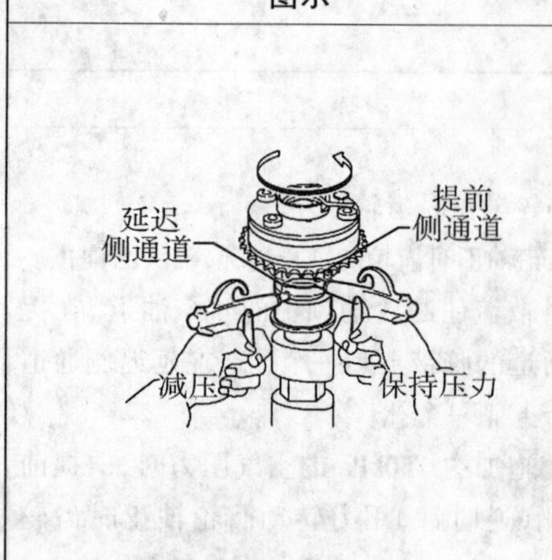	(1) 向这 2 个穿透的通道(提前侧通道和延迟侧通道)施加大约 200kPa 的空气压力。 (2) 降低施加到提前侧通道的空气压力时,确保排气凸轮轴正时齿轮朝延迟方向旋转。 (3) 排气凸轮轴正时齿轮移动到最大延迟位置时,释放提前侧通道的空气压力,然后释放延迟侧通道的空气压力。 (4) 检查转动是否顺畅。在可移动范围(19°～21°)内转动排气凸轮轴正时齿轮 2～3 次,但不要将其转到最大提前位置,确保齿轮转动顺畅。 (5) 检查在最大提前位置的锁止情况,确保排气凸轮轴正时齿轮在最大提前位置锁止。

③检查摇臂分总成。

图示	方法
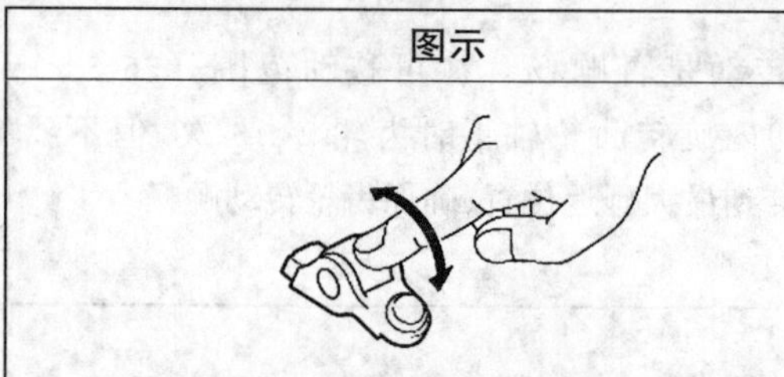	用手转动滚针,检查转动是否平稳,如不平稳,则更换气门摇臂分总成。

④检查气门间隙调节器。

图示	方法
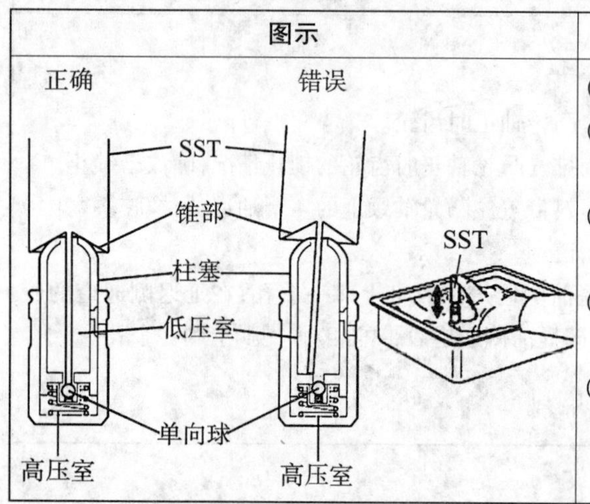	(1) 将气门间隙调节器放入装有发动机机油的容器中。 (2) 将 SST 顶端插入气门间隙调节器的柱塞中,并用顶端挤压柱塞中的单向球。 (3) 将 SST 和气门间隙调节器用手指捏住,上下移动柱塞 5～6 次。 (4) 检查柱塞的运动情况并放气,正常情况下,柱塞应上下移动。 (5) 放气后,拆下 SST,然后用手指迅速且用力地按压柱塞。正常情况下,柱塞很难移动。 如不符合规定,则更换气门间隙调节器。

⑤检查链条分总成。

图示	方法
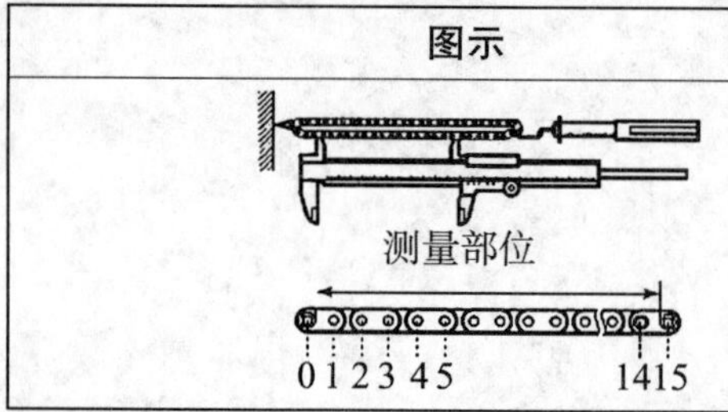	(1) 用 147N 的力拉链条。 (2) 用游标卡尺测量 15 个链节的长度。(3 个位置进行测量,使用测量值的平均值) 如果平均伸长率大于最大值,则更换链条。

⑥检查凸轮轴正时齿轮总成。

图示	方法
	（1）将链条绕在齿轮上。 （2）用游标卡尺测量齿轮和链轮的直径。 最小齿轮直径(带链条):96.8mm。 最小链轮直径(带链条):96.8mm。 如果直径小于最小值,则更换齿轮和链条。

⑦检查曲轴正时齿轮。

图示	方法
	（1）将链条绕在齿轮上。 （2）用游标卡尺测量齿轮和链条的直径。 最小齿轮直径(带链条):51.1mm。 如果直径小于最小值,则更换链条和齿轮。

⑧检查链条张紧器导板。

图示	方法
	用游标卡尺测量张紧器导板磨损量。 最大磨损量为 1.0mm;如大于最大值,则更换链条张紧器导板。

⑨检查链条张紧器板。

图示	方法
	用游标卡尺测量链条张紧器板磨损量。 最大磨损量为 1.0mm。 如果磨损量大于最大值,则更换链条张紧器板。

⑩检查链条张紧器。

图示	方法
提起 锁止 移动	（1）用手指提起棘轮爪时,检查并确认柱塞移动平稳。 （2）松开棘轮爪,检查并确认棘轮爪将柱塞锁止就位,且用手指推时不发生移动。

4. 气门传动组的装配。安装时应注意清洁和润滑工作,按与以上拆卸相反的顺序进行。相关零件安装步骤介绍:

（1）安装凸轮轴轴承。

图示	步骤
游标卡尺 A　B	安装1号凸轮轴轴承。 用游标卡尺测量轴承盖边缘和凸轮轴轴承边缘间的距离，以保证轴承固定至轴承盖中心。 尺寸（$A-B$）：≤0.7mm。
游标卡尺 A	安装2号凸轮轴轴承。 用游标卡尺测量轴承盖边缘和凸轮轴轴承边缘间的距离，以保证轴承固定至轴承盖中心。 尺寸（A）：1.05～1.75mm。

（2）安装凸轮轴轴承盖。

图示	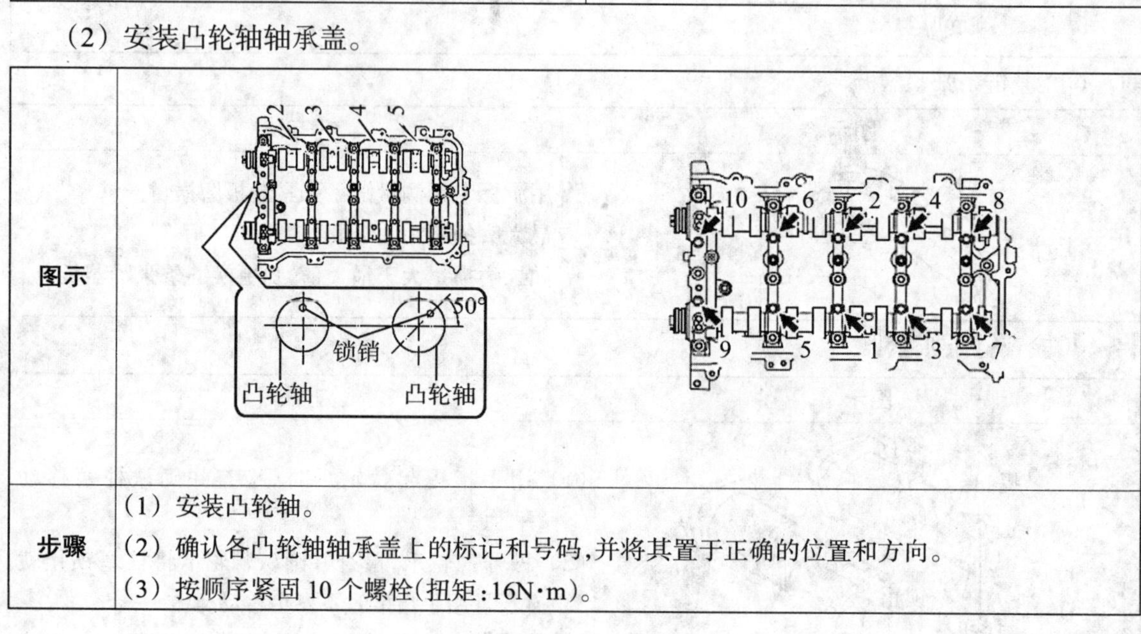
步骤	（1）安装凸轮轴。 （2）确认各凸轮轴轴承盖上的标记和号码，并将其置于正确的位置和方向。 （3）按顺序紧固10个螺栓（扭矩：16N·m）。

（3）安装凸轮轴壳分总成。

图示	密封直径 3.5～4.0mm 10 6 2 4 8 9 5 1 3 7 密封胶	17 8 2 5 11 14 7 1 4 16 13 10 15 9 3 6 12
步骤	（1）安装气门摇臂。 （2）连续涂抹密封胶。 注意： 清除接触面的所有机油。 在涂抹密封胶后 3min 内安装凸轮轴壳分轴承。 安装后至少 2h 内不要启动发动机。	安装凸轮轴壳，并按顺序紧固 17 个螺栓（扭矩：27N·m）。 注意：安装凸轮轴壳后，确保凸轮凸角如图所示安装。

（4）安装进气凸轮轴正时齿轮总成。

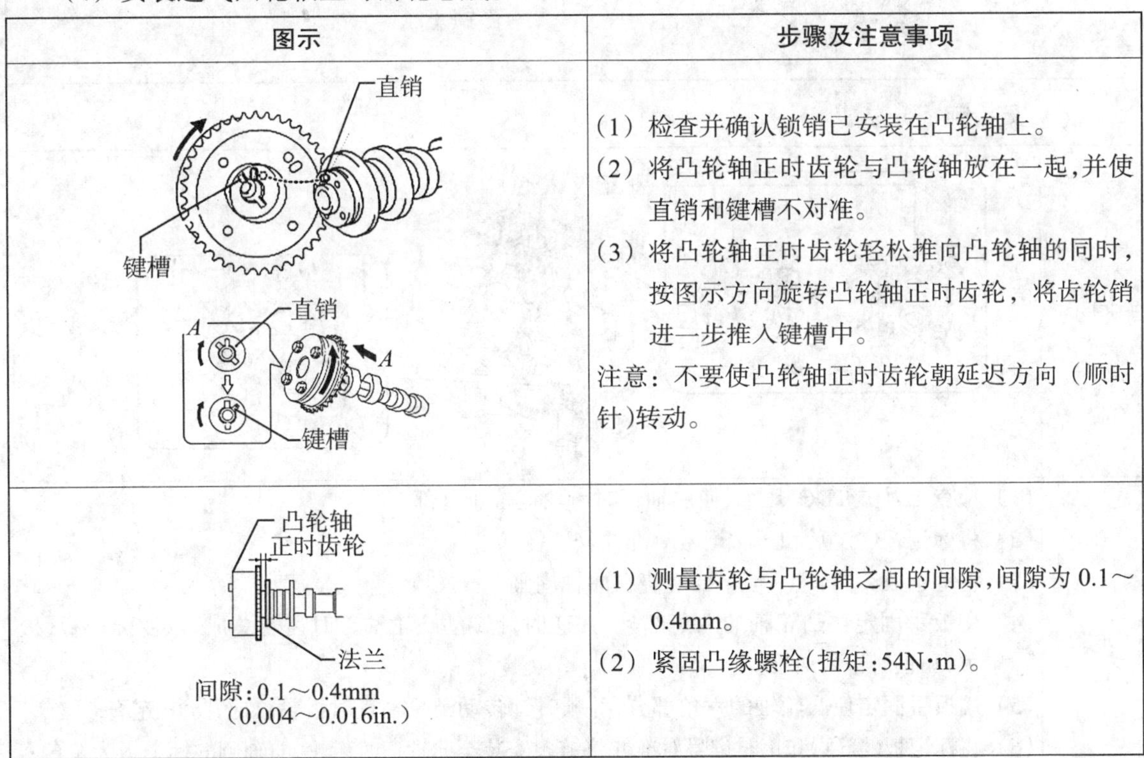

图示	步骤及注意事项
	（1）检查并确认锁销已安装在凸轮轴上。 （2）将凸轮轴正时齿轮与凸轮轴放在一起，并使直销和键槽不对准。 （3）将凸轮轴正时齿轮轻松推向凸轮轴的同时，按图示方向旋转凸轮轴正时齿轮，将齿轮销进一步推入键槽中。 注意：不要使凸轮轴正时齿轮朝延迟方向（顺时针）转动。
	（1）测量齿轮与凸轮轴之间的间隙，间隙为 0.1～0.4mm。 （2）紧固凸缘螺栓（扭矩：54N·m）。

图示	步骤及注意事项
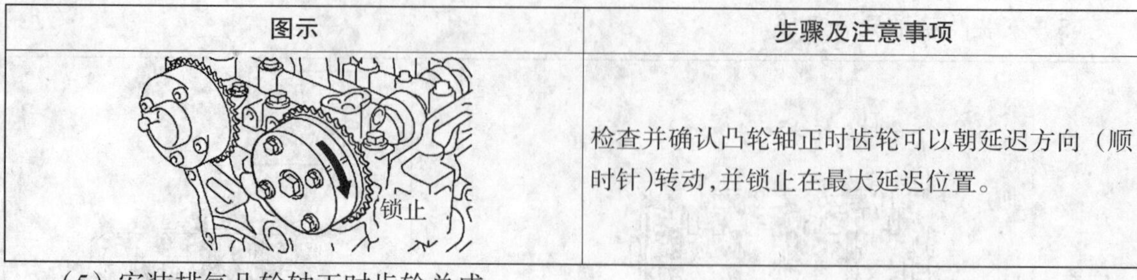	检查并确认凸轮轴正时齿轮可以朝延迟方向（顺时针）转动，并锁止在最大延迟位置。

（5）安装排气凸轮轴正时齿轮总成。

图示	步骤及注意事项
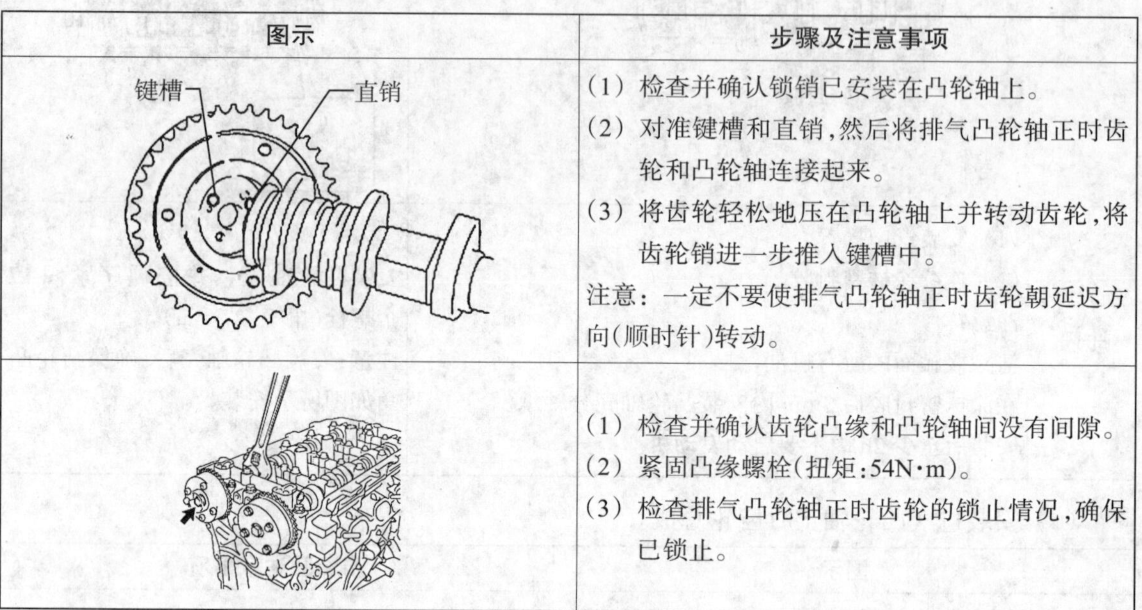	（1）检查并确认锁销已安装在凸轮轴上。 （2）对准键槽和直销，然后将排气凸轮轴正时齿轮和凸轮轴连接起来。 （3）将齿轮轻松地压在凸轮轴上并转动齿轮，将齿轮销进一步推入键槽中。 注意：一定不要使排气凸轮轴正时齿轮朝延迟方向（顺时针）转动。
	（1）检查并确认齿轮凸缘和凸轮轴间没有间隙。 （2）紧固凸缘螺栓（扭矩：54N·m）。 （3）检查排气凸轮轴正时齿轮的锁止情况，确保已锁止。

（6）安装链条分总成。

图示	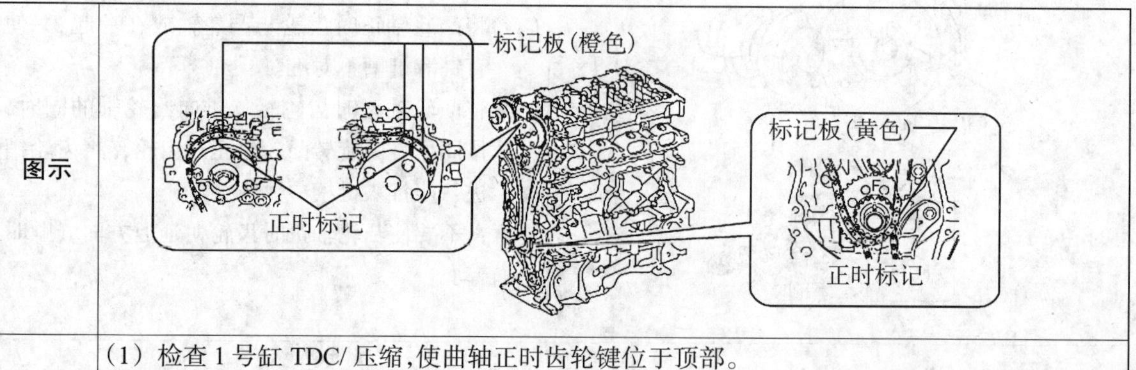
步骤	（1）检查1号缸TDC/压缩，使曲轴正时齿轮键位于顶部。 （2）将标记板（橙色）和正时记号对准并安装链条。 （3）将链条放在曲轴上，但不要缠绕在曲轴周围。 （4）用扳手固定住凸轮轴的六角部分，并逆时针转动凸轮轴正时齿轮总成，以使标记板（橙色）和正时记号对准。 （5）用扳手固定住凸轮轴的六角部分，并顺时针转动凸轮轴正时齿轮总成，防止链条错位。 （6）将标记板（橙色）和正时记号对准并将链条安装至曲轴正时齿轮，曲轴侧的标记板为黄色。 （7）在TDC/压缩时，重新检查每个正时标记。

项目七　电子控制汽油机燃油喷射系统的检修

学习目标与要求

1. 懂得混合气浓度对汽油机工作的影响。
2. 对电子控制汽油机燃油供给系的零部件，要能识别，能检测其工作性能，能说出其工作原理。
3. 会使用电子控制汽油机燃油供给系统常用检测仪器、设备。
4. 会正确维护电子控制汽油机燃油供给系统。
5. 能熟练掌握燃油压力、进气系统的泄漏、尾气排放的测试与分析。
6. 能熟练掌握相关技术资料的查询方法。
7. 锻炼自主学习分析能力、自我展示能力，并能培养团队合作精神、职业道德素养。

任务一　电子控制汽油机燃油喷射系统及常用检测设备的认知

任务引入

某装有1ZR-FE发动机的汽车，发动机运转正常但启动困难，经汽车维修技师判断该故障可能的原因是燃油供给系统出现了问题，需对该系统进行诊断与检修。

任务分析

通过本任务的学习，能知道混合气浓度、发动机工况的概念，熟知混合气浓度对汽油机工作及燃烧的影响；能识别电子控制汽油机燃料系统；能识别汽车的常用检测设备，能进行万用表及汽车故障检测仪的基本操作，为电子控制燃油供给系统的故障诊断与检修打好基础。

任务实施

一、准备

场地/用具、设备

1. 车间或模拟车间留10人左右用的实习场地一块，对应数量的课桌椅，白板或张贴板一块，多媒体教学设备一套。
2. 个人防护用品、用具，汽车常用维修设备和工具。
3. 装用卡罗拉发动机的汽车一辆。
4. 丰田新型汽车故障诊断系统（GTS）。
5. 万用表、汽车故障检测仪、汽车专用示波器、废气分析仪、试灯、燃油压力表等常用诊断设备。

资料

1. 各汽车公司售后服务网页。
2. 卡罗拉汽车维修手册及电子技术资料。
3. 汽车常用维修、检测设备的使用说明书和安全操作规定。
4. 相关教学视频、教学课件。
5. 教材、笔记本。

二、要求

10人左右为一组，在教师的指导下，先进行相关知识的学习，再进行电子控制燃油喷射系统实车的认知，最后进行汽车常用检测设备使用的技能学习。

三、相关知识学习

（一）发动机的可燃混合气及燃烧

1. 可燃混合气浓度的表示方法。可燃混合气是指空气与燃料的混合物。混合气中含燃料量的多少称为混合气的浓度。可燃混合气浓度可用“空燃比”或“过量空气系数”来表示，具体见表7–1。

表7–1 可燃混合气浓度的表示方法

可燃混合气浓度表示方法	含义	标准浓度（理论）	浓混合气	稀混合气
空燃比 A/F	混合气中所含空气质量(kg)与燃油质量(kg)的比值	14.7	<14.7	>14.7
过量空气系统 α	在燃烧过程中，实际供给的空气质量与理论上燃油完全燃烧所需要的空气质量之比	1	<1	>1

2. 可燃混合气浓度对发动机性能的影响见表7–2。

表 7–2　可燃混合气浓度对发动机性能的影响

混合气	过量空气系数 α	发动机功率 P_e	油耗率 g_e	发动机工作情况	混合气浓度与功率、燃油耗的关系
过浓混合气	0.43～0.88	减小	显著增加	排气管冒黑烟、放炮、排气污染严重	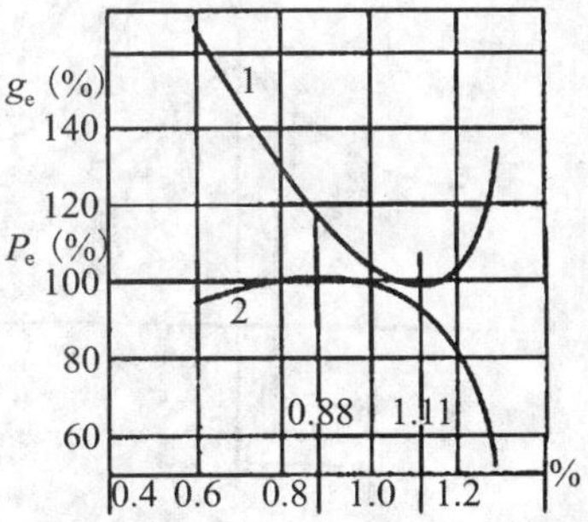
稍浓混合气	0.85～0.95	最大	增大 18%	燃烧速度最快，热量损失最小，缸内平均压力最高，功率最大	
理论混合气	1	减小 2%	增大 4%	由于混合气成分不可能很均匀，燃烧不可能完全	
稍稀混合气	1.05～1.15	减小 8%	最小	加速性能变坏	
过稀混合气	1.13～1.33	显著减小	显著增大	进气管回火、加速性能变坏	

一般 α＝1.05～1.15 的混合气称经济混合气；α＝0.85～0.95 的混合气称功率混合气。

3. 发动机各工况对可燃混合气成分的要求。车用汽油机在不同工况下对混合气的成分有不同的要求，见表 7–3。

表 7–3　发动机各工况对可燃混合气成分的要求

工况	工作环境	对 α 的要求
启动工况	冷车启动，曲轴转速慢（50～100r / min），发动机温度低，空气流速小，汽油雾化、蒸发不良	必须供给多而浓的混合气，α＝0.2～0.6
怠速工况	节气门开度小，进气量少，发动转速低（500～1000r / min），汽油雾化、蒸发条件仍很差	需要少而浓的混合气，α＝0.6～0.8
中等负荷工况	节气门开度适中，转速较高，汽油雾化、蒸发好	供给经济混合气，α＝1.05～1.1
大、全负荷工况	汽车需克服很大的阻力，节气门开度已达 85% 以上，进气量很多	需多而浓的混合气，α＝0.85～0.95
加速工况	节气门突然开大，要求转速迅速提高，由于空气流量比汽油喷出量增长快得多，此时会导致发动机熄火	要求额外供给一定数量的汽油，以加浓混合气，α＝0.7～0.9

4. 可燃混合气的燃烧。

（1）汽油机正常燃烧过程。

汽油机的正常燃烧过程	汽油正常燃烧分三个阶段
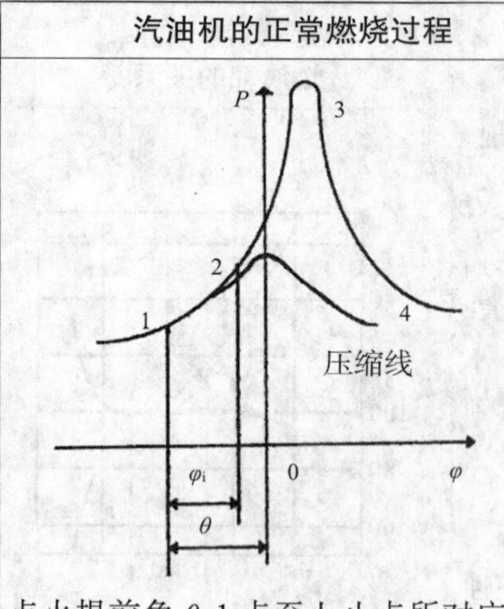 点火提前角 θ:1 点至上止点所对应的曲轴转角。提前点火的目的:要使着火在上止点附近完成,压力最高点出现在上止点后 10°～15°为好。另外,火花塞跳火后,需进行物理、化学反应的准备。	（1）着火延迟期 φi:对应 1 点(电火花跳火)至 2 点(形成火焰中心)的曲轴转角。 （2）火焰传播期:对应 2 点至 3 点(最高压力点)的曲轴转角。在此时期内,火焰迅速传遍整个燃烧室,混合气 80%以上在此时期内完成燃烧,燃料的热能绝大部分在此时间内放出,缸内压力、温度迅速升高。 汽油机最高压力点与最高温度（放热效率骤然下降的点)点基本重合。 （3）补燃期:对应 3 点至 4 点(燃烧基本完成)的曲轴转角。3 点过后,燃烧速度下降,活塞下行,使功率下降。 为了保证汽油机工作柔和\动力性好,一般应使 2 点处于上止点前 12°～15°,3 点处于上止点后 10°～15°。

（2）汽油机排气成分。欧洲规范试验中的汽油机排气平均成分、排气中有害成分与混合气成分比例如下：

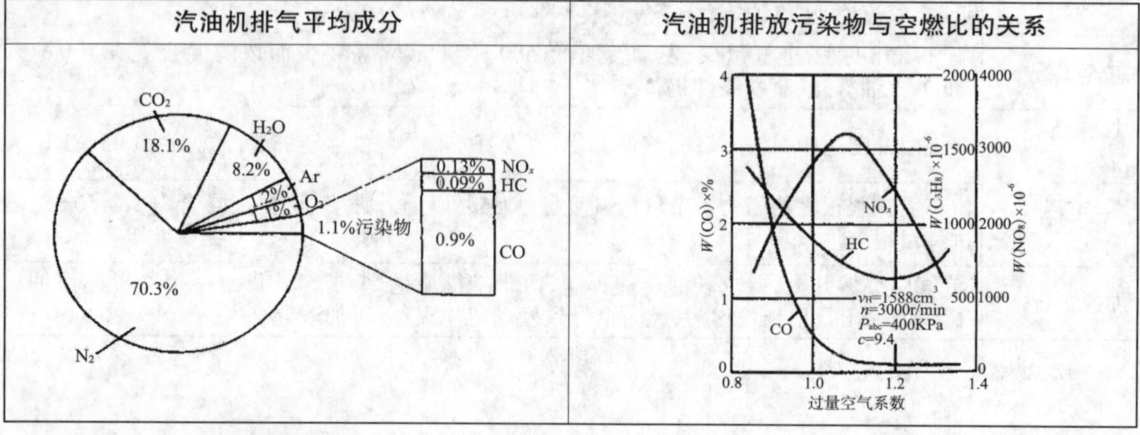

（3）废气成分的分析见表 7–4。

表 7–4　废气成分的分析

有害成分	特点	危害	产生机理
CO	无色、无味、无臭、易燃、有毒气体	浓度大于 0.3 体积百分比时可致人死亡	燃烧不完全
NO_x	NO 无色、无味、稍溶于水;NO_2 有腐蚀性、生理刺激性	强烈刺激呼吸道,浓度高时可导致麻痹现象	N_2 和 O_2 在燃烧室内温度、压力较高时化合而成的
HC	HC 本身对健康无害	生成有害的光化学烟雾,可致癌	缸内缺火,燃烧不完全
微粒	直径在 0.0002～500μm 的液态或固态物质	降低空气能见度,对呼吸系统危害大	燃烧不完全

（二）电子控制汽油机燃料供给系统的认知

1. 汽车电子控制系统的工作原理。汽车电子控制系统通常由 3 部分组成：传感器、ECU、执行器，其功用与结构特点见表 7–5。

表 7–5　功用与结构特点

名称	功用	结构特点
传感器	将探测的外界信息转换成可用的电信号，送给 ECU	由敏感元件和转换元件组成
执行器	接受 ECU 传来的指令，将它转化成实际的机械运动，实现控制	线圈类元件
ECU	根据其内存的程序和数据对各种传感器输入的信息进行运算、处理、判断，然后输出指令，向执行器提供一定的电信号以达到控制的目的	由微型计算机、输入 / 输出及控制电路组成

控制原理图如图 7–1 所示。

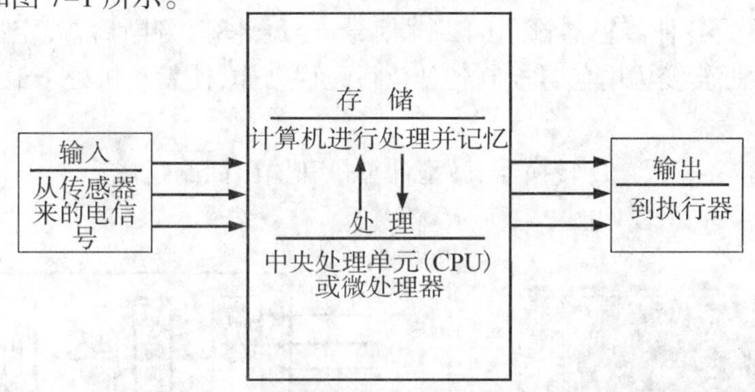

图 7–1　控制原理图

2. 电子控制燃油喷射系统的组成如图 7–2 所示。系统中常见传感器及执行器见表 7–6。

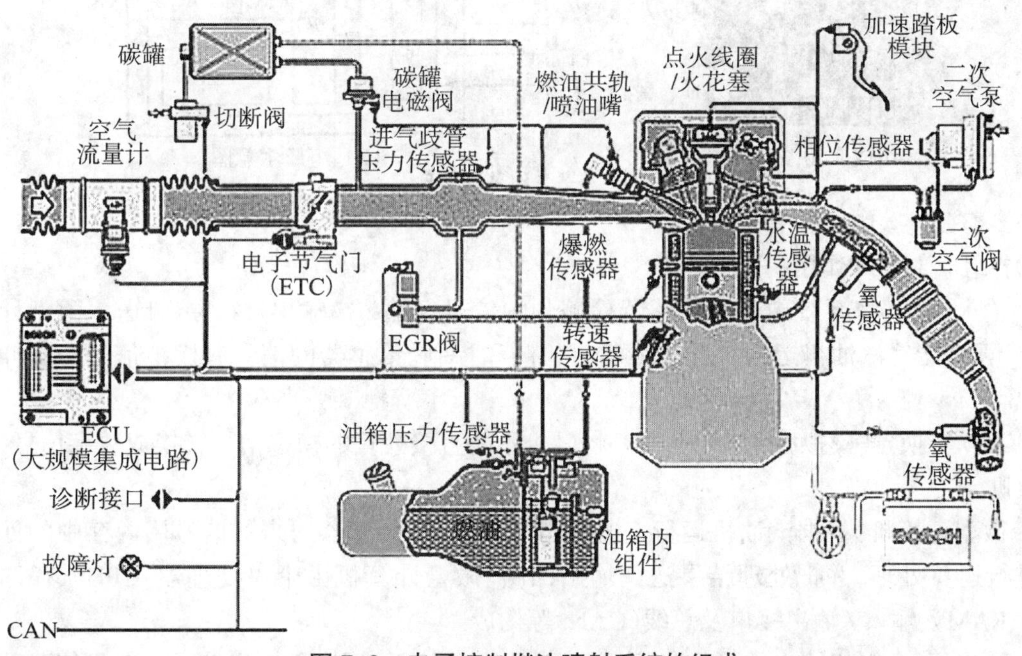

图 7–2　电子控制燃油喷射系统的组成

表 7–6　常见传感器及执行器

常见传感器		常见执行器	
发动机转速传感器	氧传感器	喷油器	氧传感器加热装置
空气流量计	爆震传感器	燃油泵断电器	进气歧管转换阀
进气歧管压力传感器	离合器踏板开关	燃油泵	二次空气泵继电器、电机继电器
冷却液温度传感器	制动信号灯开关	节气门控制电机	活性炭罐电磁阀
进气温度传感器	空挡启动开关	点火线圈	巡航系统执行器
节气门控制单元	空调开关		
节气门位置传感器	车速传感器		
加速踏板传感器			

3. ECU。

（1）作用。接受各种传感器输送的工况信号，经过计算、判断后，确定适应发动机工况的参数，并将这些数据转变为电信号控制各种执行元件动作，使发动机处于最佳运行状态。

（2）结构。

①组成：由输入回路、A/D 转换器、微型计算机和输出回路组成。

某机打开盖后的 ECU 如图 7–3 所示。

（a）组成实物图

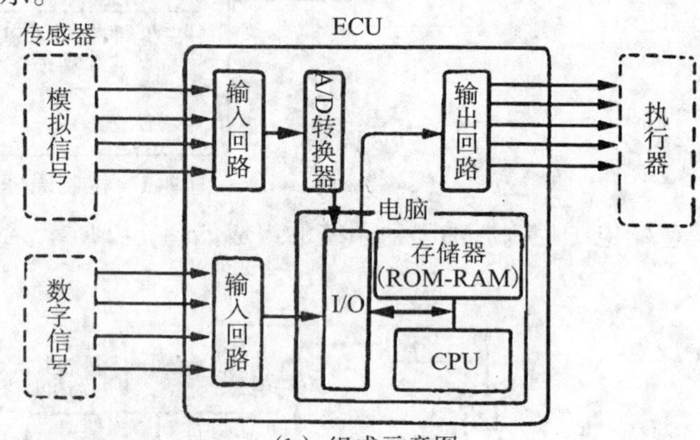

（b）组成示意图

图 7–3　ECU 组成

许多车在电脑内还设有 CAN。

②各组成部分的作用：

a. 输入回路：将系统中各种传感器检测到的信号经输入 / 输出（I/O）接口送入微型计算机，使计算机能对汽油机运行工况进行实时检测和控制。传感器的信号有模拟信号和脉冲信号两种。

b. A/D 转换器（模拟 / 数字转换器）：将微机不能直接处理的模拟信号转换成数字信号，再输入微机。

c. 微型计算机：根据汽油机运行工况的需要，把各种传感器送来的信号用内存中的处理程序进行运算处理，并把处理结果送往输出回路。微型计算机由中央处理器（CPU）、存储器（ROM、RAM）、输入 / 输出接口及总线（CAN）等构成。

d. 输出回路：微机输出的是数字信号，且输出电压较低，用这种输出信号一般不能驱动执行元件进行工作，因此需要采用输出回路，将其转换成能驱动执行元件的输出信号。

（3）ECU 的检测。在 ECU 插接器未拆开时检测 ECU 各端子的电压或电阻。注意检测仪表的表笔沿导线插入到与端子接触即可，不要强硬插入孔内，以免损坏插接器端子造成插接器接触不良。

4. 电子控制燃油喷射系统的工作原理。电子控制燃油喷射系统以 ECU 为控制中心，利用多种传感器测出发动机的各种工作参数，以空气流量和发动机转速为控制的基础参数，再以其他参数进行修正，对喷油量、喷油时刻、点火时刻、怠速空气供给等进行精确控制，以保证发动机在任何工况下都能获得最佳浓度的混合气。

5. 电子控制汽油喷射系统的分类。

（1）喷射位置分类。

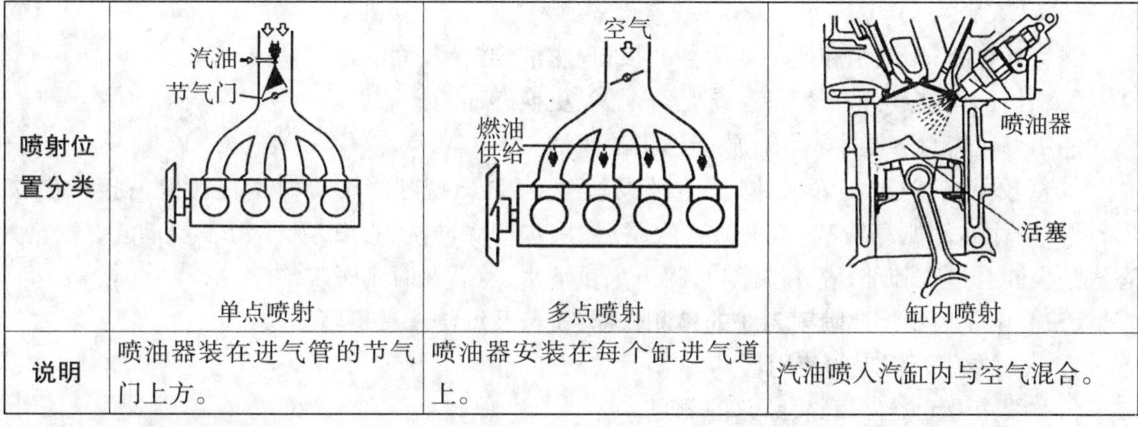

喷射位置分类	单点喷射	多点喷射	缸内喷射
说明	喷油器装在进气管的节气门上方。	喷油器安装在每个缸进气道上。	汽油喷入汽缸内与空气混合。

（2）气流量的测量方式分类：

①直接检测法（L 型）：利用空气流量计直接测出进入汽缸的空气量。

②间接检测法（D 型）：一种是根据进气管压力和发动机转速推算出空气量，称为速度密度方式；另一种是根据节气门开度和发动机转速推算出空气量，称为节流速度方式。

（3）按有无反馈信号分类：

①开环控制：ECM 向被控系统发出控制指令后，被控系统不把执行的结果反馈回 ECM，如图 7-4 所示。

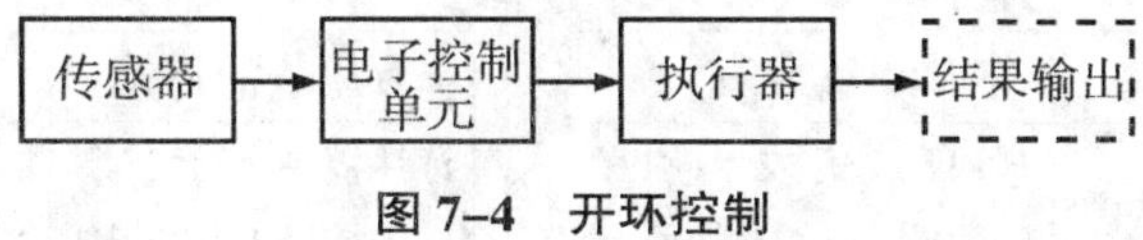

图 7-4　开环控制

②闭环控制：实施控制后，被控系统把执行结果反馈回 ECM，ECM 根据反馈信号修正控制指令，调整被控系统下一步动作，如图 7-5 所示。

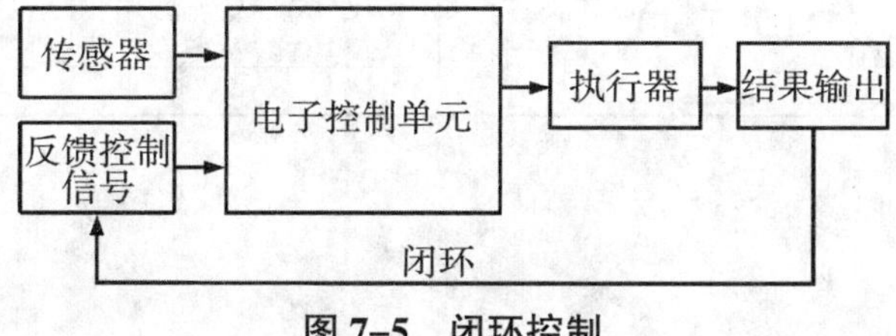

图 7-5　闭环控制

（4）按喷射顺序方式分类。

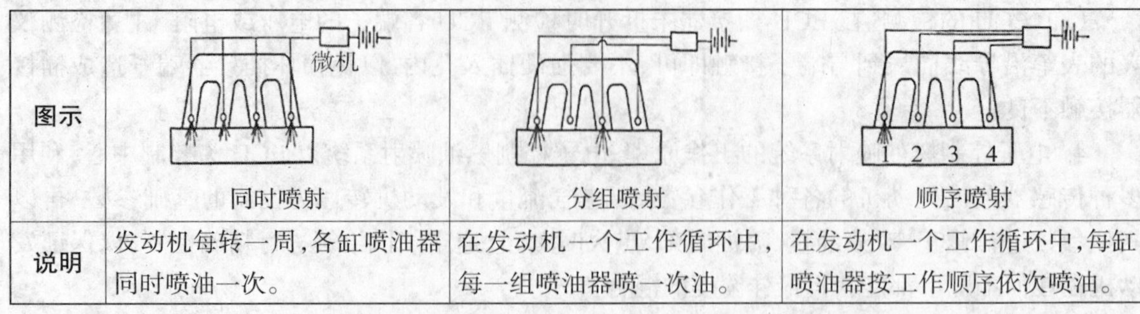

图示	同时喷射	分组喷射	顺序喷射
说明	发动机每转一周，各缸喷油器同时喷油一次。	在发动机一个工作循环中，每一组喷油器喷一次油。	在发动机一个工作循环中，每缸喷油器按工作顺序依次喷油。

注意：

①汽油易燃、会致癌，故应禁止明火和吸烟，防止火灾和爆炸，避免汽油吸入人体，接触皮肤、眼睛和衣服。

②燃油管路、燃油泵和燃油滤清器的接口、燃油滤清器、喷油器是易损部位。

③维护工作重点：检查燃油系统是否泄漏、更换燃油滤清器。

④用专用密封容器收集和存放受污染的汽油。

⑤急救措施：汽油吸入人体后，应呼吸新鲜空气（出现呼吸困难时送往医院）；接触皮肤后，应及时用水和肥皂清洗；汽油溅入眼睛后，用水彻底冲洗；吞食后，千万不要催吐，这样液态汽油可能会进入肺部，应立即漱口，喝下大量清水，然后及时到医院治疗。

（三）电子控制燃油喷射系统的检测仪器、设备及维修注意事项

1. 汽车专用万用表的使用。

（1）线束及元器件短路、断路的测量。

①电阻测量法（点火开关关闭）。

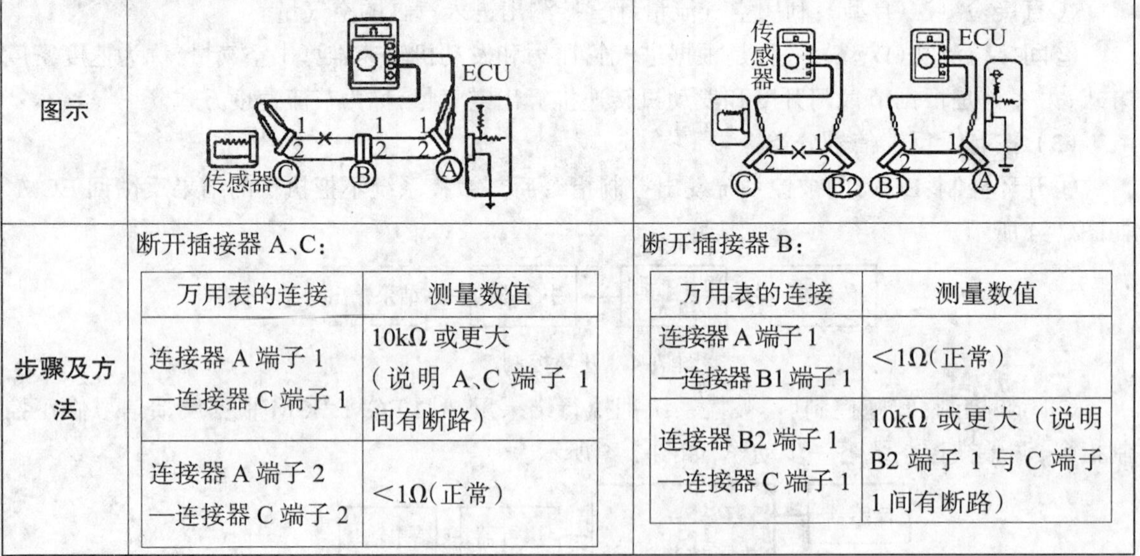

图示

步骤及方法

断开插接器 A、C：

万用表的连接	测量数值
连接器 A 端子 1 —连接器 C 端子 1	10kΩ 或更大 （说明 A、C 端子 1 间有断路）
连接器 A 端子 2 —连接器 C 端子 2	<1Ω（正常）

断开插接器 B：

万用表的连接	测量数值
连接器 A 端子 1 —连接器 B1 端子 1	<1Ω（正常）
连接器 B2 端子 1 —连接器 C 端子 1	10kΩ 或更大（说明 B2 端子 1 与 C 端子 1 间有断路）

②电压测量法(点火开关至运转挡)。

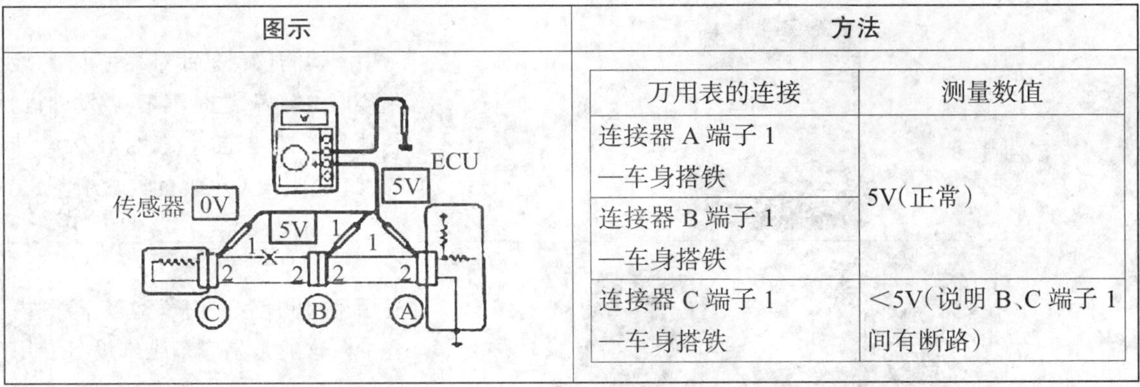

万用表的连接	测量数值
连接器 A 端子 1 —车身搭铁	5V(正常)
连接器 B 端子 1 —车身搭铁	5V(正常)
连接器 C 端子 1 —车身搭铁	<5V(说明 B、C 端子 1 间有断路)

(2) 线束对车身搭铁短路的检查,以电阻测量法(点火开关关闭)为例说明。

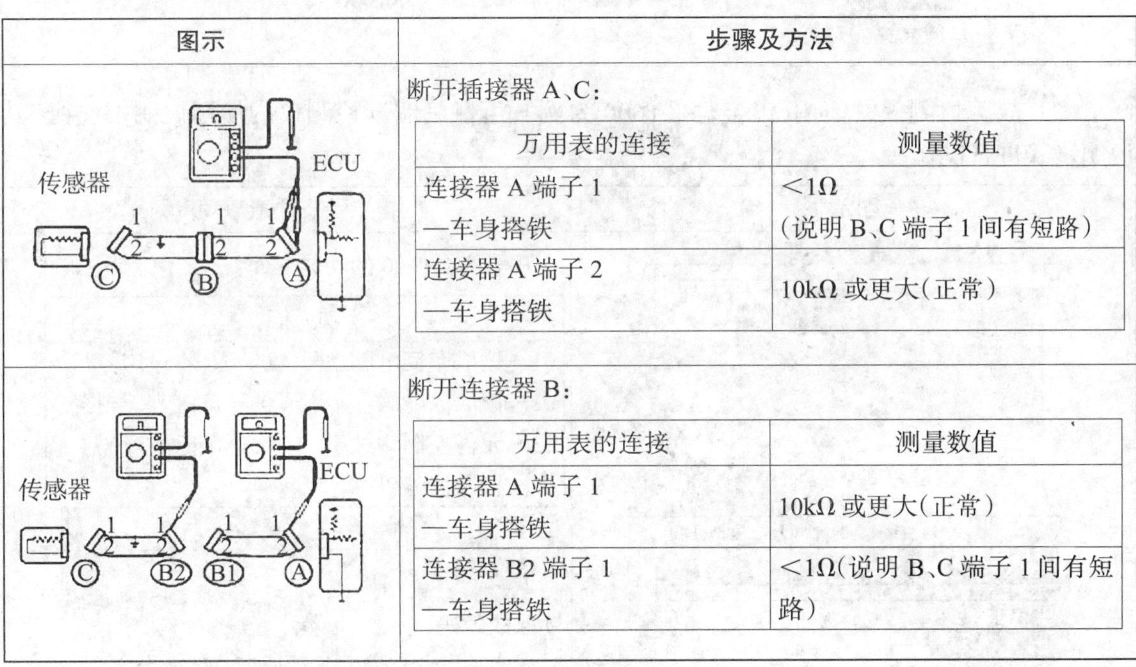

断开插接器 A、C:

万用表的连接	测量数值
连接器 A 端子 1 —车身搭铁	<1Ω (说明 B、C 端子 1 间有短路)
连接器 A 端子 2 —车身搭铁	10kΩ 或更大(正常)

断开连接器 B:

万用表的连接	测量数值
连接器 A 端子 1 —车身搭铁	10kΩ 或更大(正常)
连接器 B2 端子 1 —车身搭铁	<1Ω(说明 B、C 端子 1 间有短路)

2. 汽车故障检测仪及使用。

(1) 汽车故障检测仪的介绍。

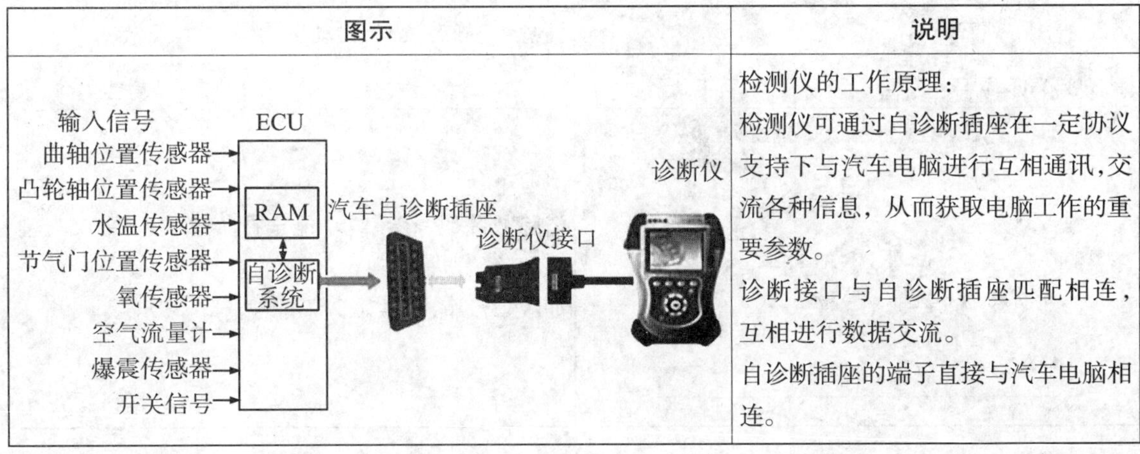

检测仪的工作原理:

检测仪可通过自诊断插座在一定协议支持下与汽车电脑进行互相通讯,交流各种信息,从而获取电脑工作的重要参数。

诊断接口与自诊断插座匹配相连,互相进行数据交流。

自诊断插座的端子直接与汽车电脑相连。

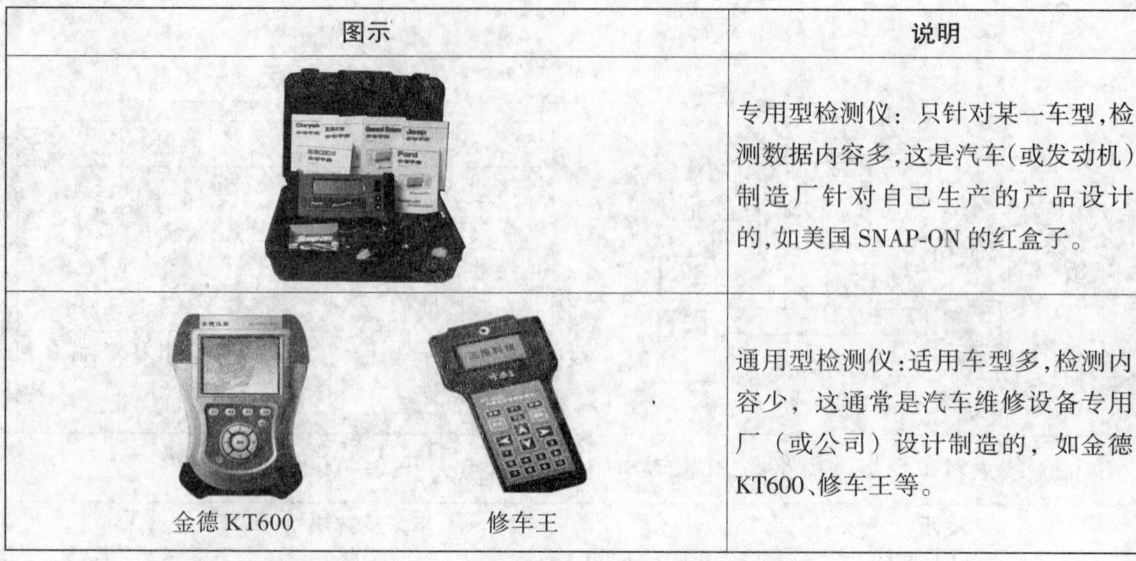

图示	说明
	专用型检测仪：只针对某一车型，检测数据内容多，这是汽车（或发动机）制造厂针对自己生产的产品设计的，如美国 SNAP-ON 的红盒子。
金德 KT600　　修车王	通用型检测仪：适用车型多，检测内容少，这通常是汽车维修设备专用厂（或公司）设计制造的，如金德 KT600、修车王等。

（2）故障检测仪的使用（以金德 KT600 为例）。可仔细阅读检测仪的使用说明书，并按其说明步骤进行操作。

图示	步骤及注意事项
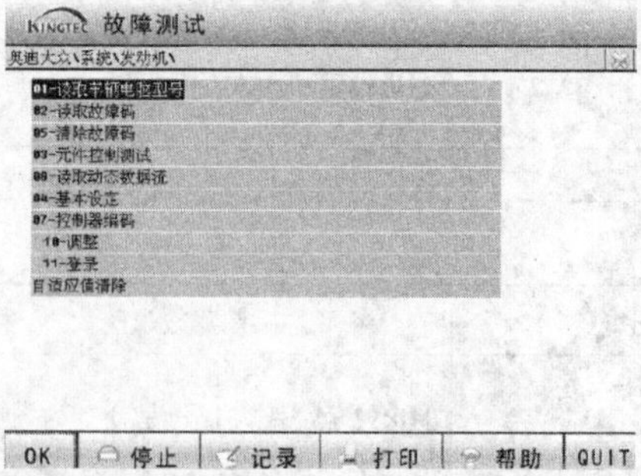 KINGTEC 故障测试 奥迪大众\系统\发动机\ 01-读取车辆电脑型号 02-读取故障码 05-清除故障码 03-元件控制测试 08-读取动态数据流 04-基本设定 07-控制器编码 10-调整 11-登录 自适应值清除 OK 停止 记录 打印 帮助 QUIT	打开金德 KT600 的功能界面： 功能 01－读取车辆电脑型号　04－基本设定 02－读取故障码　08－读取动态数据流 03－元件控制测试　05－清除故障码 07－控制器编码
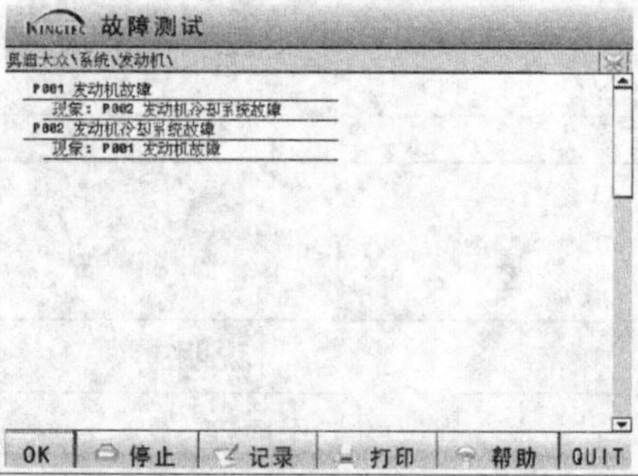 KINGTEC 故障测试 奥迪大众\系统\发动机\ P001 发动机故障 现象：P002 发动机冷却系统故障 P002 发动机冷却系统故障 现象：P001 发动机故障 OK 停止 记录 打印 帮助 QUIT	读取故障码： 读码前：蓄电池电压不低于 11V；水温在 85～95℃；关闭所有辅助电器；暖机后、开始检测前，关闭节气门。 注意：先静态读码，再动态读码。
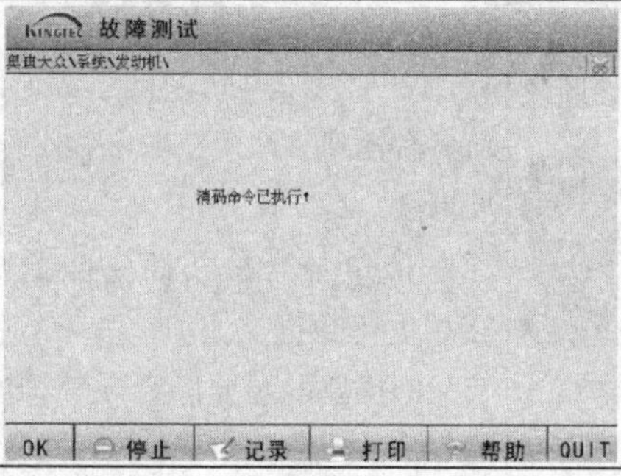 KINGTEC 故障测试 奥迪大众\系统\发动机\ 清码命令已执行！ OK 停止 记录 打印 帮助 QUIT	清除故障码：在系统功能选择菜单中选择“05－清除故障码”进入。 如故障没解决，故障码不能被清除。

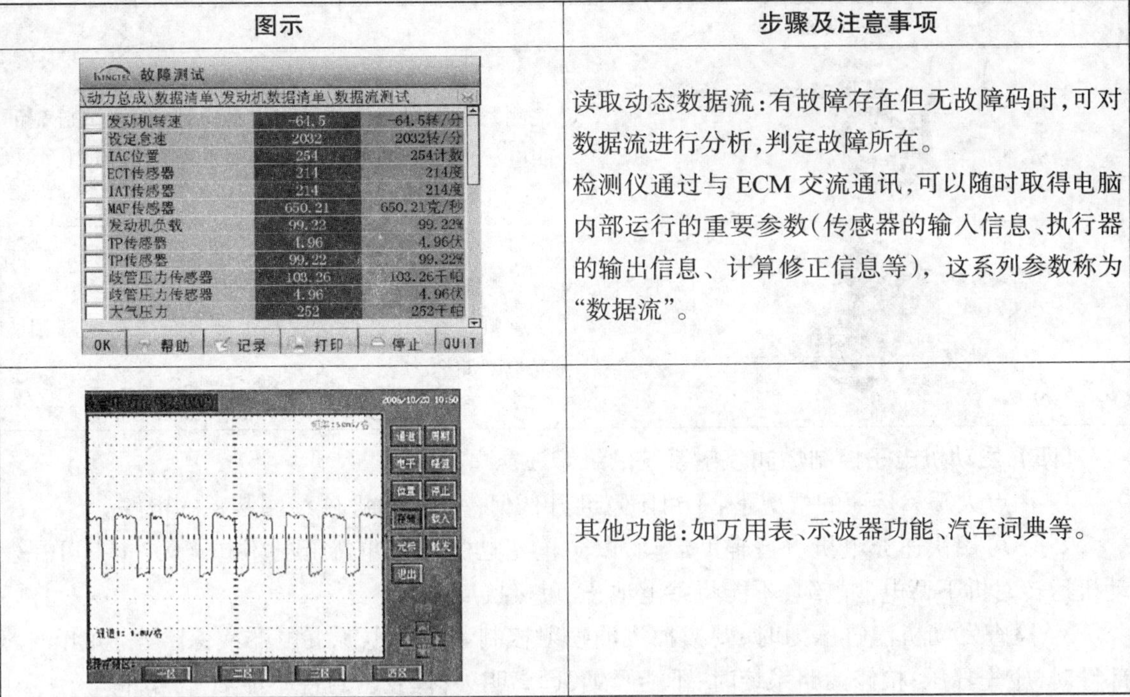

图示	步骤及注意事项
	读取动态数据流：有故障存在但无故障码时，可对数据流进行分析，判定故障所在。 检测仪通过与 ECM 交流通讯，可以随时取得电脑内部运行的重要参数(传感器的输入信息、执行器的输出信息、计算修正信息等)，这系列参数称为“数据流”。
	其他功能：如万用表、示波器功能、汽车词典等。

(3) 汽车故障检测仪的使用注意事项：

①需要定期升级。

②按照检测仪制造厂的使用说明书进行操作。

③在点火开关 ON 的情况下，不要连接或断开任何插接器和部件，包括检测仪电源线、检测仪与 DLC 的连接等。

④不要将电气系统的端子短接或搭铁，除非制造厂允许这样做。

⑤如果计算机插接器要拆下，必须先拆下检测仪插接器。

3. 其他常用的诊断设备。

诊断设备	说明
汽车专用示波器	可显示各种传感器及点火波形，存储有关数据和故障诊断指南，并可对元件和微机的控制功能进行重新设置。
废气分析仪	是对发动机尾气 HC、CO、NO_x、CO、O_2 进行分析，进而判断汽车故障的仪器。 有 4 气分析仪和 5 气分析仪两种。
听诊器	将人耳朵难以辨别的微弱声响放大到人极易识别的响声。

诊断设备	说明
试灯	检测系统和元器件的工作电源电压,如测试灯亮证明电源正常。还可作为跨接线和指示灯使用。
燃油压力表	用来测量燃油供给系统燃油的压力。 注意事项:注意选择量程与被测系统压力范围相适应的燃油压力表。

(四)发动机电子控制燃油喷射系统的维修注意事项

1. 在点火开关接通的情况下,不可随意断开任何一个带有电磁线圈装置的电路。

2. 不可用快速充电机进行辅助启动,以防止充电机的脉冲高压损坏电子元件。不可在发动机运转时拆下蓄电池电缆,不能将蓄电池正、负极接反。

3. 检查发动机汽缸压力时,要拔掉汽油喷射控制系统的电源继电器或保险丝。拆开油路部件时,应先释压;检修油路系统时,不能吸烟,远离明火;橡胶密封件不能沾上汽油。

4. 关于 ECM:对 ECM 及其连接的传感器、执行器进行故障诊断时,操作人员须预先消除身上的静电;不能轻易拆下 ECM 的盒盖,以便于防尘、防潮、防水;无线电设备的天线应远离 ECM 连线(距离应≥20cm),以防干扰;在车身上使用电弧焊时,应断开 ECM 电源,以防反向击穿三极管。另外,ECM 还应防振、防高温、防低温。

5. 检测电子控制系统的器件时,应使用高阻抗的数字式万用表(内阻>10MΩ);绝对禁止使用试灯测试电路,应选择一只电子式安全测试灯。

6. 在拆卸电子控制汽油喷射系统各电线接头时,应先关掉点火开关,然后拆下蓄电池的负极搭铁线,断开蓄电池。如果只检查电子控制系统,则关掉点火开关即可,不必断开蓄电池,否则存储于电子控制单元内的所有故障码将会全部消失,给发动机的故障排除带来困难。因此,如有必要,应在断开蓄电池之前读取故障码。

7. 禁止用“试火法”检查晶体管电路的通断,只能用 12V 小试灯检查,以防止晶体管损坏。脉冲电路应用 LED 灯或示波器检查。

8. 传感器电路应用 LED 灯或数字式万用表检查。

9. 在拆卸或安装电感性传感器或电器前应将点火开关断开(置于“OFF”位置),以防止其自感电动势损伤 ECM 和产生新的故障码。

10. 某些故障报警灯的功率不得随意改变,否则会出现异常情况。

11. 电子控制发动机检验的基本内容仍是油路、电路和密封性(特别是进气系统的密封性)的检验,机理分析和有关的实际参数是判断故障的依据。

12. ECM 有学习功能,但 ECM 的电源电路一旦被切断(如拆下蓄电池)后,它在发动机运行过程中存储的数据会消失。因此,在重新接通电源电路(如安装蓄电池)后,要让 ECM“恢复记忆”,即需通过在不同工况下的路试让 ECM 重新学习,恢复学习控制。

13. 不能随意调节气门调节螺钉,否则易引起怠速控制失常,EGR 装置和活性炭罐系统也可能过早地投入工作，造成发动机怠速游车或熄火。

14. 发生故障时，切记不能盲目拆检。拆开线束连接器时，不可盲目用力硬拉。安装时注意插接到位，并应注意保持各线束连接器清洁、连接可靠。

任务二　电子控制汽油机燃油供给系统的检修

任务引入

卡罗拉 1ZR-FE 发动机有启动征兆但无法启动，维修技师初步判断为燃料供给系统故障，需对该系统进行检修。

任务分析

通过本任务的学习，知道燃油供给系统及相关传感器、执行器的结构与工作原理，熟练地掌握各元器件的检修方法。

任务实施

一、准备

场地/用具、设备

1. 车间或模拟车间留 10 人左右用的实习场地一块，对应数量的课桌椅，白板或张贴板一块，多媒体教学设备一套。
2. 个人防护用品、用具，汽车常用维修设备和工具。
3. 装用卡罗拉发动机的汽车一辆。
4. 丰田新型汽车故障诊断系统（GTS）。
5. 常用工具一套，专用检测仪一台，数字万用表一只，汽车示波器一台。
6. 继电器、保险丝、曲轴位置传感器、凸轮轴位置传感器、进气温度传感器、冷却液温度传感器、节气门位置传感器、燃油泵、汽油压力调节器、喷油器、氧传感器等实物若干。

资料

1. 各汽车公司售后服务网页。
2. 卡罗拉汽车维修手册及电子技术资料。
3. 汽车常用维修、检测设备的使用说明书和安全操作规定。
4. 相关教学视频、教学课件。
5. 教材、笔记本。

二、要求

10 人左右为一组，在教师的指导下，结合相关知识的学习，利用专用检测仪对卡罗拉 1ZR-FE 发动机进行工作状况的检测，确认故障现象的存在，再进行相关知识的学习，且能熟练地运用专用检测仪、数字万用表、汽车示波器等设备对燃油供给系统各元器件进行检修。在教学过程中，可以采用以 2～3 人为一小组进行轮换操作训练，其余同学观摩的方式，教师现场指导并适时组织学生进行点评、小结。

三、相关知识学习

（一）电子控制汽油机燃油供给系统的工作原理和燃油喷射控制

1. 燃油供给系统的基本组成。

（1）作用：根据 ECM 的驱动信号，以恒定的压差将一定数量的燃油喷入进气歧管（或汽缸），向发动机供给各种工况下所需的燃油量。

（2）分类：回流型、无回流型两种。

图示	作用
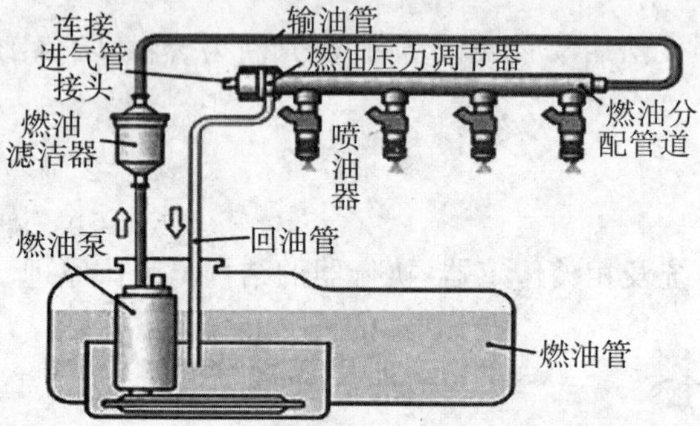 回流型燃油供给系统	当燃油压力过高时，压力调节器让部分燃油流回汽油箱。
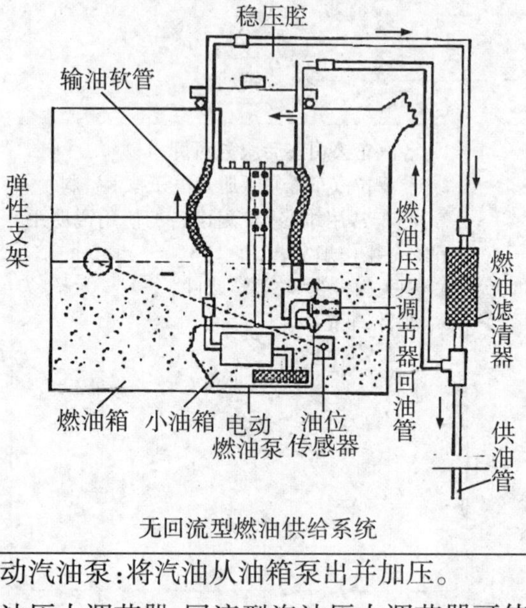 无回流型燃油供给系统	燃油压力调节器安装在汽油箱内或靠近油箱的地方，省去了回油管，这样可避免将发动机舱内的热量带回油箱。

电动汽油泵：将汽油从油箱泵出并加压。

汽油压力调节器：回流型汽油压力调节器可使油压与进气歧管内气压保持恒定差值，将多余燃油送回油箱。

分油管：将汽油配送给各个喷油器和冷启动喷油器。

喷油器：根据 ECM 的指令，把适量的汽油喷入进气歧管（或汽缸）。

2. 电动燃油泵。

（1）结构及控制。汽油泵固定在油泵支架上，垂直地悬挂在油箱内或垂直安装在油箱底，有的装在燃油箱外面(外装式)。汽油先经滤网过滤,由泵送经电动机,通过单向阀进入输油管路。

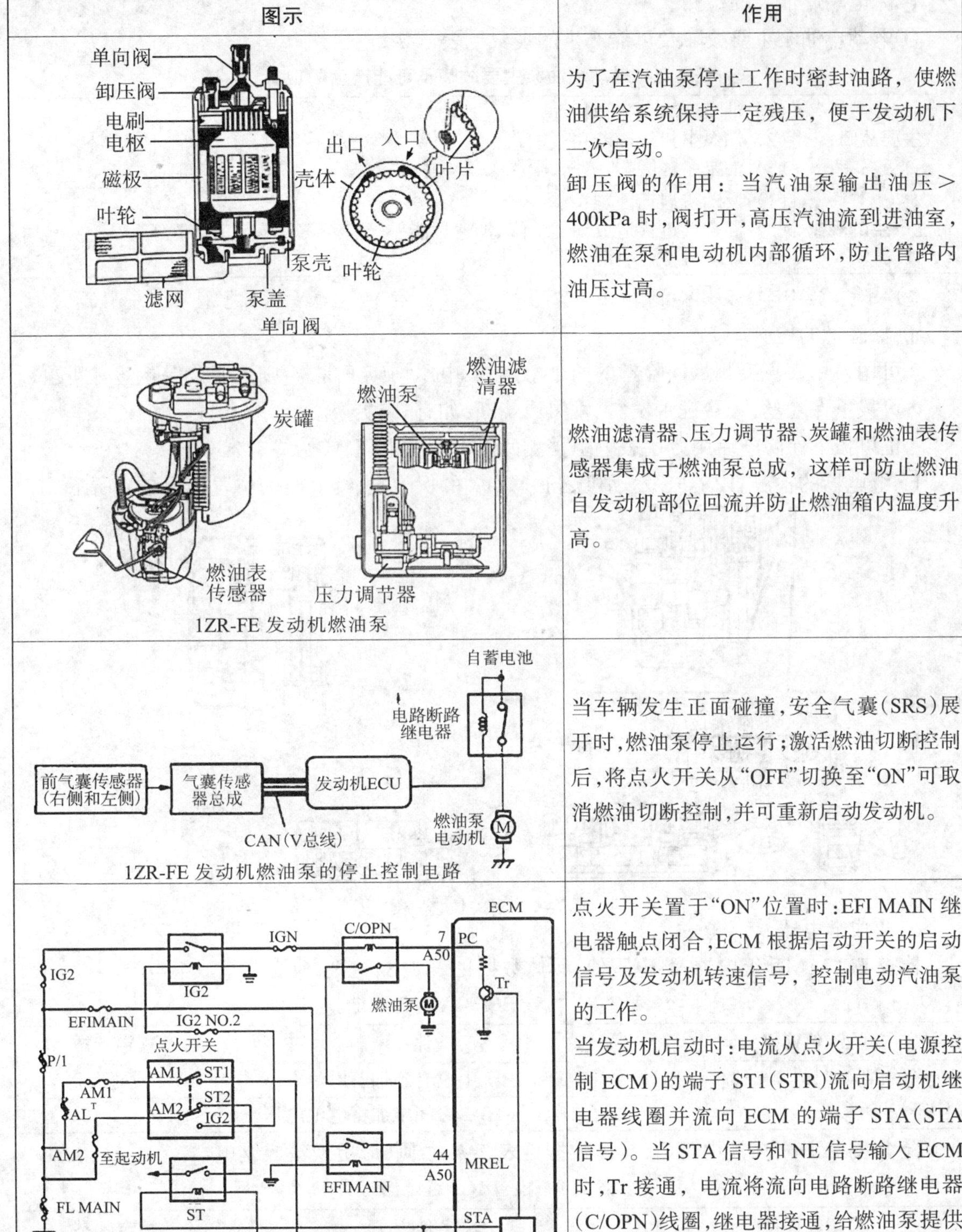

图示	作用
单向阀	为了在汽油泵停止工作时密封油路，使燃油供给系统保持一定残压，便于发动机下一次启动。 卸压阀的作用：当汽油泵输出油压>400kPa 时,阀打开,高压汽油流到进油室,燃油在泵和电动机内部循环,防止管路内油压过高。
1ZR-FE 发动机燃油泵	燃油滤清器、压力调节器、炭罐和燃油表传感器集成于燃油泵总成，这样可防止燃油自发动机部位回流并防止燃油箱内温度升高。
1ZR-FE 发动机燃油泵的停止控制电路	当车辆发生正面碰撞,安全气囊(SRS)展开时,燃油泵停止运行;激活燃油切断控制后,将点火开关从“OFF”切换至“ON”可取消燃油切断控制,并可重新启动发动机。
1ZR-FE 发动机燃油泵控制电路	点火开关置于“ON”位置时:EFI MAIN 继电器触点闭合,ECM 根据启动开关的启动信号及发动机转速信号，控制电动汽油泵的工作。 当发动机启动时:电流从点火开关(电源控制 ECM)的端子 ST1(STR)流向启动机继电器线圈并流向 ECM 的端子 STA(STA 信号)。当 STA 信号和 NE 信号输入 ECM 时,Tr 接通，电流将流向电路断路继电器(C/OPN)线圈,继电器接通,给燃油泵提供电源,从而使油泵工作。产生 NE 信号(发动机运转),ECM 将保持 Tr 接通（电路断路继电器接通),从而燃油泵也保持运转。

注意:内装式电动汽油泵不可在汽油箱中油少或缺油的情况下工作,否则易烧坏电机。

(2) 电动燃油泵的检测。

①电动燃油泵主要故障及可能产生的现象见表 7–7。

表 7–7 电动燃油泵主要故障及可能产生的现象

主要故障	(1) 油泵线束插接器松动; (2) 油泵电机线圈断路或短路; (3) 油泵泵体磨损、卡滞,限压阀、单向阀失效;
可能产生的现象	(1) 发动机启动困难; (2) 混合气过稀造成动力下降、加速性能差、怠速不稳、最高车速下降; (3) 发动机不能启动

②保险丝、继电器及其检测。

a. 保险丝的检测。

* 可用万用表直接测量保险丝的两个触点,其电压均应正常,否则说明该保险丝有问题。

* 可拔下保险丝,查看是否发白、发黑或烧断,如有,应更换。

* 也可拔下保险丝后用万用表电阻挡测两触点间的电阻,应始终<1Ω。

b. 继电器的检测。1ZR-FE 发动机燃油泵相关的保险丝、继电器的位置如图 7–6 所示。

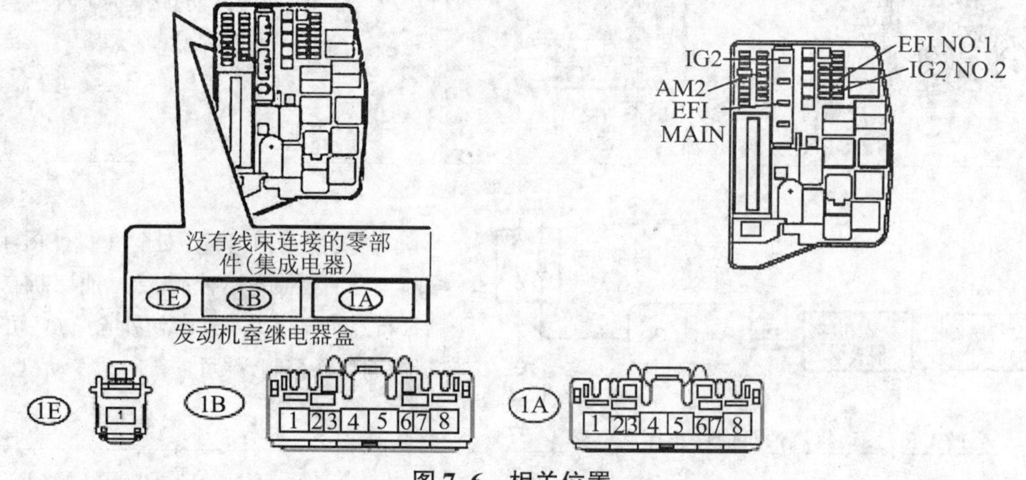

图 7–6 相关位置

c. 集成继电器。

检查 EFI MAIN 继电器:测电阻值,具体数据见表 7–8,否则,应更换集成继电器。

表 7–8 检查 EFI MAIN 继电器

检测仪连接	条件	规定状态
集成继电器(1E-1)—集成继电器(1B-4)	端子 1B-3 和 1B-2 上没有施加蓄电池电压	10kΩ 或更大
	在端子 1B-3 和 1B-2 之间施加蓄电池电压	<1Ω

检查 IG2 继电器:测电阻值,具体数据见表 7–9,否则,应更换集成继电器。

表 7–9 检查 IG2 继电器

检测仪连接	条件	规定状态
集成继电器(1E-1)—集成继电器(1A-4)	端子 1A-2 和 1A-3 上没有施加蓄电池电压	10kΩ 或更大
	在端子 1A-2 和 1A-3 之间施加蓄电池电压	<1Ω

检查电路断路继电器（C/OPN），如图 7-7 所示：测电阻值，具体数据见表 7-10，否则，应更换仪表板接线盒。

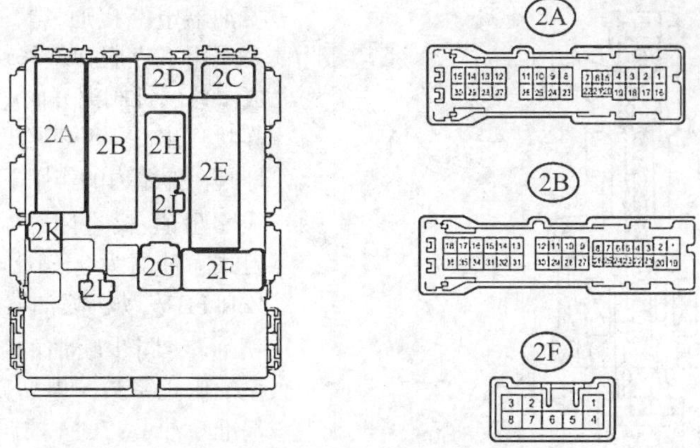

图 7-7　电路断路继电器

表 7-10　检查电路断路继电器（C/OPN）

检测仪连接	条件	规定状态
2A－8—2B－11	始终	10kΩ 或更大
	在端子 1B－10 和 2F－4 上施加蓄电池电压	＜1Ω

③电动燃油泵部件检查。

a. 1ZR-FE 发动机燃油泵工作情况可利用检测仪来检查。将检测仪连接到 DLC3，点火开关置于“ON”（不能启动发动机），接通检测仪，选择菜单 Powertrain/Engine/Active Test/Control the Fuel Pump/Speed，检查并确认能听到燃油在燃油箱中的流动声。否则，应查集成继电器、燃油泵、ECM 和配线连接器。

b. 1ZR-FE 发动机电动燃油泵部件的检查见表 7-11。

表 7-11　1ZR-FE 发动机电动燃油泵部件的检查

检测方法	结果分析及处理
燃油泵电阻的检查	燃油泵电动机线圈的电阻值：在 20℃时为 0.2～3.0Ω，如不符，应更换燃油泵
燃油泵工作情况的检查	在两个端子间施加蓄电池电压，检查并确认油泵工作。如电机不工作，应更换燃油泵。检查必须迅速完成，时间少于 10s，以防线圈烧坏

3. 喷油器。

（1）结构及控制。采用电磁式喷油器。喷油量指每循环的喷油量，用喷油脉宽 ms 表示。喷油量多少取决于喷油器的开启持续时间，此时间由 ECM 控制。

图示	说明
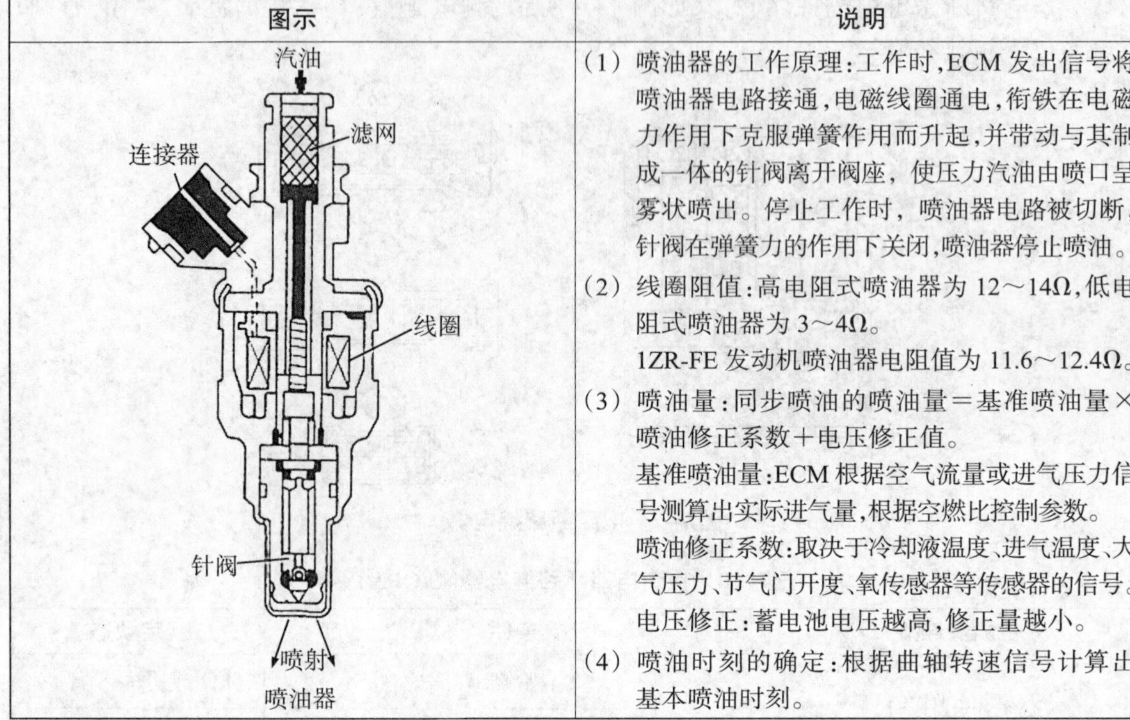 喷油器	（1）喷油器的工作原理：工作时，ECM 发出信号将喷油器电路接通，电磁线圈通电，衔铁在电磁力作用下克服弹簧作用而升起，并带动与其制成一体的针阀离开阀座，使压力汽油由喷口呈雾状喷出。停止工作时，喷油器电路被切断，针阀在弹簧力的作用下关闭，喷油器停止喷油。 （2）线圈阻值：高电阻式喷油器为 12～14Ω，低电阻式喷油器为 3～4Ω。 1ZR-FE 发动机喷油器电阻值为 11.6～12.4Ω。 （3）喷油量：同步喷油的喷油量＝基准喷油量×喷油修正系数＋电压修正值。 基准喷油量：ECM 根据空气流量或进气压力信号测算出实际进气量，根据空燃比控制参数。 喷油修正系数：取决于冷却液温度、进气温度、大气压力、节气门开度、氧传感器等传感器的信号。 电压修正：蓄电池电压越高，修正量越小。 （4）喷油时刻的确定：根据曲轴转速信号计算出基本喷油时刻。

喷油器的喷油分为同步喷油和异步喷油。同步喷油是指根据发动机各缸工作循环在既定的曲轴位置进行的，而异步喷油与发动机工作不同步，它是在同步喷油的基础上为改善发动机的性能额外喷油，主要有启动异步喷油和加速异步喷油。

（2）喷油器的检测。

①喷油器主要故障及可能产生的现象见表 7–12。

表 7–12　喷油器主要故障及可能产生的现象

主要故障	（1）线束插接器松动； （2）线束短路或断路； （3）针阀过脏或堵塞、磨损及泄漏； （4）电磁线圈短路或断路； （5）喷油器雾化不良； （6）喷油器安装不符合要求
可能产生的现象	（1）怠速不稳或熄火； （2）加速不良； （3）启动性能差； （4）尾气排放不正常； （5）燃油耗大； （6）发动机使用寿命缩短，催化转换器损坏

②常用的检测方法。

a. 喷油器的检测见表 7–13。

表 7–13　喷油器的检测

检测过程	结果分析及处理
就车检测	在发动机运转时，用手摸喷油器振动情况，手指应有强烈而均匀的振动感
	热车后，分别拔下各缸喷油器的线束插头。若拔下后，发动机转速无明显变化，表明该缸喷油器工作不良

续表

检测过程	结果分析及处理
测量电阻值	点火开关“OFF”，断开喷油器连接器，测量喷油器电阻，应符合要求，否则，应更换喷油器 欧姆表 2 1 Ω 1ZR-FE 发动机喷油器电阻的检测
喷油器驱动电路的检查	用专用检查试灯串接到喷油器连接器两插头上，启动发动机，试灯应闪烁，否则应检查喷油器电路
用示波器检查波形	正常波形： 20 V/格 GND 20 ms/格

b. 喷油器控制电路的检测。喷油器控制电路一般由点火开关或主继电器供电，如图 7–8 所示

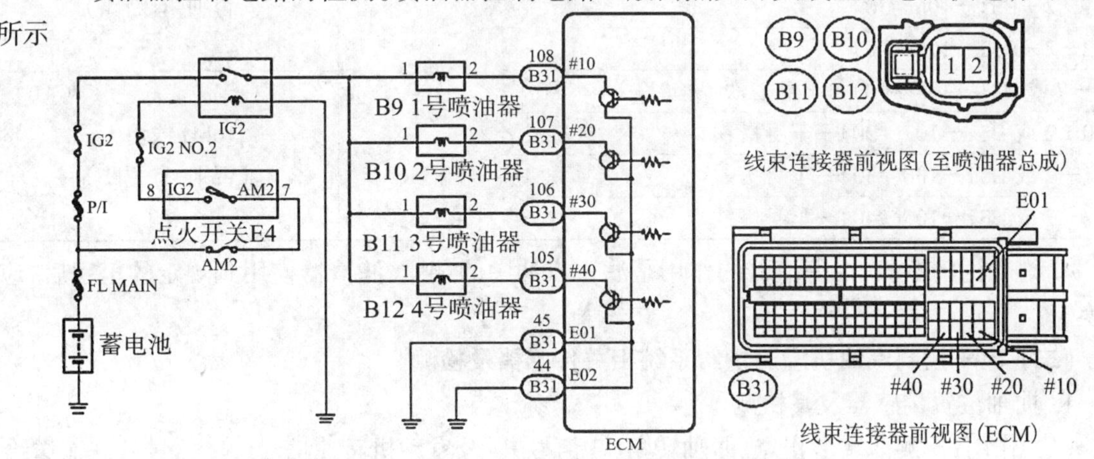

图 7–8　1ZR-FE 发动机喷油器控制电路

电源检查：

断开喷油器总成连接器，将点火开关置于“ON”位置，测量电压值。如不符合要求，查 IG2 继电器与喷油器总成间的线路是否有断、短路情况，具体见表 7–14。

表 7–14　电源检查过程 1

检测仪连接	规定状态
B9－1—车身搭铁	9～11V
B10－1—车身搭铁	
B11－1—车身搭铁	
B12－1—车身搭铁	

从发动机室继电器盒上拆下集成继电器，断开集成继电器连接器，测量电阻值，判断有无短、断路情况。如有，应维修或更换线束或此连接器，具体见表 7–15。

表 7–15 电源检查过程 2

<table>
<tr><th>检测仪连接</th><th>条件</th><th>规定状态</th></tr>
<tr><td>B9－1—1A－4</td><td rowspan="8">始终</td><td rowspan="4"><1Ω
（否则，有断路）</td></tr>
<tr><td>B10－1—1A－4</td></tr>
<tr><td>B11－1—1A－4</td></tr>
<tr><td>B12－1—1A－4</td></tr>
<tr><td>B9－1 或 1A－4—车身搭铁</td><td rowspan="4">10kΩ 或更大
（否则，有短路）</td></tr>
<tr><td>B10－1 或 1A－4—车身搭铁</td></tr>
<tr><td>B11－1 或 1A－4—车身搭铁</td></tr>
<tr><td>B12－1 或 1A－4—车身搭铁</td></tr>
</table>

检查喷油器总成与 ECM 间的线束和连接器：断开喷油器总成连接器，断开 ECM 连接器，测量电阻值，判断有无短、断路情况。如有，应更换 ECM，具体见表 7–16。

表 7–16 检查喷油器总成与 ECM 间的线束和连接器

<table>
<tr><th>检测仪连接</th><th>条件</th><th>规定状态</th></tr>
<tr><td>B9－2—B31－108（#10）</td><td rowspan="8">始终</td><td rowspan="4"><1Ω
（否则，有断路）</td></tr>
<tr><td>B10－2—B31－107（#20）</td></tr>
<tr><td>B11－2—B31－106（#30）</td></tr>
<tr><td>B12－2—B31－105（#40）</td></tr>
<tr><td>B9－2 或 B31－108（#10）—车身搭铁</td><td rowspan="4">10kΩ 或更大
（否则，有短路）</td></tr>
<tr><td>B10－2 或 B31－107（#20）—车身搭铁</td></tr>
<tr><td>B11－2 或 B31－106（#30）—车身搭铁</td></tr>
<tr><td>B12－2 或 B31－105（#40）—车身搭铁</td></tr>
</table>

4. 燃油滤清器。汽油滤清器的作用是滤去汽油中的杂质。滤清器使用到规定的里程后，应更换。

（二）电子控制汽油机燃油供给系统相关传感器及检测

1. 曲轴位置传感器及其检测。

（1）作用：检测活塞上止点、曲轴转角（G 信号）以及发动机转速信号（Ne 信号），并输送给 ECM，是喷油和点火的主控信号。

可安装在飞轮壳上、曲轴前端、凸轮轴前端或分电器内，有磁脉冲式、霍尔式、光电式、磁阻式，常见的为磁脉冲式和霍尔式。

（2）结构及工作原理。

①磁脉冲式。

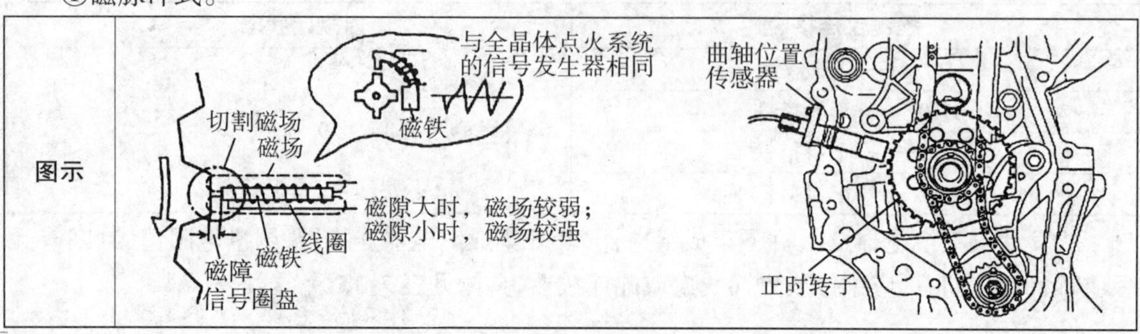

工作原理	利用带轮齿的转子旋转使信号发生器感应线圈内的磁通变化，从而在感应线圈里产生交变的感应电动势信号，再将其滤波整形后变成脉冲信号，将此信号放大后，送入 ECM。传感器输出的是模拟信号。 1ZR-FE 发动机曲轴位置传感器信号盘有 34 个齿，曲轴转一圈产生 34 个信号，有 2 个缺齿用来判断上止点。曲轴每转过 10°就输出曲轴位置信号。

②霍尔式。

图示	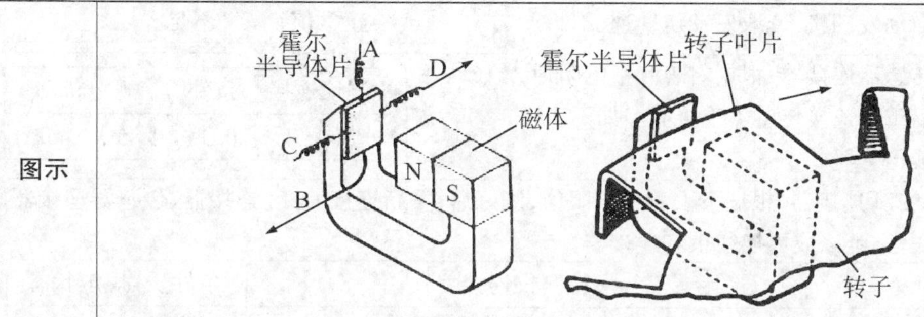
工作原理	霍尔半导体片固定在陶瓷支座上，AB 端输入电源，CD 端输出霍尔电压。 传感器转子由分电器轴驱动，转子上有与缸数相同的叶片，当叶片转离磁极与霍尔基片间的气隙时，磁场经过霍尔基片，CD 端产生霍尔电压；当叶片转入磁极和霍尔基片之间的气隙时，磁力线被隔断，霍尔电压下降为 0。

（3）检测方法。

①曲轴位置传感器主要故障及可能产生的现象见表 7–17。

表 7–17　曲轴位置传感器主要故障及可能产生的现象

主要故障	（1）传感器支架松脱、传感器气隙＞1mm、脉冲信号轮机械损伤或有脏物（特别是金属屑）； （2）传感器线束对地断路或短路； （3）传感器线束插接器松动、污损或端子锈蚀造成阻值过大； （4）传感器内部损坏； （5）温度问题
可能产生的现象	（1）此传感器无信号，发动机无法启动； （2）运转时，如该传感器或其连接线路出现故障，发动机会突然熄火； （3）发动机无高压火； （4）信号波形不正常

②1ZR-FE 发动机曲轴位置传感器（采用磁脉冲式）的检测。

控制电路：屏蔽线用于防止信号受干扰，如图 7–9 所示。

图 7–9　控制电路

其检测过程如下：

<table>
<tr><th>检查部件</th><th>说明</th></tr>
<tr><td>检查发动机的转速</td><td>（1）连接智能检测仪 DLC3；
（2）点火开关至“ON”位置；
（3）打开检测仪，选择菜单项：Powertrain / Engine and ECT / Data List / Engine Speed；
（4）启动发动机，读取发动机转速
<table>
<tr><td>正常</td><td colspan="2">显示正常转速</td></tr>
<tr><td rowspan="2">异常</td><td>显示为 0</td><td>传感器电路可能有断路或短路</td></tr>
<tr><td>显示值低于正常值</td><td>传感器输出电压不足</td></tr>
</table></td></tr>
<tr><td>检查传感器的电阻值</td><td>断开传感器连接器；根据右表测量电阻值，测好后重新连接传感器连接器。如不正常，应更换传感器。
<table>
<tr><th>检测仪连接</th><th>条件</th><th>规定状态</th></tr>
<tr><td>1—2</td><td>20℃</td><td>1.85～2.45kΩ</td></tr>
</table></td></tr>
<tr><td>检查传感器与 ECM 间的线束和连接器</td><td>断开 ECM 连接器，根据下表测量电阻值，测好后，重新连接 ECM 连接器、传感器连接器。如不正常，维修或更换线束和连接器。
<table>
<tr><th></th><th>检测仪连接</th><th>条件</th><th>规定状态</th></tr>
<tr><td rowspan="2">断路检查</td><td>B13－1—B31－122（NE＋）</td><td rowspan="4">始终</td><td rowspan="2">＜1Ω</td></tr>
<tr><td>B13－2—B31－121（NE－）</td></tr>
<tr><td rowspan="2">短路检查</td><td>B13－1 或 B31－122（NE＋）—车身搭铁</td><td rowspan="2">10kΩ 或更大</td></tr>
<tr><td>B13－2 或 B31－121（NE＋）—车身搭铁</td></tr>
</table></td></tr>
<tr><td>检查传感器安装情况</td><td>有异常，应重新安装牢固（扭矩：10N·m，并需确保 O 形圈没有破裂或卡住）。
正常 间隙 异常</td></tr>
<tr><td>检查传感器的信号盘</td><td>应无任何裂纹或变形，如有，应更换。</td></tr>
</table>

2. 凸轮轴位置传感器及检测。

（1）作用：用以判别汽缸的位置，也是喷油和点火的主控信号。ECM 根据此信号和实际曲轴转角来检测正常的曲轴转角。

采用磁阻元件型进气、排气凸轮位置传感器。

（2）结构及工作原理。1ZR-FE 发动机进气、排气凸轮位置传感器结构及工作原理如图 7–10 所示。

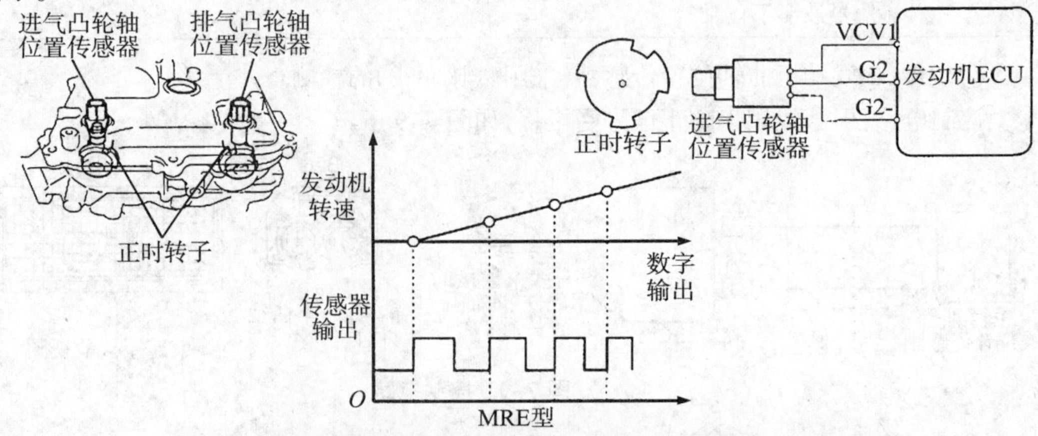

图 7–10 1ZR-FE 发动机进气、排气凸轮位置传感器结构及工作原理

曲轴每转 2 周，进气、排气凸轮轴上的各个转子便产生 3 个脉冲以检测凸轮轴位置。当信号盘与线圈间的间隙发生变化时，磁通量大小就会改变，从而引起 MRE的电阻发生波动。

（3）1ZR-FE 发动机进气凸轮轴位置传感器的检测。

①凸轮轴位置传感器主要故障及可能产生的现象见表 7–18。

表 7–18　凸轮轴位置传感器主要故障及可能产生的现象

主要故障	（1）传感器线束对地断路或短路； （2）传感器线束插接器松动、污损或端子锈蚀造成阻值过大； （3）传感器内部损坏； （4）温度问题
可能产生的现象	（1）燃油消耗量增加； （2）传感器波形不正常； （3）发动机 ECM 以应急模式运行

②1ZR-FE 发动机进气凸轮轴位置传感器的检测。

a. 控制电路，如图 7–11 所示。

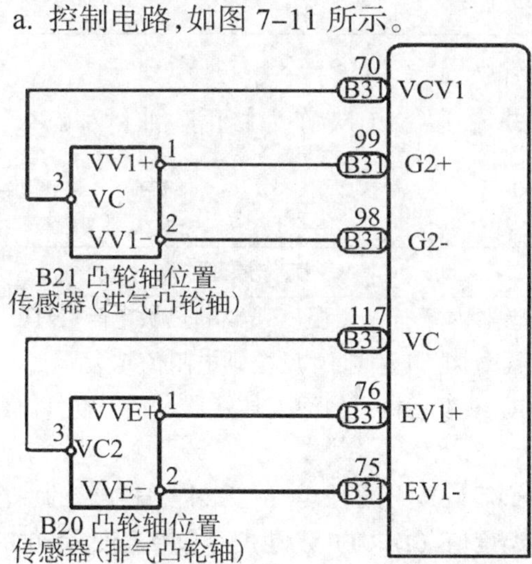

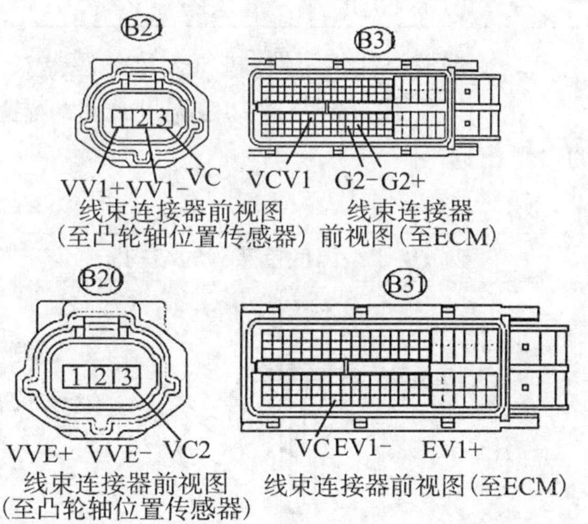

图 7–11　控制电路

其检测过程如下：

b. 检查进气凸轮轴位置传感器电源。

查端电压：断开传感器连接器，点火开关置于“ON”，测 B21－3(VC)端的电压值，应为 4.5～5.0V。

查线路：如电源电压不符要求，查 B21－3（VC）与 B31－70（VCV1）间的线路有无断路、短路。如有，应维修或更换此线束或连接器。

c. 检查传感器与 ECM 间的线束和连接器。

查 B21－1（VV1＋）与 B31－99（G2＋）及 B21－2（VV1－）与 B31－98（G2－）间的线路有无断路、短路，如有，应维修或更换此线束和连接器。

d. 检查传感器的安装情况。

如有异常，应重新安装牢固（扭矩：10N·m，并需确保 O 形圈没有破裂或卡住）。

e. 检查传感器信号盘。

应无任何裂纹或变形，如有，应更换。

排气凸轮轴位置传感器的检测方法与进气凸轮轴位置传感器类同。

曲轴位置传感器及凸轮轴位置传感器也可用示波器读取波形的方法判断其性能的好坏。

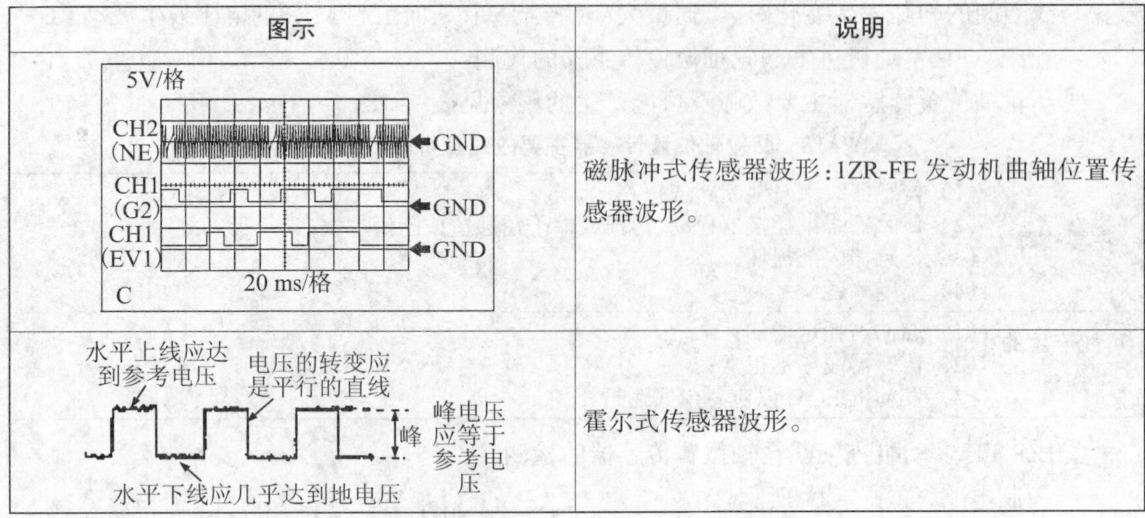

图示	说明
	磁脉冲式传感器波形：1ZR-FE 发动机曲轴位置传感器波形。
	霍尔式传感器波形。

3. 冷却液温度传感器、进气温度传感器及其检测。

（1）作用：用以测量冷却液温度或进气温度，并输送给 ECM 作为修正喷油量和点火正时的参考依据。

（2）结构及工作原理。

热敏电阻型温度传感器的结构	工作原理
电气接口 壳体 HTC 电阻	传感器内置有一负温度系数的热敏电阻(NTC)，温度越高，电阻值越小，反之则电阻值越大。 1ZR-EF 发动机进气温度传感器，装于空气流量计内。 传感器信号失灵时，ECM 采用自身存储的一个替代温度值（1ZR-FE 发动机冷却液温度为 80℃，进气温度为 20℃）。

（3）冷却液温度传感器主要故障及检测见表 7–19。

表 7–19　冷却液温度传感器主要故障及检测

主要故障	（1）传感器线束插接器松动、端子锈蚀或受潮； （2）内部短路； （3）传感器线束对地开路或短路
可能产生的现象	（1）冷启动困难； （2）暖机过程不正常，且燃油耗高； （3）怠速不稳； （4）加速不良、冒黑烟等现象； （5）冷车进挡转速下降过大

传感器与连接器接触不良时，呈现高阻值；传感器短路或损坏时，呈现低阻值。

①1ZR-FE 发动机冷却液温度传感器检测。

控制电路如图 7–12 所示。

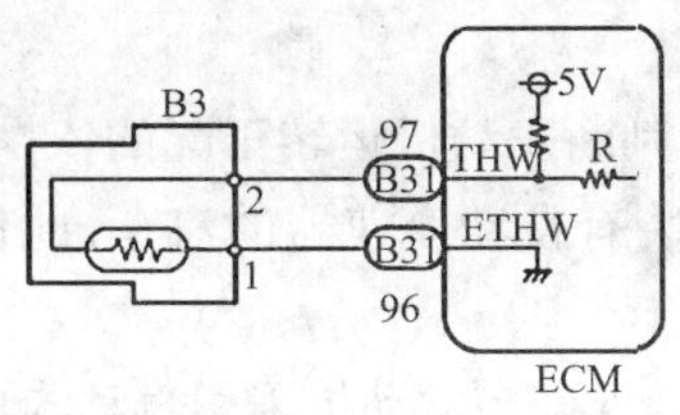

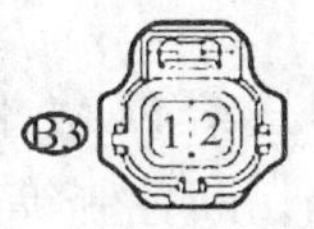

线束连接器
前视图
(至ECM)

线束连接器
前视图(至发动
机冷却液温
度传感器)

B31
ETHW　THW

图 7–12　控制电路

具体如下：

<table>
<tr><th>检测方法</th><th>说明</th></tr>
<tr><td>电阻测量
欧姆表</td><td>断开连接器，用万用表在传感器上测端子 1 与 2 的电阻。
<table>
<tr><td rowspan="3">发动机不运转，点火开关置于“ON”位置 30s 后</td><td>条件</td><td>传感器电阻</td></tr>
<tr><td>20℃</td><td>2.32～2.59kΩ</td></tr>
<tr><td>80℃</td><td>0.310～0.320kΩ</td></tr>
</table></td></tr>
<tr><td>电压测量</td><td>点火开关置于“ON”位置，信号电压应为 0.5～4.5V。</td></tr>
<tr><td>通过检测仪检测
ECM</td><td>正常情况下，智能检测仪显示值应在 80～100℃。
（1）显示为－40℃时：电路存在断路故障。
检查线束是否有断路：连接线束侧连接器端子 1 和 2，将智能检测仪连接到 DLC3，点火开关置于“ON”位置，选择菜单项 Powertrain / Engine and ECT / Data List / Coolant Temp，读取检测仪上的显示值。
如为 140℃或更高，说明断路故障在传感器内，应更换传感器；
如仍为－40℃，查 B3－2（THW）与 B31－97（THW）、B3－1（ETHW）与 B31－96（ETHW）线路有无断路，如有，维修或更换此线束或连接器；如无，更换 ECM。
（2）显示为 140℃时：电路存在短路故障。
检查线束是否有短路：断开传感器连接器，读取检测仪上的显示值。
如显示为－40℃，应更换传感器。
如仍为 140℃，则查传感器与 ECM 间的线束有无短路，如有，应维修或更换此线束或连接器；如无，更换 ECM。</td></tr>
</table>

②1ZR-FE 发动机进气温度传感器的检测与冷却液温度传感器相似。

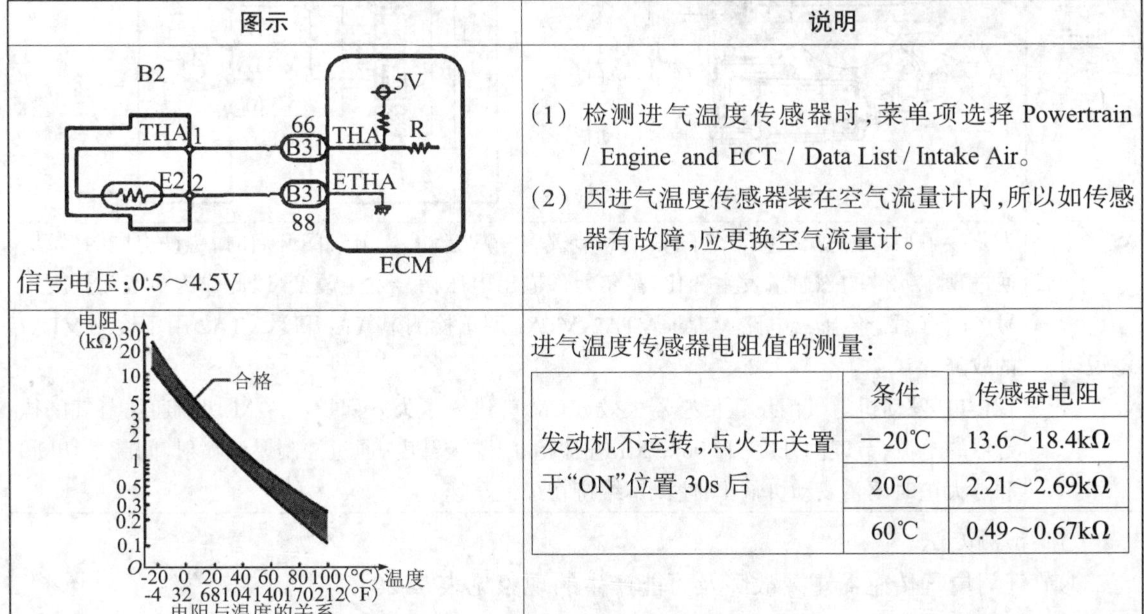

<table>
<tr><th>图示</th><th>说明</th></tr>
<tr><td>信号电压：0.5～4.5V</td><td>（1）检测进气温度传感器时，菜单项选择 Powertrain / Engine and ECT / Data List / Intake Air。
（2）因进气温度传感器装在空气流量计内，所以如传感器有故障，应更换空气流量计。</td></tr>
<tr><td></td><td>进气温度传感器电阻值的测量：
<table>
<tr><td rowspan="4">发动机不运转，点火开关置于“ON”位置 30s 后</td><td>条件</td><td>传感器电阻</td></tr>
<tr><td>－20℃</td><td>13.6～18.4kΩ</td></tr>
<tr><td>20℃</td><td>2.21～2.69kΩ</td></tr>
<tr><td>60℃</td><td>0.49～0.67kΩ</td></tr>
</table></td></tr>
</table>

4. 节气门位置传感器及其检测。

（1）作用：将节气门的开度转换成电压信号送给 ECM，作为判断发动机运转工况的依据，用来计算空燃比修正值、功率提高修正值、燃油切断控制等。对装有自动变速器的汽车，此传感器的信号也作为换挡信号之一。

节气门位置传感器有开关式、线性式和霍尔元件式几种类型。现许多发动机采用直动式怠速控制系统，节气门位置传感器是节气门控制组件的一部分。

（2）结构及工作原理。

①线性综合式节气门位置传感器的结构及控制电路。

图示	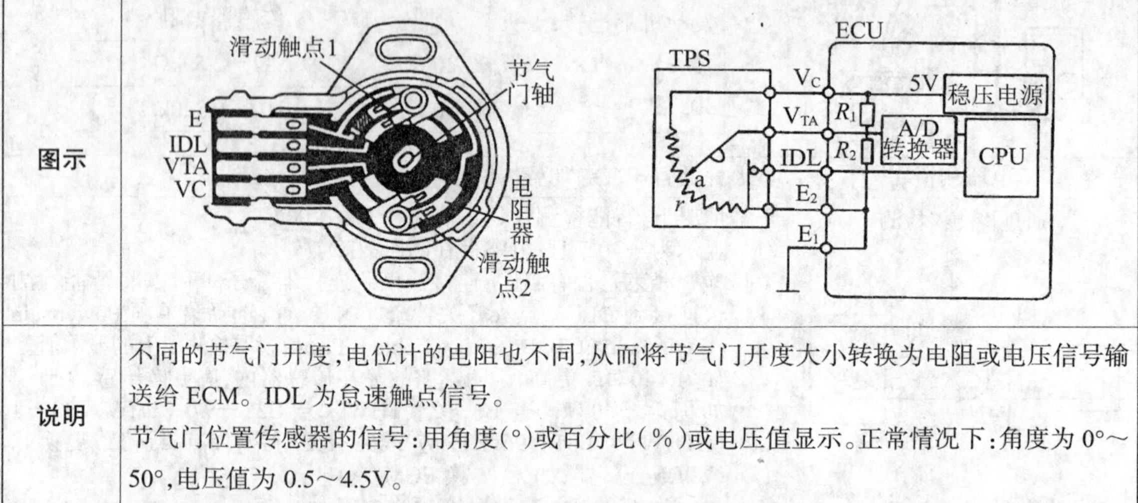
说明	不同的节气门开度，电位计的电阻也不同，从而将节气门开度大小转换为电阻或电压信号输送给 ECM。IDL 为怠速触点信号。 节气门位置传感器的信号：用角度（°）或百分比（%）或电压值显示。正常情况下：角度为 0°～50°，电压值为 0.5～4.5V。

②霍尔元件式节气门位置传感器的结构及控制电路（1ZR-FE 发动机）。

图示	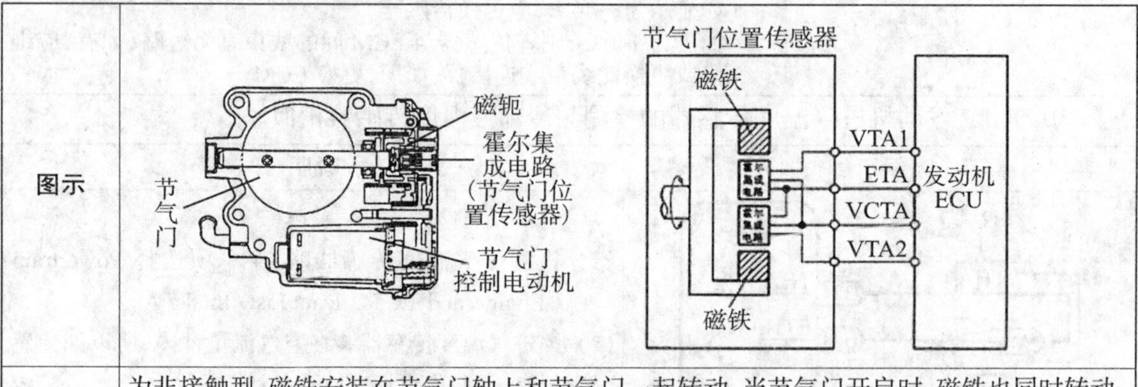
说明	为非接触型。磁铁安装在节气门轴上和节气门一起转动，当节气门开启时，磁铁也同时转动，通过霍尔元件的磁通量发生变化，霍尔元件输出电压信号发生改变，以此作为节气门开度信号。内有两个传感器电路 VTA1、VTA2，VTA1 用于检测节气门开度，VTA2 用于检测 VTA1 的故障。 1ZR-FE 发动机节气门位置传感器失效，ECM 就进入了失效保护。ECM 切断通往节气门执行器的电流，节气门开度回到 6°，ECM 根据油门踏板开度，通过控制燃油喷射（间隙性切断）和点火正时调整发动机输出，使汽车维持在最低车速。

（3）检测方法。

①节气门位置传感器主要故障及可能产生的现象见表 7–20。

表 7-20　节气门位置传感器主要故障及可能产生的现象

主要故障	（1）传感器线束插接器松动或端子锈蚀造成阻值过大； （2）信号线对地短路或断路； （3）温度问题； （4）节气门卡滞； （5）传感器内部损坏
可能产生的现象	（1）启动不良； （2）怠速不稳； （3）加速不良； （4）AT 换挡冲击或不能换挡； （5）存有故障码； （6）系统进入备用功能

注意：一些节气门位置传感器在工作过程中或经过维修初始位置会发生改变，应定期按维修手册要求进行匹配和调校。

如没有节气门位置传感器的维修数据，可利用"节气门位置传感器怠速时的信号电压是全开时的 10%"来进行基本判断。

②线性综合式节气门位置传感器的检测。

检测步骤	说明
电压测量	VC-E2、IDL-E2、VTA-E2，电压值均应符合要求
电阻测量	VTA-E2、IDL-E2、VC-E2，电阻值均应符合要求，且 VTA-E2 间的电阻值随节气门开度的增大，电阻值成正比增加，并不应出现中断现象
示波器读取波形	正常波形： 5V 4 3 2 1 0 节气门完全打开 节气门关闭 节气门关闭 打开点火开关，不启动发电机进行测试

③1ZR-FE 发动机霍尔元件式节气门位置传感器的检测。

a. 控制电路如图 7-13 所示。

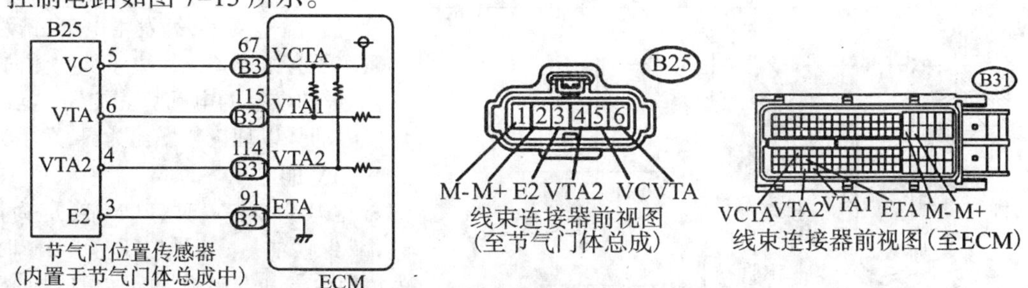

图 7-13　控制电路

b. 检测时，智能检测仪中选择菜单项：Powertrain / Engine and ECT / Data List / Throttle Position No. 1 and Throttle Position No. 2。读取检测值见表 7-21。

表 7-21　读取检测值

故障部位	松开油门踏板时		踩下油门踏板时	
	VTA1	VTA2	VTA1	VTA2
节气门位置传感器电路正常	0.5～1.1V	2.1～3.1V	3.3～4.9V(非失效保护)	4.6～5.0V(非失效保护)
VC 电路断路	0～0.2V			
E2 电路断路	4.5～5.0V			
VTA1 电路断路或搭铁短路	VTA1:0～0.2V 或 4.5～5.0V;VTA2:2.4～3.4V(失效保护)			
VTA2 电路断路或搭铁短路	VTA1:0.7～1.3V(失效保护);VTA2:0～0.2V 或 4.5～5.0V			

c. 如节气门位置传感器电路不正常:查传感器与 ECM 间的线路有无短路、断路,见表 7-22。

表 7-22　检查传感器与 ECM 间的线路有无短路、断路

线路正常		线路不正常
查 B25－5(VC)对 B25－3(E2)电压	应为 4.5～5.0V,此时表明故障在节气门体,更换之	维修或更换此线束或连接器
	如电压不正常,更换 ECM	

5. 氧传感器及其检测。

(1) 作用:在三元催化反应器前后各安装一个氧传感器。前氧传感器检测排气中含氧的浓度,让 ECM 对喷油脉宽进行修正;后氧传感器(诊断氧传感器)检测三元催化器后废气中的氧含量,转变成电压信号送给 ECM,两个传感器电压之差就可反映出三元催化反应器转换 CO、HC、NO_x 的能力。

有二氧化锆(ZrO_2)式、二氧化钛(TiO_2)式氧传感器及宽域氧传感器(UEGO)等几种类型。

(2) 结构与工作原理。

①外形及安装位置(图 7-14)。

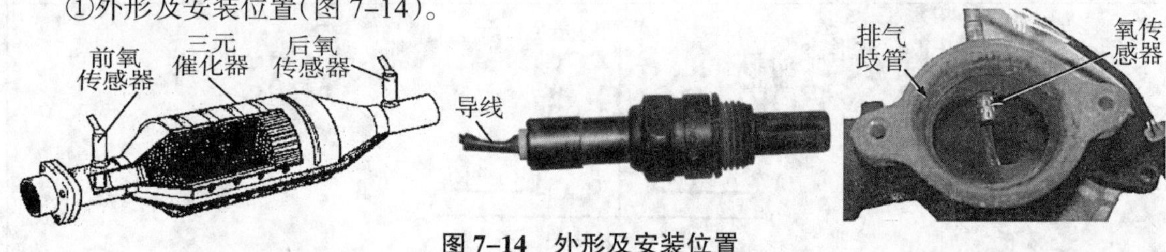

图 7-14　外形及安装位置

②二氧化锆式($2rO_2$)。

图示	工作原理
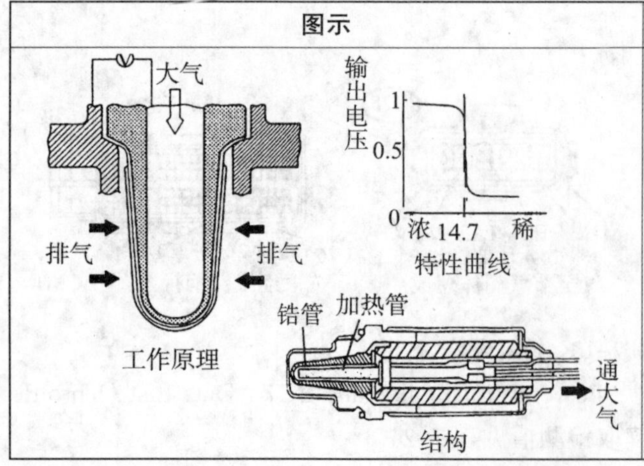	在废气高温作用下,氧发生电离,锆管内、外侧氧离子有浓度差,氧离子从内侧向外侧扩散,形成两电极的电动势。铂(Pt)是催化剂,可使电动势以理论空燃比为界,发生突变,产生 0～1V 的电压。 信号电压＞0.45V 时,ECM 判定为浓混合气,减少喷油量;信号电压＜0.45V 时,判定为稀混合气并发出增加喷油量的指令。 正常情况下:信号电压应在 0～1V 内不断变化,每 10s 多于 8 次,最小值＜0.3V,最大值以＞0.6V 为好。

③二氧化钛式（TiO_2）。

图示	工作原理
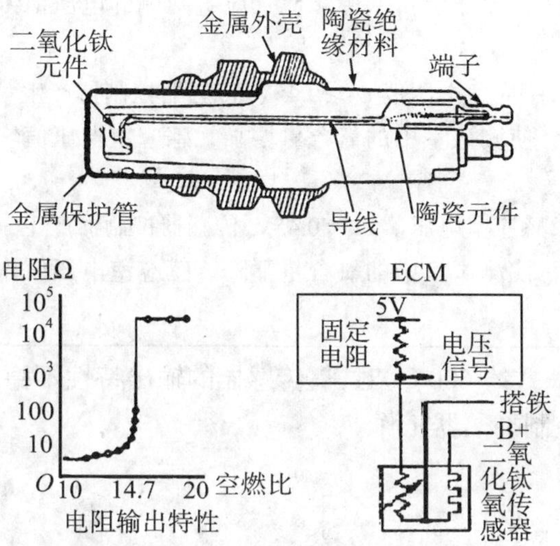 二氧化钛元件 金属外壳 陶瓷绝缘材料 端子 金属保护管 导线 陶瓷元件 电阻Ω 10^5 10^4 10^3 100 10 O 10 14.7 20 空燃比 电阻输出特性 ECM 5V 固定电阻 电压信号 搭铁 B+ 二氧化钛氧传感器	具有多孔 TiO_2 陶瓷用来感测氧气，实心的 TiO_2 陶瓷用做加热调节器。TiO_2 在室温下具有很高电阻，当氧分子脱离时，会造成结晶格子的空隙，使结晶格子出现缺陷，产生电流。当氧的空隙越多时，就会有更多的电子可用来传递电流，材料的阻抗亦随之降低。 废气中氧含量发生变化时，传感器电阻值以理论空燃比为界发生突变，利用参考电压，改变电阻后，输出信号电压发生突变。

④宽带式（UEGO）：能连续检测空燃比 10～20 的混合气。当线性电压 2.5V 时，达到了理论空燃比（14.7：1）的控制，通过改变泵电流 I_p 的方向与大小就可达到平衡测试室里的含氧量。I_p 即为传递给控制单元的电信号。

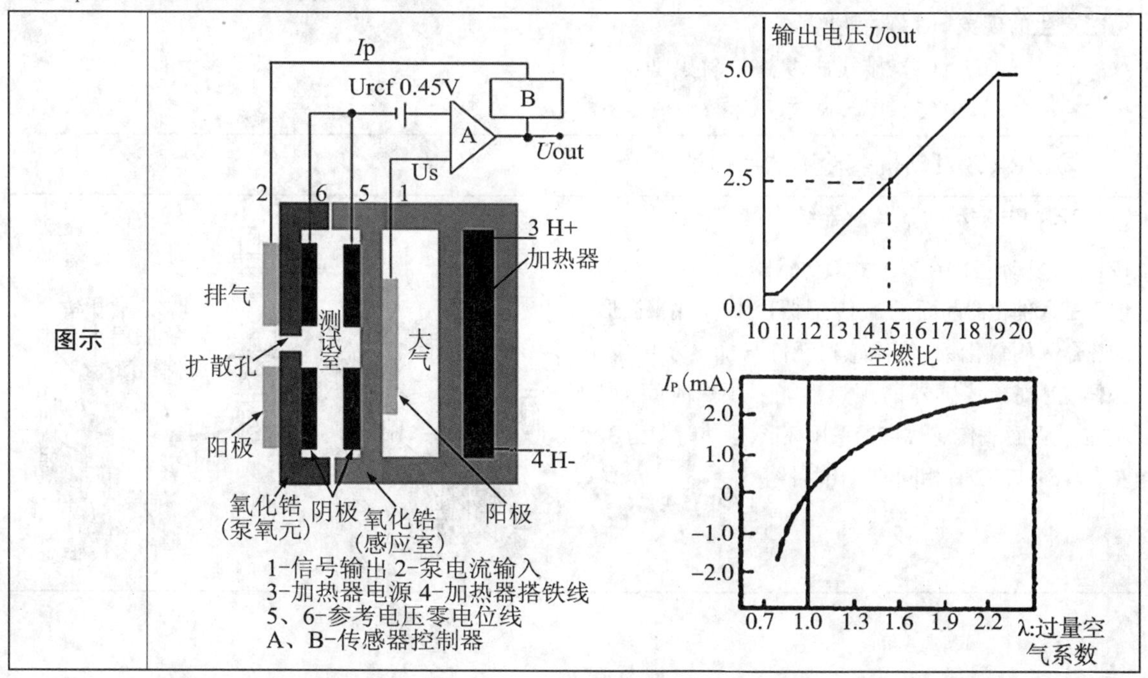

说明	感应室：相当于一个普通浓差型 ZrO_2 式氧传感器。一面与大气接触，另一面是测试室，通过扩散孔与排气接触，由于两侧氧含量不同，因此产生一个电动势。ECM 把感应室两侧的氧含量保持一致，让电压维持在 0.45V。这个电压只是电脑的参考标准值。 泵氧元：也是一氧化锆（ZrO）组件。一边与排气接触，另一边是测试室。在泵氧元上加电压会使氧离子移动。把排气中的氧泵入或泵出测试室中，使感应室两侧的电压值维持在 0.45V。 混合气过浓时，测试室内含氧量下降，感应室电压值 $U_S > 0.45V$，传感器控制器产生一个反向的泵电流 I_p，将氧气泵入测试室，使测试室中的氧含量增加，感应室电压值恢复到 0.45V。 混合气过稀时，测试室内含氧量增加，感应室电压值 $U_S < 0.45V$，传感器控制器产生一个正向的泵电流 I_p，将氧气泵出测试室，使测试室中的氧含量下降，感应室电压值恢复到 0.45V。

当废气温度低于一定值（锆式约 300℃，钛式约 600℃）时，氧传感器的输出特性不稳定，故在传感器内有加热器，发动机工作时，ECM 控制加热器工作。

（3）检测方法。

①氧传感器主要故障及可能产生的现象见表 7-23。

表 7-23　氧传感器主要故障及可能产生的现象

主要故障	（1）传感器线束插接器松动或端子锈蚀造成阻值过大； （2）信号线对地短路或断路； （3）传感器加热电阻损坏、加热器线路不良； （4）传感器损坏
可能产生的现象	（1）启动困难； （2）转速下降且加速性不良； （3）油耗增大； （4）排气管"突噜"、冒黑烟； （5）尾气排放超标

②1ZR-FE 发动机氧传感器的检测。

（1）1ZR-FE 发动机氧传感器结构：

1ZR-FE 发动机采用 ZrO_2 式氧传感器。

位于三元催化器前面的氧传感器（S1）采用平面形，加热器采用氧化铝，使传感器元件与加热器集成于一体，提高了传感器的预热性能。预热时间为 10s 左右。后面氧传感器（S2）采用杯形，预热时间为 30s 左右。S1 与 S2 有相同的输出特性。

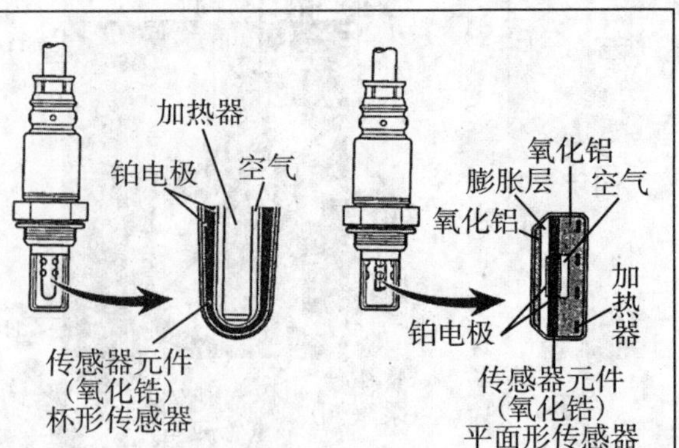

（2）控制电路：

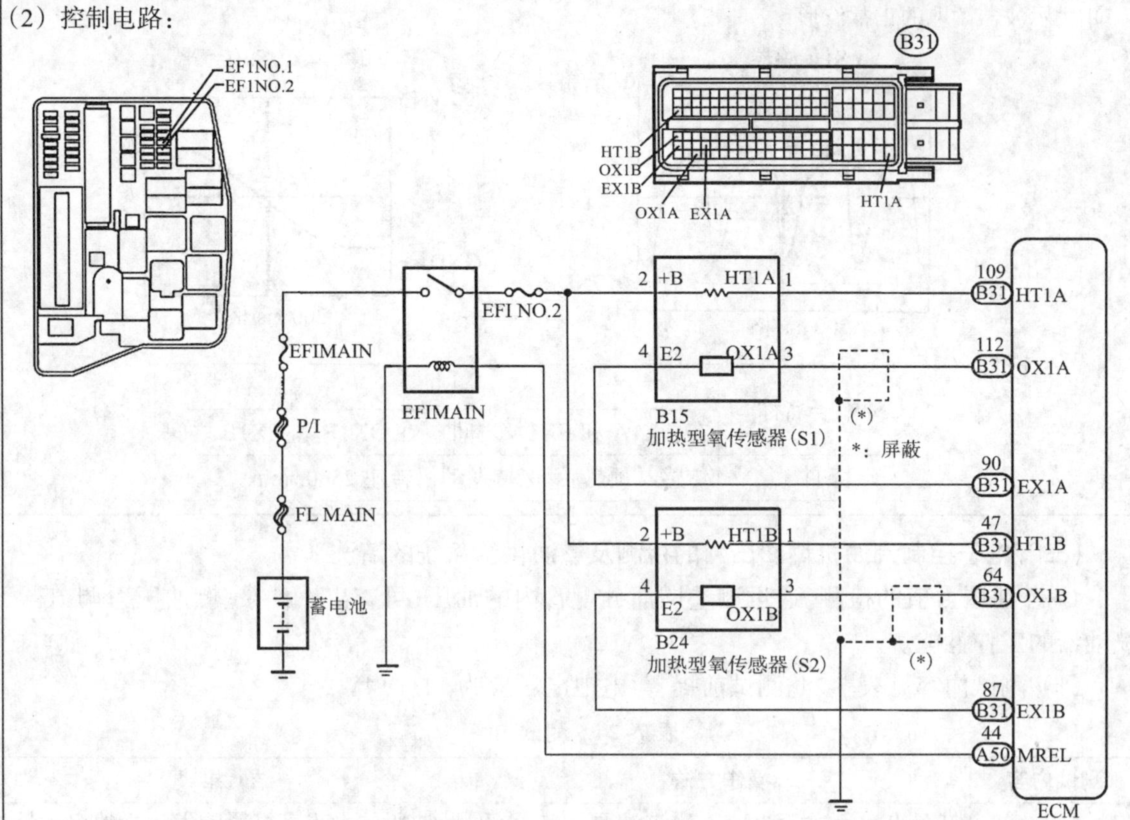

（3）1 号氧传感器(S1)的检测：

①电阻测量：

万用表的连接	条件	电阻值
B15－1(HTA1)—B15－2(＋B)	20℃	1.8～3.4Ω
B15－1(HTA1)—B15－4(E2)	始终	10kΩ 或更大

②电源电压测量：

万用表的连接	开关状态	规定状态
B15－2(+B)—车身搭铁	点火开关置于 ON	9～14V

否则,应检查 EFI NO.2 保险丝是否完好。

③查传感器与 ECM 间的线束是否有断路、短路,如有,应维修或更换此线束或连接器。

（4）2 号氧传感器(S2)检测：

方法与 S1 的检测类同。电阻值应见下表所示。

万用表的连接	条件	规定状态
B24－1(HT1B)—B24－2(＋B	20℃	11～16Ω
B24－1(HT1B)—B24－4(E2)	—	10kΩ 或更大

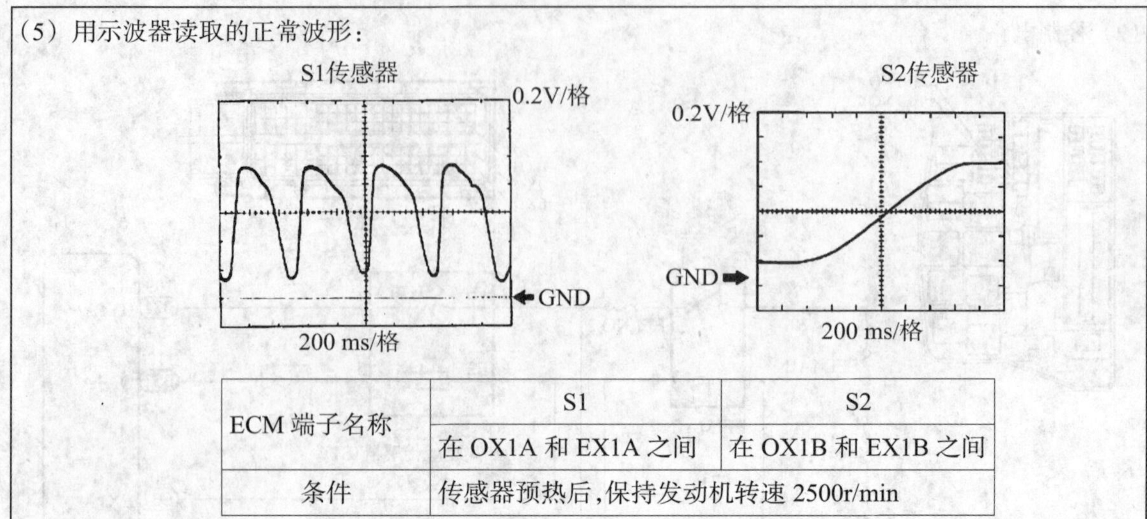

ECM 端子名称	S1	S2
	在 OX1A 和 EX1A 之间	在 OX1B 和 EX1B 之间
条件	传感器预热后,保持发动机转速 2500r/min	

(三) 电子控制汽油机燃油压力的检测及燃油供给系统的清洗

1. 燃油压力值的检测。通过测量燃油分配管内的油压,可查出汽油泵、燃油压力调节器、喷油器的工作性能。

(1) 测试内容见表 7-24。测试前提:蓄电池电压应为 11～14V

表 7–24　测试内容

测试内容	操作方法	结　果
初始油压	打开点火开关至"ON",让汽油泵运转大约 5s 后的油压	此油压的大小直接影响发动机的启动性能。标准值通常为 300kPa 左右
怠速油压	正常怠速运转时的油压	此油压影响怠速排放水平。标准值通常为 250kPa 左右
加速油压	开大节气门,发动机加速时的油压	此油压影响加速性能。标准值通常为上升至 300kPa 左右,而且油压表读数先上升后下降
堵转油压	用大力钳迅速夹住出油管,此时油压上升至怠速油压的 2～3 倍	检测油泵的最大压力。标准值通常为 400～500kPa。
残余油压	关闭点火开关,发动机熄火几分钟后的油压	标准值应大于 150kPa

(2) 1ZR-FE 发动机燃油压力的测试过程。

①燃油压力的释放。在进行燃油供给系统的修理前,先要将系统的压力释放。

a. 从燃油泵总成上断开连接器。

b. 启动发动机。

c. 在发动机自然熄火后,将点火开关置于"OFF"位置。

d. 再次启动发动机,确认发动机不启动。

e. 拆下燃油箱盖,释放燃油箱中的压力。

f. 从蓄电池负极端子断开电缆,连接燃油泵总成连接器。

②燃油压力的检查步骤。

<table>
<tr><td>(1) 从主燃油管上断开燃油软管。
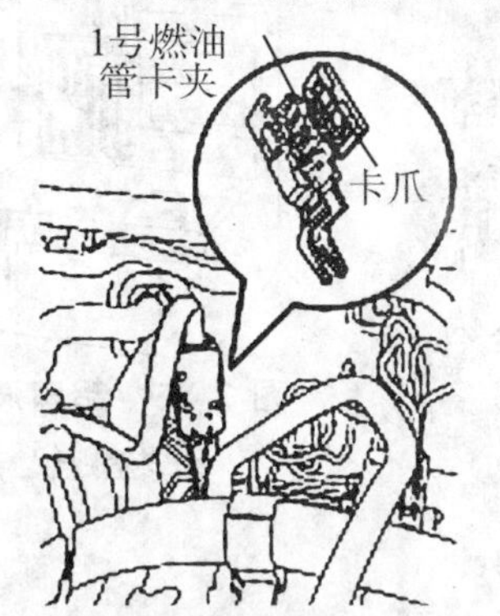
</td><td>(2) 安装燃油压力表:1ZR-FE 发动机燃油压力表的安装。
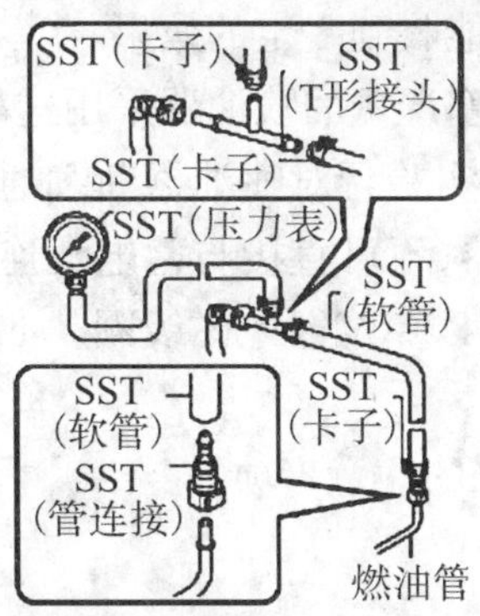

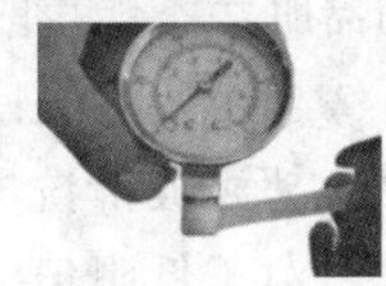
注:SST—专用工具</td></tr>
<tr><td colspan="2">(3) 电缆连接到蓄电池负极端子,检测仪连到 DLC3 上,使燃油泵工作(选择菜单:Powertrain/Engine/Active Test/Control the Fuel Pump/Speed),测量油压。
<table><tr><td>燃油压力值</td><td>304~343kPa</td></tr><tr><td>大于标准值</td><td>更换燃油压力调节器</td></tr><tr><td>小于标准值</td><td>检查:燃油软管的连接情况、燃油泵、燃油滤清器、燃油压力调节器</td></tr></table></td></tr>
<tr><td colspan="2">(4) 从 DLC3 上断开检测仪,启动发动机,测量怠速油压应为 304~343kPa,否则查真空软管、燃油压力调节器。</td></tr>
<tr><td colspan="2">(5) 发动机熄火 5min 后,剩余油压应为 147kPa 或更高,否则应查燃油泵、压力调节器、喷油器。</td></tr>
<tr><td colspan="2">(6) 燃油压力检查后,从蓄电池负极端子上断开电缆,小心拆下 SST(专用工具)。将燃油软管重新接到主燃油管上,并检查燃油是否泄漏,如有,维修或更换零件。</td></tr>
</table>

2. 燃油供给系统的清洗。汽油中的胶质易引起喷油器喷孔截面变小或针阀卡滞、汽油管及汽油滤清器堵塞。发动机燃烧时产生的胶质和积炭将引起三元催化器堵塞。情况严重时,会引起发动机启动困难、怠速不稳、燃油耗升高、加速性能下降、尾气超标。

胶质堆积过多并在温度的作用下将逐渐结块,这种结块即使使用超声波设备清洗也不会有很大作用。但定期清洗可以除去少量的还未凝固结块的胶质,因此建议车主应定期到服务站进行燃油系统的清洗。

(1) 免拆卸燃油系统的清洗。

图示	说明
	燃油系统清洗机:结合专用清洗剂进行。在发动机正常运转下,让清洗液进入燃油系统,溶解发动机油管、喷油器针阀、燃烧室内各零件的积炭、油泥、胶质等,经燃烧分解排出汽缸。这种方法对三元催化器寿命有一定影响。 具体操作应遵循使用说明书。
	燃油系统除碳添加剂:在往燃油箱加注汽油前,先在汽油箱内注入燃油系统除碳添加剂(强腐蚀性)进行燃油系统的清洗。通常添兑比例为一罐添加剂兑满箱汽油。添加后,燃油箱内的水分和胶质、汽油泵内脏污、汽油滤清器的霉菌便均可除去。

（2）喷油器的清洗。

①就车清洗喷油器：就车往输油管注入清洗液，冲洗喷油器。在喷油器脏污不严重时，此法能收到一定的效果。

②超声波清洗：对于堵塞严重的喷油器采用这种方法。将喷油器放入超声波清洗槽内，由实验台对喷油器断续通电，进行超声波清洗。对于低阻值的喷油器，不可直接与蓄电池连接，应串联一个适当阻值（8～10Ω）的电阻，以免烧毁电磁线圈。如图 7–15 所示为超声波清洗 / 检测仪。

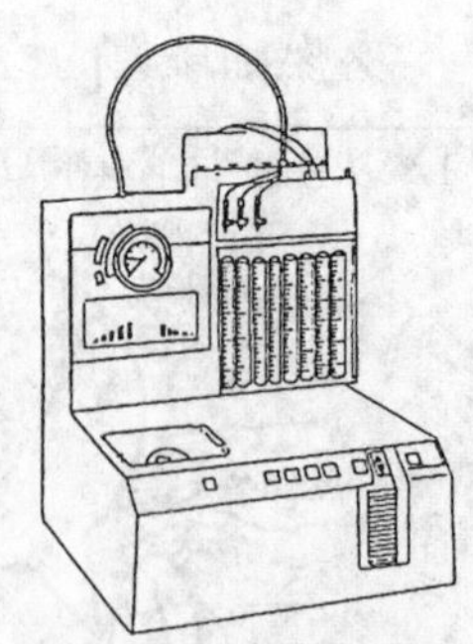

图 7–15 超声波清洗/检测仪

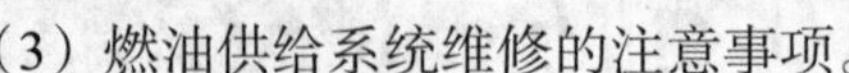

（3）燃油供给系统维修的注意事项。

①安全方面（图7–16）：

a. 严防火灾。

b. 选择通风良好的场所进行操作。

c. 维修作业前先卸油压，并断开蓄电池负极电缆。

d. 避免使用电动机、工作灯、铁锤及可能产生高温或火花的设备。

e. 沾有汽油的布存放在专用的容器里。

f. 橡胶或皮制件应避免接触汽油。

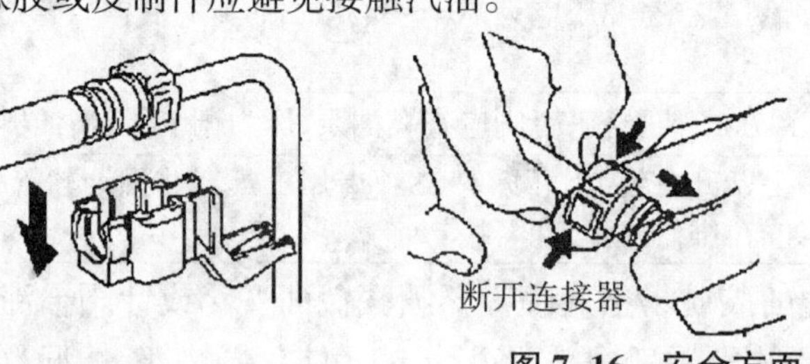

图 7–16 安全方面

②管路方面：

a. 断开管路前先卸压；断开连接器前应先清理周围的污物。

b. 从连接器上断开燃油管固定夹子前应先清理污物。

c. 断开连接器时，用手捏住挡片拉开连接器，不使用工具。

d. 断开连接器后，用塑料袋包住断开的连接器和管口。

e. O形圈安装时要涂少量汽油。

f. 连接连接器后，要确保牢固，并检查是否有漏油。

（四）汽油机缸内直喷技术简介

1. 汽油机缸内喷射的类型。

汽油机缸内直喷技术是指直接往汽缸内喷射汽油，喷到燃烧室内的汽油与吸入的空气混合成可燃混合气，具体有 TSI、TFSI、FSI、SIDI 等几种，见表 7–25。

表 7–25 汽油机缸内喷射的类型

类型	英文全称	介绍
FSI	Fuel Stratified Injection	燃油分层喷射燃烧，是大众 / 奥迪公司发动机的技术
TFSI	Twincharger Fuel Stratified Injection	带涡轮增压（T）的燃油分层喷射燃烧发动机。由于国内油品的问题，国产奥迪 TFSI 并没有使用分层燃烧技术

续表

类型	英文全称	介绍
TSI	Twincharger Fuel Stratified Injection	双增压＋分层喷射燃烧。它是在 FSI 技术的基础之上，安装了一个涡轮增压器和一个机械增压器
SIDI	Spark Ignition Direct Injection	火花点燃直接喷射技术。通用公司的 SIDI 技术依靠的是缸内均质燃烧来提升效率，并没有使用稀薄分层燃烧技术

2. FSI 发动机简介。FSI 发动机采用了立式吸气口、弯曲顶面活塞、高压旋转喷油器等技术来保证混合气的质量。

（1）燃油供给系统。

（1）它由低压系统和高压系统两部分构成。在低压系统中，电动燃油泵将约 0.6MPa 的燃油经滤清器供应给高压泵。在高压系统中，单活塞高压泵将 4～11MPa(取决于负荷和转速)的燃油送入燃油分配管，分配管再将燃油分配给喷油器。

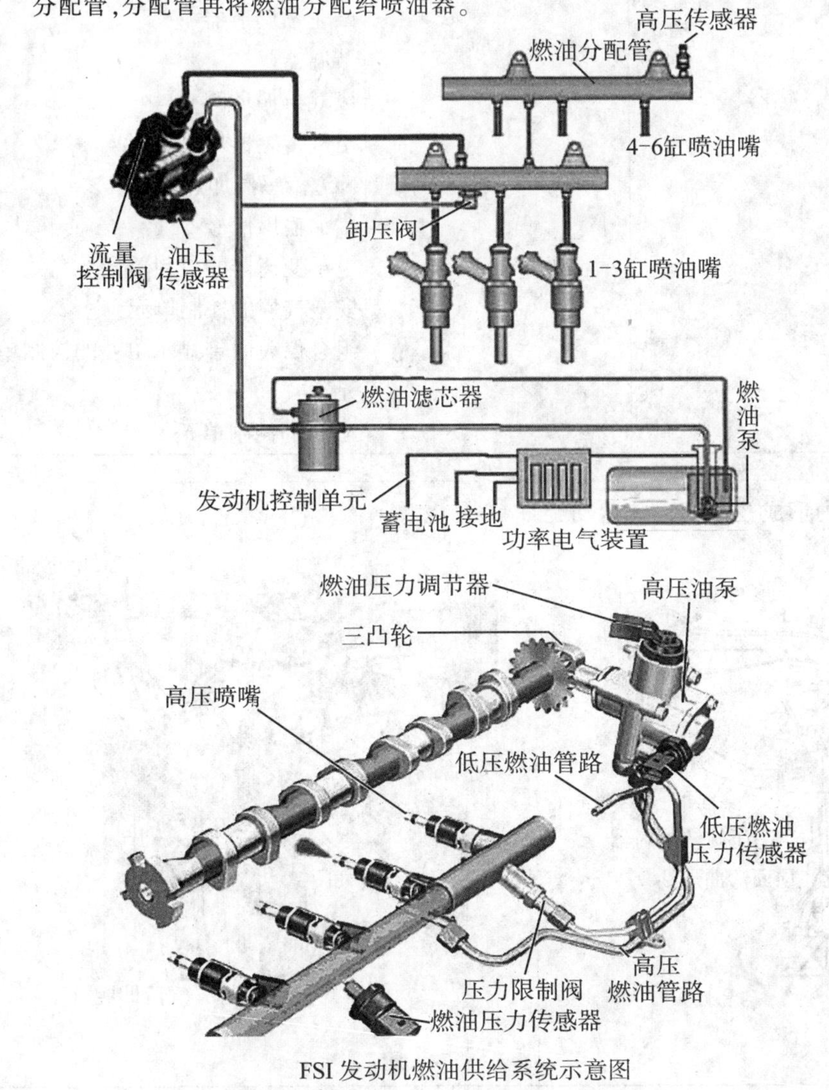

FSI 发动机燃油供给系统示意图

（2）Bosch Motronic MED 7.5.10 发动机管理系统。

传感器	控制单元	执行器
空气流量计 进气温度传感器 进气压力传感器 发动机转速传感器 霍尔传感器 节气门控制单元和两个角度传感器 加速踏板位置传感器 制动信号开关和制动踏板开关 离合器踏板开关 燃油压力传感器 进气管风门电位器 爆燃传感器 冷却液温度传感器 散热器出口冷却液温度传感器 旋钮温度选择电位器 废气再循环电位器 氧传感器 废气温度传感器 NO_x 传感器 NO_x 传感器的控制单元 制动助力压力传感器 附加输入信号		燃油泵继电器 燃油泵 喷油器 点火线圈 节气门控制单元 节气门传动装置 供电继电器 燃油压力调节器 燃油计量阀 活性炭罐装置电磁阀 进气管风门空气调节器 凸轮轴调节器 节温器 废气再循环阀 空气传感器加热装置 NO_x 传感器加热装置 附加输出信号 电子变速器的控制单元 安全气囊的控制单元 组合仪表内带显示单元的控制单元 ABS 的控制单元

（3）立式吸气口：使缸内形成较强的空气运动旋流，提高气流速度。

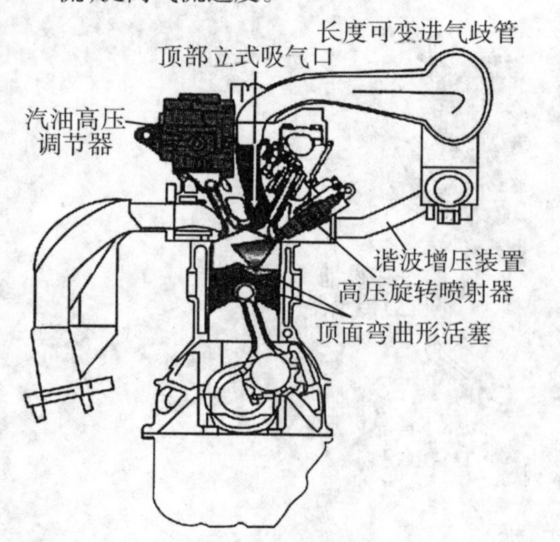

（4）燃烧室。

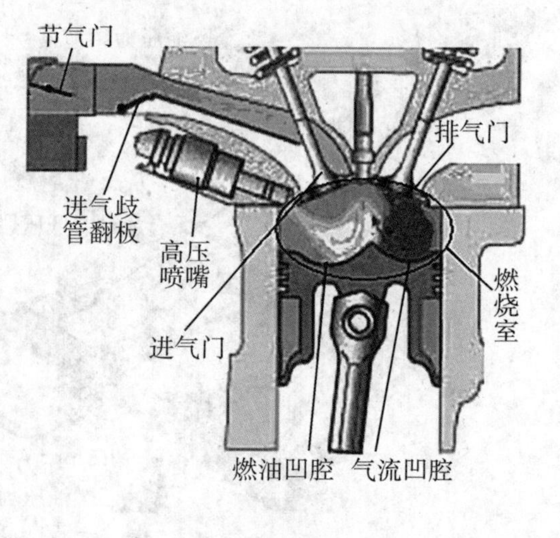

(5) 弯曲顶面的活塞:活塞顶部一半是球形、一半是凹形壁面。进入汽缸的新鲜气体在活塞凹形壁面形成一股纵向运动的涡流,有利于混合气的形成。	
(6) 高压旋转喷油器:能喷出雾状燃油。在进气喷射中能随进气涡流在整个燃烧室内迅速运动、扩散,在压缩行程的喷射中由于空气密度大,喷射的油雾穿透力变小,喷雾能更分散。	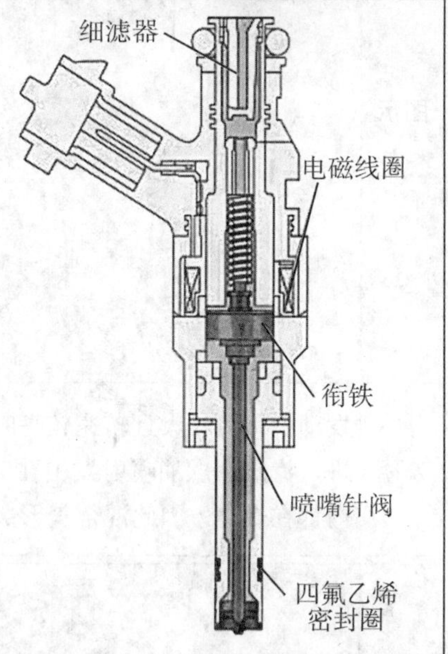

(2) 燃烧模式。有分层燃烧模式、均质燃烧模式和过渡燃烧模式 3 种。发动机在部分负荷时采用分层燃烧模式,发动机负荷较大且转速较高时用均质燃烧模式。

图示	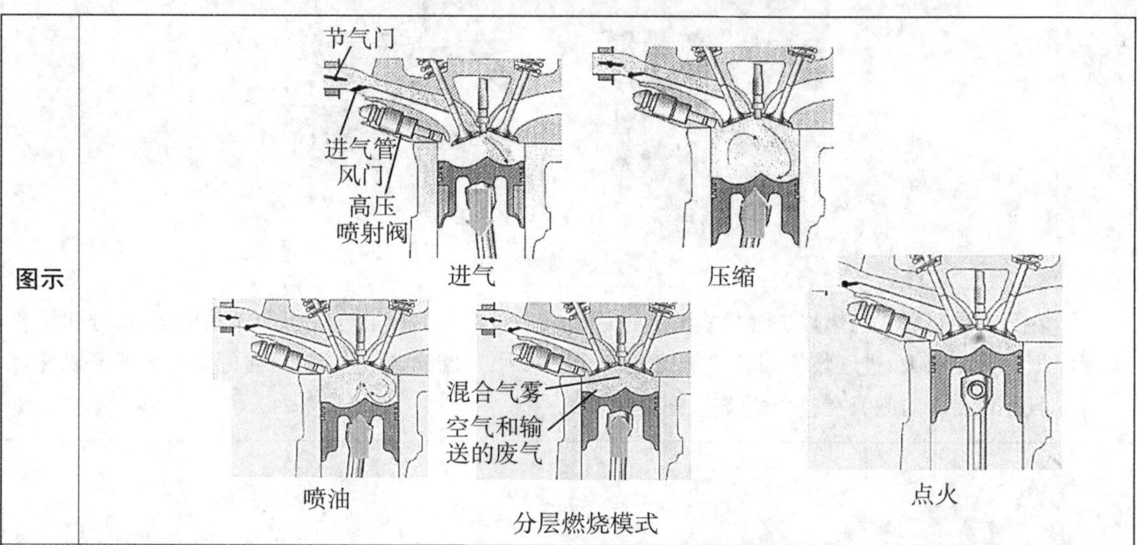分层燃烧模式
说明	缸内直喷发动机在部分负荷时,进气歧管翻板将下部进气道完全关闭,吸入的空气在上部进气道流动的速度加快,空气会呈旋涡状流入汽缸内。 活塞上的凹坑增强涡旋流动效果,此时节气门会进一步打开,以便尽量减小节流损失。 在压缩行程中,就在要点火前,高压燃油被喷入到火花塞附近区域。 燃油雾气实际并不与活塞顶接触,在火花塞附近聚集了具有良好点火性能的混合气,这些混合气在压缩行程中被点燃。另外在燃烧后,被点燃的混合气与汽缸壁之间会出现一个隔离用的空气层,它的作用是降低通过发动机缸体散发掉的热量。

<table>
<tr><td>图示</td><td>进气　喷油
压缩　点火
均质燃烧模式</td></tr>
<tr><td>说明</td><td>发动机负荷较大且转速较高时，进气歧管翻板就会打开，于是吸入的空气就经过上、下进气道而进入汽缸。燃油喷射发生在吸气行程，于是汽缸内就形成了均质混合气(14.7∶1)，整个燃烧室内都在燃烧。因此混合气形成与燃烧过程同采用进气管喷射的发动机相似。</td></tr>
<tr><td>图示</td><td>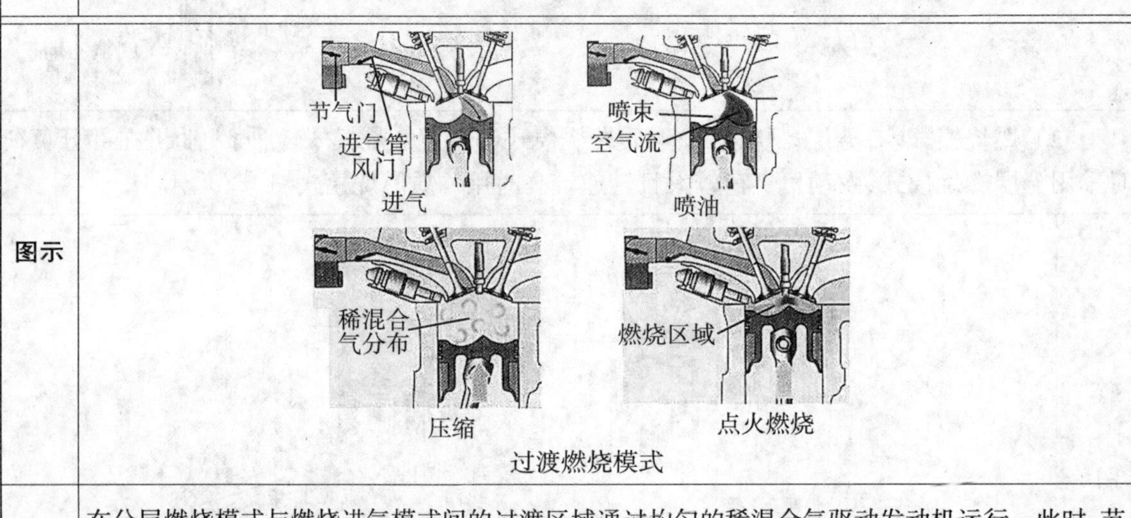

进气　喷油
压缩　点火燃烧
过渡燃烧模式</td></tr>
<tr><td>说明</td><td>在分层燃烧模式与燃烧进气模式间的过渡区域通过均匀的稀混合气驱动发动机运行，此时，节气门开度很大，进气歧管翻板关闭；在进气行程中喷射燃油(通过提前喷油可为点火前形成混合气提供更多时间)，在整个燃烧室内进行燃烧。</td></tr>
</table>

（3）排气系统。

<table>
<tr><td>图示</td><td>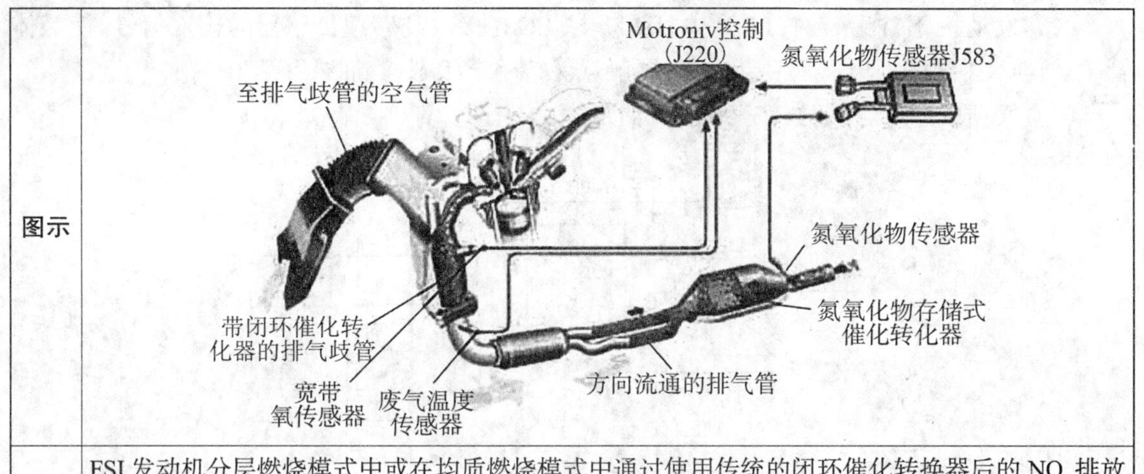
</td></tr>
<tr><td>说明</td><td>FSI 发动机分层燃烧模式中或在均质燃烧模式中通过使用传统的闭环催化转换器后的 NO_x 排放不符合国家标准，因此安装了 NO_x 存储式催化转化器。当存储器完全充满时，系统就进入再生模式，从而释放出 N_2。</td></tr>
</table>

（4）实现稀燃的关键技术。最佳的燃油经济性是在分层燃烧模式时实现的，此时实现的是稀薄燃烧。实现稀燃的关键技术主要有：

①提高燃烧条件：采用紧凑型燃烧室，通过进气口位置改进使缸内形成较强的空气运动旋流，提高气流速度；将火花塞置于燃烧室中央，缩短点火距离；促使燃烧速度加快。

②分层燃烧：为了提高燃烧的稳定性，降低氮氧化物（NO_x），可将喷油分成两个阶段：

a. 进气初期喷油：燃油首先进入缸内下部，随后在缸内均匀分布。

b. 进气后期喷油：浓混合气在缸内上部聚集在火花塞四周被点燃，实现分层燃烧。

③高能点火：高能点火和宽间隙火花塞有利于火核形成，火焰传播距离缩短，燃烧速度加快，稀燃极限大。有些稀燃发动机采用双火花塞或者多极火花塞。

各种汽油发动机稀燃方式的技术措施不完全一样，有的重点在分层燃烧（在缸内气流运动及燃油分布的配合），有的重点在高能点火（加大点火能量、增快火焰传播速度和缩短火焰传播距离）。

燃油直喷技术在一定意义上解决了节油环保与动力之间的矛盾，但此技术对燃油品质的要求较高，国内很多地方的成品油很难达到直喷发动机所需要的要求，最显著故障就是废气排放灯报警。通常可以通过清洁积炭排除故障，但这不能从根本上解决问题，这将会对以后直喷发动机的发展产生一定影响。

知识拓展

一、常见的电动燃油泵控制方式

不同的发动机燃油泵的控制电路有所不同。常见的电动燃油泵控制方式有以下几种：

1. 由点火开关与 ECM 共同控制，具体电路图如图 7-17。点火开关处于“ON”时，L3 通电，主继电器触点闭合，电源向燃油喷射系统供电，发动机收到点火开关闭合信号，但无转速信号输入，控制汽油泵工作 2s，使供油管路的压力增高，为发动机启动做好准备。

（1）发动机启动时：L3、L2 线圈均通电，相应的继电器触点闭合，汽油泵投入工作。

（2）发动机正常运转时：L3 通电，L2 断电。ECM 接收到转速传感器的输入信号，使晶体管 Tr 导通，L1 线圈通电，电路断路继电器触点保持闭合状态，汽油泵继续工作。

（3）发动机停止运转时：L3 断电，汽油泵停止工作。

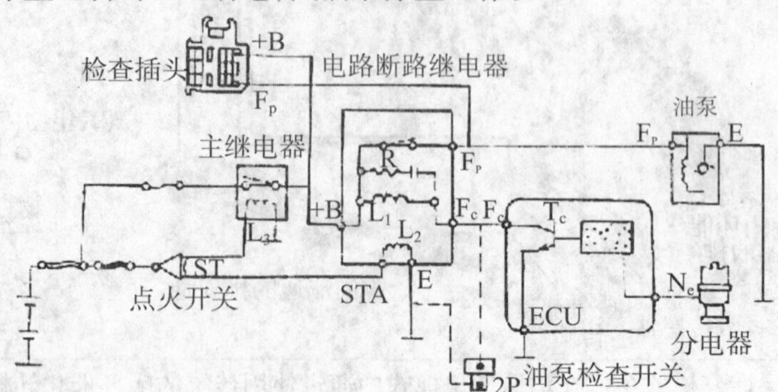

图 7–17　由点火开关与 ECM 共同控制的油泵电路

2. 具有转速控制的燃油泵电路。电路图如图 7–18 所示。当发动机在怠速或中低负荷下工作时，油泵控制继电器常开触点（B）闭合，电阻串入回路，汽油泵以较低转速运转，噪音和供油量均较小。

发动机在大负荷时，触点 B 打开，触点 A 闭合，电阻短路，电动机的转速提高，泵油量加大，从而满足了发动机大负荷工作对供油量的要求。

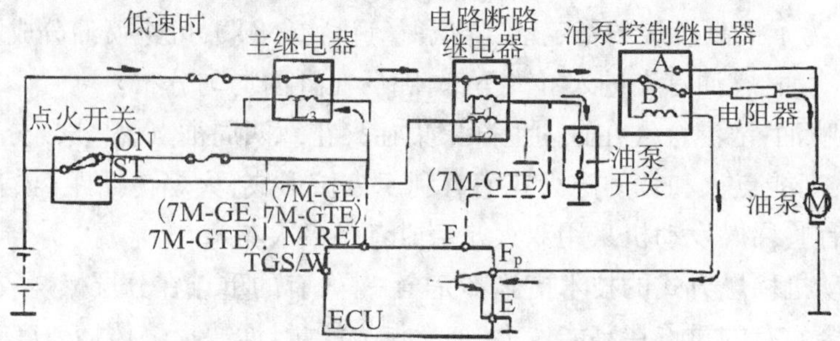

图 7–18　具有转速控制的燃油泵电路图

二、燃油压力调节器

回流式燃油喷射系统的燃油压力调节器通常安装在燃油分配管上。

1. 某发动机燃油压力调节器的安装位置见图 7–19。

图 7–19　某发动机燃油压力调节器的安装位置

2. 燃油压力调节器的结构见图 7–20。当进气歧管真空度增大时，膜片进一步移向弹簧室方向，阀门开度也增大，回油量增多，输油管压力略降；反之则增大，从而使油压与进气歧管压力之差保持恒定。

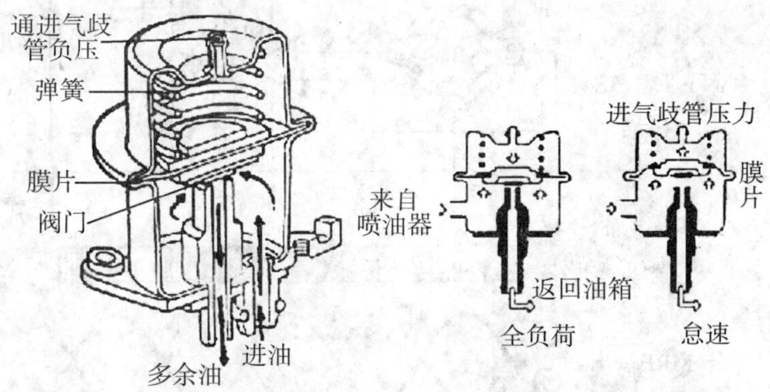

图 7–20　燃油压力调节器

3. 简易检测法。

（1）取掉通进气歧管的真空管，管中有燃油滴出说明压力调节器膜片破了，需更换压力调节器。待发动机怠速时，重新连上真空管，燃油压力表读数应下降。

（2）发动机正常运转时，用听诊器听燃油压力调节器回油管的声音，如无此声音说明燃油泵和压力调节器坏了。

三、G信号与NE信号

G信号与NE信号示意图如图7–21。发动机的基本喷油量和基本点火提前角是依据G信号和NE信号来确定的。发动机 ECM 将 G 信号和 NE 信号合并，来确定每个汽缸点火用的压缩上止点和曲轴转角的信息。如收不到 NE 信号就判定发动机已停转，从而使发动机无法启动或停机。

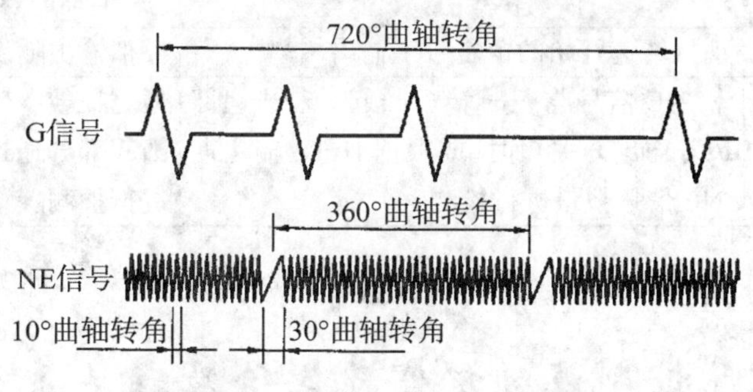

图 7–21　G 信号与 NE 信号示意图

四、MRE(磁阻)型位置传感器

1. MRE(磁阻)型位置传感器的结构及工作原理如图 7–22 所示。

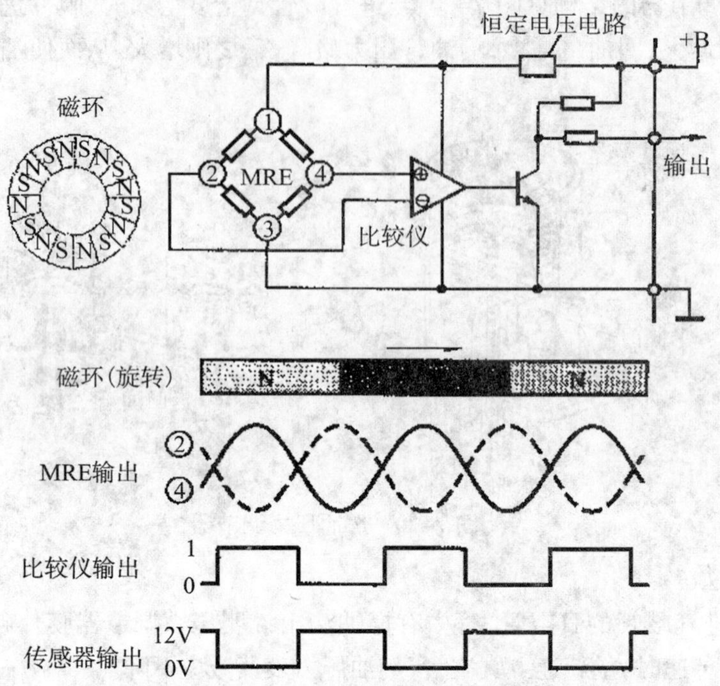

图 7–22　MRE(磁阻)型位置传感器的结构及工作原理

MRE 的磁阻随作用于 MRE 的磁力线方向变化而变化。当磁环上的磁铁转动时，磁力线方向发生变化，MRE输出交流电压信号，传感器内的比较仪将此交流电压信号转换成数字信号输出。

2. MRE 传感器与耦合线圈式传感器的比较见表 7–26。

表 7–26　MRE 传感器与耦合线圈式传感器的比较

项目	传感器	
	MRE	耦合线圈
输出信号	自低发动机转速开始的恒定数字输出	模拟输出随发动机转速变化
凸轮轴位置检测	通过比较 NE 信号与正时转子凸起 / 未凸起部分的 Hi/Lo 输出开关正时，或根据 Hi/Lo 输出期间输入 NE 信号数量进行检测	通过比较 NE 信号与正时转子的凸起部分通过时输出的波形变化进行检测

任务三　电子控制汽油机空气供给及相关系统的检修

任务引入

1ZR-FE 发动机怠速转速持续严重偏离目标转速。汽车维修技师用专用检测仪读取故障码为：P0505，通过查阅维修手册得知为“怠速控制系统故障”。因此，需对与此系统相关的空气供给系统进行检修。

任务分析

通过对本任务的学习，会识别汽油机空气供给系统的零部件、类型及特点；能说明各零部件结构、作用和工作原理；会进行正确维护并检测各零部件的工作性能；会进行怠速系统、电子控制节气门控制系统、巡航系统的检修与调整；会检测空气供给系统的泄漏情况并分析原因。

任务实施

一、准备

场地/用具、设备

1. 车间或模拟车间留10人左右用的实习场地一块，对应数量的课桌椅，白板或张贴板一块，多媒体教学设备一套。
2. 个人防护用品、用具，汽车常用维修设备和工具。
3. 卡罗拉发动机总成。
4. 装用卡罗拉发动机的汽车。
5. 丰田新型汽车故障诊断系统(GTS)。
6. 各种空气流量计、空气滤清器、进气歧管压力传感器、节气门体、怠速电子控制阀、加速踏板传感器等实物若干，进气系统清洗液罐、S型尾管。

资料

1. 各汽车公司售后服务网页。
2. 卡罗拉汽车维修手册及电子技术资料。
3. 汽车常用维修、检测设备的使用说明书和安全操作规定。
4. 相关教学视频、教学课件。
5. 教材、笔记本。

二、要求

10人左右为一组，在教师的指导下，利用专用检测仪对卡罗拉1ZR-FE发动机进行工作状况的检测，确认故障现象的存在，并在实车上进行空气供给系统的识别，再进行相关知识的学习，然后进行元器件检测的技能训练，最后在此基础上再进行怠速系统、电子控制节气门控制系统、巡航系统的检修。在教学过程中，可以采用以2～3人为一小组进行轮换操作训练的方式，其余同学观摩，教师现场指导并适时组织学生进行点评、小结。

三、相关知识学习

（一）电子控制汽油机空气供给系统的工作原理

1. 空气供给系统的作用与组成。

（1）作用。根据发动机的工作状态提供适量的空气量，同时向ECM传递此信息，并根据ECM的指令完成空气量的调节。

（2）组成。

（1）1ZR-FE 发动机空气供给系统的组成：由空气滤清器、空气流量计（或进气歧管压力传感器）、节气门体、节气门位置传感器、进气歧管等组成。

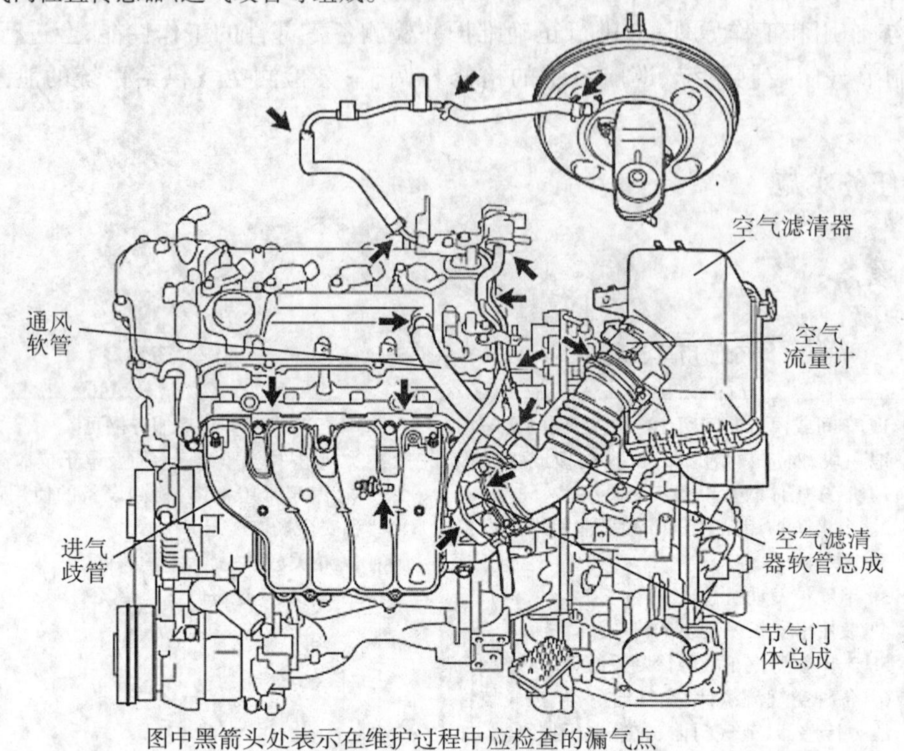

图中黑箭头处表示在维护过程中应检查的漏气点

（2）进气歧管。

（3）节气门体。

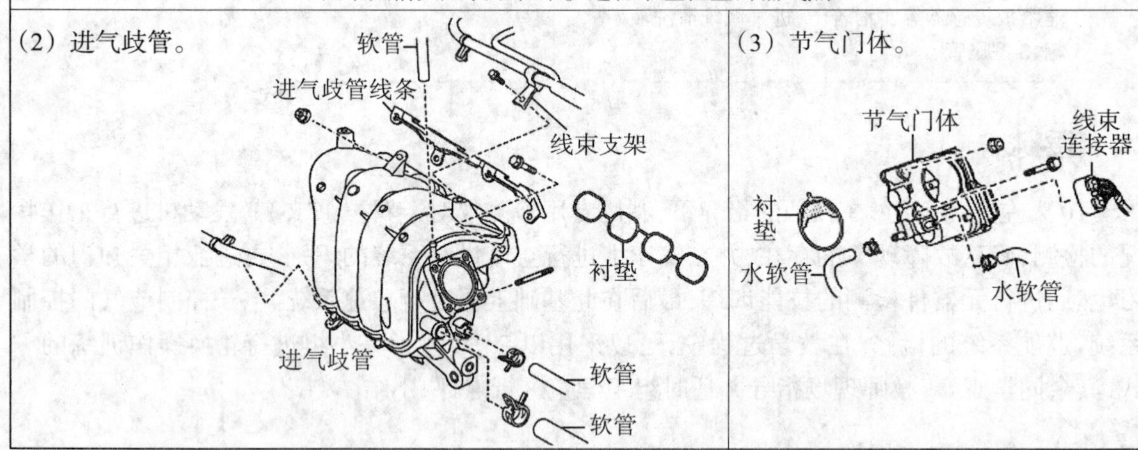

2. 空气供给系统的类型及空气的计量见表 7–27。电子控制汽油喷射发动机按空气量测量方式不同可分为直接检测法（L 或 LH 型）和间接检测法（D 型）两种，但系统的总体结构大同小异。

表 7–27　空气供给系统的类型及空气的计量

类型	空气的测量	喷油量的计算
L 型	利用叶片式或卡门旋涡式空气流量计直接测出进入汽缸空气的体积流量	ECM 根据空气流量和发动机转速计算出需要喷射的燃油量
LH 型	利用热线式或热膜式空气流量计测出进入汽缸空气的质量流量	

续表

类型	空气的测量	喷油量的计算
D 型	利用歧管压力传感器间接测出进入汽缸的空气量	根据进气管压力和发动机转速推算出进入汽缸的空气量，并计算出喷油量（速度密度式）
		根据节气门开度和发动机转速推算出吸入的空气量，并计算出喷油量（节流速度式）

空气量的计量：

（1）根据空气流量计或进气压力传感器测算出进气量。

（2）ECM 根据大气压力传感器（通常装在 ECM 内）、进气温度传感器确定空气密度。

（3）ECM 还能根据发动机负荷、工作状况等通过进气预热装置、可变进气机构、进气增压装置、废气净化排放系统等，对实际进气量及进气温度进行实时测控和调节，保证实际进气符合设计要求。

（二）电子控制汽油机空气供给系统的主要元件及检修

1. 空气滤清器。空气滤清器由壳体、滤芯组成。滤芯大多加工出许多褶皱。

图示	说明
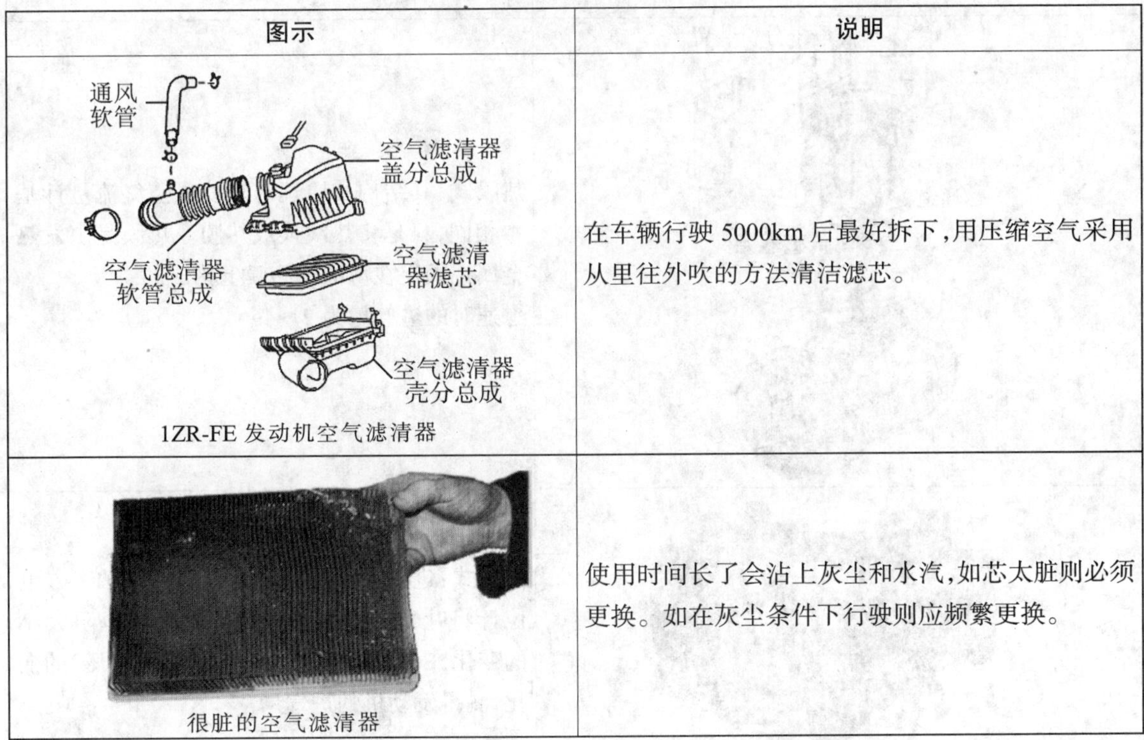 1ZR-FE 发动机空气滤清器	在车辆行驶 5000km 后最好拆下，用压缩空气采用从里往外吹的方法清洁滤芯。
很脏的空气滤清器	使用时间长了会沾上灰尘和水汽，如芯太脏则必须更换。如在灰尘条件下行驶则应频繁更换。

2. 空气流量计。

（1）作用。空气流量计（MAF）用以直接测量发动机运转时吸入的空气量，并转变成电信号送给发动机 ECM。此信号用于计算所有与转速和负荷有关的功能。

空气流量计有热线式、热膜式、叶片式、卡门涡旋式、量芯式等几种类型。

（2）结构及工作原理。

结构	工作原理
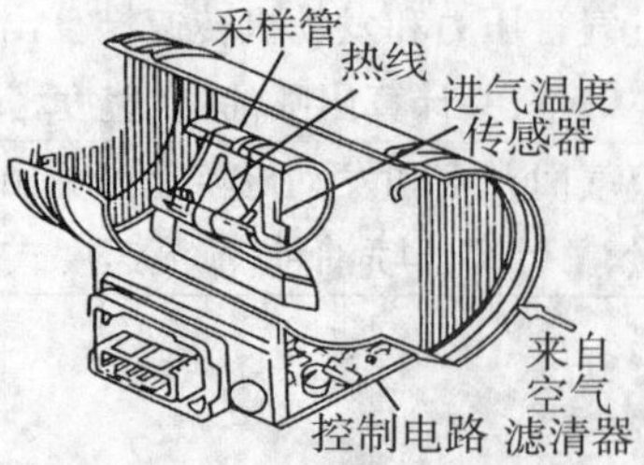 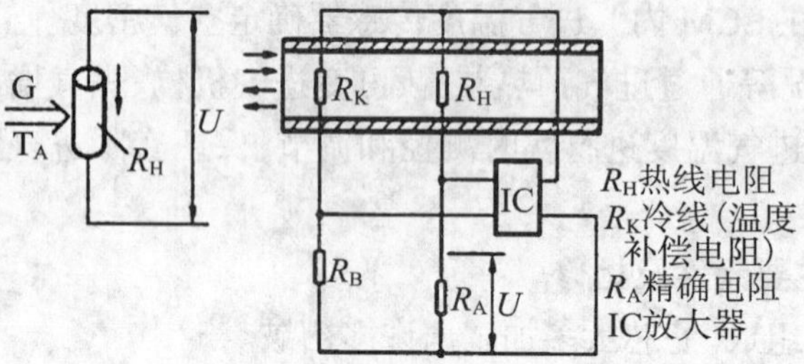	热线式：空气流过热线周围，使其冷却，温度下降，电阻也随之减小。热线电阻的减小使电流失去平衡，此时放大器 IC 会自动增加供给热线的电流，使热线恢复原来的温度和电阻，直至电桥恢复平衡。热线被冷却的程度越大，通过流量传感器的空气流速越大，电流增加得越多，精确电阻 R_A 的电压降也增加得越大，这就将电流的变化转换为电压的变化。热线表面受空气污染后，会影响测量精度。
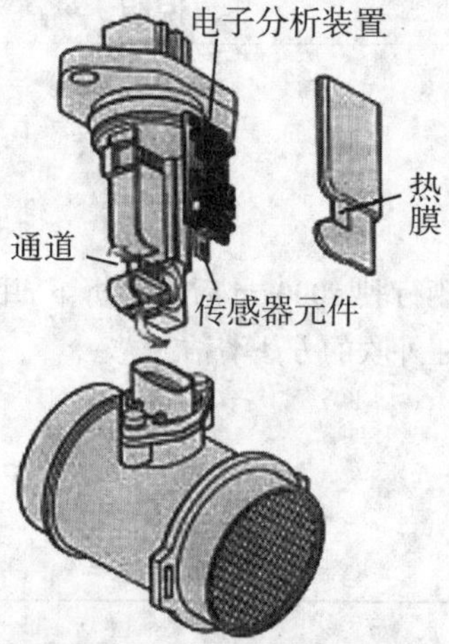	热膜式：其结构和原理与热线式空气流量计基本相同，只是将热线换成热膜。热膜是由发热金属铂固定在薄的树脂膜上构成的。 怠速时的进气量为 2～4g/s。
	叶片式：进气量越大，叶片开度越大，轴上方电位计将叶片开度大小的变化转换成电阻大小的变化，ECM 根据发动机此电阻（或电压）的变化，测得发动机的进气量。
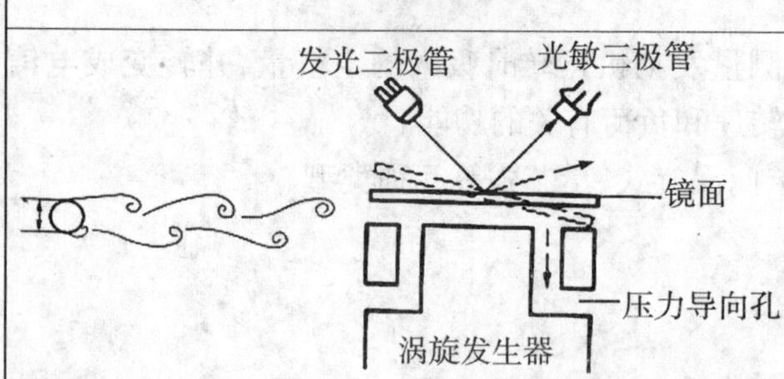	卡门涡旋式：进气时涡流发生器后部会交替产生有规律的涡流，气流速度越快，产生的涡流数量就越多，通过测量卡门涡流的频率，就能计算出空气的体积流量。

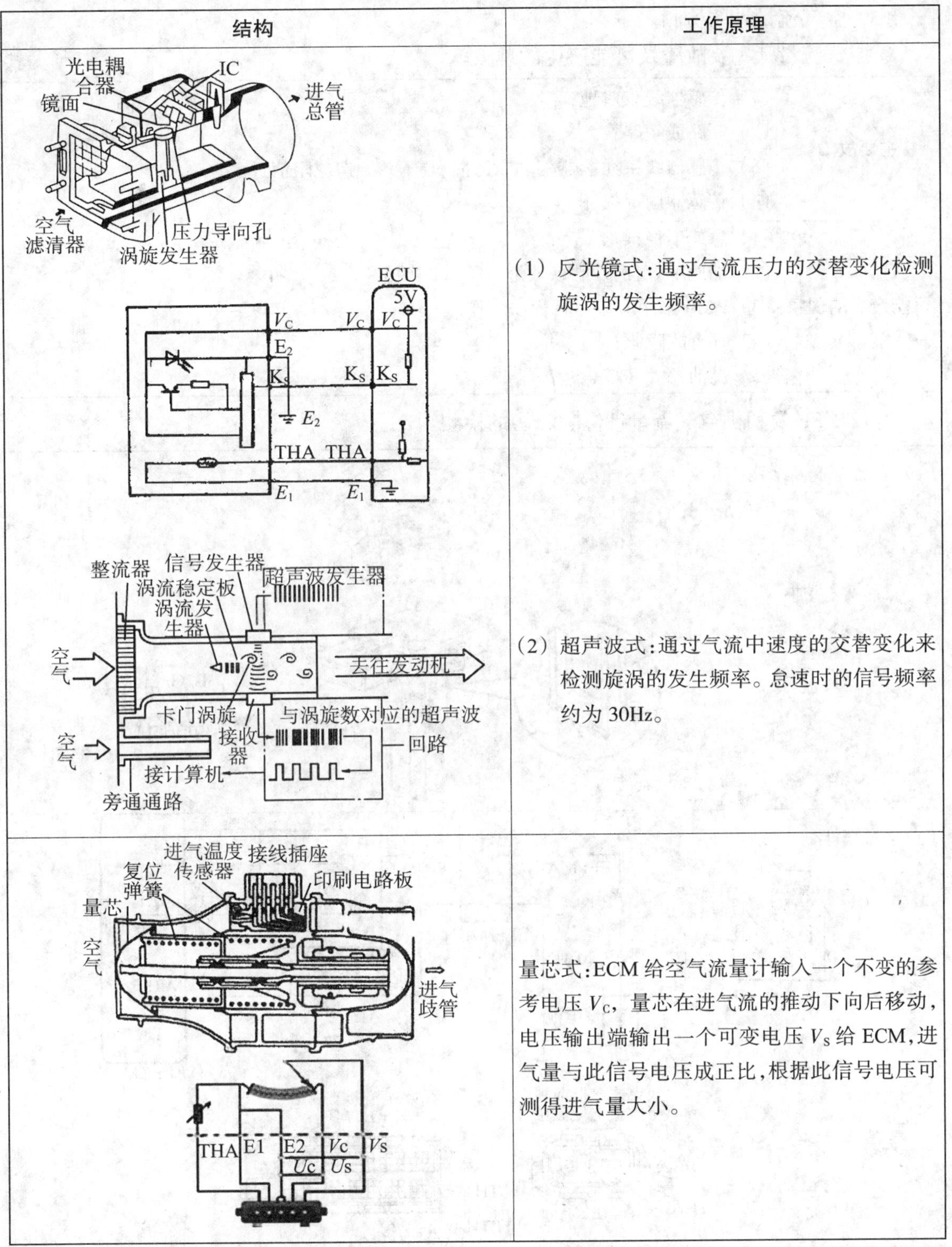

结构	工作原理
（见上图）	（1）反光镜式：通过气流压力的交替变化检测旋涡的发生频率。 （2）超声波式：通过气流中速度的交替变化来检测旋涡的发生频率。怠速时的信号频率约为 30Hz。
（见上图）	量芯式：ECM 给空气流量计输入一个不变的参考电压 V_C，量芯在进气流的推动下向后移动，电压输出端输出一个可变电压 V_S 给 ECM，进气量与此信号电压成正比，根据此信号电压可测得进气量大小。

（3）空气流量计的检测。

①空气流量计主要故障及可能产生的现象。

主要故障	（1）传感器线束对地； （2）断路或短路； （3）传感器线束插接器松动或污损、端子锈蚀造成阻值过大； （4）传感器内部损坏
可能产生的现象	（1）怠速不稳； （2）加速不稳且有回火、放炮现象 AT 换挡冲击； （3）ECM 采用应急运行程序工作； （4）存有故障码； （5）燃油耗大，CO 含量高

②1ZR-FE 发动机空气流量计（热线式）的检测。

（1）安装位置及结构。

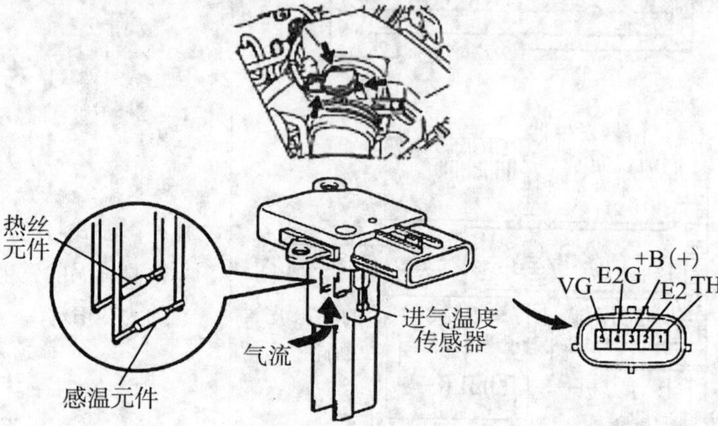

（2）控制电路。

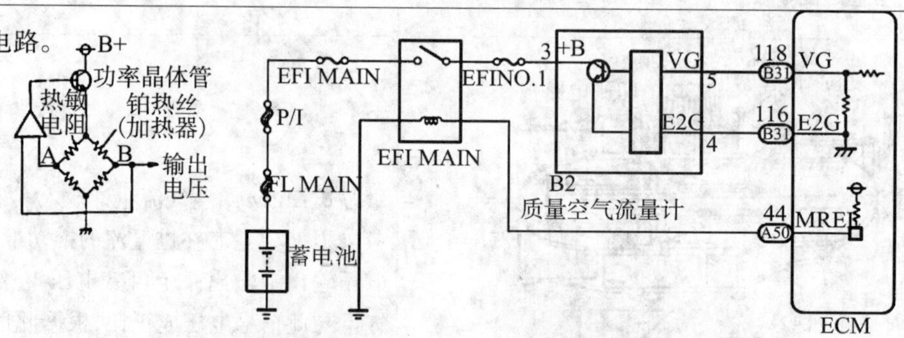

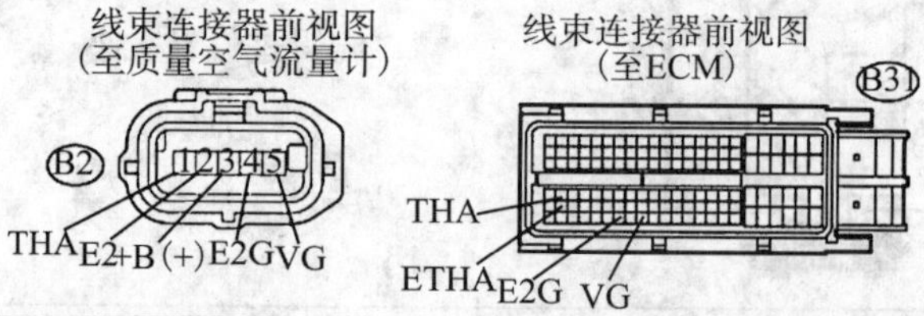

（3）车上检查：用检测仪连接到 DLC3；点火开关置于“ON”位置（不启动发动机）；选择菜单 Powertrain / Engine and ECT / Data List / MAF；30s 后读取数据，应低于 0.23g/s，否则应更换 MAF。

（4）MAF 本身的检查。

①目测 MAF 上的铂丝，如有异物，更换 MAF。

②测量电阻：应符合要求，否则更换 MAF。

万用表的连接	条件	规定状态
1(THA)－2(E2)	－20°C	13.6－18.4kΩ
	20°C	2.21－2.69kΩ
	60°C	0.49－0.67kΩ

（三）怠速控制系统及检修

1. 怠速系统的控制见表 7–28。当发动机怠速使用条件发生变化时，ECM 发出指令，控制怠速控制阀工作，调节空气通道面积，控制空气流量，使发动机维持稳定运转。由 ECM 控制，ECM 根据节气门的怠速开关信号、车速信号，判断发动机是否处于怠速状态；然后根据发动机冷却液温度传感器、空调、动力转向以及自动变速器等负荷情况，按照存储器的参考数据，确定相应的目标转速。

表 7–28　怠速系统的控制

项目	说明
传感器及相关信号	转速传感器、节气门位置传感器、冷却液温度传感器、启动开关信号、空调开关信号、车速传感器、空挡启动开关、液力变矩器负荷信号、动力转向开关信号、发电机负荷信号。
执行器	怠速控制阀(控制节气门旁通空气通道)。
发动机 ECU	根据各传感器输入的信号，把发动机的实际转速与传感器的信号所确定的目标转速进行比较。根据比较得出的差值，算出相当于目标转速的控制量，驱动执行机构，使怠速保持在目标转速上。

2. 怠速控制系统的分类。怠速控制系统可分为旁通空气式、节气门直动式两类，具体见表 7-29。

表 7–29　怠速控制系统的分类

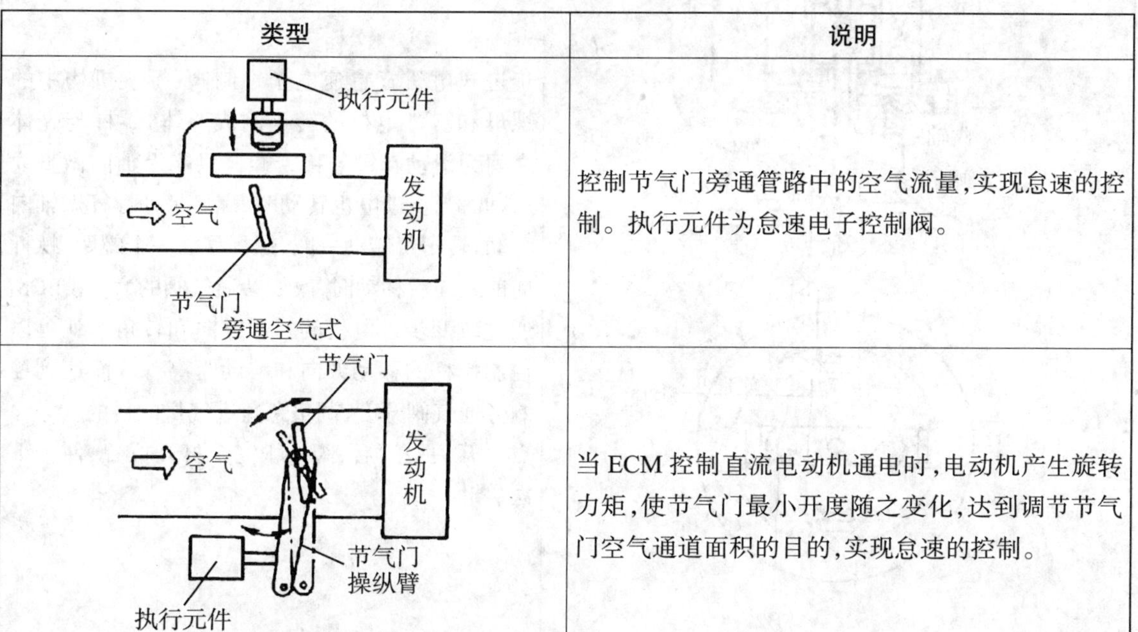

类型	说明
旁通空气式	控制节气门旁通管路中的空气流量，实现怠速的控制。执行元件为怠速电子控制阀。
节气门直动式	当 ECM 控制直流电动机通电时，电动机产生旋转力矩，使节气门最小开度随之变化，达到调节节气门空气通道面积的目的，实现怠速的控制。

3. 怠速电子控制阀。有步进电机式、旋转滑阀式、脉冲电磁阀式和真空电磁阀式等几种，常见的为步进电机式。

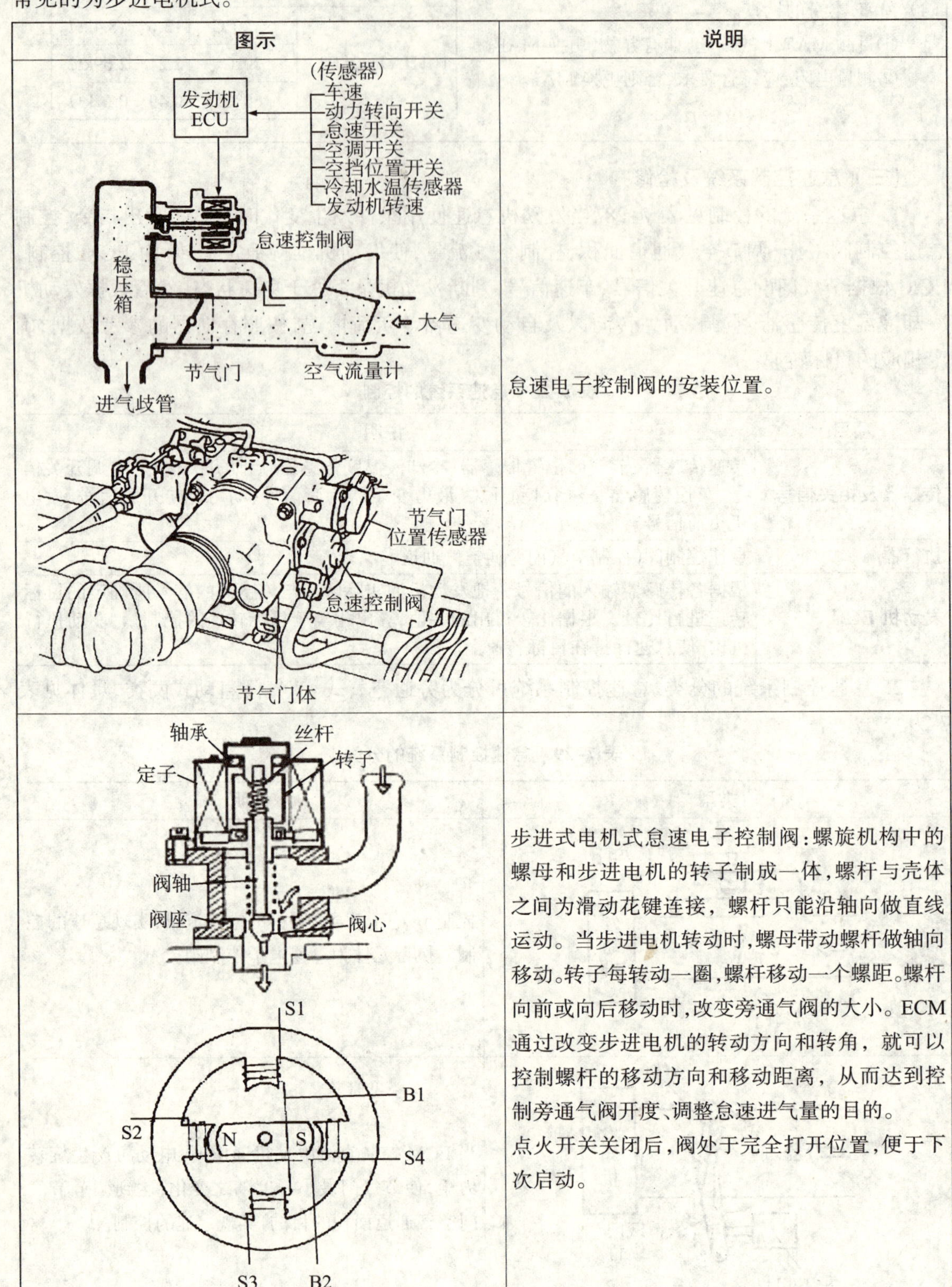

图示	说明
	怠速电子控制阀的安装位置。
	步进式电机式怠速电子控制阀：螺旋机构中的螺母和步进电机的转子制成一体，螺杆与壳体之间为滑动花键连接，螺杆只能沿轴向做直线运动。当步进电机转动时，螺母带动螺杆做轴向移动。转子每转动一圈，螺杆移动一个螺距。螺杆向前或向后移动时，改变旁通气阀的大小。ECM通过改变步进电机的转动方向和转角，就可以控制螺杆的移动方向和移动距离，从而达到控制旁通气阀开度、调整怠速进气量的目的。 点火开关关闭后，阀处于完全打开位置，便于下次启动。

图示	说明
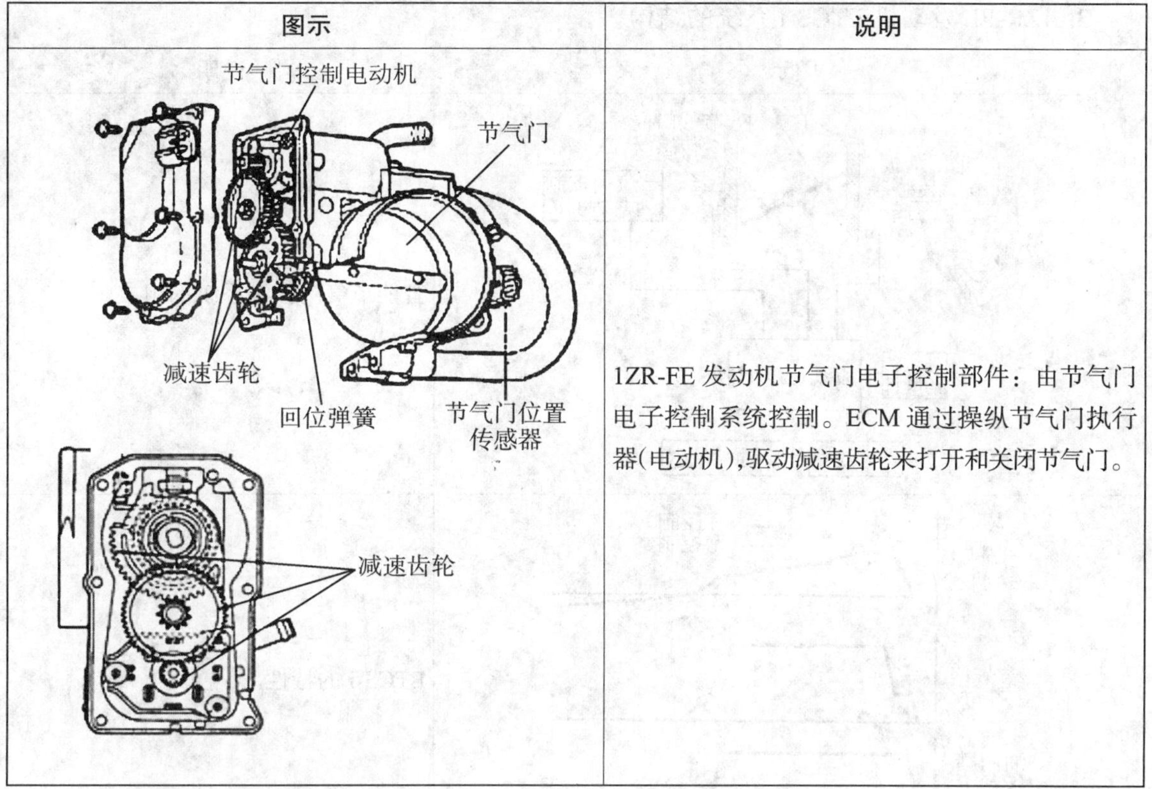	1ZR-FE 发动机节气门电子控制部件：由节气门电子控制系统控制。ECM 通过操纵节气门执行器（电动机），驱动减速齿轮来打开和关闭节气门。

（四）节气门电子控制系统及检修

1. 节气门电子控制系统的组成。节气门电子控制系统包括节气门体、节气门执行器、节气门位置传感器、加速踏板位置传感器及 ECM。

1ZR-FE 发动机的 ETCS-i（智能节气门电子控制系统）可在所有工作范围内实现良好的节气门控制，无加速踏板拉索。

2. 1ZR-FE 发动机 ETCS-i 的控制、模式功能见表 7–30。

表 7–30　IZR–FZ 发动机 ETCS–i 的控制、模式功能

项目		功能
几种模式	正常模式	是基本模式，用于保持平衡的操作和平稳的驾驶
	雪地模式	使节气门维持在一个较小的开度，防止车辆在较滑路面上行驶时打滑
	动力模式	使节气门维持在一个较大的开度，输出更大动力
扭矩控制		使节气门开度小于或大于加速踏板的踩压角度，使节气门逐渐开启，车辆的纵向力逐渐增大，从而达到平稳加速
其他控制	怠速控制	使发动机保持在目标怠速
	换挡减震控制	在换挡时，ECM 减小了节气门开度，降低了发动机扭矩，从而减小了自动变速器换挡时的震动
	牵引力控制（TRC）	车轮出现过度打滑时，来自防滑控制 ECM 的请求信号将会使节气门关闭，减小功率，提高车辆平稳性和获得驱动力
	车辆稳定性控制（VSC）	利用防滑控制 ECM 控制节气门开度，达到最大效率地利用此系统控制的效果
	巡航控制	通过节气门控制电动机来直接控制节气门开度，执行巡航控制运作

3. 1ZR-FE 发动机 ETCS-i 系统的结构。

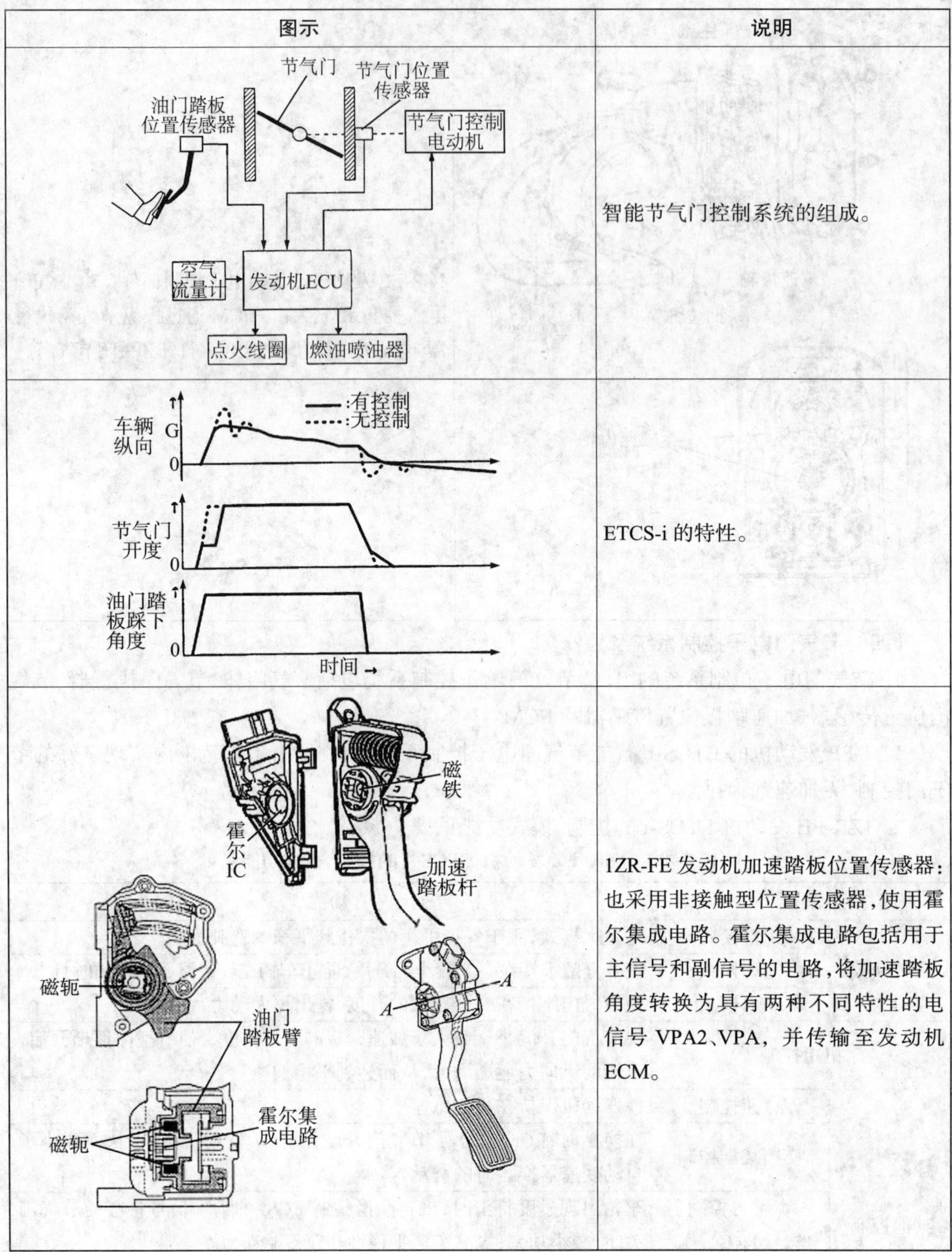

图示	说明
	智能节气门控制系统的组成。
	ETCS-i 的特性。
	1ZR-FE 发动机加速踏板位置传感器：也采用非接触型位置传感器，使用霍尔集成电路。霍尔集成电路包括用于主信号和副信号的电路，将加速踏板角度转换为具有两种不同特性的电信号 VPA2、VPA，并传输至发动机 ECM。

图示	说明
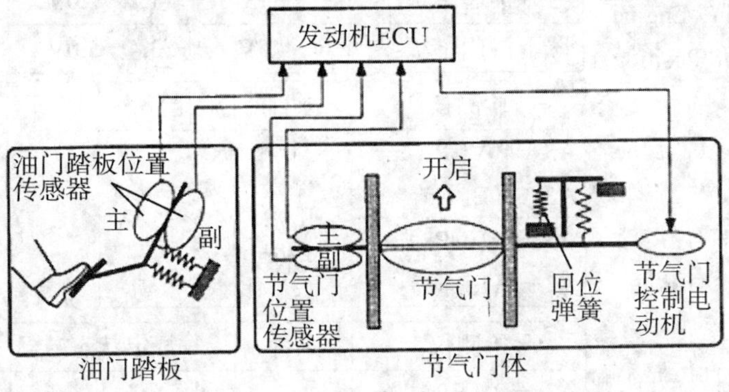 发动机ECU 油门踏板位置传感器　主　副 开启　主　副　节气门位置传感器　节气门　回位弹簧　节气门控制电动机 油门踏板　节气门体	1ZR-FE 发动机 ETCS-i 的失效保护控制系统:ETCS-i 出现故障时,故障灯亮起。 加速踏板的主、副两条传感器电路,如果任一传感器电路发生故障,发动机 ECM 会使用另一条电路控制发动机；如两条电路均发生故障,ECM 会认为加速踏板处于松开状态,节气门关闭,发动机处于怠速状态。 节气门位置传感器的失效保护:节气门在回位弹簧作用下固定在一定位置,约为 7°,喷油量、喷油时间、点火由加速踏板信号来控制,保证车辆仍能行驶。节气门控制电机系统失效时,控制方法与此相同。怠速时节气门开度小于此值。
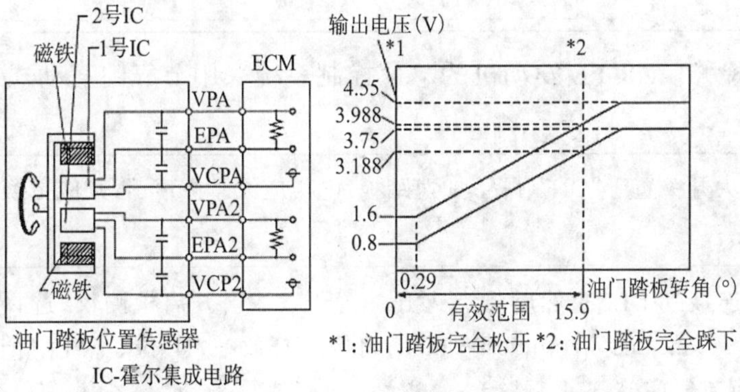 2号IC　磁铁　1号IC　ECM　VPA　EPA　VCPA　VPA2　EPA2　VCP2　磁铁 油门踏板位置传感器 IC-霍尔集成电路 输出电压(V)　*1　*2　4.55　3.988　3.75　3.188　1.6　0.8　0　0.29　有效范围　15.9　油门踏板转角(°) *1: 油门踏板完全松开 *2: 油门踏板完全踩下	加速踏板位置传感器电路及特性。

4. 1ZR-EF 发动机加速踏板位置传感器的检测。

(1) 控制电路。

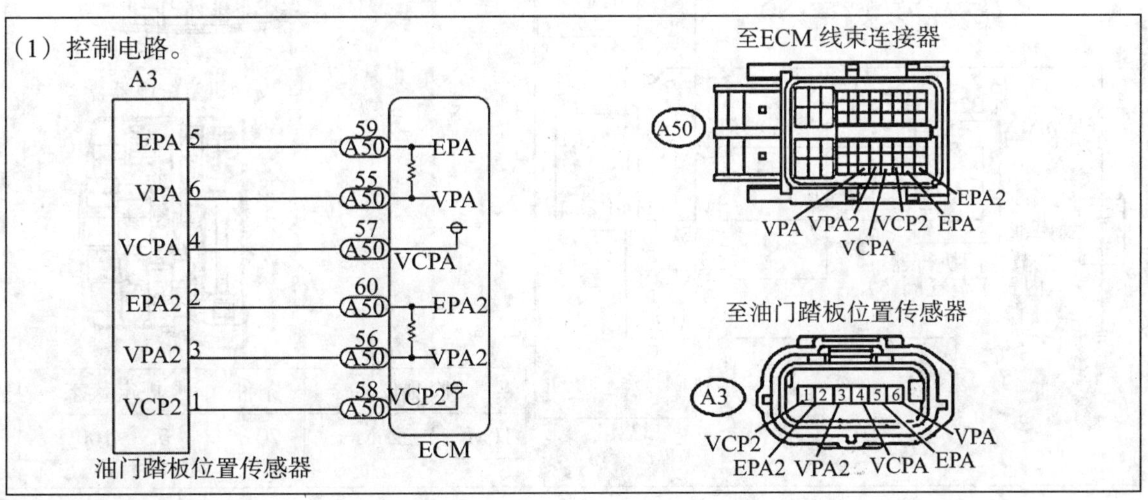

(2) 检测方法:

①将检测仪连到 DLC3,点火开关至"ON",开启检测仪,选择菜单项 Powertrain / Engine and ECT / Data List / Accelerator Position No. 1, AcceleratorPosition No. 2。

②读取检测仪上的显示值。如不符合规定,应查加速踏板、线束或 ECM。

③查 VCPA 和 VCP2 的电压:电压如有异常,应查传感器与 ECM 间的线束是否有断路、短路,并视情维修或更换。

④查传感器控制电路:如有异常,应查传感器与 ECM 间的线束是否有断路、短路,并视情维修或更换。

条件	规定状态	
	1 号加速踏板位置	2 号加速踏板位置
松开油门踏板	0.5～1.1V	1.2～2.0V
踩下油门踏板	2.6～4.5V	3.4～5.0V

检测仪	条件	规定状态
A3－4(VCPA)—A3－5(EPA)	点火开关"ON"	4.5～5.5V
A3－1(VCP2)—A3－2(EPA2)	点火开关"ON"	4.5～5.5V

检测仪	条件	规定状态
A3 －2 (EPA2)—A3－3(VPA2)	始终	36.60～41.61kΩ
A3 －5 (EPA)—A3－6(VPA)	始终	36.60～41.61kΩ

5. 1ZR-FE 发动机节气门体的检修。1ZR-FE 发动机的怠速控制系统采用节气门直动式,其检测方法如下:

(1) 查节气门控制电机的工作声音:点火开关置于"ON",踩下加速踏板,电机应无摩擦声,否则应更换节气门体。

(2) 查节气门位置传感器:将检测仪连接到 DLC3,然后将点火开关置于"ON",开启检测仪,选择菜单 Powertrain / Engine and ECT / Data List / Throttle Position,将换挡杆放在"N"位,节气门全开时,应为 60%或更高,否则更换节气门体。

(3) 检查节气门执行器(电机):应符合要求,否则,更换节气门体总成。

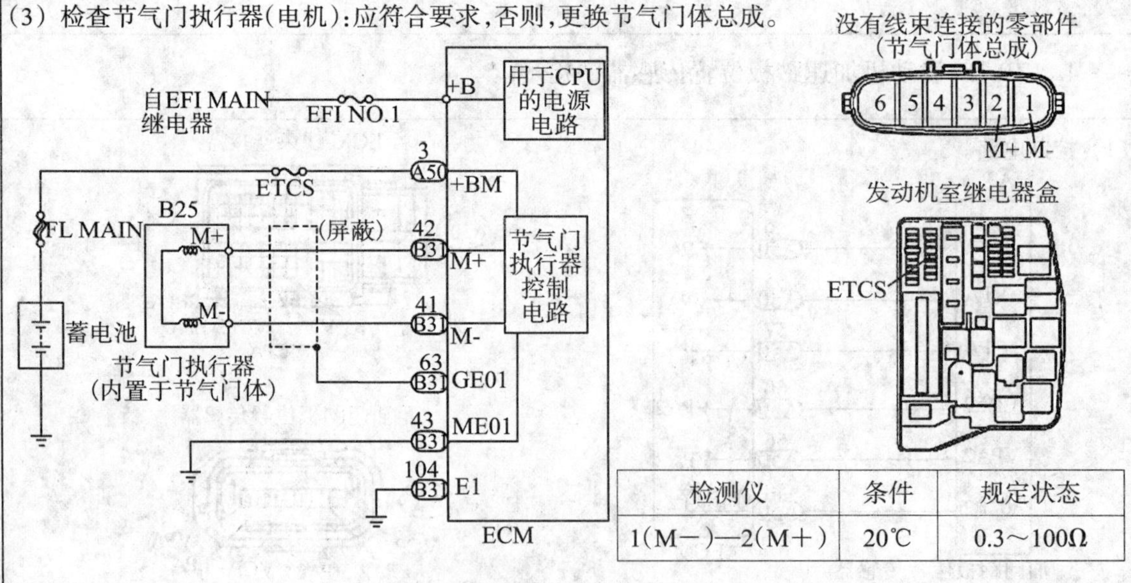

检测仪	条件	规定状态
1(M－)—2(M＋)	20℃	0.3～100Ω

（4）查节气门电机与 ECM 间线路的断路、短路：断开节气门体总成连接器，断开 ECM 连接器，测量线路有无短路、断路，如有，应维修或更换此线束或连接器。

（五）汽车巡航系统及检修

汽车巡航系统是一种利用电子控制技术保持汽车自动高速行驶的系统。使用该系统后，无论汽车行驶阻力怎样变化，只要在发动机允许范围内，汽车的行驶速度均保持不变。

ECM 将来自车速传感器的行驶速度与通过巡航控制主开关设定的存储车速进行比较，计算出节气门的合理开度，并给节气门电动机发出指令，调节节气门开度，使汽车自动地按设定的车速等速行驶。

1. 卡罗拉汽车巡航系统的介绍。

（1）系统的组成及元器件的安装位置：

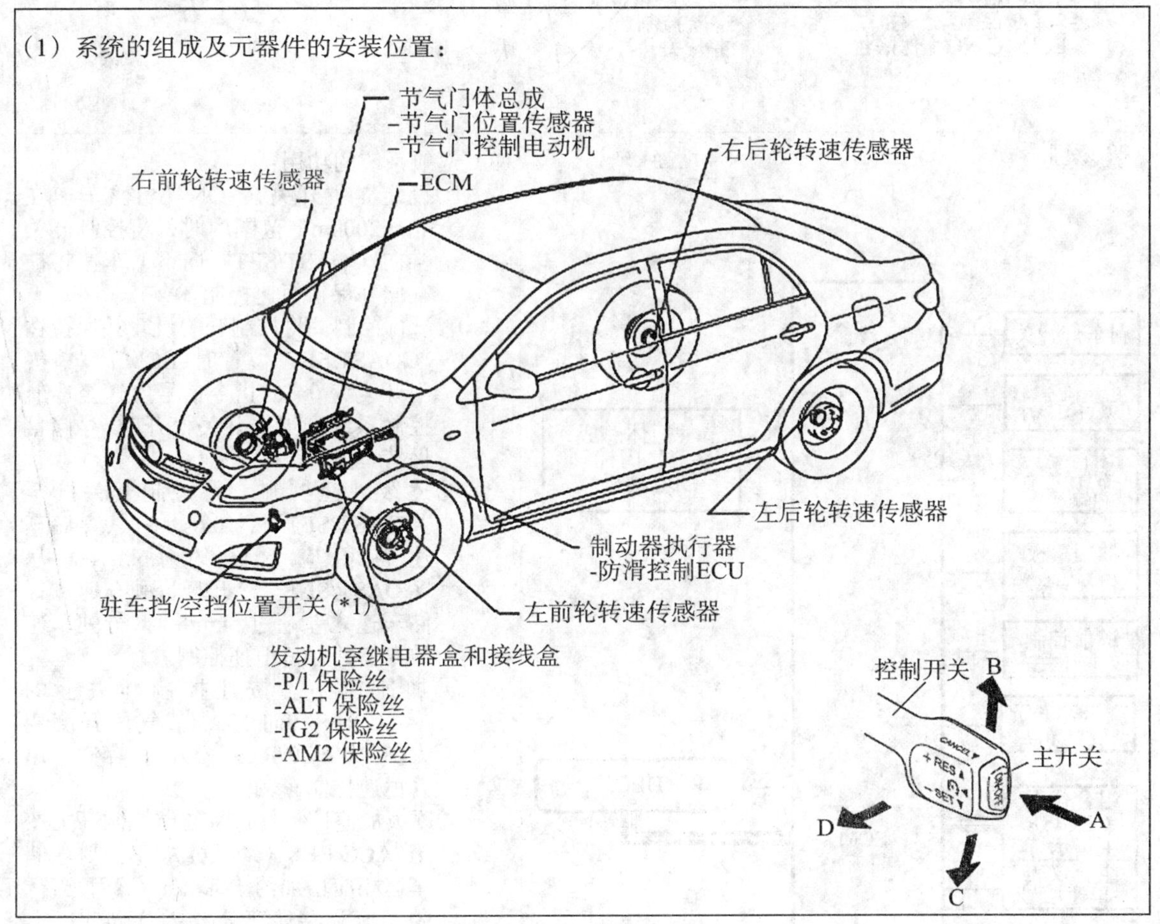

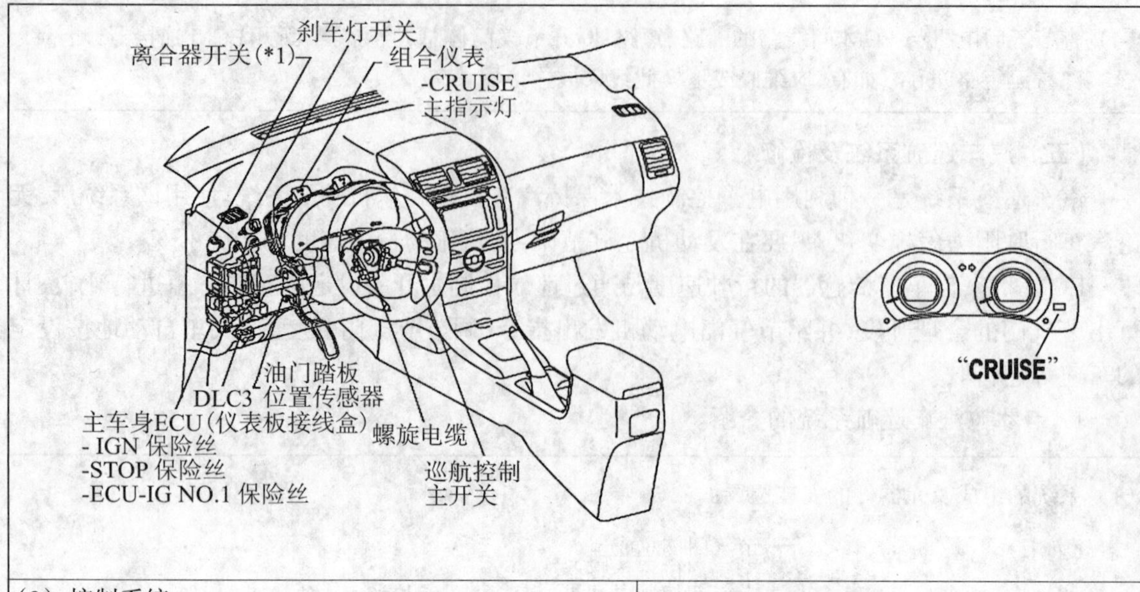

（2）控制系统。

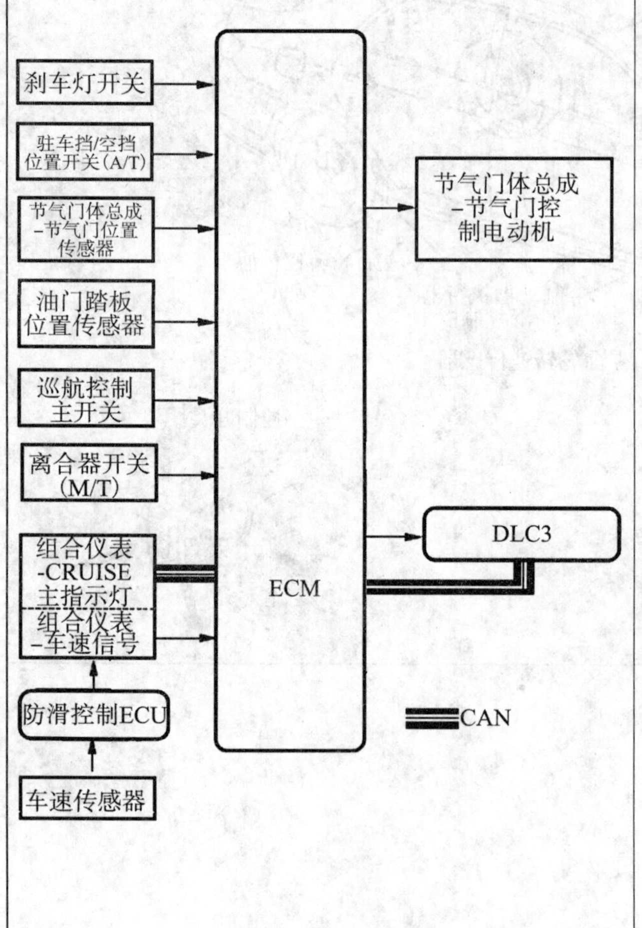

（3）巡航系统的功用：

①设定。主开关在"ON"位置、车速在40～200km/h范围内时，将控制开关推向"COAST/SET"（向下），车速将被存储并保持恒速控制。

②滑行控制。将控制开关设置并保持在"COAST/SET"位置时，ECM将"节气门开度为0°"的指令信号发送至巡航控制系统。当主开关松开时，存储且保持车速。

③逐级减速控制。将控制开关按至"COAST/SET"（约0.6s）一次，存储车速将相应下降约1.6km/h。从"COAST/SET"松开且行驶车速和存储车速之差超过5km/h时，行驶车速被存储并保持恒速控制。

④加速控制。按住控制开关上的"ACC/RES"（向上），节气门开度变大。"从ACC/RES"松开时，存储车速并恒速控制车辆。

⑤逐级加速控制。每将巡航控制开关按至"ACC/RES"（约0.6s）一次，则存储车速相应增加约1.6km/h。然而，当行驶车速和存储车速相差5km/h以上时，存储车速不会改变。

⑥恢复控制。如速度在40～200km/h范围内时，用刹车灯开关、"CANCEL"开关或低速限制开关取消巡航控制操作，则将巡航控制开关推至"ACC/RES"可恢复取消时存储的车速并保持恒速控制。

⑦手动取消控制。

（4）巡航控制的取消：该系统工作时，执行下述任何一种操作将取消巡航控制系统（仍保持 ECM 中储存的车速）。

①踩下制动踏板。

②踩下离合器踏板（M/T）：踩下离合器踏板时，离合器踏板下的开关接通，信号输送到汽车巡航 ECM。

③使用驻车制动器时：驻车制动器开关接通，将取消巡航信号传送至巡航控制 ECM。

④换挡杆在自动变速器的“P”挡或“N”挡时：空挡启动开关即接通，并将取消巡航信号输送到汽车巡航 ECM。

⑤换挡杆从“D”位置或“3”位置换到“N”位置、“2”位置或“1”位置（A/T）。

⑥将巡航控制主开关拉回“CANCEL”。

关闭巡航控制主开关，也将取消巡航控制且不保持 ECM 中的存储车速。

（5）失效保护（自动取消功能）。

车辆状况	自动取消状况	重新工作状况
CRUISE 主指示灯闪烁	①刹车灯开关电路中存在断路或短路； ②车速信号有故障； ③节气门的位置传感器或电动机有故障。	再次将巡航控制主开关打开。
CRUISE 主指示灯闪烁	①刹车灯开关电路的输入电路有故障； ②取消电路有故障。	①将点火开关置于“OFF”，然后再次置于“ON”； ②再次打开主开关。
CRUISE 主指示灯一直亮（巡航控制取消）	在以下条件下，保持存储的车速： ①车辆在巡航控制状态下行驶，车速低于 40km/h； ②VSC 系统工作。	将控制开关推向“ACC/RES”。
	车速比存储车速低大约 16km/h 或更多。	将控制开关推至“COAST/SET”。

2. 巡航控制系统操作注意事项。

（1）不使用该系统时，就将主开关置于“OFF”。

（2）在开启该系统的情况下下坡时，车辆加速时应小心。

（3）该系统处于工作状态时，执行“ACC”功能；系统不工作时，执行“RES”功能。

（4）当该系统处于工作状态时，如果“CRUISE”主指示灯闪烁，则将主开关置于“OFF”位置，以重置巡航控制系统。当系统重置后，如主开关不能置于“ON”位置，或主开关置于“ON”位置后巡航控制系统立即取消，那么该系统可能有故障。

（5）以下路况时，不要使用巡航控制系统：交通拥挤、下行陡坡、急转弯的道路、冰雪路面、打滑路面。

3. 卡罗拉发动机巡航系统的检修。巡航系统有故障时，车速不能设置，巡航控制系统正在工作时会被取消。另外，不同故障点发生的故障现象有所不同，具体见表 7-31。在检查故障部位前，应先检查与该系统相关的保险丝和继电器。

表 7–31　不同故障部位产生的故障现象

故障部位	故障现象
巡航控制开关电路故障	拉回巡航控制开关不能取消巡航控制（CRUISE 主指示灯不亮）
刹车灯开关电路故障	踩下制动踏板不能取消巡航控制（CRUISE 主指示灯一直亮）
离合器开关电路故障	踩下离合器踏板不能取消巡航控制（CRUISE 主指示灯一直亮）
巡航 ECM 故障	虽可设置车速但 CRUISE 主指示灯不亮、拉回巡航控制开关不能取消巡航控制、当车速降到低于速度下限时巡航控制没有被取消、踩下离合器踏板不能取消巡航控制、移动换挡杆不能取消巡航控制、车速不恒定、CRUISE 主指示灯始终闪烁

（1）巡航控制开关电路的检测。

（1）读取智能检测仪的数据：

①将智能检测仪连接到DLC3。

②将点火开关置于“ON”，打开智能检测仪主开关。

③选择以下菜单项：Powertrain / Cruise Control / DataList。

④检查数据表中巡航控制主开关的功能是否正常。

检测仪显示	测量项目 / 范围	正常状态
Main SW（Main）	主开关信号（主 CPU）/“ON”或“OFF”	ON：主开关置于“ON”
		OFF：主开关置于“OFF”
CANCEL SW	CANCEL 开关信号 /“ON”或“OFF”	ON：CANCEL 开关置于“ON”
		OFF：CANCEL 开关置于“OFF”
SET/COAST SW	SET/COAST 开关信号 /“ON”或“OFF”	ON：－（滑行）/SET 开关置于“ON”
		OFF：－（滑行）/SET 开关置于“OFF”
RES/ACC SW	RES/ACC 开关信号 /“ON”或“OFF”	ON：＋（加速）/RES（恢复）开关置于“ON”
		OFF：＋（加速）/RES（恢复）开关置于“OFF”

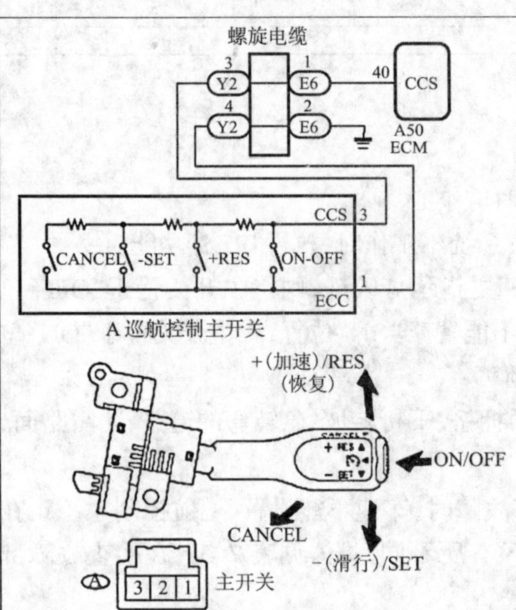

（2）检查主开关：

①拆下巡航控制主开关。

②测量电阻值。如不符合要求，应更换此开关。

检测仪连接	开关条件	规定状态
A－3（CCS）—A－1（ECC）	中立位置	10kΩ 或更大
	＋（加速）/RES（恢复）	235～245Ω
	－（滑行）/SET	617～643Ω
	CANCEL	1509～1571Ω
	主开关打开	＜2.5Ω

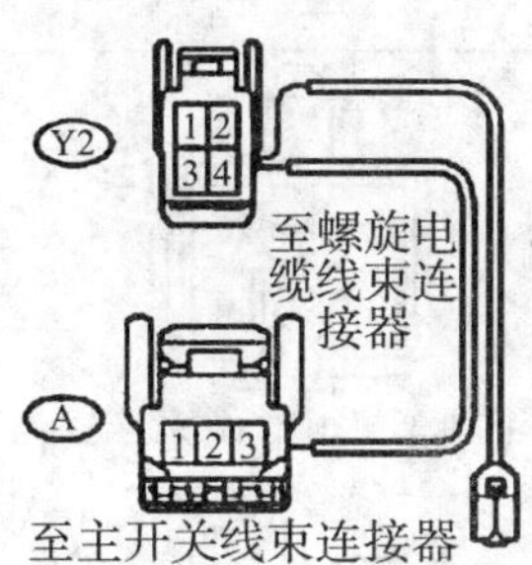

至主开关线束连接器

（3）检查主开关与螺旋电缆间的线束：

①将连接器 Y2 从螺旋电缆上断开。

②测量电阻值。如不合要求，应维修或更换线束或连接器。

检测仪连接	规定状态
A－1－Y2－4	<1Ω
A－3－Y2－3	<1Ω

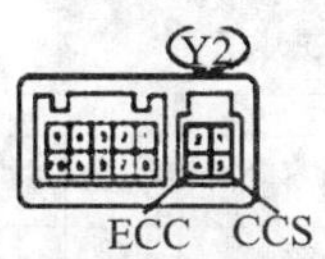

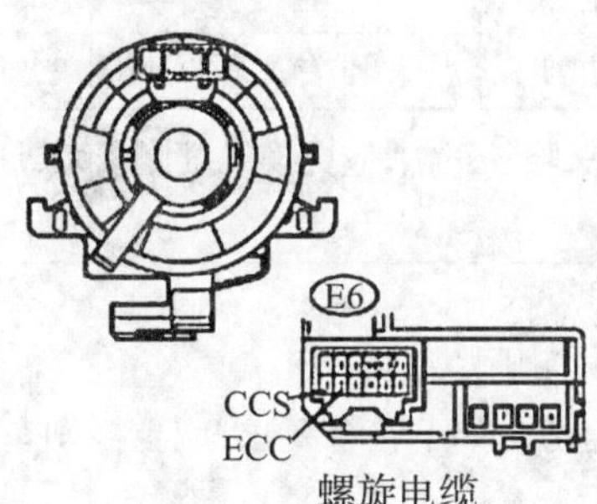

螺旋电缆

（4）检查螺旋电缆：螺旋电缆为 SRS 气囊系统的一个重要部件。螺旋电缆若拆卸或安装不当，可导致气囊不能展开。

①拆下螺旋电缆。

②测量电阻值。如不符合要求，应更换螺旋电缆。

检测仪连接	条件	规定状态
Y2－3(CCS)—E6－1(CCS)	电缆位置在中间	<1Ω
	电缆位置向左转 2.5 圈	
Y2－4(ECC)—E6－2(ECC)	电缆位置向右转 2.5 圈	

提示：螺旋电缆的最大转动量约为 5 圈。

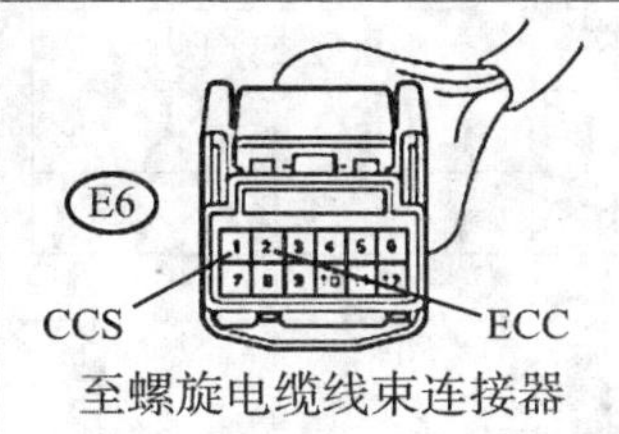

至螺旋电缆线束连接器

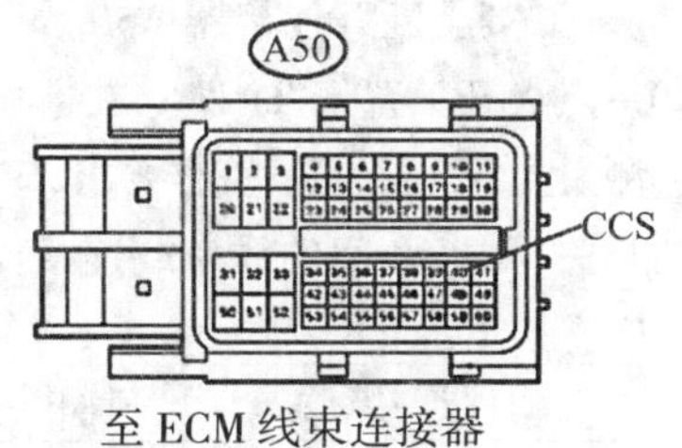

至 ECM 线束连接器

（5）检查螺旋电缆与 ECM 间的线束：

①从 ECM 上断开连接器 A50。

②测量电阻值。如不符合要求，应维修或更换此线束或连接器。

检测仪连接	规定状态
E6－1(CCS)—A50－40(CCS)	<1Ω
E6－2(ECC)—车身搭铁	
A50－40(CCS)—车身搭铁	10kΩ 或更大

（2）刹车灯开关电路的检测。

（1）刹车灯开关电路。

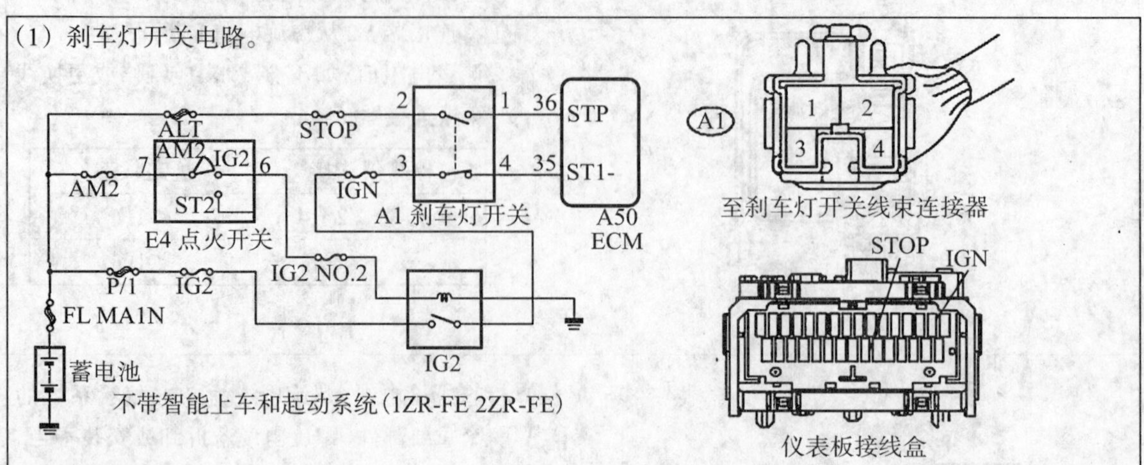

（2）检查刹车灯开关与蓄电池间线束：

①将连接器 A1 从刹车灯开关上断开。

②点火开关置于“ON”。

检测仪连接	条件	规定状态
A1－2—车身搭铁	始终	11～14V
A1－3—车身搭铁	点火开关置于“ON”	11～14V

③测量电压值。如不符合要求，查保险丝“STOP”和“IGN”，若保险丝正常，应更换或维修线束或连接器。

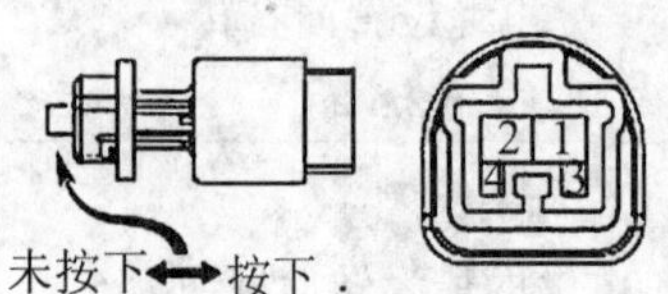

（3）检查刹车灯开关：

①拆下刹车灯开关总成。

②测量电阻值。如不符合要求，应更换刹车灯开关总成。

检测仪连接	开关状态	规定状态
1－2	开关销未按下	<1Ω
	开关销按下	10kΩ 或更大
3－4	开关销未按下	10kΩ 或更大
	开关销按下	<1Ω

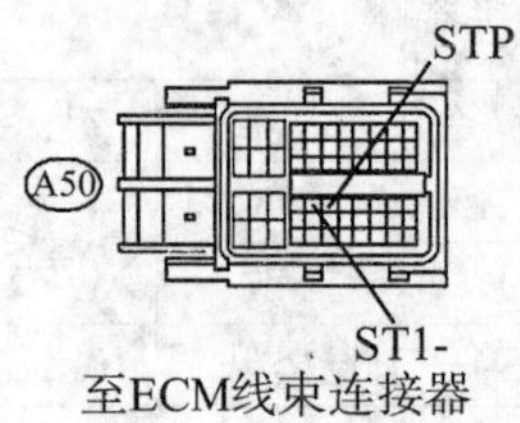

（4）检查 ECM：

①从 ECM 上断开连接器 A50。

②将点火开关置于“ON”。

③测量电压值。如不符合要求，应更换或维修刹车开关与 ECM 间的线束或连接器；如符合要求，应更换 ECM。

检测仪连接	制动踏板	规定状态
A50－36（STP）－车身搭铁	踩下	11～14V
	松开	<1V
A50－35（ST1－）－车身搭铁	踩下	<1V
	松开	11～14V

（3）离合器开关电路检测。

（1）离合器开关电路。

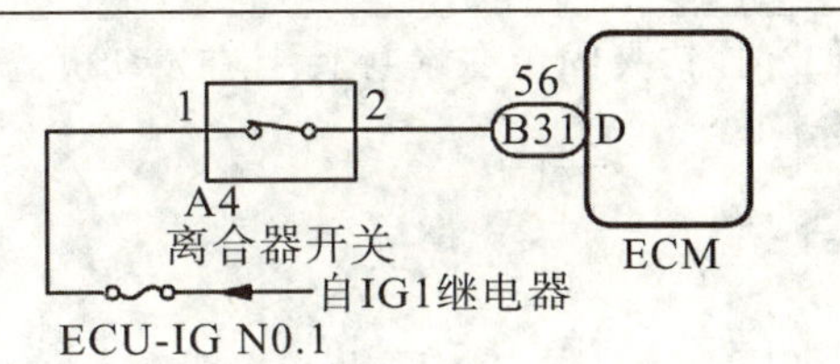

（2）查电源电压：

①从 ECM 上断开连接器 B31。

②点火开关置于 ON。

③测量电压值。如不合要求，应查离合器开关。

检测仪连接	离合器踏板	规定状态
B31－56(D)—车身搭铁	踩下	<1V
	松开	11～14V

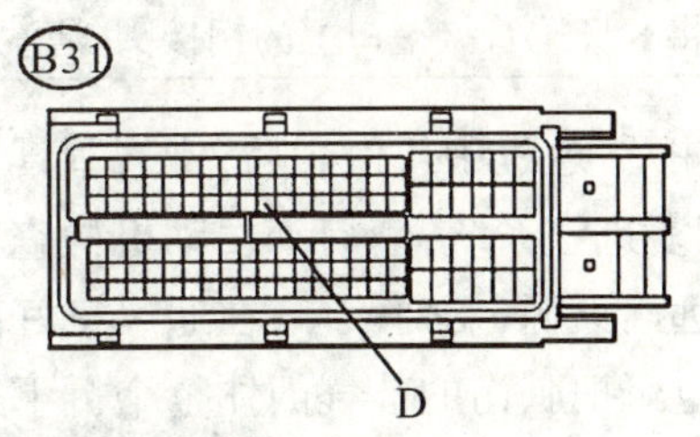

（3）查离合器开关：

①点火开关置于“OFF”。

②断开连接器 A4。

③拆下离合器开关，测量电阻值。如不合要求，应更换此开关。

检测仪连接	开关销	规定状态
1—2	松开（踩下离合器踏板）	10kΩ 或更大
	按下（松开离合器踏板）	<1Ω

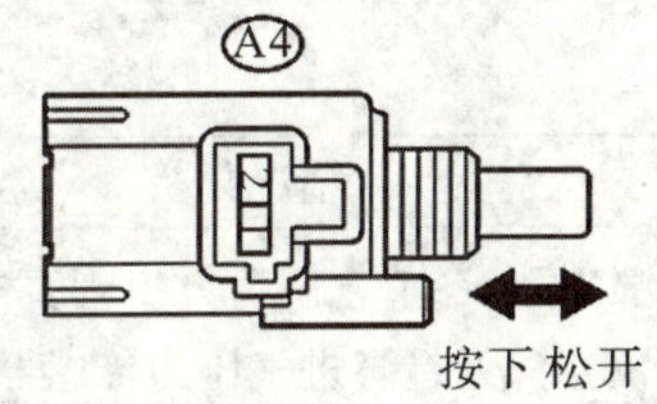

④查开关与 ECM 间的线束是否有断、短路，如有，应维修或更换此线束或连接器。

（六）电子控制汽油机空气供给系统的维护

空气供给装置检修时应注意：进气软管不能有破裂，卡箍要安装牢固；检修热丝式空气流量计时，不能把手伸入传感器，以免损坏热丝；真空管不能破裂，也不能插错。

1. 进气道的清洗。节气门体、怠速阀的脏污，会影响节气门体、怠速阀的灵敏性，进气道壁、进气门处积炭会增加进气阻力，造成车辆加速无力、怠速过高或不稳、甚至启动困难，因此必要时要清洗进气道。

常用的清洗方法：

（1）启动发动机使达到正常工作温度后熄火，拆去节气门体前方的进气软管，将 S 形尾管装好。

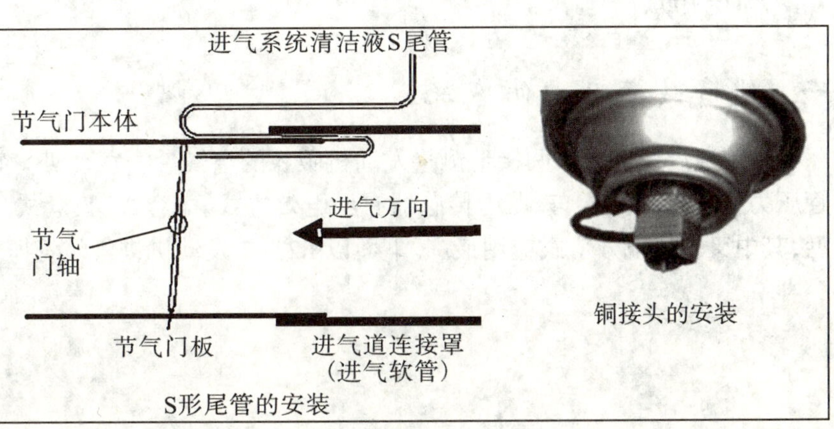

S形尾管的安装

铜接头的安装

(2) 装回进气软管,启动发动机转速约 2000r/min,将铜接头接到清洗液罐口。
(3) 挂钩夹固定在罐身上,挂在发动机盖下方。
(4) 将 S 形尾管接罐口上的铜接头,清洗液进入进气歧管。

注意:过程中或使用后,排气管冒白烟属正常现象。等清洗液消耗完,发动机熄火并移除空罐,恢复进气系统,应启动发动机检查转速是否正常。

远离火源;切勿入口;在通风良好的开阔地进行操作。

也可把脏污的节气门体整个拆下进行彻底清洗,这有利于怠速的重新匹配。

2. 检测并分析进气系统的泄漏情况。

(1) 泄漏情况分析见表 7–32。

表 7–32 泄漏情况分析

情况分析	后果
D 型燃油喷射系统:节气门后方出现真空泄漏时,泄漏进入进气管的空气经过了进气压力传感器的检测	发动机怠速提高
L 型燃油喷射系统:节气门后方出现真空泄漏时,泄漏进入进气管的空气没有经过空气流量计的检测	混合气偏稀。如在怠速时漏气严重,会引起怠速下降,发动机抖动,甚至熄火

(2) 进气系统密封性(漏气)的检查。

①原理:通过进气系统的真空度,泄漏检验液与漏气一同被吸入,泄漏检验液降低了混合气的可燃性,这可导致发动机转速的降低和混合气空燃比的改变。

②方法:将泄漏检验液全面地喷洒在进气系统部件上,利用检测仪读取相应显示组的数据流,如果发动机转速下降或氧传感器电压改变,说明有泄漏情况存在。检查进气系统喷洒过泄漏检验液的部位的密封性,视情排除故障即可。

知识拓展

一、进气歧管压力传感器

采用速度密度方式间接地测量发动机吸入的空气量的发动机,其相应的传感器为进气歧管压力传感器(MAP)。该压力传感器有压电效应式、电容式、膜盒式和表面弹性波式等几种类型,其中又以压电效应式应用最广。下面以 F23A3 发动机进气歧管压力传感器为例说明。

图示	说明
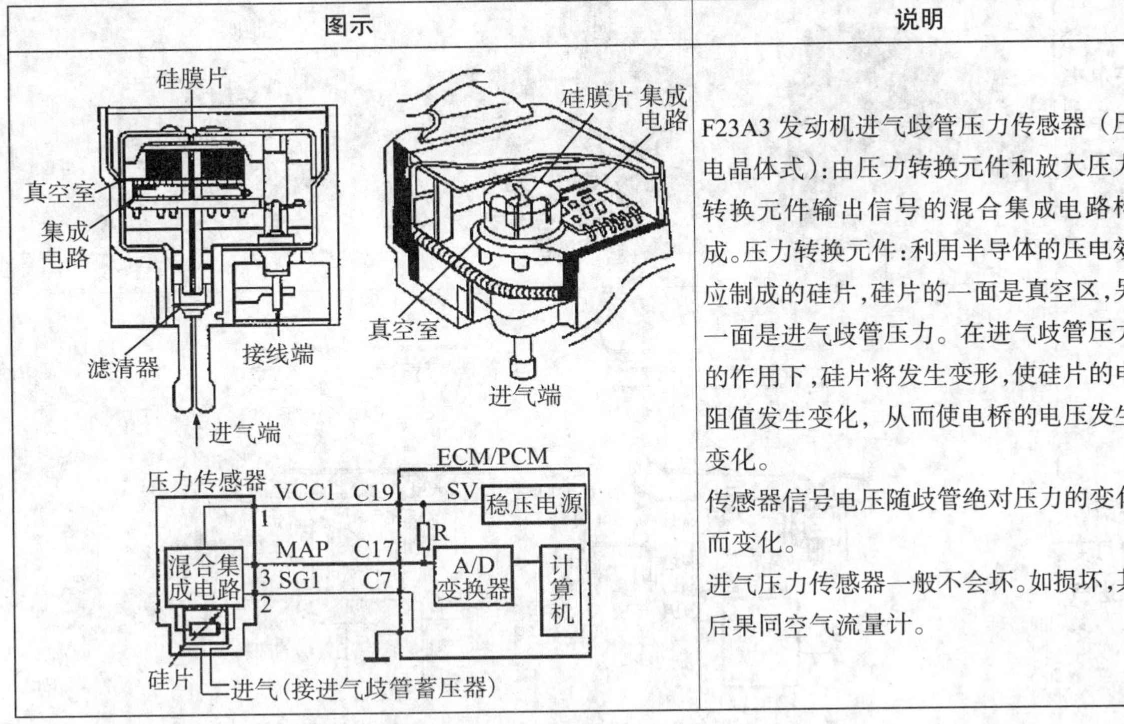	F23A3 发动机进气歧管压力传感器（压电晶体式）：由压力转换元件和放大压力转换元件输出信号的混合集成电路构成。压力转换元件：利用半导体的压电效应制成的硅片，硅片的一面是真空区，另一面是进气歧管压力。在进气歧管压力的作用下，硅片将发生变形，使硅片的电阻值发生变化，从而使电桥的电压发生变化。 传感器信号电压随歧管绝对压力的变化而变化。 进气压力传感器一般不会坏。如损坏，其后果同空气流量计。

二、可变式进气管（也称谐波增压技术）

| 谐波增压示意图 | 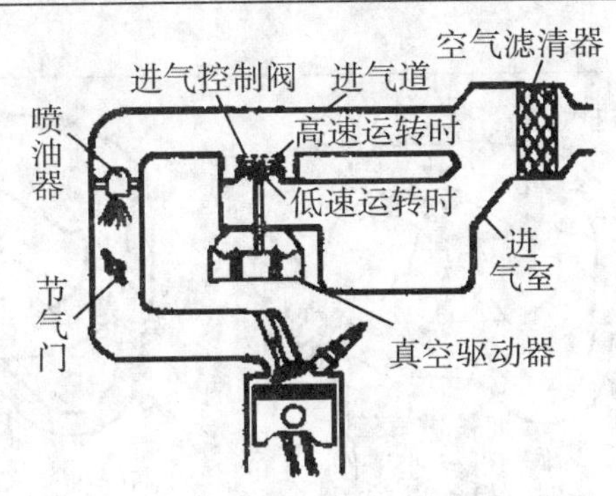
工作原理：当气体高速流向进气门时，如果进气门突然关闭，由于惯性进入的气体在进气门附近被压缩，就会向进气流相反方向流动，到了进气管口又被反射回来，于是形成压力波。压力波在进气管内产生一个振荡频率，如进气歧管变短，频率会变快，反之则相反。
发动机在低速、小负荷工况下，进气道空气流通截面减小，可提高进气流速、增大进气流惯性以提高发动机充气效率；发动机在高速、大负荷下，进气道空气流通截面增大，可减小进气阻力。
低速时：控制阀关，压力波传递的距离为进气门至空气滤清器之间。
高速时：控制阀开，此时压力波传递的距离为进气门至进气室之间，与进气门开闭间隔时间较短相适应。
控制阀：根据发动机温度、负荷、转速及真空度，由 ECM 控制其开闭。
对置式和 V 形布置的发动机常采用这种进气增压方式。 |

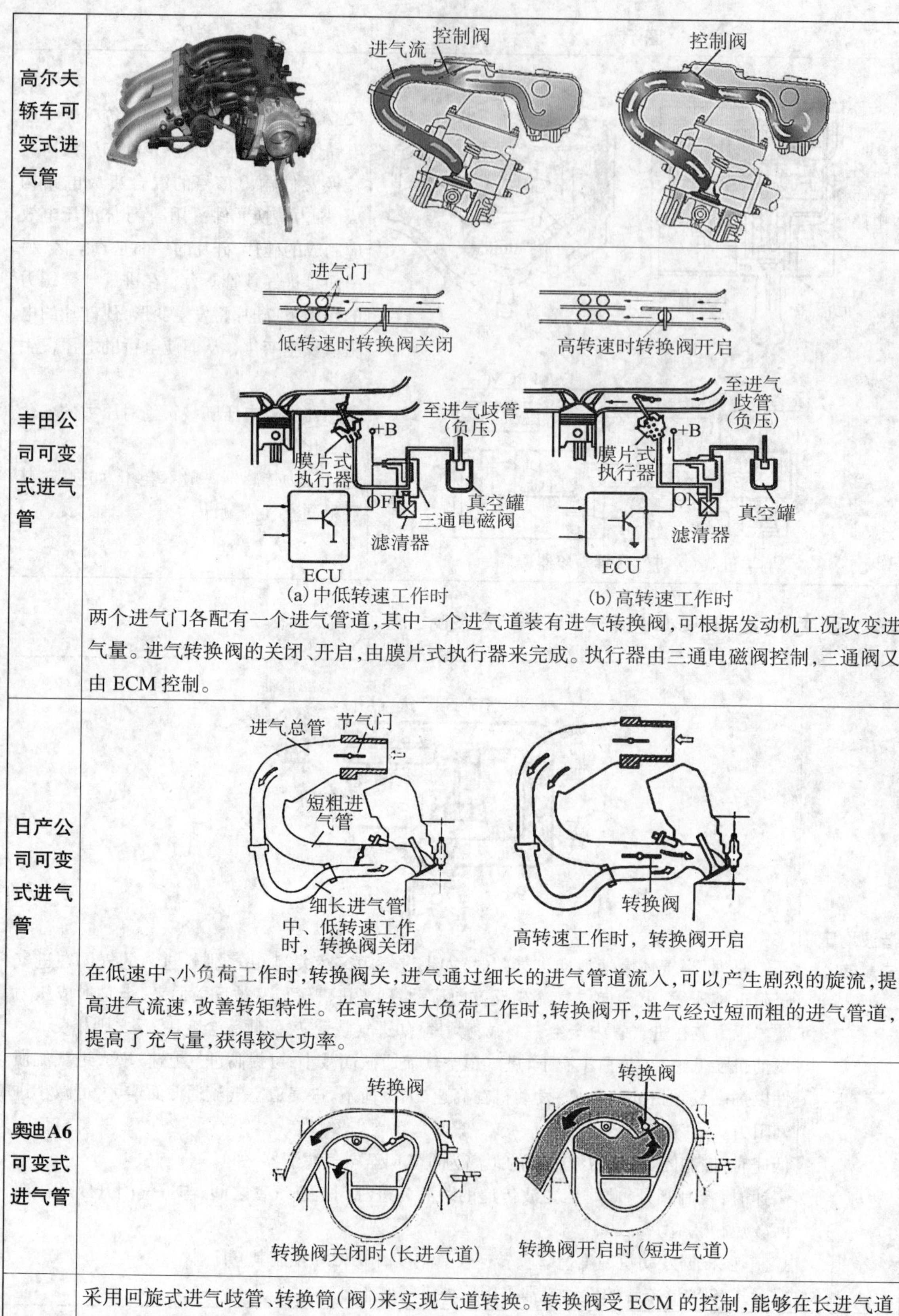

高尔夫轿车可变式进气管	
丰田公司可变式进气管	(a) 中低转速工作时　(b) 高转速工作时 两个进气门各配有一个进气管道，其中一个进气道装有进气转换阀，可根据发动机工况改变进气量。进气转换阀的关闭、开启，由膜片式执行器来完成。执行器由三通电磁阀控制，三通阀又由 ECM 控制。
日产公司可变式进气管	中、低转速工作时，转换阀关闭　高转速工作时，转换阀开启 在低速中、小负荷工作时，转换阀关，进气通过细长的进气管道流入，可以产生剧烈的旋流，提高进气流速，改善转矩特性。在高转速大负荷工作时，转换阀开，进气经过短而粗的进气管道，提高了充气量，获得较大功率。
奥迪A6可变式进气管	转换阀关闭时(长进气道)　转换阀开启时(短进气道)
	采用回旋式进气歧管、转换筒(阀)来实现气道转换。转换阀受 ECM 的控制，能够在长进气道与短进气道间进行切换。

三、废气涡轮增压

废气涡轮增压技术就是利用发动机排气的能量做动力源。

图示	说明
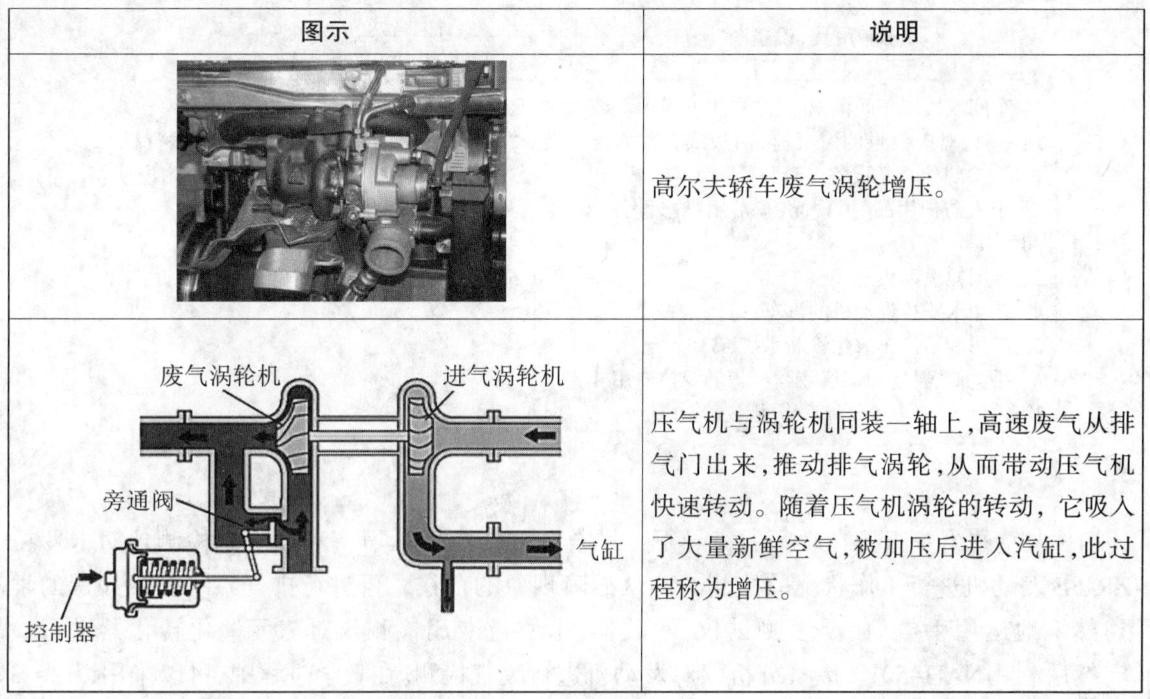	高尔夫轿车废气涡轮增压。
	压气机与涡轮机同装一轴上，高速废气从排气门出来，推动排气涡轮，从而带动压气机快速转动。随着压气机涡轮的转动，它吸入了大量新鲜空气，被加压后进入汽缸，此过程称为增压。

任务四　电子控制汽油机排气系统及排放的控制

任务引入

发动机冷车启动困难，车速上不去，冷却液温度过高。经检测排气背压过高且有废气回返流现象，汽车维修技师怀疑排气系统有堵塞的可能，需对排气系统进行检修。

任务分析

通过本任务的学习，会检测、更换三元催化器；能识别、检测汽油蒸气回收系统；能进行发动机尾气排放的测试和分析；能识别汽油机废气再循环系统的零部件；能识别汽油机二次空气喷射系统。

任务实施

一、准备

场地/用具、设备	资料
1. 车间或模拟车间留 10 人左右用的实习场地一块，对应数量的课桌椅，白板或张贴板一块，多媒体教学设备一套。 2. 个人防护用品、用具，汽车常用维修设备和工具。 3. 卡罗拉发动机总成。 4. 装用卡罗拉发动机的汽车。 5. 丰田新型汽车故障诊断系统（GTS）。 6. 手电筒、温度测试仪、示波器、卡罗拉专用检测仪、NAH－501A 废气分析仪等。	1. 各汽车公司售后服务网页。 2. 卡罗拉汽车维修手册及电子技术资料。 3. 汽车常用维修、检测设备的使用说明书和安全操作规定。 4. 相关教学视频、教学课件。 5. 教材、笔记本。

二、要求

10 人左右为一组，在教师的指导下，结合相关知识的学习，利用专用检测仪对卡罗拉 1ZR-FE 发动机进行工作状况的检测，确认故障现象的存在，再进行排气系统相关知识的学习，熟练地运用手电筒、温度测试仪、示波器、卡罗拉专用检测仪对三元催化转化器进行检修，然后利用NAH–501A 废气分析仪对发动机进行废气检测。在教学过程中，可以采用以 2～3 人为一小组进行轮换操作训练、其余同学观摩的方式，教师现场指导并适时组织学生进行点评、小结。

三、相关知识学习

（一）电子控制汽油机排气系统及检修

1. 电子控制汽油机排气系统的介绍。电子控制汽油机排气系统通常由排气歧管、排气管、排气消音器等组成。

图示	说明
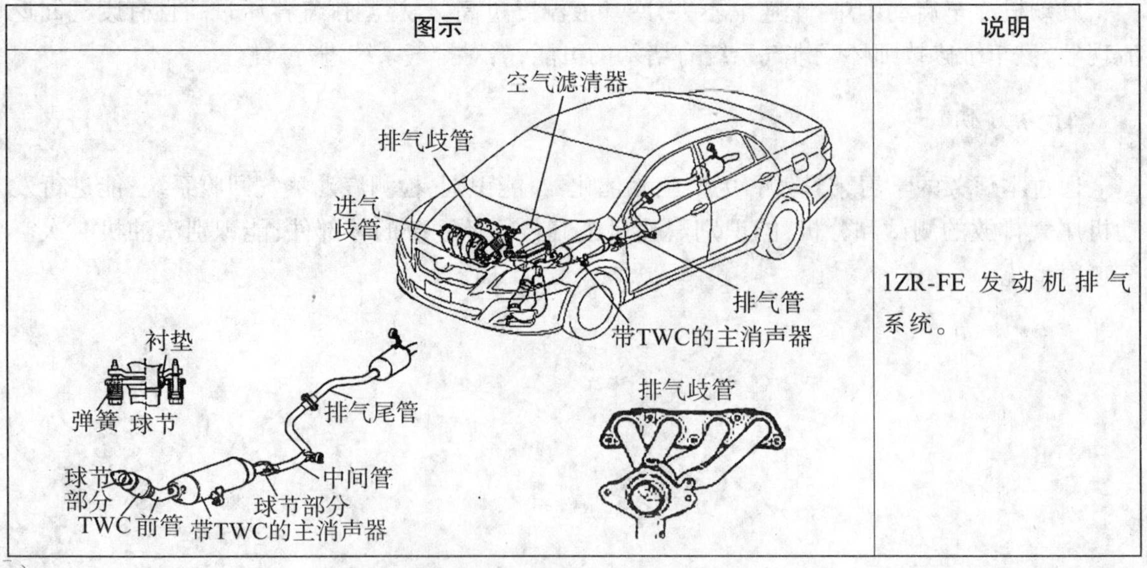	1ZR-FE 发动机排气系统。

图示	说明
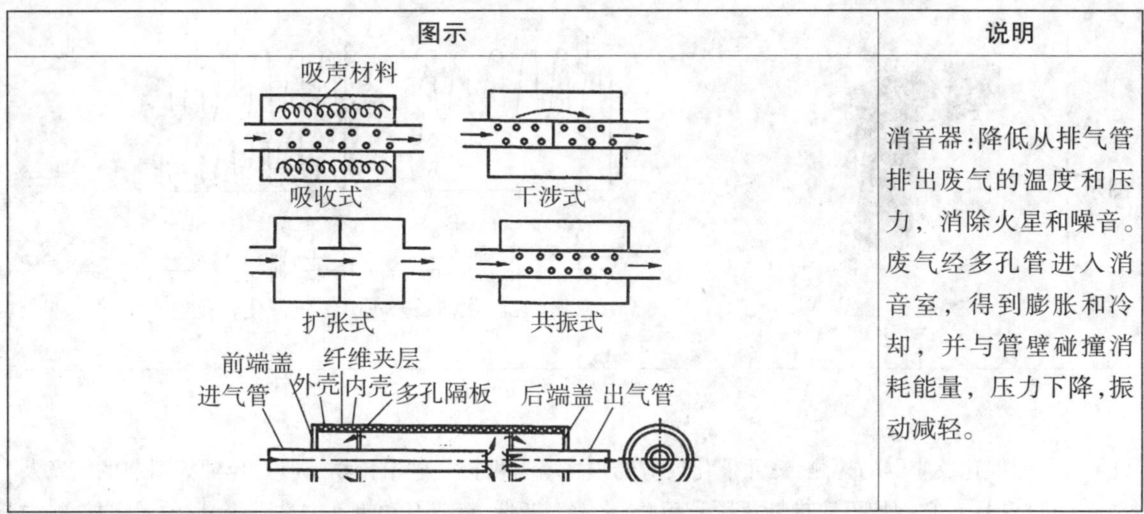	消音器：降低从排气管排出废气的温度和压力，消除火星和噪音。废气经多孔管进入消音室，得到膨胀和冷却，并与管壁碰撞消耗能量，压力下降，振动减轻。

根据汽车发动机废气有害成分的形成机理，不难得知：使混合气燃烧完全可减少 HC、CO 的排量；尽可能避免燃烧室壁的激冷面，可减少 HC 的排放量；为了减少 NO_x 的排量，应适当降低燃烧室内的温度。

在现代电子控制汽油机中，为了减少废气的有害成分排放量，常采取三元催化转化、汽油蒸气回收、废气再循环、二次空气喷射等技术。

2. TWC 系统及检修。TWC 系统利用转换器中的三元催化剂，使 CO、HC、NO_x 发生氧化还原反应，使三种有害成分都得到净化。

图示	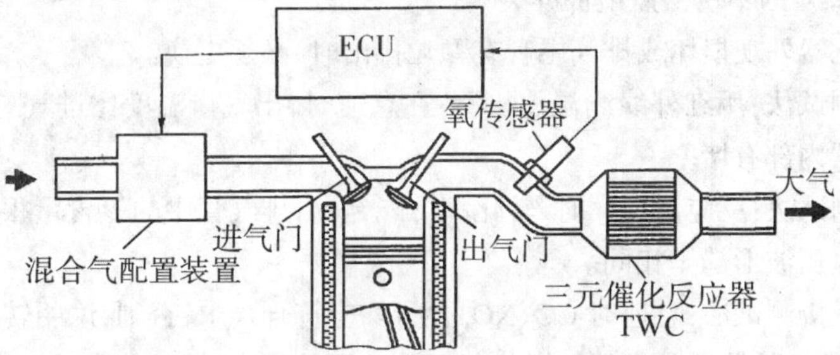 ECU 氧传感器 大气 进气门 出气门 混合气配置装置 三元催化反应器 TWC
说明	三元催化转化系统的组成。
图示	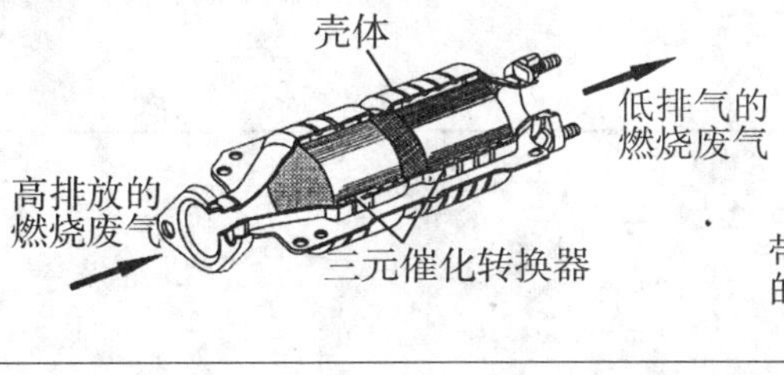 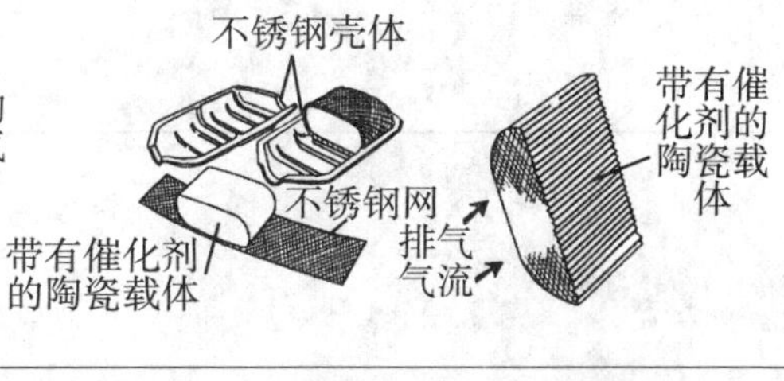 壳体 低排气的燃烧废气 高排放的燃烧废气 三元催化转换器 不锈钢壳体 不锈钢网 带有催化剂的陶瓷载体 排气气流 带有催化剂的陶瓷载体
说明	三元催化反应器：也能起消声作用。壳体用耐温、耐腐蚀的材料制成。内部装有催化床，催化剂是铂、铑、钯，铂可加速 HC 氧化成 H_2O 和 CO_2，CO 氧化为 CO_2；铑可将 NO_2 还原成 N_2 和 CO_2。中间层为多孔式中间层，可增大催化转换器面积。 催化剂的表面活性作用是利用排气本身的热量激发的，其使用温度范围以活化开始温度（一般为 400℃）为下限，以过热引起催化器故障的极限温度（一般为 1000℃）为上限。

图示	 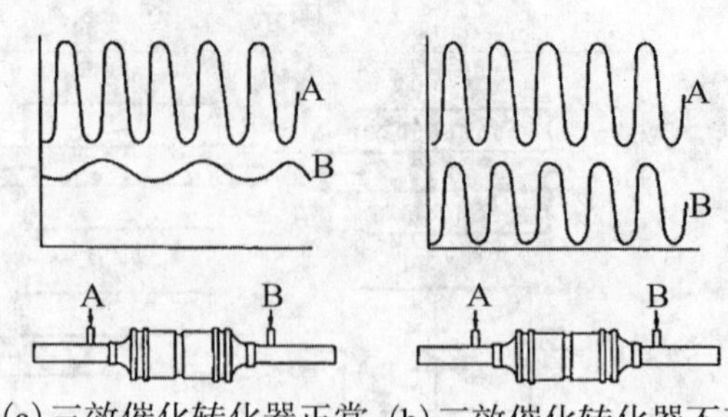 (a)三效催化转化器正常 (b)三效催化转化器不正常
说明	三元催化反应器的检测：三元催化反应器损坏常有由排气中铅化物、碳烟、焦油等引起的堵塞及机械损伤。它们均可使排气背压升高、转化效率变低，造成发动机动力性下降、燃油耗增加、排放恶化等。 ①直观法(可用手电筒照)： a. 有无异响(通常由排气管接头松动、催化转化器损坏、催化剂更换塞松动或丢失等原因造成)。 b. 外表有无发蓝、裂皮、压扁等外观损坏。 c. 排气管有无孔眼或损坏。 d. 排气尾管有无催化剂颗粒排出(颗粒式催化转化器特有的现象，排出颗粒说明转化器内盛装颗粒的不锈钢篮组件碎裂)。 催化转化器外观损坏或排气尾管有颗粒排出时，必须更换。 ②温度测试法：用红外线测温仪检测：在怠速时，出气口温度比进气口应高 10℃以上，否则表明转化器内部有堵塞。 ③波形测试法：反应器损坏时，转化率下降，前后排气管中的氧含量很接近，前、后两氧传感器的信号电压波形趋于相同。 ④尾气分析测试法：怠速时 CO、NO_x 含量均应符合要求，否则，说明转化器可能失效。 注意：①催化转化器外观损坏或排气尾管有颗粒排出、转化器内部堵塞时，必须更换。 ②检修时应防烧伤；判断三元催化器是否工作，首先应预热发动机。

3. 汽油蒸气回收系统的检修。

（1）1ZR-FE 发动机汽油蒸气回收系统介绍。

<table>
<tr><td>图示</td><td>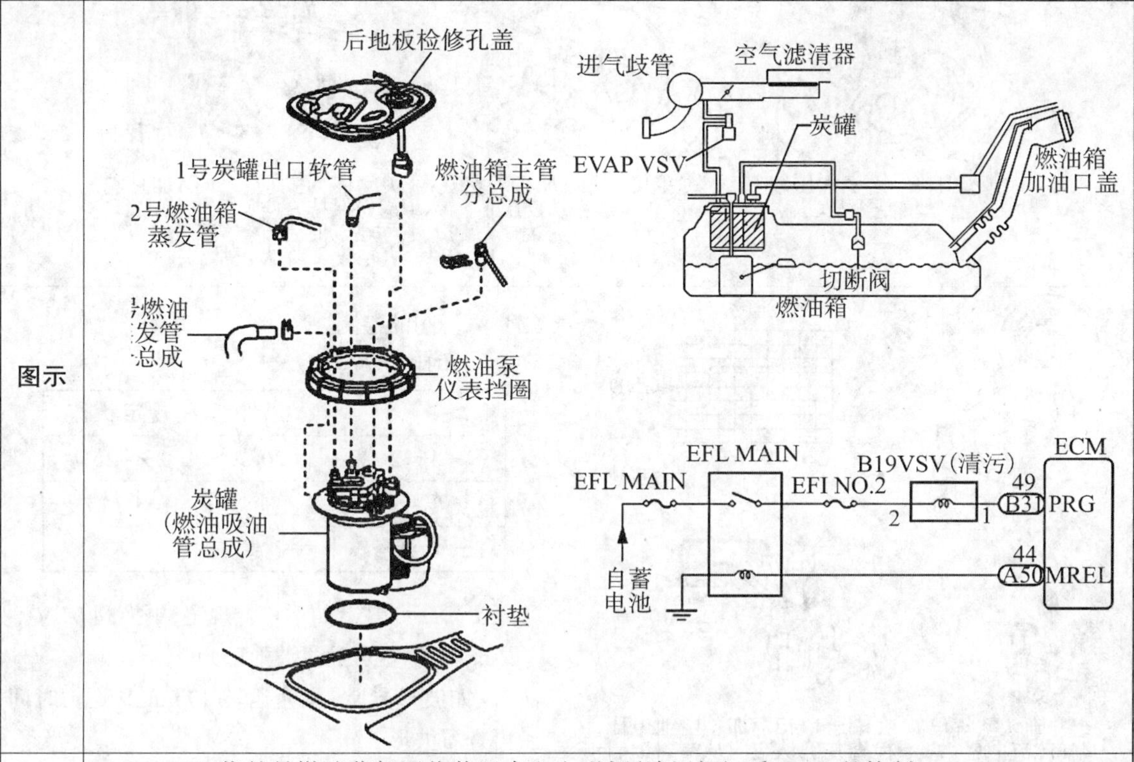
</td></tr>
<tr><td>说明</td><td>EVAP VSV 指的是燃油蒸气回收装置真空电磁阀（清污阀），受 ECM 的控制。
常见的炭罐（也称活性炭罐）：活性炭罐内有活性炭，用于临时储存汽油蒸气。
EVAP VSV 阀：EVAP VSV 阀打开时（清污模式），在进气歧管真空吸力的作用下，油蒸汽经回收罐经过活性炭后再从活性炭罐的出口进入发动机进气歧管，把吸附在活性炭上的汽油分子送入发动机燃烧。</td></tr>
</table>

（2）1ZR-FE 发动机汽油蒸气回收系统的检测。

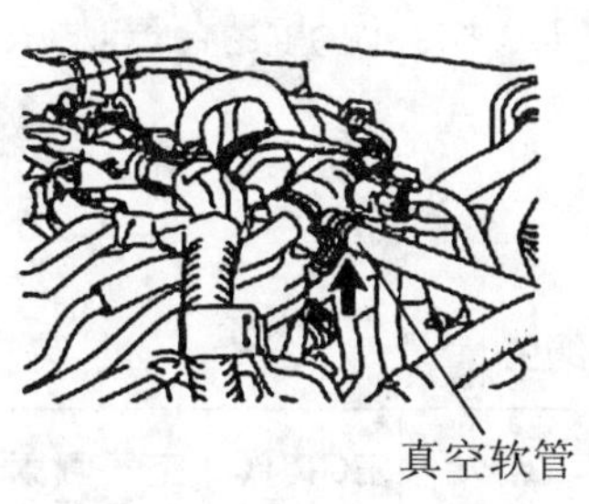

（1）系统的检测：

①启动发动机，断开真空软管。

②连接检测仪到 DLC3。

③选择以下菜单：Powertrain / Active Test / Activate the VSV for EVAP Control。

④检查在 VSV 端口出现的真空。

⑤退出主动测试模式，然后重新连接真空软管。如不符合规定，则更换 VSV、线束或 ECM。

（2）炭罐检查。

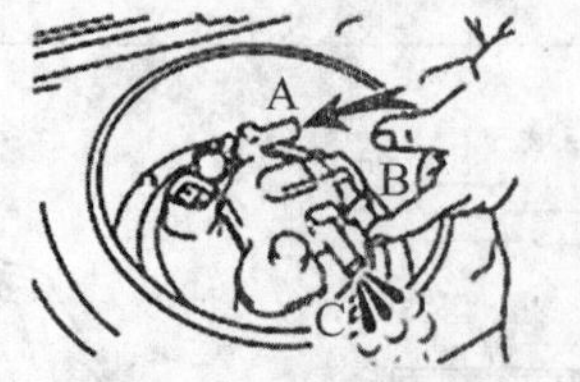

关闭端口B，给A加压缩空气，看空气是否从C流出

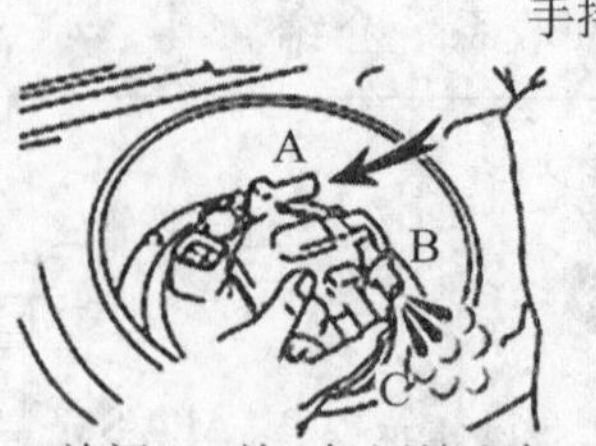

关闭C，给A加压缩空气，看空气是否从B流出

关闭C，用真空泵向A加真空首先保持真空，逐渐增加真空至规定值后，空气开始流动且真空度下降为正常

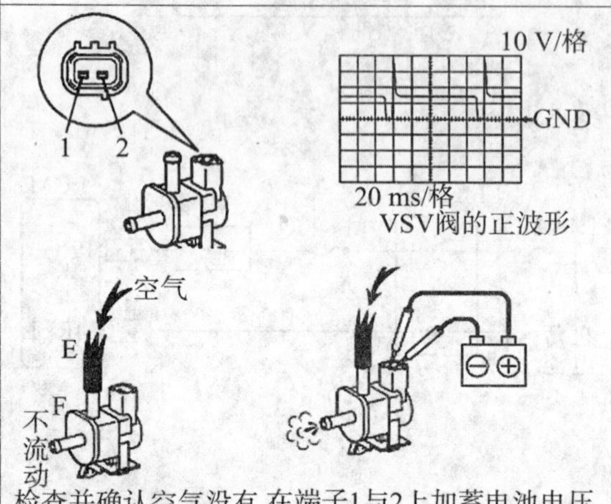

VSV阀的正波形

检查并确认空气没有从端口E流向F

在端子1与2上加蓄电池电压，检查并确认空气从端口E流向F

（3）清污阀的检测：

a. 电阻值。

	条件	规定状态
1－2	20℃	23～26Ω
1－车身搭铁	始终	10MΩ 或更大
2－车身搭铁		

b. 清污 VSV：如不符合规定，更换阀 VSV。

c. VSV 也可通过波形来判断。

注意：如波形异常，怠速运转 10min 或更长时间后再查看波形。

（二）汽油发动机尾气排放的测试与分析

正常情况下，汽车排放量中 HC 约为 0.55%、CO＜0.5%、O_2 为 1.0%～2.0%、CO_2 为 13.8%～15%。

（1）HC 与 O_2 的读数高是由点火系统不良和过稀的混合气失火而引起的。

（2）CO、HC 的读数高而 CO_2、O_2 低时，表明混合气很浓。

（3）燃烧越完全，CO_2 的读数就越高，最大值在 13.5%～14.8%之间，此时 CO 的读数应该接近 0%。

（4）O_2 的读数应在 1.0%～2.0%之间。O_2 的读数＜1.0%，说明混合气太浓；O_2 的读数＞2%，说明混合气太稀。

1. 汽油机尾气成分的分析。

（1）系统故障与废气成分的关系见表 7-33。

表 7-33　系统故障与废气成分的关系

故障 原因 气体成分	间歇性失火	汽缸压力低	混合气过浓	混合气过稀	点火过迟	点火过早	EGR 阀漏气	空气喷射系统	排气支管漏气
CO	低	低	很高	很低	高	低	变化	很低	低
HC	很高	很高	很高 / 高	很高 / 高	低	高	变化	很低	低
CO_2	低	低	低	低	正常	正常	低	很低	低
O_2	低	低	低	很高 / 高	正常	正常	正常	很高	高

（2）排放异常的原因分析。

①HC 排放量过大的原因及分析处理见表 7-34。

表 7-34　HC 排放量过大的原因及分析处理

原　因	分析处理
点火系统缺火	燃料没有经过燃烧就直接排到缸外，HC 排放量会相当高。如长期缺火，氧传感器会持续输出低电压信号，ECM 认为混合气太稀而对系统不断进行加浓
点火过早	燃烧不完全
混合气过稀或过浓	
汽缸压力偏低	燃料燃烧不完全； 检查各缸的汽缸压力，如偏低，通常是汽缸垫漏气、气门密封不严、活塞和汽缸壁的间隙过大或活塞环的磨损等
控制系统的输入传感器给出不当数据	（1）可能是空气流量计或歧管压力传感器信号有问题，导致发动机 ECM 对基本喷油量和基本点火提前角的控制失效； （2）可能是其他和喷油量相关的传感器故障，比如水温传感器、进气温度传感器和氧传感器等
催化转化器有故障	使 HC 没有经过催化转化就排到大气中。可用故障检测仪读出并观察副氧传感器的数据，如其信号电压波动较大，则催化转化器失效

②CO 排放量过大。CO 的排放量过大主要是由于混合气过浓引起的，具体原因及分析处理见表 7-35。

表 7-35　CO 排放量过大原因及分析处理

原　因	分析处理
混合气偏浓	燃油压力过高
空气滤清器污脏	检查此滤清器，必要时更换
喷油器有滴漏	用喷油器清洗机进行压力试验，看喷油器有无滴漏
输入传感器有故障	测试各输入传感器的数据
催化转化器有故障	CO 转换效率低

③HC 和 CO 排放量过大的原因及分析处理见表 7-36。

表 7-36　HC 和 CO 排放量过大的原因及分析处理

原　因	分析处理
混合气偏浓	检测相关的燃油供给及控制系统
曲轴箱通风（PCV）系统有故障	测试 PCV 系统
发动机机油被汽油稀释	机油被稀释会引起蹿气的增加，导致发动机燃烧不完全。可通过察看机油来确认
催化转化器有故障	HC 和 CO 的转换效率低

④CO_2 排放量比正常值低的原因及分析处理见表 7–37。

表 7–37　CO_2 排放量比正常值低的原因及分析处理

原　因	分析处理
排气管路的泄漏	分析仪采集到的试样被稀释，应查排气管有无泄漏、有无“噼噼”的漏气声
混合气偏浓	如果伴随有 CO 的排放量过高，应主要从混合气过浓查起

⑤NO_x 排放量过大的原因及分析处理见表 7–38。

表 7–38　NO_x 排放量过大的原因及分析处理

原　因	分析处理
EGR 阀工作不正常	在发动机中等负荷下，检查 EGR 的工作情况
发动机爆燃	如爆震传感器不够灵敏
燃烧室积炭过多使压缩比变大	导致爆燃，应对发动机进行缸压检查，如高于标准值，应进行维修
冷却液温度过高	导致缸内温度过高，NO_x 排放量过大
催化转化器失效	NO_x 转换效率低

⑥O_2 排放量偏低、CO 排放量偏高的原因及分析处理见表 7–39。

表 7–39　O_2 排放量偏低、CO 排放量偏高的原因及分析处理

原　因	分析处理
混合气过浓	燃烧不完全
喷油器泄漏	查喷油器是否有滴漏
曲轴箱通风（PCV）系统堵塞	诊断 PCV 系统
燃油蒸气回收系统（EVAP）在怠速、低速时工作	燃油箱通风系统（EVAP）只在中等负荷时才工作。当阀门失效时，会导致在怠速、低速时有燃油蒸气进入燃烧室，导致混合气过浓

⑦O_2 排放量偏高、CO 排放量偏低的原因及分析处理见表 7–40。

表 7–40　O_2 排放量偏高、CO 排放量偏低的原因及分析处理

原　因	分析处理
混合气过稀	检测相关的燃油控制系统，看是否有真空泄漏、燃油压力过低、喷油器堵塞
氧传感器的信号电压不正常	如果废气中的 O_2 的含量比较高，那么氧传感器的信号电压会比较高
二次空气喷射系统有故障	一般二次空气喷射泵在发动机冷启动时及急加速时工作

2. 废气检测。

（1）废气分析仪。以 NAH–501A 废气分析仪为例说明。

NAH–501A 废气分析仪采用不分光红外吸收法原理测量机动车排放废气中的 CO、HC 和 CO_2 的成分，用化学电池原理测量排气中的 NO 和 O_2 的成分，并可根据测得的 CO、CO_2、HC 和 O_2 成分计算出过量空气系数 λ。

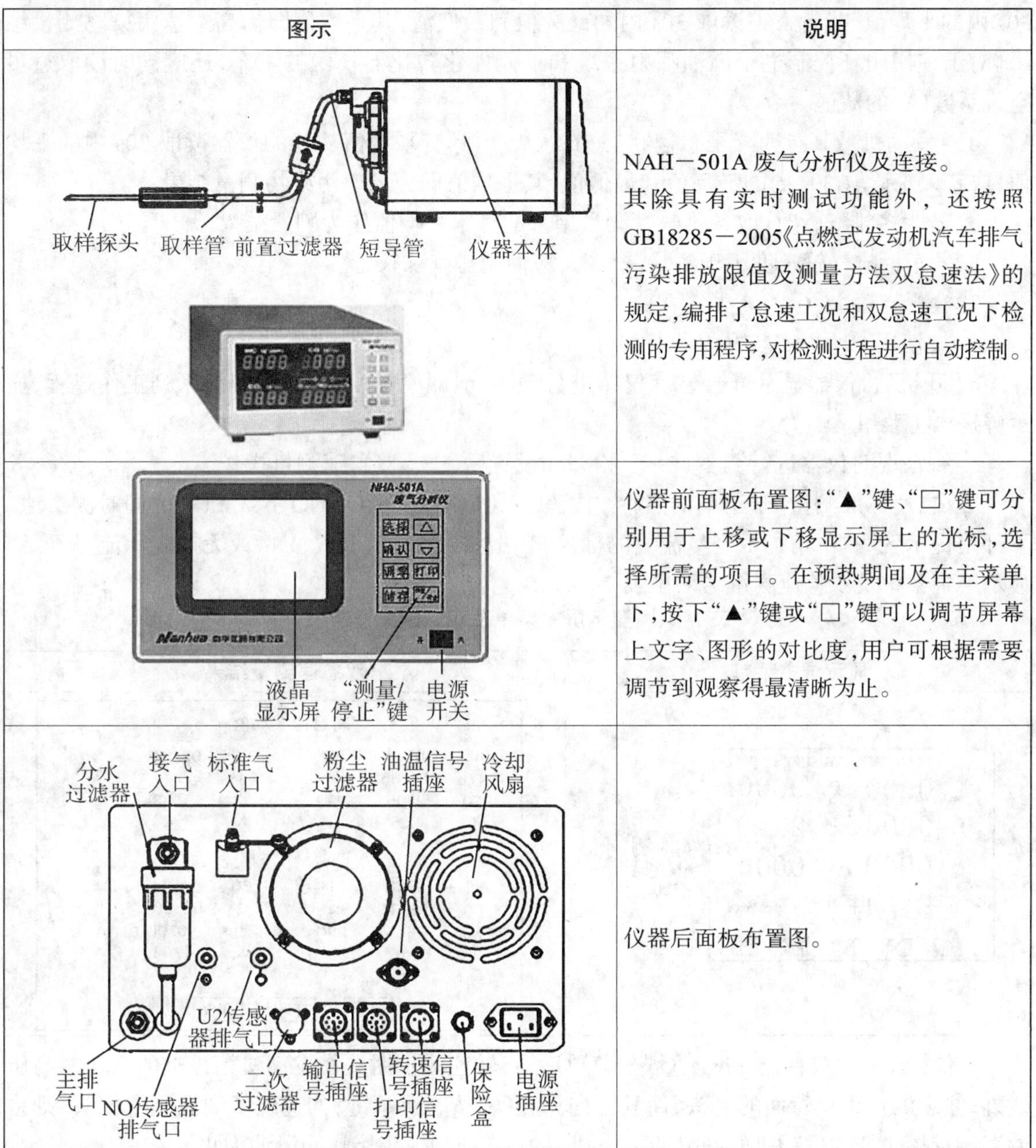

图示	说明
	NAH－501A 废气分析仪及连接。 其除具有实时测试功能外，还按照GB18285－2005《点燃式发动机汽车排气污染排放限值及测量方法双怠速法》的规定，编排了怠速工况和双怠速工况下检测的专用程序，对检测过程进行自动控制。
	仪器前面板布置图：“▲”键、“□”键可分别用于上移或下移显示屏上的光标，选择所需的项目。在预热期间及在主菜单下，按下“▲”键或“□”键可以调节屏幕上文字、图形的对比度，用户可根据需要调节到观察得最清晰为止。
	仪器后面板布置图。

（2）测量方法。

①测量程序：以点燃式发动机用“双怠速测量法”测量汽车排气污染物程序为例。

根据 GBl8285-2005 的规定，点燃式发动机汽车排气污染物测量程序如下：

a. 应保证被检测车辆处于制造厂规定的正常状态，发动机进气系统应装有空气滤清器，排气系统应装有排气消声器，并不得有泄漏。

b. 应在发动机上安装转速计、点火正时仪、冷却液和润滑油测温计等测量仪器。测量时，发动机冷却液和润滑油温度应≥80℃，或者达到汽车使用说明书规定的热车状态。

c. 发动机从怠速状态加速至 70％额定转速，运转 30s 后降至高怠速状态。将取样探头插入排气管中，深度≥400mm，并固定在排气管上。维持 15s 后，由具有平均值功能的仪器读取

30s 内的平均值，或者人工读取 30s 内的最高值和最低值，其平均值即为高怠速污染物测量结果。对于使用闭环控制电子燃油喷射系统和三元催化转化器技术的汽车，还应同时读取过量空气系数(λ)的数值。

d. 发动机从高怠速降至怠速状态 15s 后，由具有平均值功能的仪器读取 30s 内的平均值，或者人工读取 30s 内的最高值和最低值，其平均值即为怠速污染物测量结果。

e. 若为多排气管时，取各排气管测量结果的算术平均值作为测量结果。

f. 若车辆排气管长度小于测量深度时，应使用排气加长管。

②检测步骤：

a. 按使用说明书安装好仪器各部分。

b. 开机后，仪器显示屏会显示仪器进行预热、泄漏检查、自动调零等一系列工作过程，显示屏进入主菜单。

c. 视情况对仪器进行调零、校正、检漏和设置后，进入双怠速测量操作。

“双怠速标准测量”子菜单的名称，中部是 HC、CO、CO_2、O_2、NO、n、λ 和 T 的即时测量值，下部是提示区。右下角指示当量流量的标尺，3 格到 5 格表示正常，1 格或无格表示流量不足。显示屏主菜单及双急速测量结果见表 7－41。

表 7-41　显示屏主菜单及双急速测量结果

显示屏主菜单	双怠速测量结果
(选择键移位，确认键操作)　← 提示区 HC ppm 0000　CO % 00.00 CO_2 % 00.00　O_2 % 20.90 NO ppm 0000　n 0000　← 实时测量值显示区 λ 1.03　14:22:31　T 025℃ 测量　调零　校准　检漏　设置　← 子菜单选项	高怠速平均值 HC 0123 ppm　CO 02.34 % CO_2 14.86 %　O_2 00.36 % NO 0305 ppm　Rpm 0700 T 025 ℃　λ 1.03 低怠速平均值 HC 0123 ppm　CO 02.34 % CO_2 14.86 %　O_2 00.36 % NO 0305 ppm　Rpm 0700 T 025 ℃　λ 1.03 退出　打印　存储

* 准备。进入“双怠速标准测量”子菜单后，将转速测量钳夹在发动机第 1 缸的火花塞高压线外，注意测量钳口背面的箭头，使其指向火花塞，按“确认”键；如选配了油温测量探头，则将油温测量探头插入发动机的润滑油标尺孔中，一直插到探头接触润滑油为止。

*HC 残留物检查及发动机预热。

·进入“双怠速标准测量”子菜单后，仪器首先开始 HC 残留物检查。显示屏下部将出现提示：“正在进行 HC 残留检查…××秒”，“××秒” 表示剩下的残留检查时间（倒计时，最大 30s）。检查结束后，如合格，则显示：“HC 残留检查 OK”；如不合格，则显示：“HC 残留检查超范围，请清洗管道……”。

·HC 残留物检查结束时，显示屏上部子菜单的名称将变换为提示：“额定转速：5000▲▼修改，K 确认”。应按下“▲”键或“▼”键，将该提示中的额定转速值设定为被测车辆的发动机额定转速标称值(精确到 100r/min)，然后按一下 K 键确认。

·按下 K 键后，进入发动机预热阶段，显示屏上部的提示为：“额定转速：5000（用▲▼修改)”。用户应按下“▲”或“▼”将该提示中的额定转速值设定为被测车的发动机额定转速标称值(精确到100r/min),然后按下“确认”键确认。

·按下“确认”键后,发动机进入预热,如发动机油温达不到80℃,显示屏提示为:“油温低,请加速到3500r/min”,驾驶员应使发动机加速,直到3500r/min为止。

注意:只有额定转速值为默认值-5000r/min时,提示才显示为:“请加速到3500r/min”。如果额定转速值设定为其他值,提示将显示为:“请加速到××××r/min”,××××等于0.7倍的额定转速值设定值。

·当转速达到3500r/min时,显示屏上部将出现提示:“请保持3500r/min”,下部则以倒计时方式显示:“××秒”(总共30s)。倒计时结束时发动机预热完成,将进入排放测量阶段。

* 测量高怠速下的排放。

·显示屏上部将出现提示:“请减速到2500r/min”。见此提示,驾驶员应将发动机减速,直到转速降到2500r/min左右为止。这时上部的提示将改变为:“请保持2500r/min”,下部将显示:“请插入取样探头……”。见此提示,驾驶员应将转速保持在2500r/min±100r/min的范围内。与此同时,操作人员要将取样探头插入排气管中,插入深度为400mm。

·插入取样探头后显示屏上部将继续显示:“请保持2500r/min”,而下部的提示则改变为:“正在取样……××秒”(倒计时,总共45s,前15s为预备阶段,后30s为实际取样阶段)。

如果在后30s期间,转速值超过2500±100r/min范围,显示屏上部将出现提示:“转速超范围,请保持2500r/min”。这时仪器将停止取样,直到转速回到2500±100r/min范围内,仪器才重新取样。

·取样倒计时结束时,高怠速下的排放测量完毕,将进入怠速下的排放测量阶段。这时显示屏下部的提示消失,上部将显示:“请减速到怠速……”。

* 测量怠速下的排放。

·显示屏上部出现“请减速至怠速……”提示时,驾驶员应将车辆减速。当转速下降到1100r/min以下时,显示屏上部的提示会改变为:“请保持怠速……”,下部将显示:“正在取样……××秒”。

·取样倒计时结束时,怠速下的排放测量完毕,显示屏显示双怠速测量结果。

* 打印及储存测量数据。

* 结束本次测量。

测量完一辆车后,请将取样探头从排气管中拔出,从发动机上取下转速测量钳并拔出油温测量探头。光标位于“退出”项上时,按一下“确认”键,显示屏将返回到主菜单,而光标将自动位于“测量”选项上。如需继续进行双怠速排放测量,可按一下“确认”键,然后重复以上步骤。

双怠速测量法通讯流程如图7-23所示。

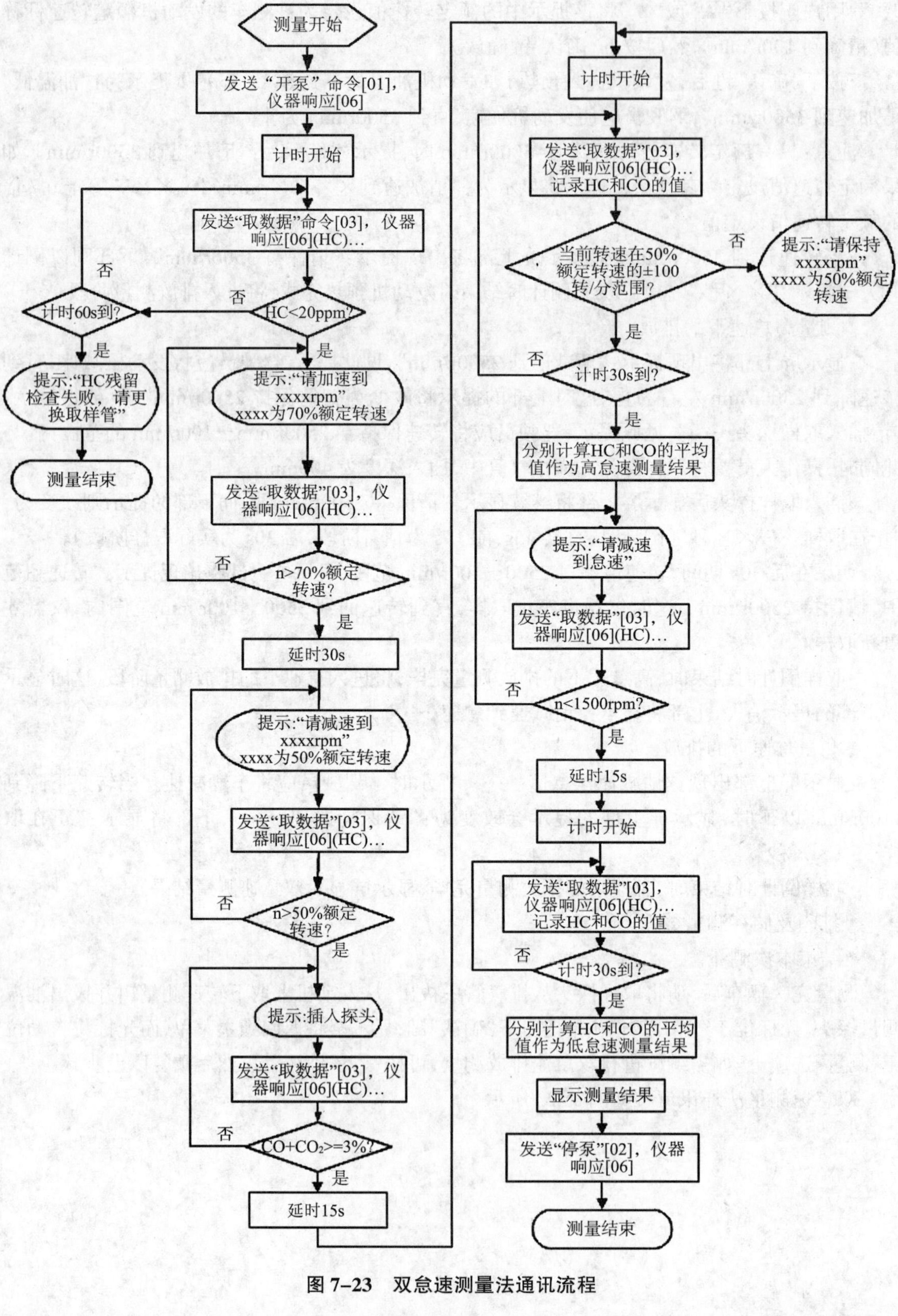

测量开始

发送“开泵”命令[01]，仪器响应[06]

计时开始

发送“取数据”命令[03]，仪器响应[06](HC)…

HC<20ppm?

否

计时60s到?

否

是

提示:“HC残留检查失败，请更换取样管”

测量结束

是

提示:“请加速到xxxxrpm” xxxx为70%额定转速

发送“取数据”[03]，仪器响应[06](HC)…

n>70%额定转速?

否

是

延时30s

提示:“请减速到xxxxrpm” xxxx为50%额定转速

发送“取数据”[03]，仪器响应[06](HC)…

n>50%额定转速?

否

是

提示:插入探头

发送“取数据”[03]，仪器响应[06](HC)…

$CO+CO_2$>=3%?

否

是

延时15s

计时开始

发送“取数据”[03]，仪器响应[06](HC)…记录HC和CO的值

当前转速在50%额定转速的±100转/分范围?

否

提示:“请保持xxxxrpm” xxxx为50%额定转速

是

计时30s到?

否

是

分别计算HC和CO的平均值作为高怠速测量结果

提示:“请减速到怠速”

发送“取数据”[03]，仪器响应[06](HC)…

n<1500rpm?

否

是

延时15s

计时开始

发送“取数据”[03]，仪器响应[06](HC)…记录HC和CO的值

计时30s到?

否

是

分别计算HC和CO的平均值作为低怠速测量结果

显示测量结果

发送“停泵”[02]，仪器响应[06]

测量结束

图 7–23　双怠速测量法通讯流程

（3）测量结果判定。根据 GBl8285-2005 的规定，点燃式发动机汽车排气污染物测量结果判定规则如下：

①对于标准中规定的车辆，如果检测污染物有一项超过规定的限值，则认为排放不合格。

②对于使用闭环控制电子燃油喷射系统和 TWC 技术的车辆，如果检测的过量空气系数(λ)超出标准中的要求，则认为排放不合格。

点燃式发动机汽车双怠速法排气污染物测试报告：

检测站名称：________　　检测日期：________

检测操作员：________　　检测驾驶员：________

1. 车辆信息

车辆型号：________　　变速器型号：________

基准质量：________　　发动机型号：________

单车轴重：________　　汽缸数：________

驱动方式：________　　燃油型号：________

累计行驶里程：________　　挡位数：________

车牌号码：________　　生产企业：________

车辆登记日期：________　　发动机排量：________

生产企业：________　　催化转化器情况：________

最大总质量：________　　燃油规格：________

底盘型号：________　　车辆识别代码(VIN)：________

驱动轮胎气压：________　　车主姓名及其联系方式：________

2. 检测设备

设备认证编号：________

设备名称：________　　型号：________　　制造厂：________

3. 检测环境状态

温度：________　　大气压：________　　相对湿度：________

4. 检测结果及裁决

内　容	过量空气系数(λ)	怠　速		高怠速	
		CO/%	HC/$\times10^{-6}$	CO/%	HC/$\times10^{-6}$
测试结果					
限　　值					
判定结果	合格 / 不合格	合格 / 不合格	合格 / 不合格	合格 / 不合格	合格 / 不合格
裁　　决	通过 / 未通过				

测试仪器型号：________

检测员：________

审核员：________

批准人：________

知识拓展

一、废气再循环(EGR)系统

把发动机排出的一部分废气(惰性气体)引入进气系统中,与混合气一起进入汽缸中燃烧,降低汽缸内最高温度,减少 NO_x 的生成。

过度的废气再循环将会影响发动机的正常运行,特别是在怠速、低转速小负荷、高速全负荷、突然加速或减速、发动机水温<55℃时。因此,应根据工况及工作条件的变化自动调整再循环的废气量,一般控制在 6%～13%。该系统主要在发动机中速时工作。

图示	说明
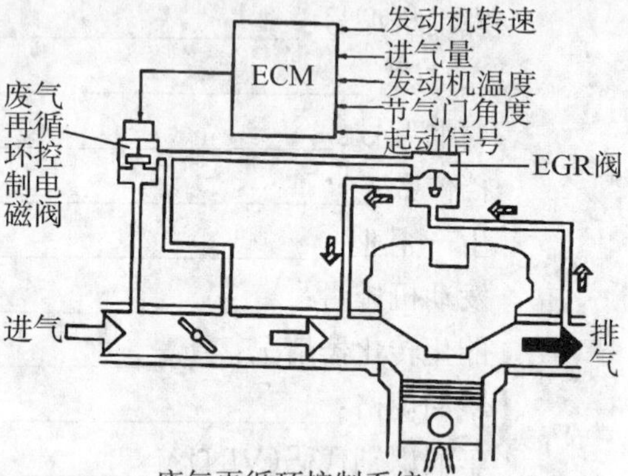 ECM 发动机转速 进气量 发动机温度 节气门角度 起动信号 废气再循环控制电磁阀 EGR阀 进气 排气 废气再循环控制系统	废气再循环(EGR)系统的组成。 EGR 系统工作时,ECM 根据存储器内的不同条件下理想的 EGR 阀开度控制 EGR阀。 控制电磁阀:由 ECM 控制,在一定条件下切断真空管路,使废气再循环阀关闭,取消废气再循环。
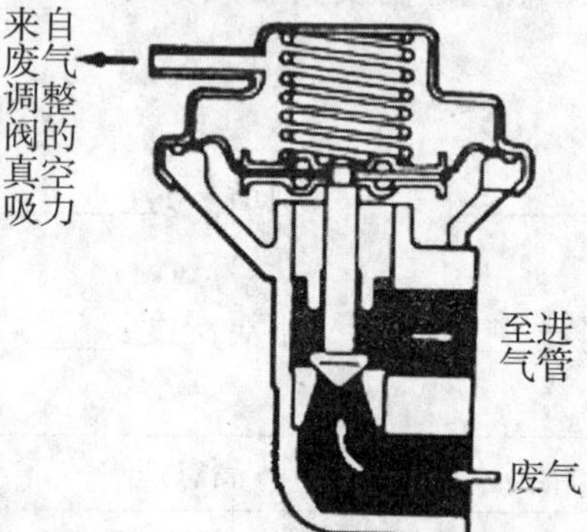 来自废气调整阀的真空吸力 至进气管 废气	EGR 阀:用来控制再循环的废气量。 作用在膜片上方的真空度愈大,阀的开度就愈大,再循环的废气量也愈大。
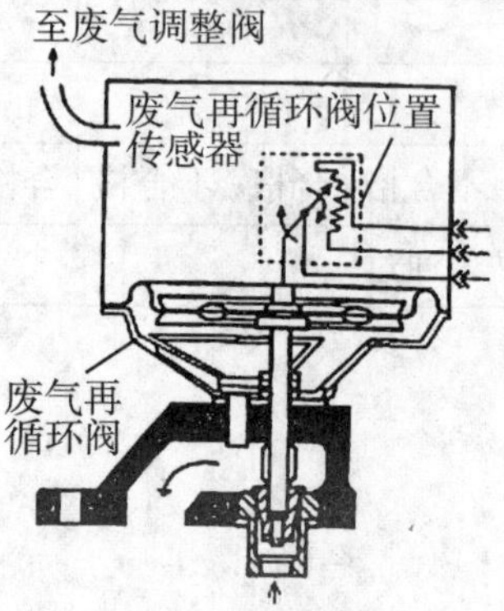 至废气调整阀 废气再循环阀位置传感器 废气再循环阀	EGR 阀开度传感器:有些车上有,用以检测 EGR 阀的开度。 ECM 将此开度与根据输入信号计算出的理想开度进行比较,如有不同,将改变 EGR 控制电磁阀的电流,改变施加到 EGR 阀的真空,使 EGR 再循环的废气量改变。

二、二次空气喷射系统

二次空气喷射系统向排气净化系统喷入新鲜空气，促进 HC、CO 的燃烧，达到废气净化的目的。

图示	说明
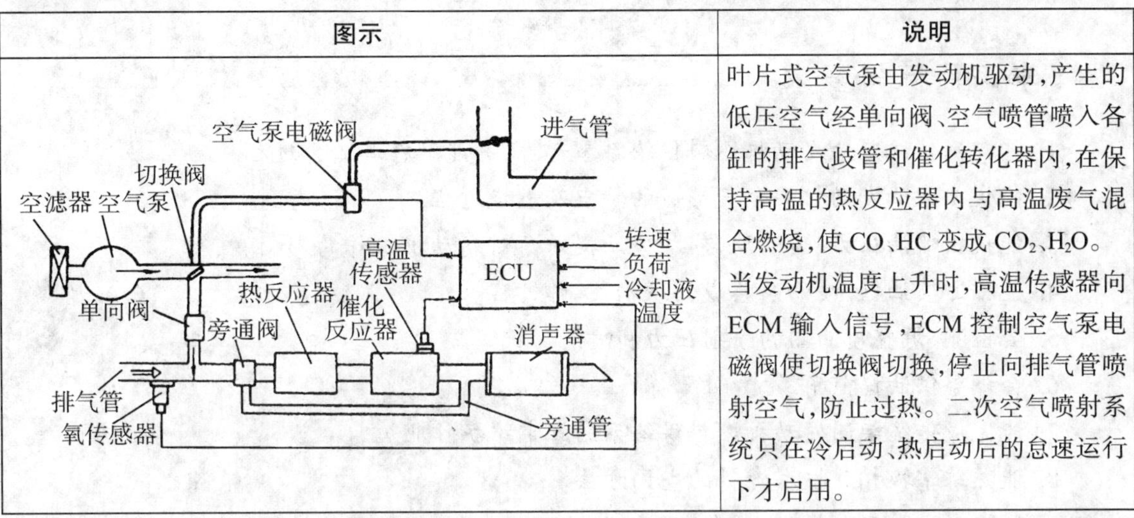	叶片式空气泵由发动机驱动，产生的低压空气经单向阀、空气喷管喷入各缸的排气歧管和催化转化器内，在保持高温的热反应器内与高温废气混合燃烧，使 CO、HC 变成 CO_2、H_2O。 当发动机温度上升时，高温传感器向 ECM 输入信号，ECM 控制空气泵电磁阀使切换阀切换，停止向排气管喷射空气，防止过热。二次空气喷射系统只在冷启动、热启动后的怠速运行下才启用。

三、排气污染物排放限值

1. 点燃式发动机汽车排气污染物排放限值。可参看 GB18285-2005《点燃式发动机汽车排气污染物排放限值及测量方法》(双怠速法及简易工况法)的规定，规定中分别有“新生产汽车排放污染物排放限值”“在用汽车排气污染物排放限值”及相关术语的含义说明。

2. 压燃式发动机汽车排气污染物排放限值。可参看 GB3847-2005《车用压燃式发动机和压燃式发动机汽车排气烟度排放限值及测量方法》的规定。

项目八　传统柴油发动机燃油供给系统的检修

学习目标与要求

1. 能识别传统柴油发动机燃料供给系零部件，并能解释其工作过程。
2. 能说出柴油发动机混合气形成的特点及燃烧过程。
3. 能说出喷油压力、喷油均匀性、喷油提前角对发动机工作的影响。
4. 能描述喷油器、喷油泵总成的结构、工作过程。
5. 会检测、调整喷油器的喷射压力和喷射形状。
6. 会调整供油提前角。
7. 能完成传统柴油发动机燃料供给系的正常维护作业。
8. 能熟练掌握相关技术资料的查询方法。
9. 锻炼自主学习分析能力、自我展示能力，并能培养团队合作精神、职业道德素养。

任务一　传统柴油发动机燃油供给系统的认知

任务引入

某装有传统柴油发动机的汽车不能启动，经汽车维修技师分析引起该故障的原因是喷油器没有向汽缸内喷油，需对其不喷油的原因进行排查。

任务分析

通过本任务的学习，知道传统柴油发动机燃油供给系统的组成，会进行柴油发动机燃烧过程的分析并找出其影响因素，了解各种柴油发动机燃烧室的优缺点，为传统柴油发动机燃油供给系统的故障诊断与检修打好基础。

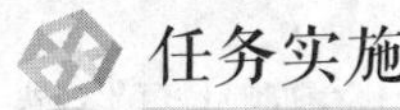

任务实施

一、准备

场地/用具、设备

1. 车间或模拟车间留10人左右用的实习场地一块，对应数量的课桌椅，白板或张贴板一块，多媒体教学设备一套。
2. 个人防护用品、用具，汽车常用维修设备和工具。
3. 装备有Ⅱ喷油泵柴油发动机的实训台架。

资料

1. 相关教学视频、教学课件。
2. 汽车常用维修、检测设备的使用说明书和安全操作规定。
3. 教材、笔记本。

二、要求

10人左右为一组，在教师的指导下，结合相关知识的学习，并在实车上进行传统柴油发动机燃油供给系统的识别。

三、相关知识学习

（一）柴油发动机混合气形成特点及排放分析

1. 柴油发动机混合气形成特点：在缸内形成；混合气浓度不均匀；混合气形成时间短。

混合气质量的影响因素：柴油喷射压力；喷油持续时间；油束分布；喷油起始时间；空气涡流强度；空气质量。

2. 柴油发动机排放的有害物质分析。柴油发动机排气中的CO、HC和NO_x含量比汽油机低，但炭烟排量是汽油机的20～60倍，原因有：

（1）柴油发动机的压缩比高，柴油的裂解和脱氢比汽油严重，生成的炭烟多。

（2）柴油发动机混合气的过量空气系数大，排气中的CO和HC含量较少，燃烧最高温度也比较低，因此NO_x含量也比汽油机低。

（二）柴油发动机燃料供给系的组成

此系统将经过滤清的柴油，按柴油发动机不同的工况要求，以规定的工作顺序，定时、定量、定压，并以一定的喷油质量将柴油喷入燃烧室，使其与空气迅速混合并燃烧，最后将燃烧后的废气排入大气。

1. 组成。

图示	说明
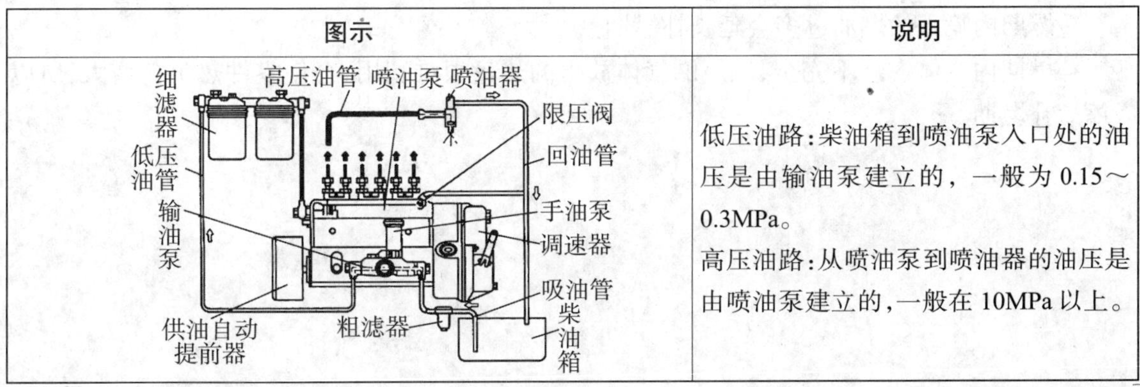	低压油路：柴油箱到喷油泵入口处的油压是由输油泵建立的，一般为0.15～0.3MPa。 高压油路：从喷油泵到喷油器的油压是由喷油泵建立的，一般在10MPa以上。

2. 工作原理：

输油泵将油箱中的柴油吸出，经滤清器滤去杂质后，输入喷油泵的低压油腔，喷油泵将燃油压力提高，按柴油发动机不同工况的要求经高压油管送至喷油器，当燃油压力达到规定值时，喷油孔开启，燃油呈雾状喷入燃烧室，形成混合气。由于输油泵的供油量比喷油泵供油量大得多，故过量的柴油经回油管回到输油泵。

（三）混合气的燃烧

1. 燃烧过程的压力(P)、温度(T)随曲轴转角(α)的变化曲线。

图示	说明
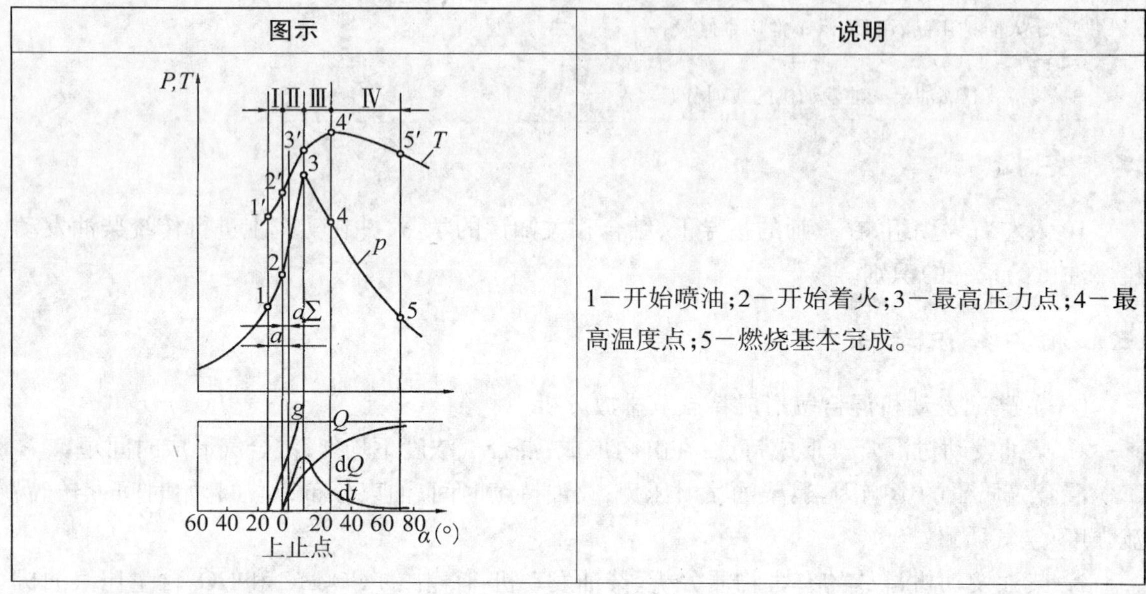	1—开始喷油；2—开始着火；3—最高压力点；4—最高温度点；5—燃烧基本完成。

2. 燃烧过程。

（1）着火延迟期（Ⅰ）：从开始喷油到混合气着火形成火焰核心。

（2）速燃期（Ⅱ）：从缸内开始着火到出现最高燃烧压力。

（3）缓燃期（Ⅲ）：从缸内出现最高压力到出现最高温度。

喷油过程已结束，大量未燃烧的混合气继续燃烧，使缸内温度继续升高。

（4）补燃期（Ⅳ）：从缸内出现最高燃烧温度到燃烧基本结束。

着火延迟期越长，在速燃期内同时参加燃烧的混合气越多，柴油发动机工作越粗暴。

速燃期内压力升高率过大，会导致柴油发动机运转不平稳，燃烧噪声增大，机件的冲击负荷增加。

缓燃期内喷入的燃油过多会延长补燃期。

补燃期内气体燃烧不完全，燃烧的气体放出的热量很难利用，会使零件热负荷增大，所以应缩短补燃期。

（四）柴油发动机燃烧室

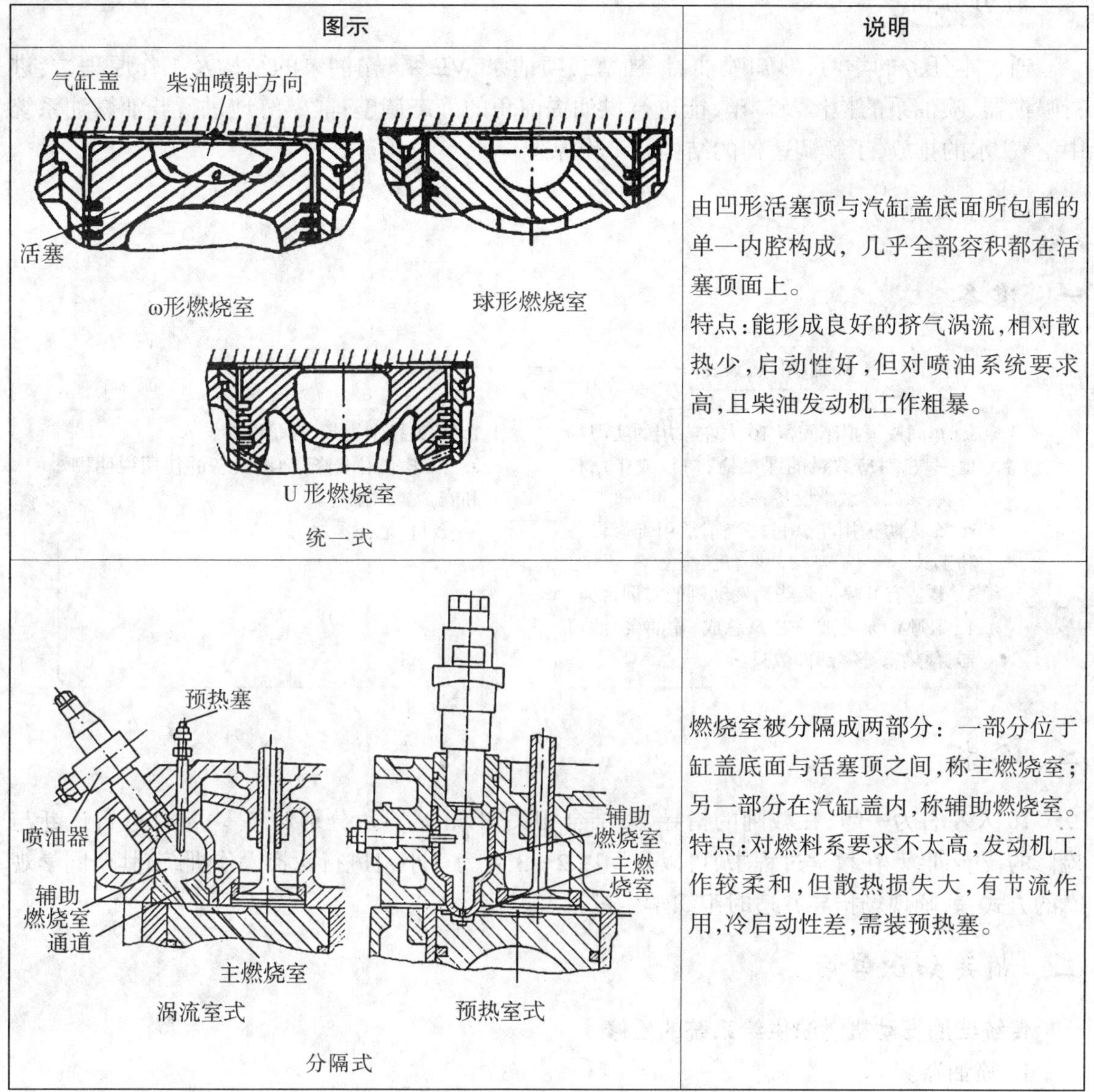

图示	说明
ω形燃烧室 球形燃烧室 U 形燃烧室 统一式	由凹形活塞顶与汽缸盖底面所包围的单一内腔构成，几乎全部容积都在活塞顶面上。 特点：能形成良好的挤气涡流，相对散热少，启动性好，但对喷油系统要求高，且柴油发动机工作粗暴。
涡流室式 预热室式 分隔式	燃烧室被分隔成两部分：一部分位于缸盖底面与活塞顶之间，称主燃烧室；另一部分在汽缸盖内，称辅助燃烧室。 特点：对燃料系要求不太高，发动机工作较柔和，但散热损失大，有节流作用，冷启动性差，需装预热塞。

任务二　传统柴油发动机燃油供给系统的检修

任务引入

某装有传统柴油发动机的汽车排气冒黑烟，经汽车维修技师分析引起该故障的可能原因是混合气过浓或喷油不正时，需对燃油供给系统进行检修。

任务分析

通过本任务的学习，熟知喷油器、柱塞式喷油泵、VE 泵、输油泵的结构及工作原理，会进行喷油器、喷油泵的检修及调整；能进行供油提前角的静态调整；能熟练地进行柴油燃油系统中空气、水的排放，了解调速器的结构与工作原理。

任务实施

一、准备

场地/用具、设备

1. 车间或模拟车间留 10 人左右用的实习场地一块，对应数量的课桌椅，白板或张贴板一块，多媒体教学设备一套。
2. 个人防护用品、用具，汽车常用维修设备和工具。
3. 装备有Ⅱ喷油泵柴油发动机的实训台架。
4. Ⅱ喷油泵总成、VE 泵总成、输油泵、滤清器、预热塞等零部件数只。

资料

1. 相关教学视频、教学课件。
2. 汽车常用维修、检测设备的使用说明书和安全操作规定。
3. 教材、笔记本。

二、要求

10 人左右为一组，在教师的指导下，结合相关知识的学习，分别对各零、部件进行诊断与检修的技能训练。在教学过程中，可以采用以 2～3 人为一小组进行轮换操作训练、其余同学观摩的方式，教师现场指导并适时组织学生进行点评、小结。

三、相关知识学习

传统柴油发动机燃油供给系统的检修

1. 喷油器。

（1）结构。

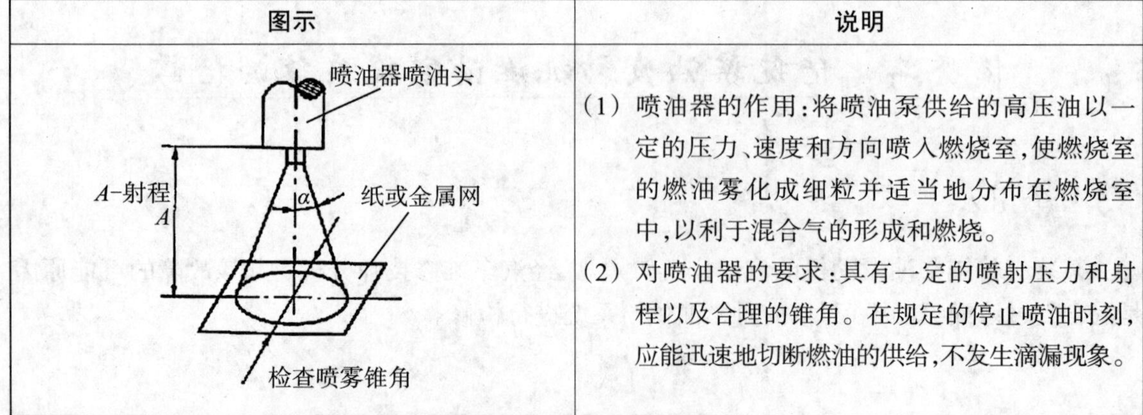

图示	说明
	（1）喷油器的作用：将喷油泵供给的高压油以一定的压力、速度和方向喷入燃烧室，使燃烧室的燃油雾化成细粒并适当地分布在燃烧室中，以利于混合气的形成和燃烧。 （2）对喷油器的要求：具有一定的喷射压力和射程以及合理的锥角。在规定的停止喷油时刻，应能迅速地切断燃油的供给，不发生滴漏现象。

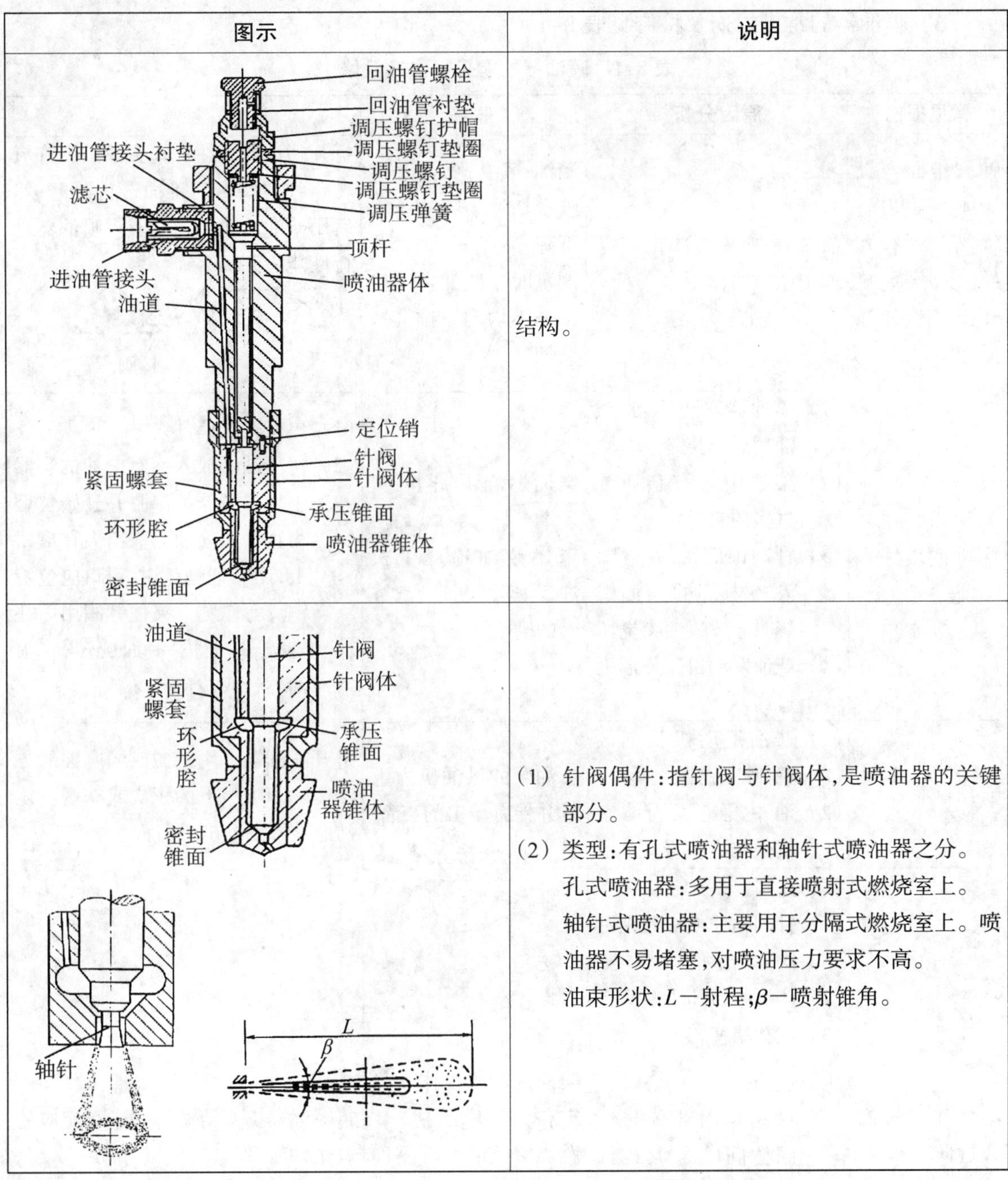

图示	说明
	结构。
	(1) 针阀偶件:指针阀与针阀体,是喷油器的关键部分。 (2) 类型:有孔式喷油器和轴针式喷油器之分。 孔式喷油器:多用于直接喷射式燃烧室上。 轴针式喷油器:主要用于分隔式燃烧室上。喷油器不易堵塞,对喷油压力要求不高。 油束形状:L—射程;β—喷射锥角。

(2) 喷油器的工作原理。柴油发动机工作时,来自喷油泵的高压柴油经喷油器体与针阀体中的油孔道进入针阀中部周围的环状空间。油压作用在针阀的锥形承压环带上形成一个向上的轴向推力,此推力克服调压弹簧的预压力及针阀偶件之间的摩擦力使针阀向上移动,针阀下端锥面离开针阀锥形环带,打开喷孔,高压柴油喷入燃烧室中。喷油泵停止供油时,高压油路内压力迅速下降,针阀在调压弹簧作用下及时回位,将喷孔关闭。

（3）喷油器的常见损伤及检修见表 8-1。

表 8-1　喷油器的常见损伤及检修

常见损伤	原因分析	危害	检修
针阀锥面与针阀体锥面磨损；针阀与针阀孔导向面磨损、喷孔扩大(高压油流冲刷)	喷油器弹簧的冲击与柴油中杂质的作用	滴油、喷孔附近积炭、喷孔堵塞、喷油压力下降 严重时，柴油发动机工作不均匀、排气冒黑烟	拆开喷油器，在针阀头部沾少许氧化铬细研磨膏对锥面进行研磨，然后用柴油洗净，最后装入喷油器进行性能检测 磨料 针阀体　针阀
针阀卡住	（1）喷油器安装不当，喷油嘴局部烧坏 （2）柴油中含有杂质或过多的水分 （3）针阀锥面密封不严，渗入内部的柴油燃烧时导致喷油嘴烧坏 （4）柴油发动机工作温度过高	柴油燃烧不完全、冒黑烟 未燃柴油稀释了机油，加速活塞环、汽缸套的磨损	（1）更换针阀偶件 （2）将喷油器放入盛有柴油的容器中加热至柴油沸腾并开始冒烟为止，将喷油器取出夹在虎钳上，用一把鲤鱼钳(钳口应包着铜皮等软物）夹住针阀用力往外拔，一面拔，一面旋转，将喷油器针阀拔出
喷孔阻塞	（1）柴油发动机长期放置，喷嘴锈蚀 （2）油中混进了固体杂质微粒或积炭	喷油泵的供油压力上升并伴有敲击的声音	拆开喷油器，用机械或弱腐蚀的方法清除掉喷嘴上的积炭或铁锈 注意：不能损伤密封面
喷油压力过高或过低	压力过高： （1）针阀粘住或卡死在针阀体内 （2）调压弹簧压力过大 （3）喷孔堵塞 压力过低： （1）针阀导向部分与针阀体间隙过大或针阀锥面密封不严 （2）喷油嘴与喷油器体接触面密封不严 （1）调压螺钉松动 （1）调压弹簧压力太小或折断	柴油发动机工作不稳定和功率不足 燃烧室及活塞等零件早期磨损	将喷油器拆开清洗，并进行相应的调试和修理

2. 喷油泵。燃油通过喷油泵的工作变成高压，并按照柴油发动机各种不同工况的要求，定时、定量地将高压燃油送至喷油器，然后喷入燃烧室中。

（1）柱塞泵总成。

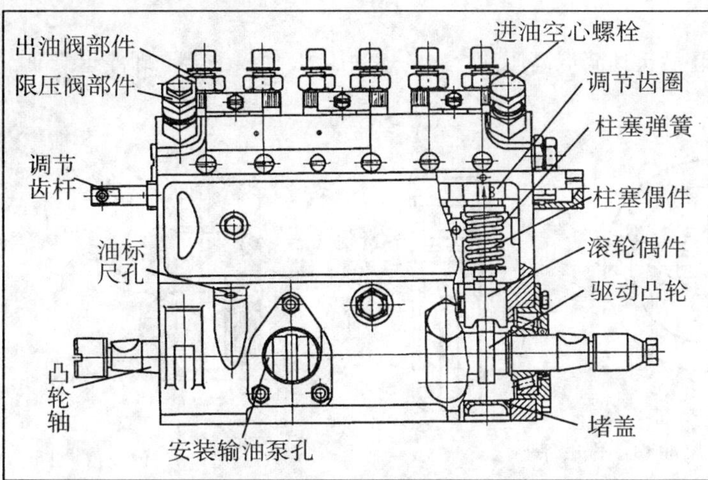

（1）结构：每一副柱塞与柱塞套只向一个汽缸供油。由柱塞偶件（柱塞和柱塞套）、出油阀偶件（出油阀和出油阀座）、泵体、柱塞弹簧、驱动机构、油量调节机构等组成。

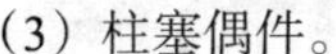

（2）对喷油泵的要求：

①保证定时、定量、定压地向喷油器供给柴油。

②对于多缸柴油发动机，要求各缸的相对供油时刻、供油量和供油压力等相同。

③供油开始和结束要求迅速干脆，喷油器不滴漏。

（3）柱塞偶件。

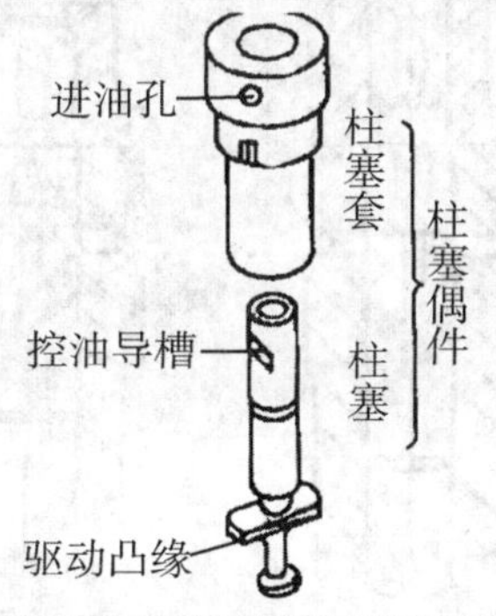

（4）分泵结构。

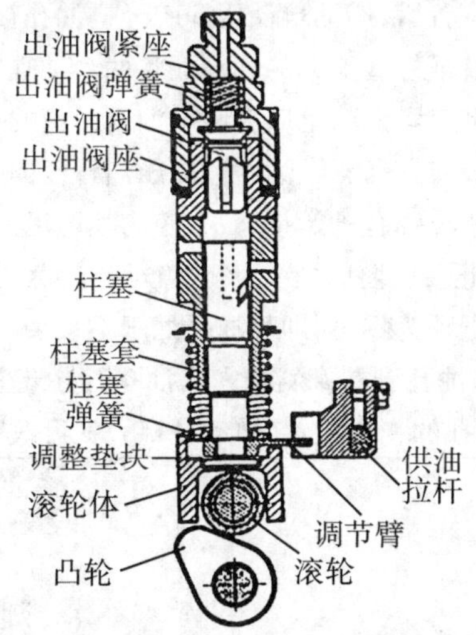

（5）出油阀偶件。

减压环带的作用：在喷油泵供油停止后迅速降低高压油管中的燃油压力，使喷油器立即停止喷油。

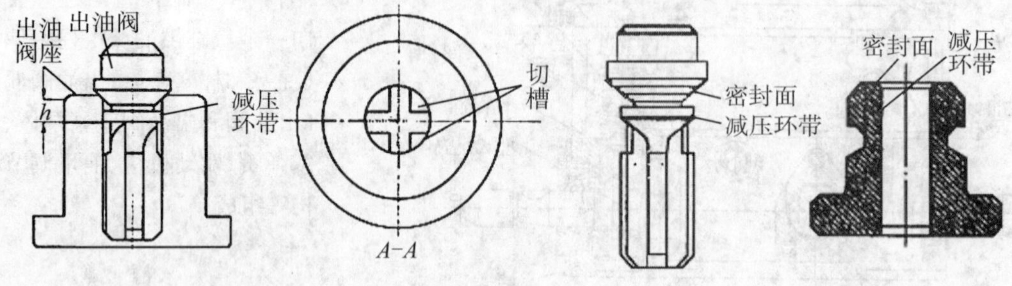

出油阀偶件的结构

（6）工作原理：

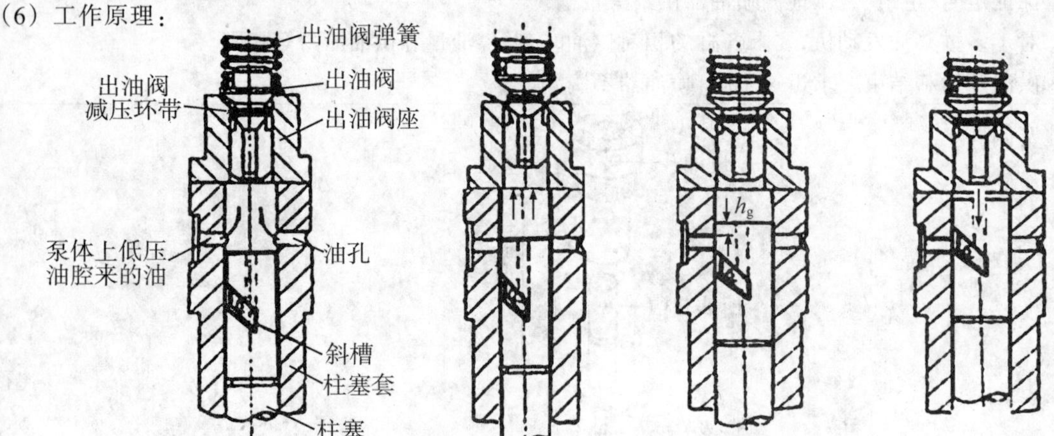

进油过程（下止点）　压油开始（进油结束）　压油结束（回油开始）　回油结束（上止点）

①进油过程：当柱塞下移到下止点位置后，燃油自低压油腔经进油孔被吸入并充满泵腔。

②压油过程：在柱塞自下止点上移直至柱塞上部的圆柱面将两个油孔完全封闭时为止。此后柱塞继续上升，柱塞上部的燃油压力迅速增高到足以克服出油阀弹簧的作用力，出油阀开始打开。当出油阀的圆柱环形带离开出油阀座时，高压燃油通过高压油管流向喷油器。

③回油过程：当柱塞继续上移到斜槽与油孔开始接通，泵腔内油压迅速下降，出油阀在弹簧压力作用下立即回位，喷油泵停止供油。此后柱塞仍继续上行，直至凸轮达到最高升程为止，但不再泵油。

④停止供油状态：当柱塞转到有效行程为零时，即喷油泵处于不泵油状态。

有效行程（h_g）：柱塞顶端封闭径向油孔到柱塞斜槽露出油孔时柱塞上移的距离。h_g越大，供油量越多。改变柱塞斜槽与柱塞套油孔的相对位置（转动柱塞），就可改变有效行程（供油量）。

（7）各缸供油量一致性的调整：松开固定螺钉，改变调节拨叉在供油拉杆上的位置，即可改变该分泵的供油量。	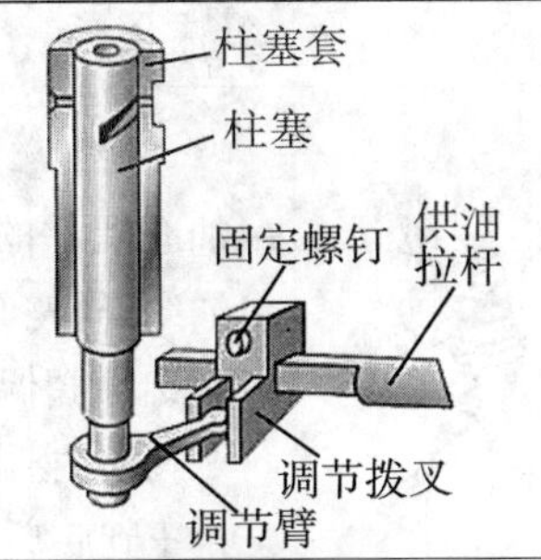
（8）各缸供油提前角一致性的调整：改变滚轮传动部件的高度 h，可以改变分泵的供油提前角。h 增大，供油提前角增大；反之，减小。	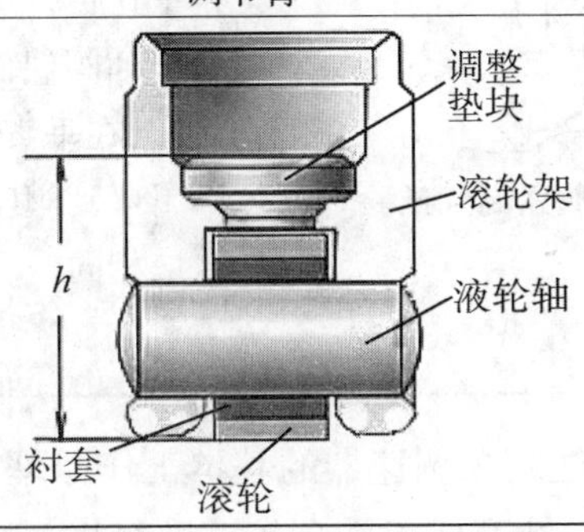

（2）柱塞泵的常见故障及原因分析见表 8–2。

表 8–2　常见故障及原因分析

常见故障	原因分析
输油泵有送油但喷油泵不泵油	柱塞偶件磨损过大、出油阀偶件密封不严、柱塞卡滞
喷油泵供油不均匀，时断时续	柱塞弹簧断、出油阀弹簧断或弹力减弱、柱塞在套筒内不能自由活动
供油过多	出油阀偶件密封不严、出油阀座与柱塞套筒的平面接触不良、供油拉杆与拨叉的相互位置不对、柱塞与套筒磨损
供油不足	柱塞偶件内斜槽位置不对、各缸喷油泵的供油量不均匀
开始供油的时间不准确	喷油泵定时螺钉松动、滚轮磨损过大、凸轮磨损过大、联轴器上的定时刻线没有校准

（3）柱塞泵的检修。

图示	说明
柱塞偶件密封性试验 柱塞 60° 柱塞套筒 柱塞偶件滑动性试验	柱塞偶件的检修：柱塞表面有严重的磨损痕迹、颜色发暗、有剥落或锈蚀、有裂痕时应更换。 （1）柱塞偶件密封性试验：一手握住柱塞套，用手指堵住柱塞套的进油口、回油孔及导向孔，另一只手将柱塞放在中等或最大供油位置后由最下往上拉（以柱塞上沿不露出柱塞套油孔为限），若感觉到有明显吸力，并且在放开柱塞时，柱塞能迅速地回到原来的位置，则柱塞与柱塞套密封良好，可继续使用。 （2）柱塞偶件滑动性试验：将清洗后的柱塞和柱塞套在洁净的柴油中浸没后取出，将柱塞装入柱塞套并往返在套中抽动数次。手指拿住柱塞套，保持与水平线成 60°左右角度，将柱塞转到任何角度，轻轻抽出约 1/3 后松开手，柱塞都能够均匀且慢慢而不间断地下滑，并落在柱塞套的支承面上，说明柱塞偶件配合良好，否则应予更换。

图示	说明
出油阀密封性试验	出油阀偶件的检修：减压环带、锥面有严重的磨损痕迹、锈蚀、较深的划痕，出油阀、阀座有裂痕，应给予更换。 （1）出油阀偶件密封性试验：用手堵住阀座下端的油孔，将出油阀轻轻放入阀座中。当减压环带刚进入阀座时，出油阀应自行停止下落；用手指将其压到底后立即松手，出油阀应能迅速弹回。 （2）出油阀偶件滑动性试验：将出油阀和阀座在柴油中浸泡后取出，拿住阀座，在垂直方向抽出出油阀约 1/3 后松开，出油阀应能靠自身重量自由下落到阀座支承面上。将出油阀旋转任意角度进行多次试验，其结果都应相同。

3. 柱塞泵调速器的基本工作原理。

（1）柱塞式喷油泵的速度特性：

①供油拉杆位置不变时，供油量随转速变化的关系称为喷油泵的速度特性。

②转速低时，节流作用减小、柱塞副漏油量增大，使供油量也减小，转速进一步降低，甚至熄火。

③转速上升时，节流作用增强、柱塞副漏油量减少，使供油量上升，转速升高，最后将导致发动机超速“飞车”。

（2）调速器的作用：根据柴油发动机负荷及转速的变化对喷油泵的供油量进行自动调节，以使柴油发动机能稳定运行。

（3）两极调速器。

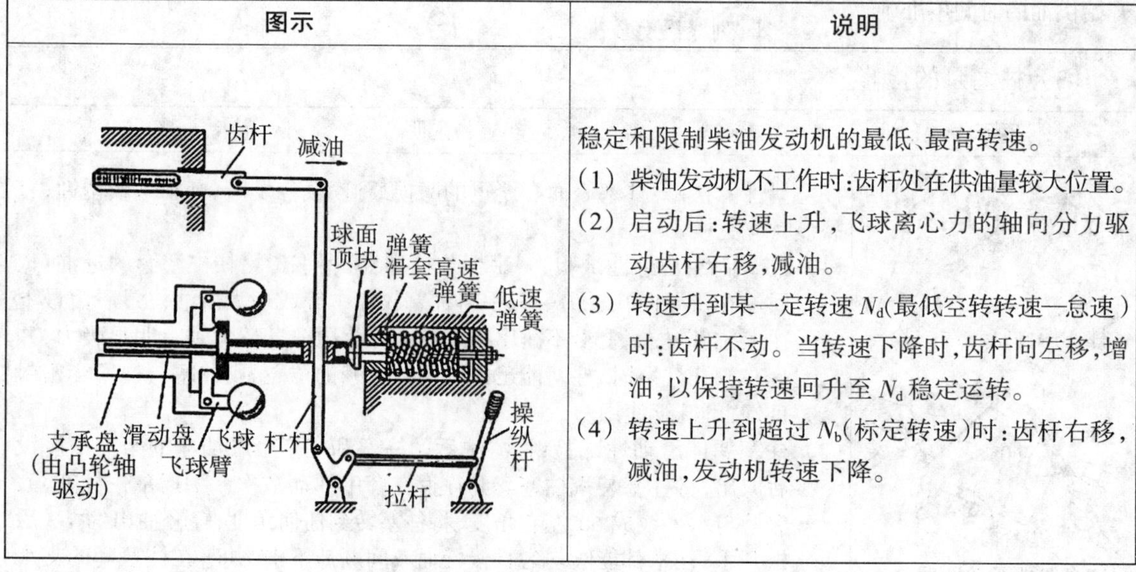

图示	说明
	稳定和限制柴油发动机的最低、最高转速。 （1）柴油发动机不工作时：齿杆处在供油量较大位置。 （2）启动后：转速上升，飞球离心力的轴向分力驱动齿杆右移，减油。 （3）转速升到某一定转速 N_d（最低空转转速—怠速）时：齿杆不动。当转速下降时，齿杆向左移，增油，以保持转速回升至 N_d 稳定运转。 （4）转速上升到超过 N_b（标定转速）时：齿杆右移，减油，发动机转速下降。

（4）全程调速器。

图示	说明
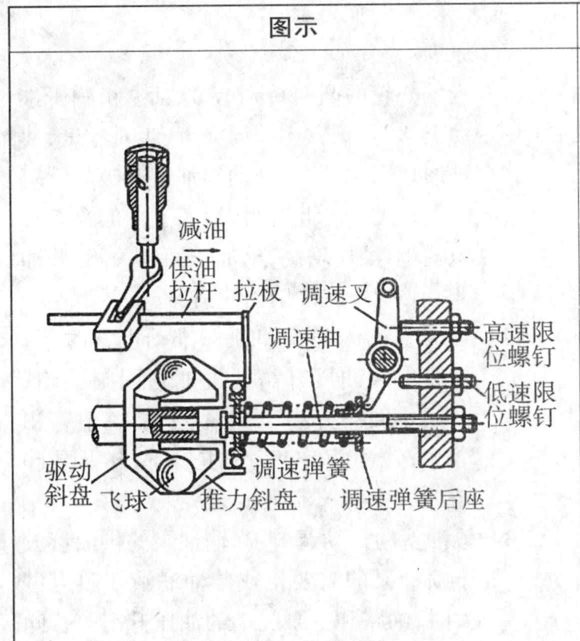	能控制从怠速到最高限制转速范围内任何转速下的喷油量。改变调速叉的位置，即可改变调速弹簧的预压力，改变弹簧作用到推力斜盘上的弹力，从而使推力斜盘移动来改变供油量。 （1）柴油机不工作时：推力斜盘在调速弹簧的弹力作用下位于最左端，供油量达最大位置。 （2）启动后：转速上升，飞球离心力的轴向分力驱动供油拉杆右移，减油。 （3）当调速叉顺时针转动时，调速弹簧被压紧，预压力增大，调速器起作用，转速增高；当调速叉与高速限位螺钉相碰时，柴油机在标定工况下稳定运转。 （4）当调速叉与低速限位螺钉相碰时，在怠速下稳定运转；调整低速限位螺钉，可改变怠速转速的高低。

4. 输油泵。

（1）作用：保证柴油在低压油路内循环，并供应足够数量及一定压力的柴油给喷油泵。

（2）结构及工作原理。

图示	说明
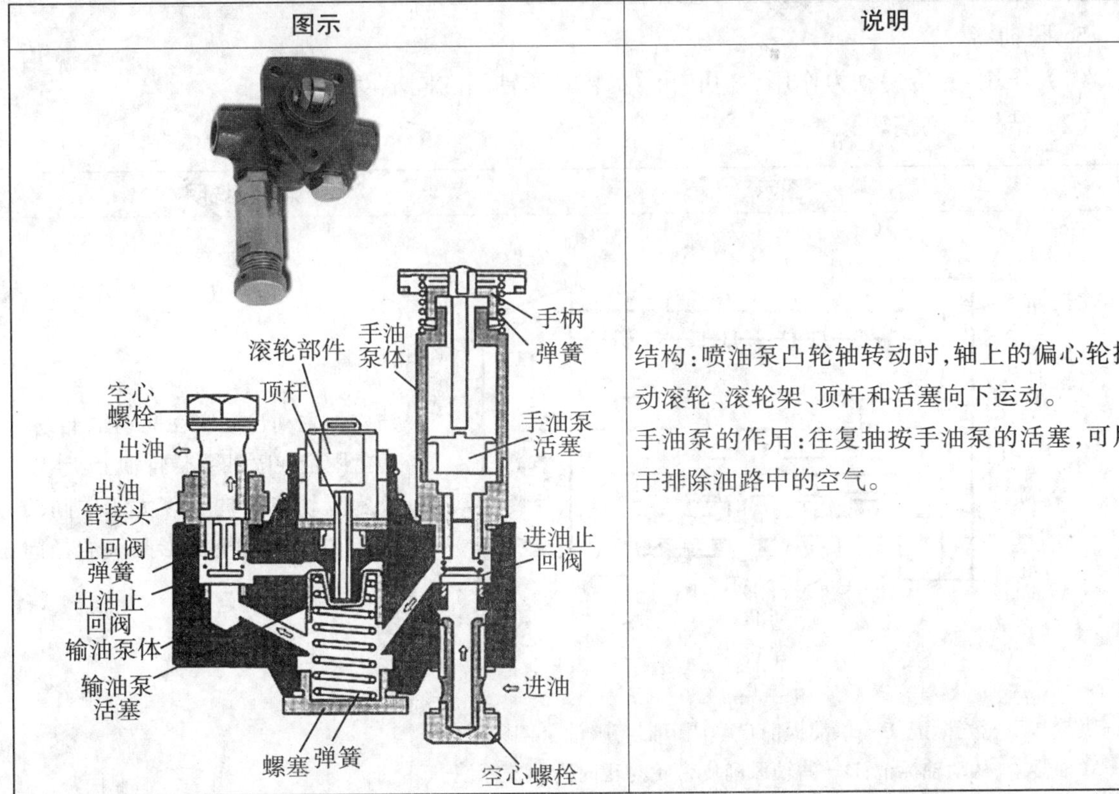	结构：喷油泵凸轮轴转动时，轴上的偏心轮推动滚轮、滚轮架、顶杆和活塞向下运动。 手油泵的作用：往复抽按手油泵的活塞，可用于排除油路中的空气。

图示	说明
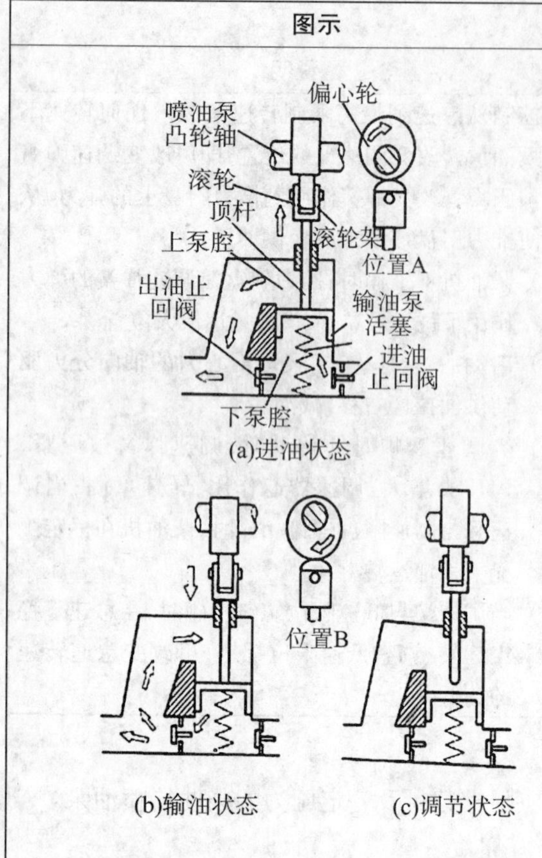 (a)进油状态 (b)输油状态　(c)调节状态	工作原理： （1）当偏心轮的凸起转到上方，活塞被弹簧推动上移时，下方容积增大，产生真空度，使进油止回阀开启，柴油经油道被吸入活塞的下泵腔。与此同时，活塞上方的泵腔容积减小，油压增高，出油止回阀关闭，柴油从空心螺栓流往柴油滤清器。 （2）当活塞被偏心轮和顶杆推动下移时，下泵腔中的油压升高，进油止回阀关闭，出油止回阀开启。同时，上泵腔中容积增大，产生真空度，于是柴油自下泵腔经出油止回阀流入上泵腔。 （3）输油量的自动调节：当输油泵的供油量大于喷油泵的需要量或柴油滤清器阻力过大时，油路和上泵腔中的油压升高。若此油压与弹簧弹力相平衡，则活塞便停在某一位置，不能回到上止点，即活塞的行程减小，从而减小了输油量，并限制油压的进一步升高。

5. 联轴器。

（1）作用：起传递动力作用，并可补偿安装时两轴间的同轴度偏差。

（2）结构及调整。

图示	说明
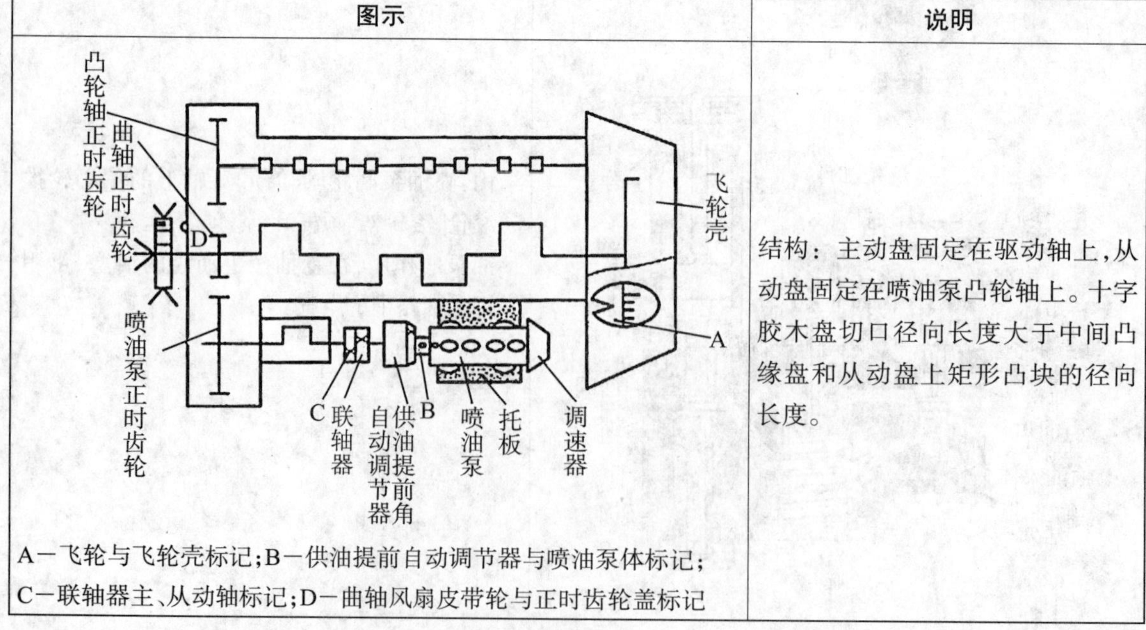 A－飞轮与飞轮壳标记；B－供油提前自动调节器与喷油泵体标记； C－联轴器主、从动轴标记；D－曲轴风扇皮带轮与正时齿轮盖标记	结构：主动盘固定在驱动轴上，从动盘固定在喷油泵凸轮轴上。十字胶木盘切口径向长度大于中间凸缘盘和从动盘上矩形凸块的径向长度。

图示	说明
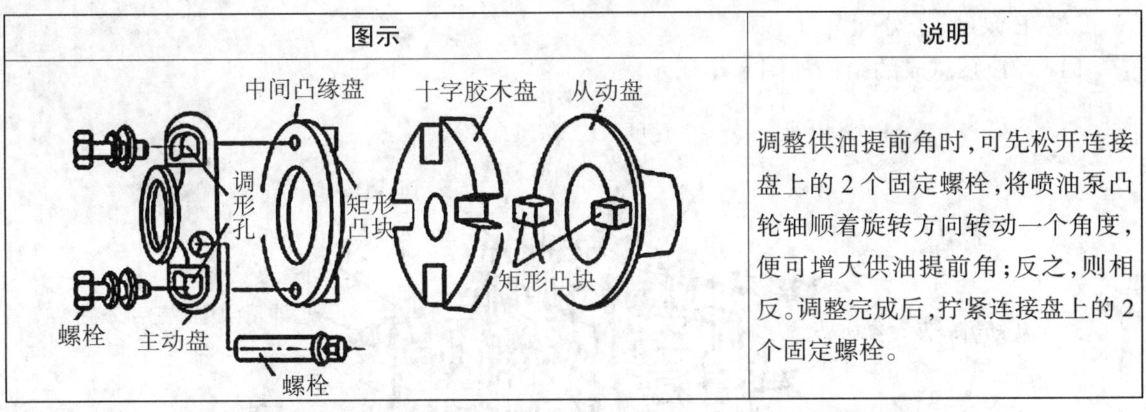	调整供油提前角时，可先松开连接盘上的 2 个固定螺栓，将喷油泵凸轮轴顺着旋转方向转动一个角度，便可增大供油提前角；反之，则相反。调整完成后，拧紧连接盘上的 2 个固定螺栓。

6. 静态供油提前角的调整。

（1）当柴油发动机曲轴上的供油提前角位置刻线准确对准机体上的标记时，第一缸在压缩上止点附近。

（2）标记对正后，观察喷油泵的供油提前角自动调节器壳体上的刻线与喷油泵泵体上刻线是否对齐。如不齐，需通过联轴器来进行调整。

7. 柱塞泵供油提前角自动调节装置(转速提前器)。

（1）作用：根据发动机转速的变化自动调节供油提前角，改善发动机的动力性和经济性。

（2）结构及工作原理。

图示	说明
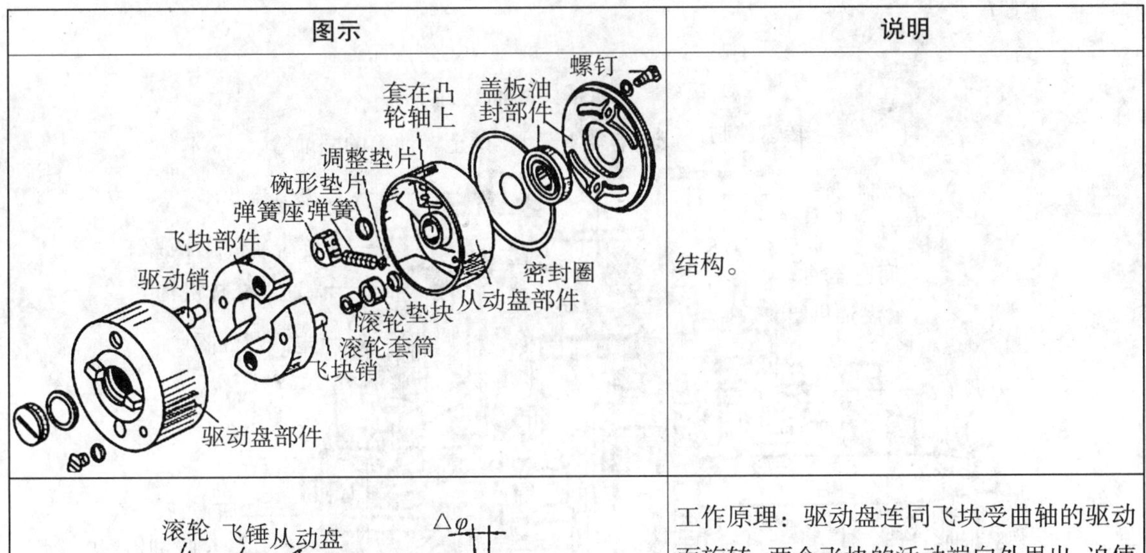	结构。
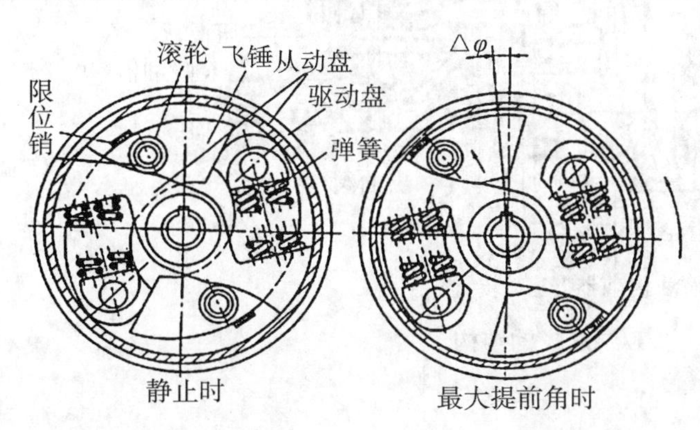	工作原理：驱动盘连同飞块受曲轴的驱动而旋转。两个飞块的活动端向外甩出，迫使从动盘也沿旋转方向转动一个角度，直到调速器的弹力与飞块离心力平衡为止。此时驱动盘与从动盘同步旋转，当转速升高时，飞块活动端便进一步向外甩出，从动盘被迫再相对于驱动盘前进一个角度，到弹簧弹力足以平衡新的离心力为止，供油提前角便相应地增大。

8. VE 泵(转子分配泵)。

(1) VE 泵总成的结构如图 8-1 所示。

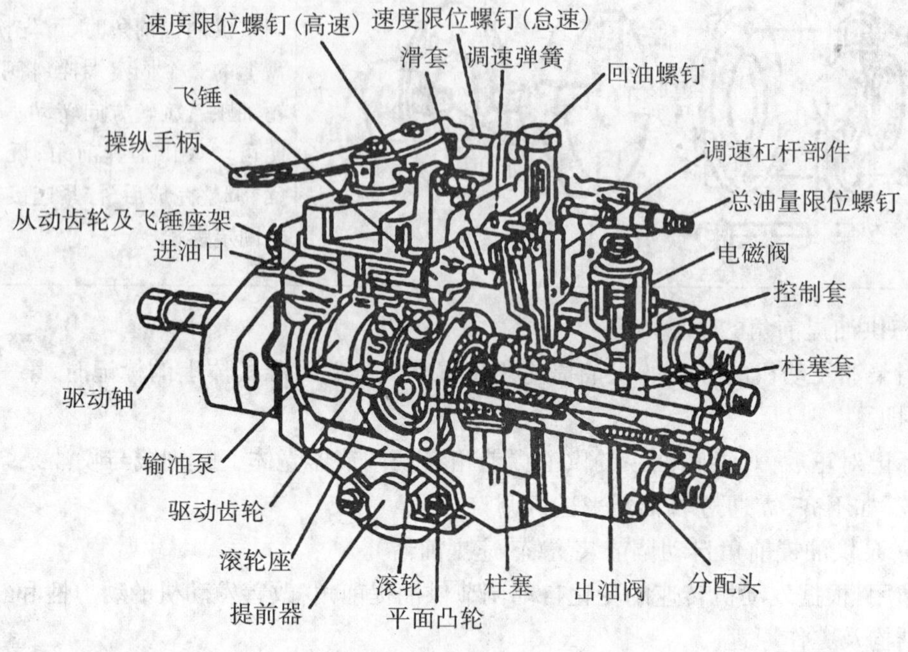

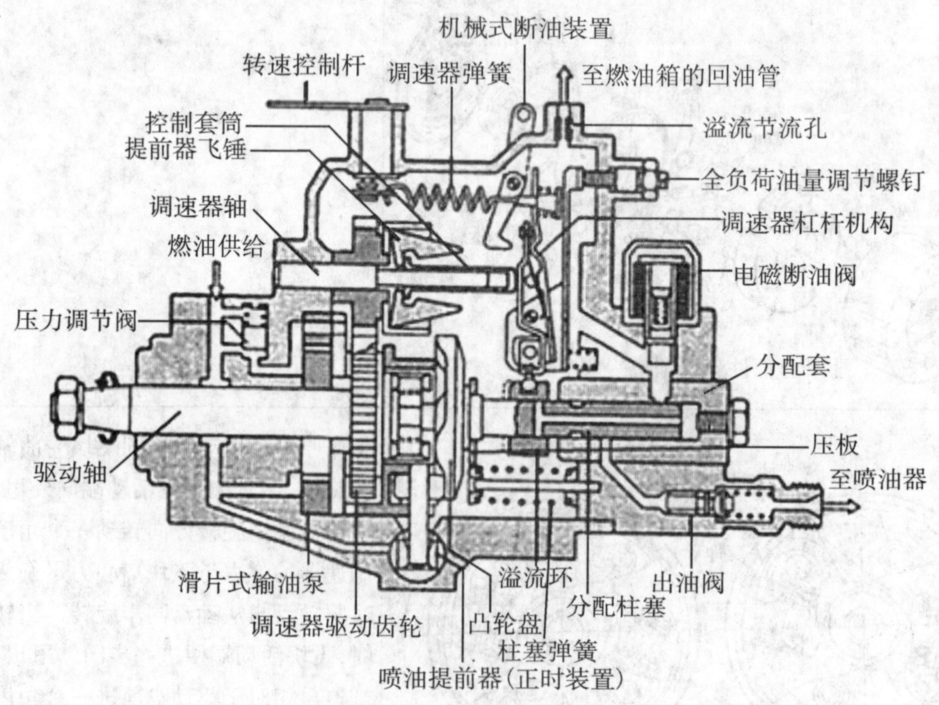

图 8-1 VE 泵总成的结构

（2）高压部分。

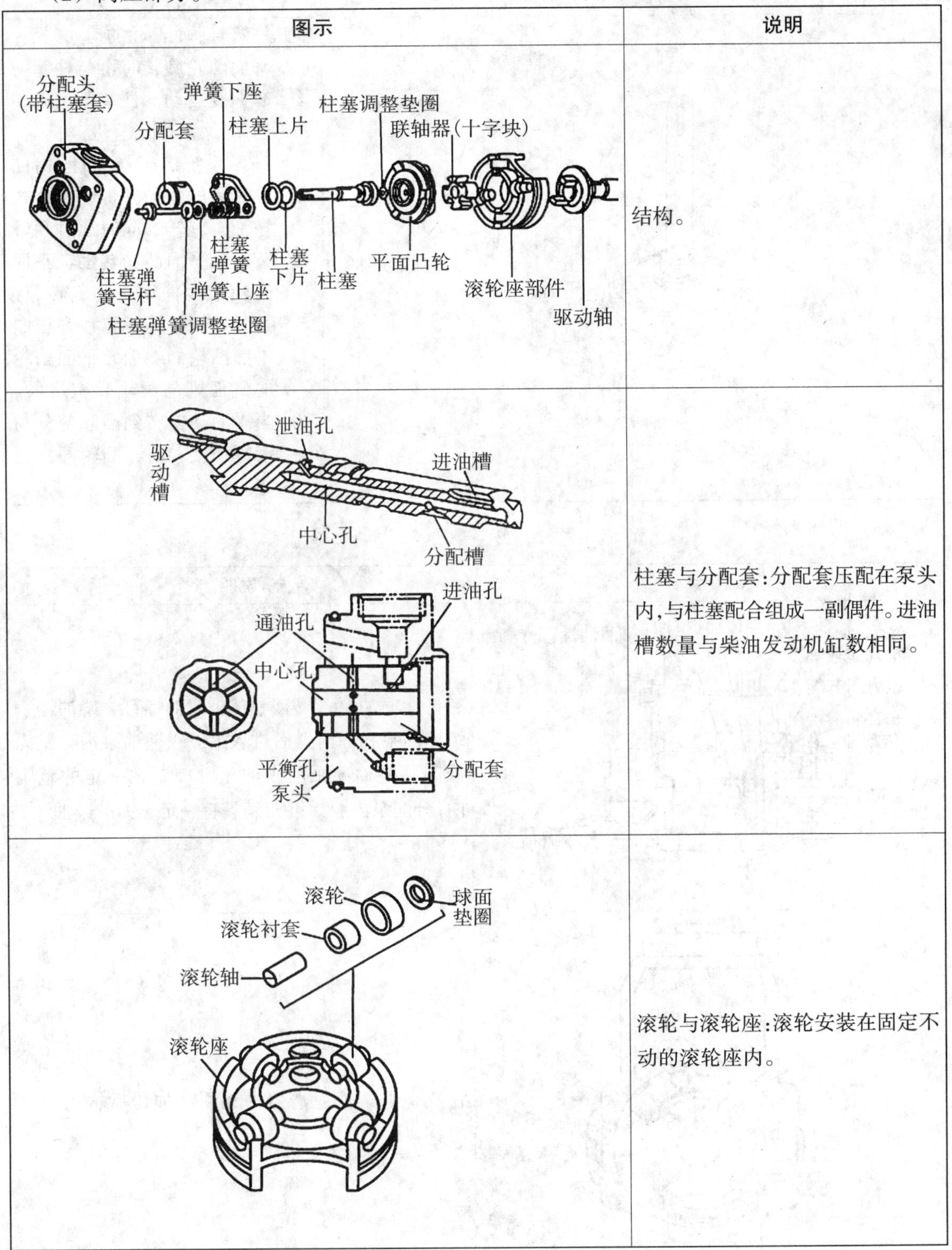

图示	说明
	结构。
	柱塞与分配套：分配套压配在泵头内，与柱塞配合组成一副偶件。进油槽数量与柴油发动机缸数相同。
	滚轮与滚轮座：滚轮安装在固定不动的滚轮座内。

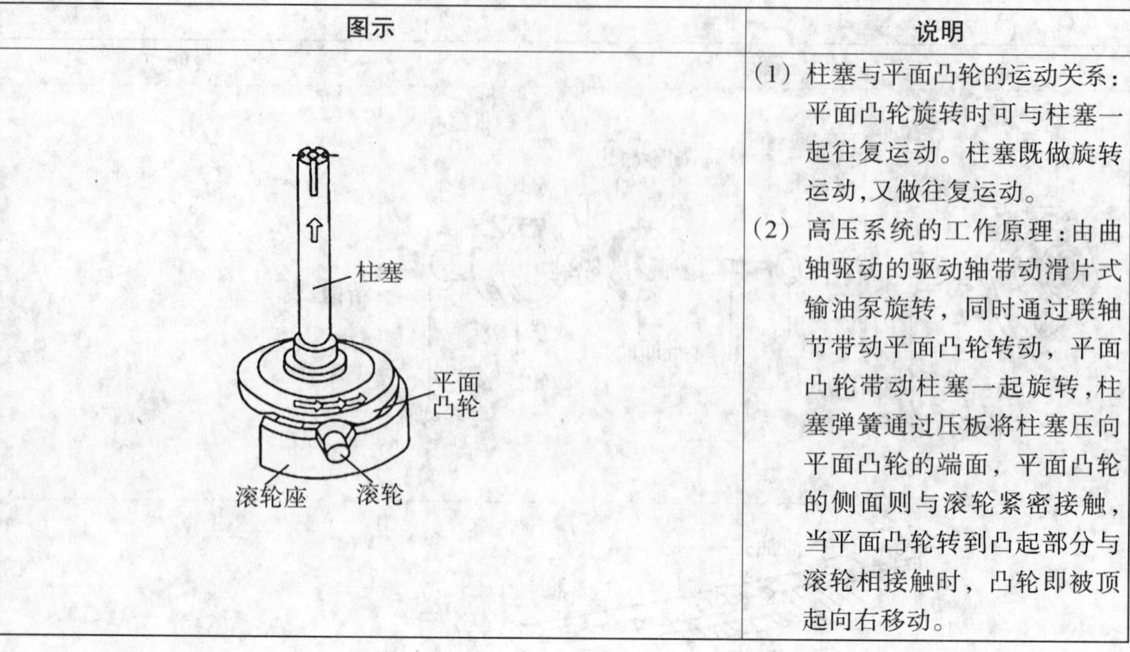

图示	说明
柱塞 平面凸轮 滚轮座 滚轮	（1）柱塞与平面凸轮的运动关系：平面凸轮旋转时可与柱塞一起往复运动。柱塞既做旋转运动，又做往复运动。 （2）高压系统的工作原理：由曲轴驱动的驱动轴带动滑片式输油泵旋转，同时通过联轴节带动平面凸轮转动，平面凸轮带动柱塞一起旋转，柱塞弹簧通过压板将柱塞压向平面凸轮的端面，平面凸轮的侧面则与滚轮紧密接触，当平面凸轮转到凸起部分与滚轮相接触时，凸轮即被顶起向右移动。

（3）低压系统。

图示	说明
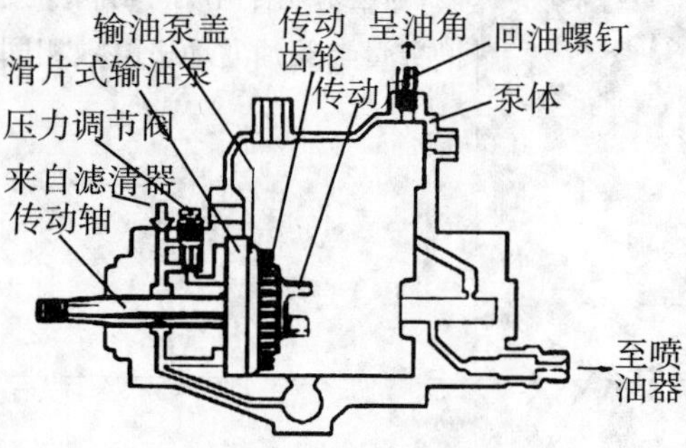 输油泵盖 滑片式输油泵 压力调节阀 来自滤清器 传动轴 传动齿轮 呈油角 传动片 回油螺钉 泵体 至喷油器 结构	它包括输油泵、压力调节阀、回油螺钉。柴油经一级输油泵和滤清器后进入第二级输油泵内，压力控制阀将输油泵的出油压力控制在一定的范围内，分配泵内腔始终充满具有一定压力的柴油。
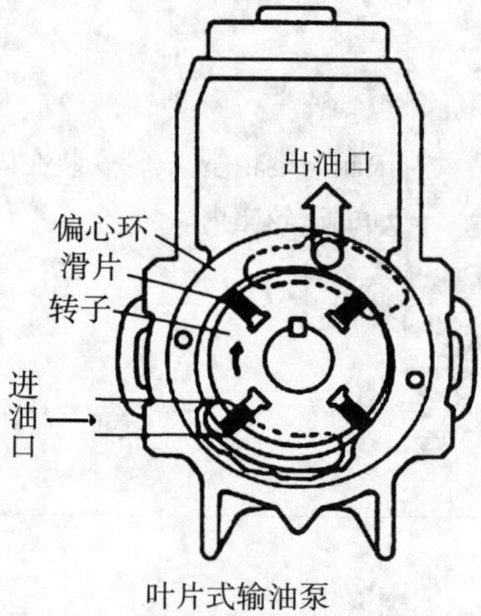 出油口 偏心环 滑片 转子 进油口 叶片式输油泵	它使来自柴油滤清器的柴油经加压后输入泵室内。

图示	说明
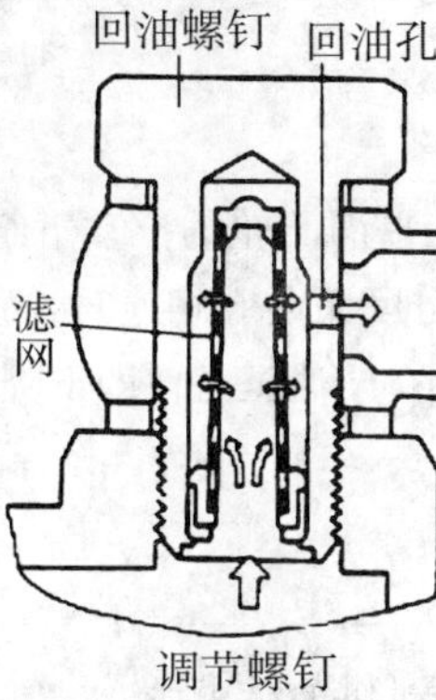 回油螺钉 回油孔 滤网 调节螺钉	它使回至油箱的回油量随转速升高而增加。
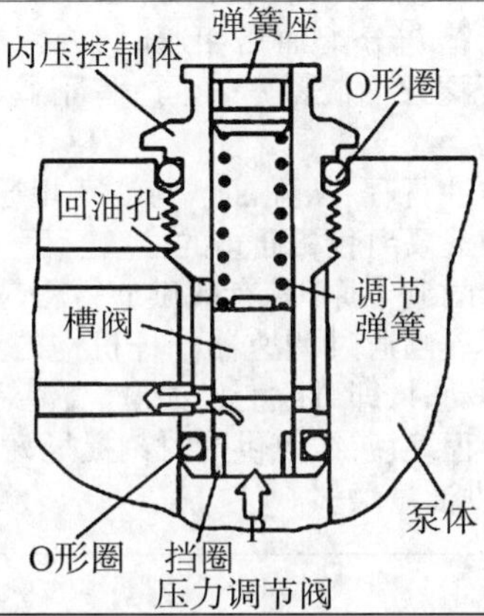 弹簧座 内压控制体 O形圈 回油孔 调节弹簧 槽阀 泵体 O形圈 挡圈 压力调节阀	控制进入泵室内的燃油压力。

（4）VE 泵的工作过程。

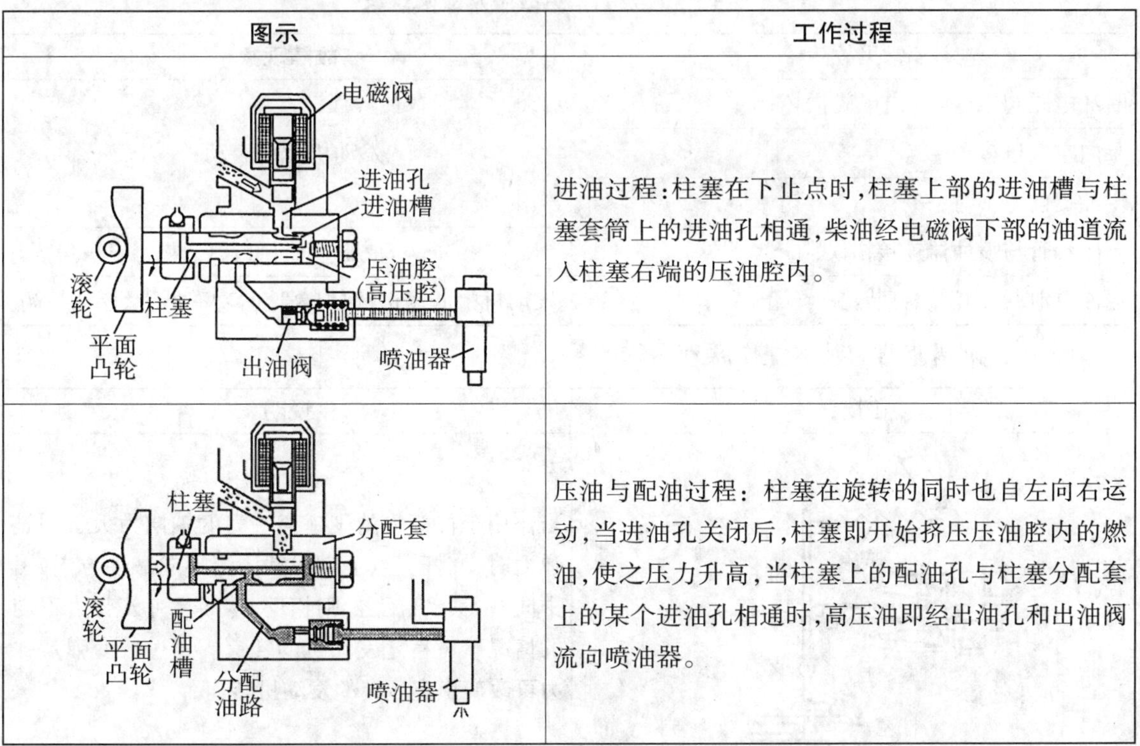

图示	工作过程
	进油过程：柱塞在下止点时，柱塞上部的进油槽与柱塞套筒上的进油孔相通，柴油经电磁阀下部的油道流入柱塞右端的压油腔内。
	压油与配油过程：柱塞在旋转的同时也自左向右运动，当进油孔关闭后，柱塞即开始挤压压油腔内的燃油，使之压力升高，当柱塞上的配油孔与柱塞分配套上的某个进油孔相通时，高压油即经出油孔和出油阀流向喷油器。

图示	工作过程
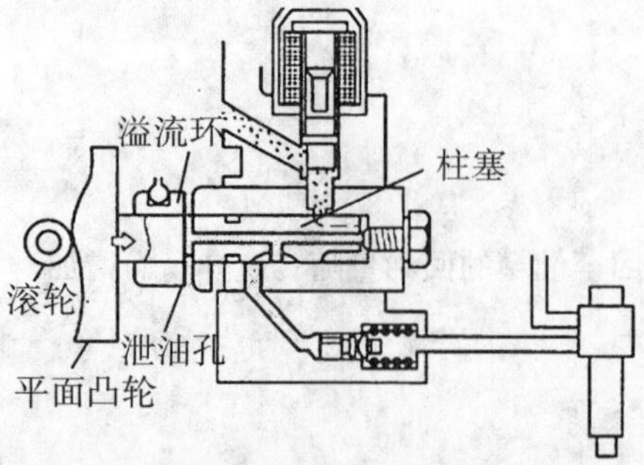	供油结束：柱塞在平面凸轮的推动下继续右移，柱塞左端的泄油孔与分配泵内腔相通时，高压油立即经泄油孔流入泵内腔中，柴油压力立即下降，供油停止。
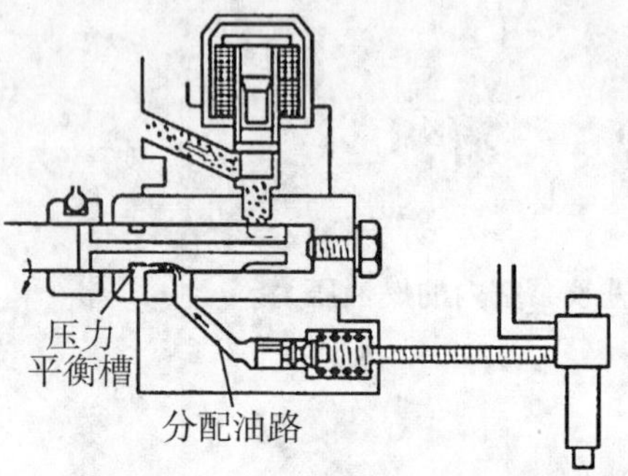	（1）压力平衡过程：供油结束后，柱塞继续旋转，当压力平衡槽与分配油路相通时，分配油路中的柴油与分配泵内腔油压相同，保证了各缸供油的均匀性。 （2）有效供油行程：从配油槽与油孔相通起，至泄油孔与分配泵内腔相通止的柱塞行程。 供油量的调节原理：有效供油行程越长，供油量则越大。当通过调速器杠杆机构的支承杆使溢流环移动时，即可改变供油量。溢流环向左移动，供油行程缩短，结束供油时刻提早，供油量减少；反之，供油量增多。

9. VE 泵的常见故障及故障现象见表 8–3。

表 8–3　VE 泵的常见故障及故障现象

常见故障	故障现象
断油电磁阀未通电 / 电磁阀损坏；	发动机无法启动；
泵内空气过多；	
供油提前角不对；	
高压油管与喷油器连接错误；	发动机抖动且冒蓝白烟；
输油泵泄漏、回油螺钉装错	发动机中低速正常，但高速时功率低下、燃油耗高

10. VE 泵调速器的基本工作原理。

图示	说明
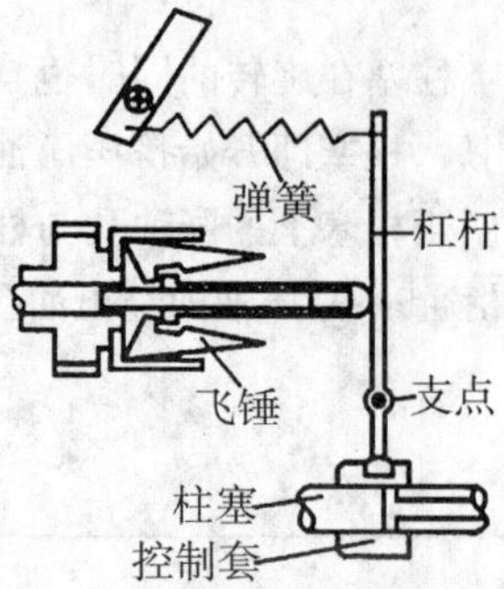	当作用于杠杆上的飞锤离心力的轴向力大于弹簧弹力时，杠杆支点下方拨动溢流环向减油方向（图中向左）移动；反之，则相反，从而在弹簧弹力不变的情况下可稳定发动机的转速。通过改变弹簧弹力可改变稳定运转的发动机转速。

11. VE 泵供油提前角自动调节装置。

自动调节装置	说明
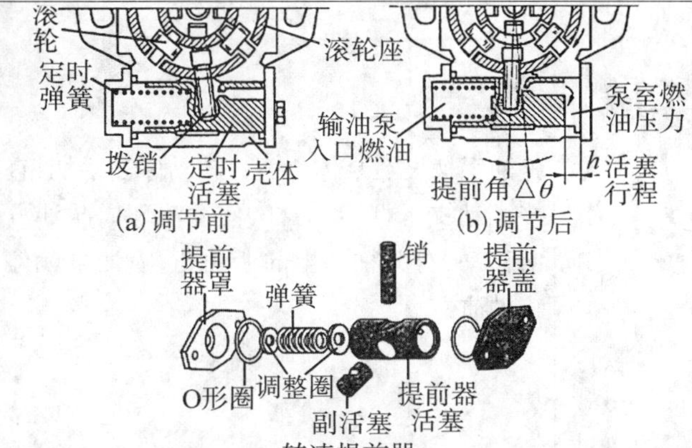 (a) 调节前　(b) 调节后 转速提前器	使喷油泵的动态供油提前角随转速升高而自动加大。 转速升高，拔销使滚轮座和滚轮相对于平面凸轮向供油提前方向转过了一个角度；转速下降，定时活塞又会在弹簧力的作用下，克服燃油压力，使供油始点向后移动。
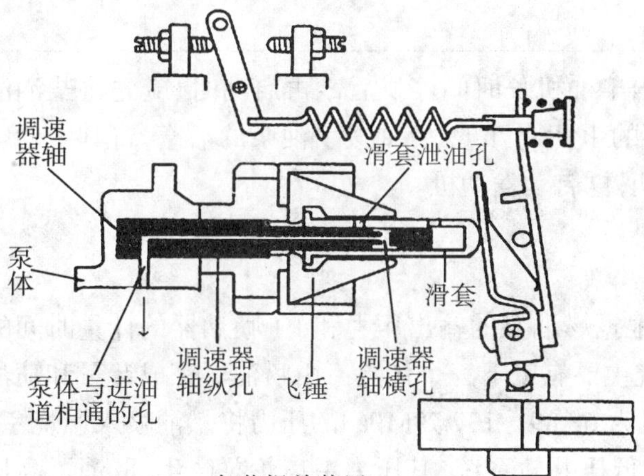 负荷提前装置	油泵转速不变时，能随负荷的大小自动改变供油提前角。 它是通过特制的调速器轴、特制的滑套、特制的泵体来实现的。有的 VE 泵无该装置。负荷下降时，转速增加，飞锤向外张开推动滑套右移，当滑套上的泄油孔和调速器轴上的横孔相通的时候，泵体内腔的压力油便通过滑套上的泄油孔、调速器轴上的横孔和纵孔、泵体上的孔进入进油道，内腔压力就下降，转速提前器活塞就推动滚轮座向供油始点“滞后”方向转动。反之，负荷大时，供油始点提前。

12. 停油装置。

停油装置	说明
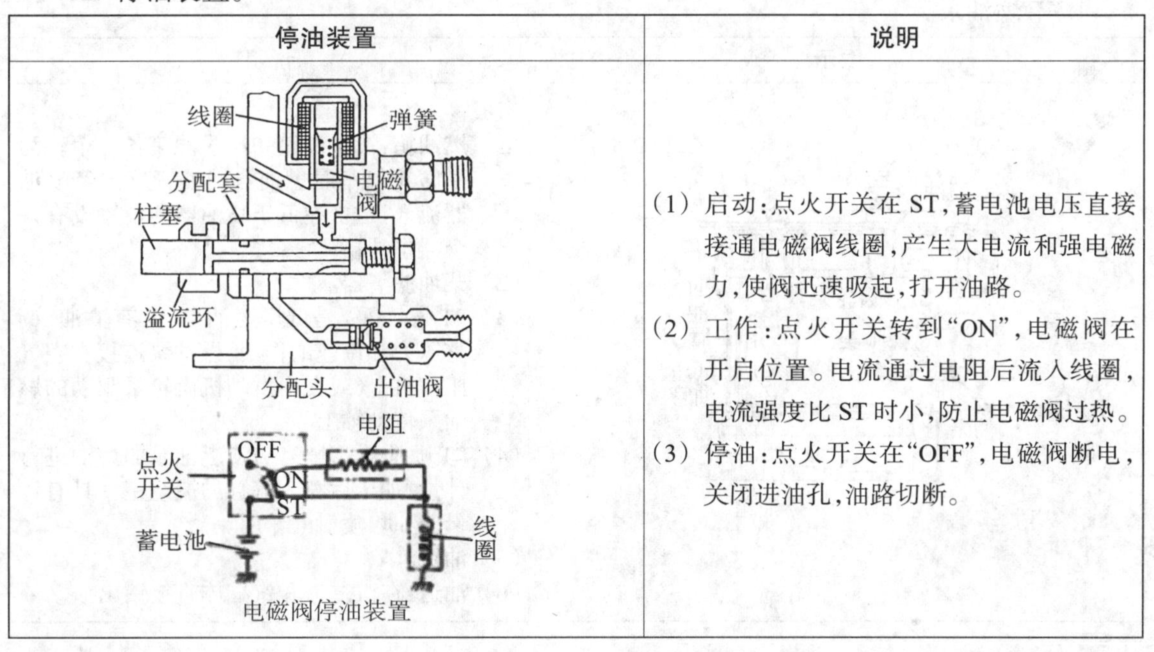 电磁阀停油装置	(1) 启动：点火开关在 ST，蓄电池电压直接接通电磁阀线圈，产生大电流和强电磁力，使阀迅速吸起，打开油路。 (2) 工作：点火开关转到“ON”，电磁阀在开启位置。电流通过电阻后流入线圈，电流强度比 ST 时小，防止电磁阀过热。 (3) 停油：点火开关在“OFF”，电磁阀断电，关闭进油孔，油路切断。

停油装置	说明
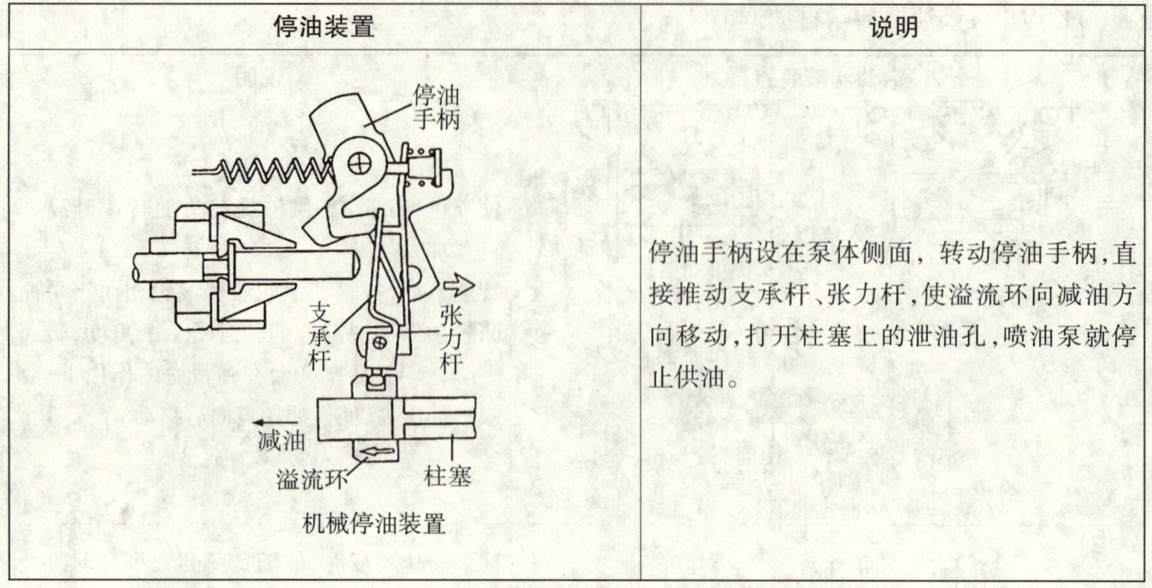 机械停油装置	停油手柄设在泵体侧面，转动停油手柄，直接推动支承杆、张力杆，使溢流环向减油方向移动，打开柱塞上的泄油孔，喷油泵就停止供油。

13. 柴油燃油系统中空气、水的排放。当柴油机长时间停机后欲再启动时，应先将柴油滤清器和喷油泵的放气螺钉拧开，再将手油泵的手柄旋开，往复抽按手油泵的活塞，将其中的空气驱除干净，拧紧放气螺钉，旋紧手油泵手柄，再启动发动机。

知识拓展

康明斯柴油机PT供油系统：该系统是根据燃油泵的输出压力和PT喷油器的计量时间的相互配合来控制循环供油量的。PT燃油系统主要有以下三个优点：由喷油器完成计量和喷油功能；喷油器以大于100MPa（康明斯发动机为68.89～137.79MPa）的压力将燃油喷入燃烧室，使喷入汽缸内的燃油形成细碎的油雾；采用低压共轨系统，其压力由齿轮泵产生，取消了高压油管。

1. PT燃油泵。

图示	说明
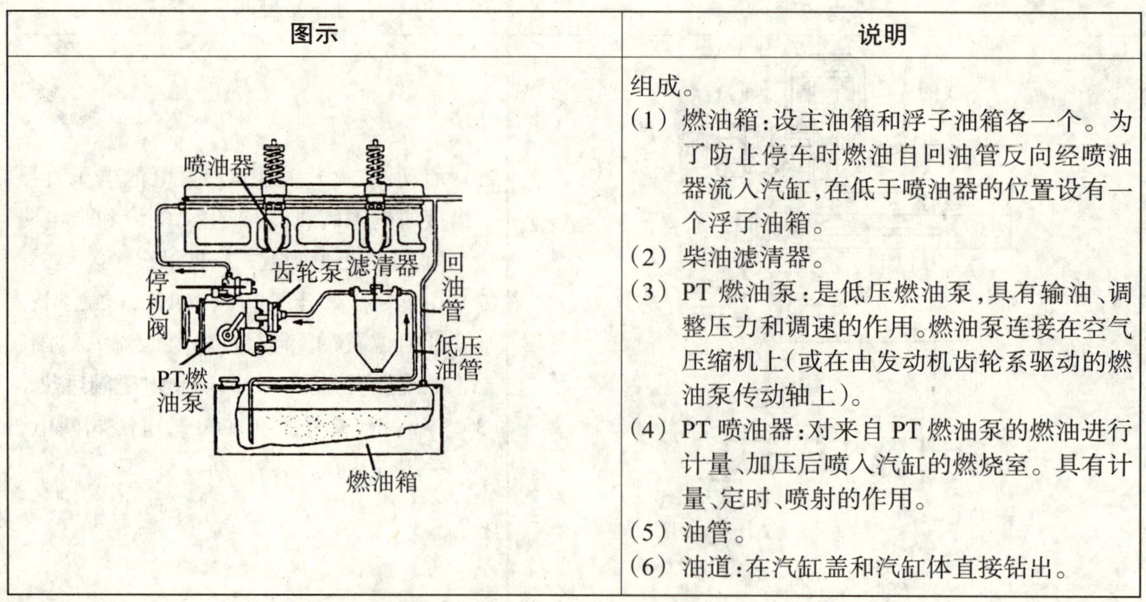 	组成。 （1）燃油箱：设主油箱和浮子油箱各一个。为了防止停车时燃油自回油管反向经喷油器流入汽缸，在低于喷油器的位置设有一个浮子油箱。 （2）柴油滤清器。 （3）PT燃油泵：是低压燃油泵，具有输油、调整压力和调速的作用。燃油泵连接在空气压缩机上（或在由发动机齿轮系驱动的燃油泵传动轴上）。 （4）PT喷油器：对来自PT燃油泵的燃油进行计量、加压后喷入汽缸的燃烧室。具有计量、定时、喷射的作用。 （5）油管。 （6）油道：在汽缸盖和汽缸体直接钻出。

图示	说明
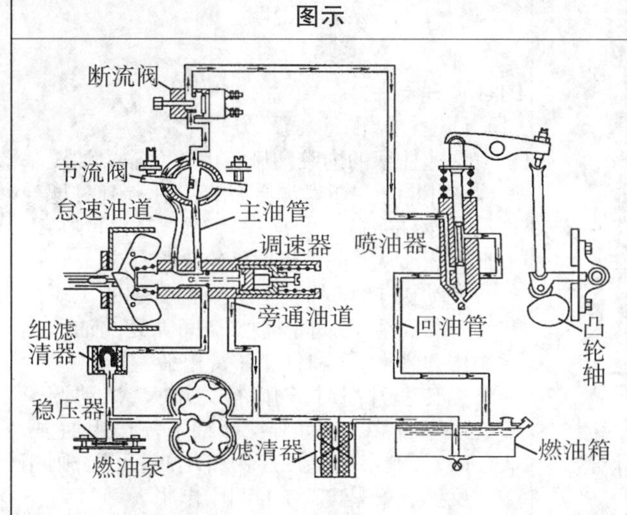	基本工作原理：燃油泵将柴油从油箱吸出，经滤清器、油管，并由燃油泵泵出（压力约为980kP）；流经稳压器、细滤清器、调速器、节流阀（油门）、断流阀后，离开PT泵体，又经供油管进入喷油器；喷油器由凸轮机械控制，按喷油次序定时地把柴油增压喷入汽缸，过剩的燃油通过回油管返回油箱。 PTG调速器是两速离心式调速器；MVS调速器是机械、离心全速式调速器。
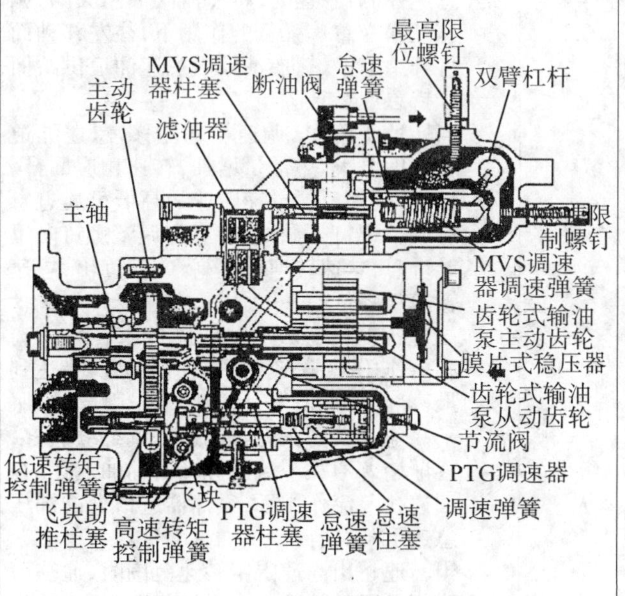	输油泵：为齿轮式。由油泵主轴驱动，输出的压力燃油经过滤清器至PTG调速器。有一油道使泵的压油腔与稳定器相通。 稳压器：为膜片式，用以消除输出燃油压力的波动。
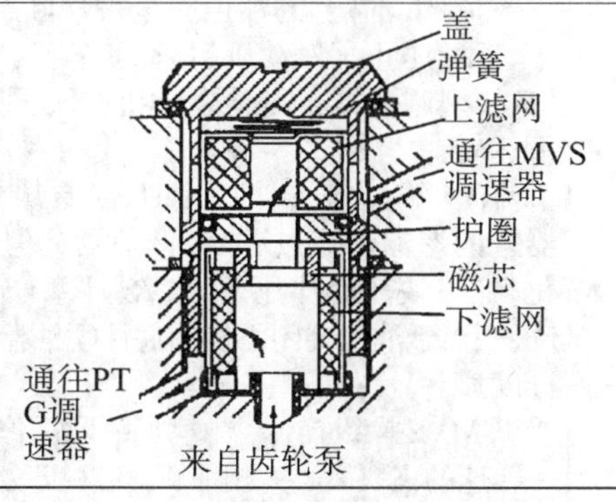	燃油滤清器：滤清器中的磁芯可滤除燃油中的铁粉。

图示	说明
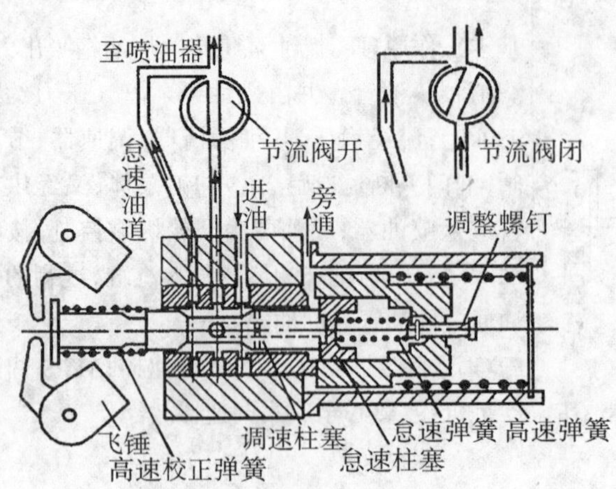	PTG 调速器。 (1) 调速柱塞的油压调节： 调速柱塞的内腔油压与齿轮泵输出油压基本相同。由于燃油压力的作用,调速柱塞与怠速柱塞两者端面保持有一定的间隙,部分燃油从此间隙流回齿轮泵。 发动机工作时,调速柱塞上受到的飞块离心力产生的轴向推力,与间隙处的油压作用力平衡,又和怠速弹簧相平衡。 当转速升高时,轴向推力增大,推动调速柱塞右移，使间隙减小而节流作用加强,PT 泵输出的燃油压力将增高;反之,则相反。这就是 PT 泵的调压作用。
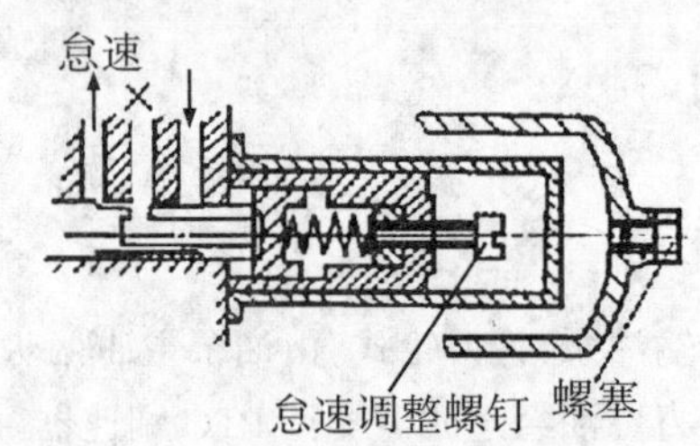	(2) 怠速控制:怠速时,将节流阀油门关闭,调速柱塞在怠速弹簧的作用下,往左移动而打开怠速油道,燃油仅由怠速油道供给而维持怠速运转。 当转速下降时,调速柱塞左移,怠速油道孔开度增大,燃油量增加,转速相应回升。反之,则相反。怠速转速的高低可通过怠速调整螺钉来调整。将怠速调整螺钉向里旋进时,怠速转速就提高;向外旋出,怠速转速就降低。
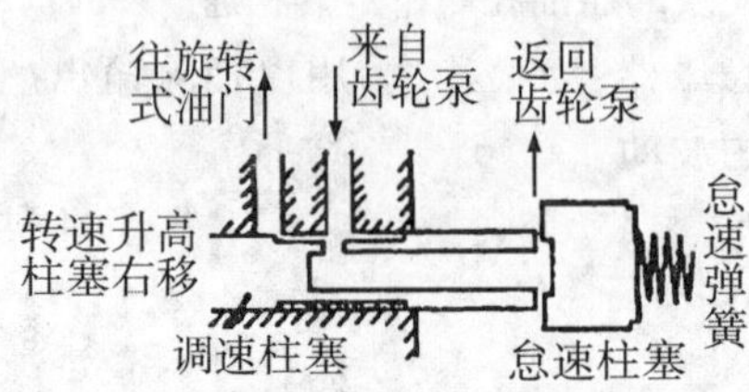	(3) 高速控制:当发动机转速升高,在较大离心力作用下,调速柱塞向右移动。当达到最高转速时,在很大离心力作用下,克服了高速弹簧的张力，调速柱塞继续右移,逐渐堵塞通往节流阀(油门)的油道孔。在油道孔节流作用下,喷油器进口处的油压急速下降,使循环供油量减少。 当转速超出高速限定转速范围时,通往节流阀(油门)的油道完全被切断,而停止供油,防止了发动机超速"飞车"。
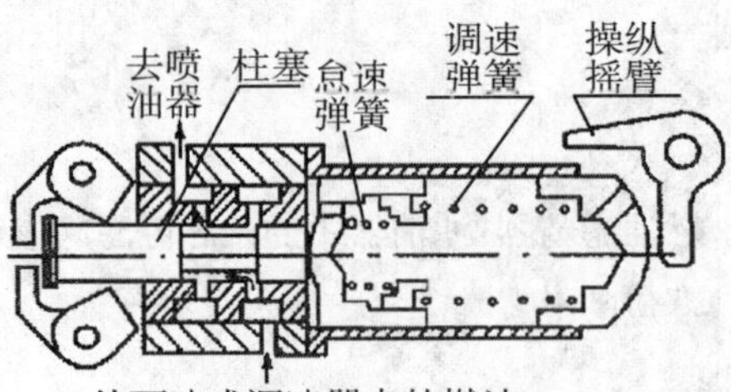	MVS 型调速器：可使发动机在不同恒定转速下运转。 节流阀油门处于最大开度时,所有从 PTG 调速器来的燃油都流过 MVS 调速器，但随转速变化,在飞块离心作用下,MVS 柱塞产生左右移动,相当于油门开闭而控制通往喷油器的油道孔开度。 操纵 MVS 操纵摇臂,调速弹簧压缩,作用力与某一转速的飞块离心力相平衡，使柱塞处于某一位置,确定通往喷油器油道孔的开度,柴油发动机就在此转速下稳定运转。 不同的转速调整,可用手柄或调节螺钉来实现。

2. PT 喷油器的工作原理。凸轮驱动机构使柱塞在喷油器体内往复运动，完成循环的进油、计量、压缩和喷油。

<table>
<tr><th>图示</th><th>工作原理</th></tr>
<tr><td>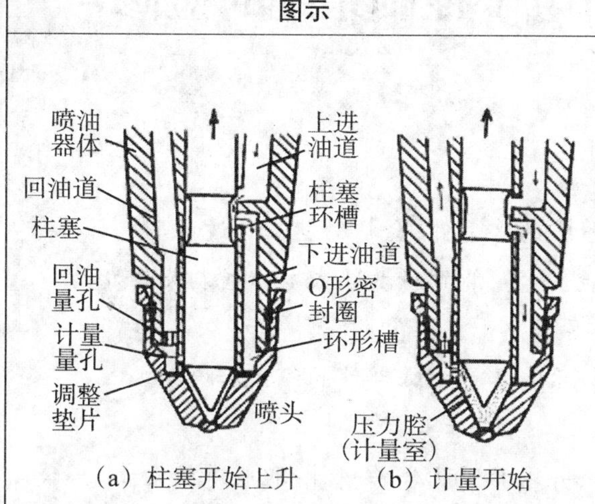

（a）柱塞开始上升　（b）计量开始
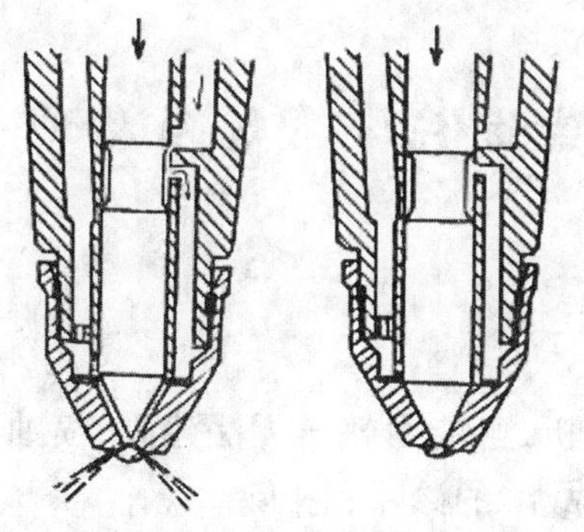
（c）计量终了(喷油)　（d）喷油结束</td><td>高压燃油经过平衡孔后到达罩盖处,在这里燃油被分成两路,一部分燃油通过量孔进入压力腔,另一部分经过回油道流回油箱。
（1）柱塞上升初期,柱塞环槽与上进油道接通时,来自 PT 燃油泵的燃油流入上进油道,通过环槽沿下进油道流入环形槽，此时计量量孔还未被柱塞打开,燃油不能流入压力腔(计量室)内,不能计量燃油,所以全部燃油通过回油孔流回燃油箱(可对喷油器进行冷却)。
（2）当柱塞继续上行至计量量孔开启时,部分燃油从计量量孔进入柱塞下部的压力腔，进油量取决于计量量孔的尺寸、开着的时间及进油压力的大小,而大部燃油仍流回燃油箱。
（3）柱塞上升至顶点后又下行,当计量量孔被关闭后,继续下降时,压力腔内的油压急剧上升,燃油以大于 100MPa 的压力呈雾状地喷入燃烧室。此时相应的汽缸处于压缩行程,一定量的压缩空气被压入压力腔，喷油器刚开始喷油瞬间，压力腔内的热空气与燃油的混合物先行喷入汽缸,以诱使其他燃油燃烧。
在此过程中，由燃油泵进入喷油器的燃油因计量量孔被关闭而全部经回油量孔流回油箱。
（4）当柱塞下行至占据整个锥形腔时,喷油结束。当柱塞完全占据整个压力腔后,还要下降一段(嘴头产生弹性变形),以强力将压力腔中的油挤净,防止形成积炭,此时柱塞环槽与上进油道不通。
喷油器体与嘴头间的 O 形密封圈用来防止燃油泄漏,改变或调整垫片的厚度即可改变最大喷油量。</td></tr>
</table>

项目九　柴油发动机电子控制系统的检修

学习目标与要求

1. 能识别电子控制柴油发动机燃料供给系统的零部件；会解释其工作过程。
2. 能说出电子控制柴油发动机的控制功能、分类，能解释共轨式电子控制柴油发动机的工作过程、各零部件的结构及工作原理。
3. 能进行共轨式电子控制柴油发动机燃料系统各主要零部件的维护和检测。
4. 能熟练掌握相关技术资料的查询方法。
5. 锻炼自主学习分析能力、自我展示能力，并培养团队合作精神、职业道德素养。

任务一　柴油发动机电子控制燃油供给系统及检修

任务引入

某GW2.8TC发动机无法启动，经汽车维修技师分析，可能由轨压无法建立、喷油器无驱动电压等原因造成，需对其电子控制共轨喷射系统进行故障的诊断和排除。

任务分析

通过本任务的学习，掌握GW2.8TC型柴油发动机燃油喷射系统的结构、工作原理及检修的方法，并懂得如何进行高压共轨式供油系统的维修安全操作。

任务实施

一、准备

场地/用具、设备

1. 车间或模拟车间留10人左右用的实习场地一块，对应数量的课桌椅，白板或张贴板一块，多媒体教学设备一套。
2. 个人防护用品、用具，汽车常用维修设备和工具。
3. 一汽解放汽车有限公司无锡柴油发动机厂生产的GW2.8TC柴油发动机一台。
4. 博世公司专用检测仪。

资料

1. 长城汽车公司售后服务网页。
2. GW2.8TC柴油发动机维修手册。
3. 汽车常用维修、检测设备的使用说明书和安全操作规定。
4. 相关教学视频、教学课件。
5. 教材、笔记本。

二、要求

10人左右为一组，在教师的指导下，先进行GW2.8TC型柴油发动机共轨系统特点的介绍、实车的认知，再进行各元器件相关知识的学习，以及各元器件诊断与检修的技能学习，最后在实车上进行排气方法的操作训练。在教学过程中，可以采用以2～3人为一小组轮换操作训练、其余同学观摩的方式，教师现场指导并适时组织学生进行点评、小结。

三、相关知识学习

（一）GW2.8TC型柴油发动机共轨系统的特点

GW2.8TC型柴油发动机共轨系统的特点见表9-1。

表9-1　GW2.8TC型柴油发动机共轨系统的特点

系统	特点
燃油供给系统	BOSCH公司生产的CRS2.0(第二代)高压共轨式供油系统
燃油的最大供油压力	145MPa
相关传感器	冷却液温度传感器、轨压传感器(压敏元件式)、曲轴位置传感器(电磁感应式)、凸轮轴相位传感器(霍尔效应式)、加速踏板位置传感器(双电位级式)、空气流量传感器(热膜式、带进气温度传感器)、大气压力传感器(在ECM内)、燃油含水率传感器等
执行器	喷油器电磁阀、高压油泵的进油计量比例电磁阀、EGR电磁阀、预热控制器、预热塞等
发动机电子控制单元	BOSCH EDC16C39型

注：GW—“长城”的英文缩写；2.8—发动机排量2.8L；T—涡轮增压；C—燃油共轨喷射。

（二）GW2.8TC型柴油发动机燃油喷射系统及检修

1. GW2.8TC型柴油发动机燃油喷射系统的组成。

（1）GW2.8TC柴油发动机燃油系统的组成。

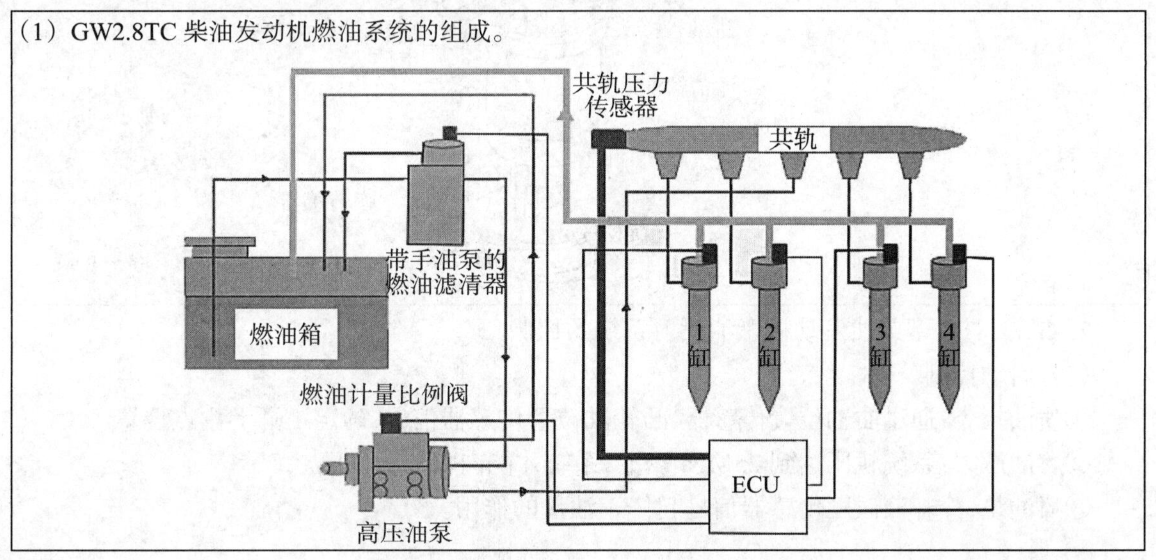

（2）GW2.8TC 柴油发动机燃油流动路线。

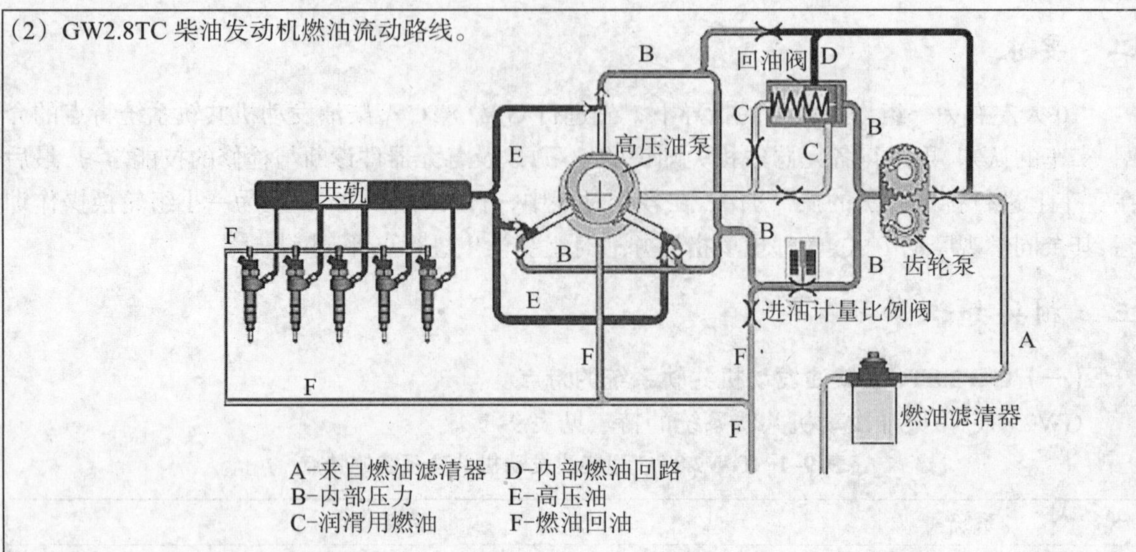

回油阀：与进油计量比例阀油路并联在一起，能使进油计量比例阀的入口处的燃油压力保持恒定值(0.5MPa),保证系统能正常运行。

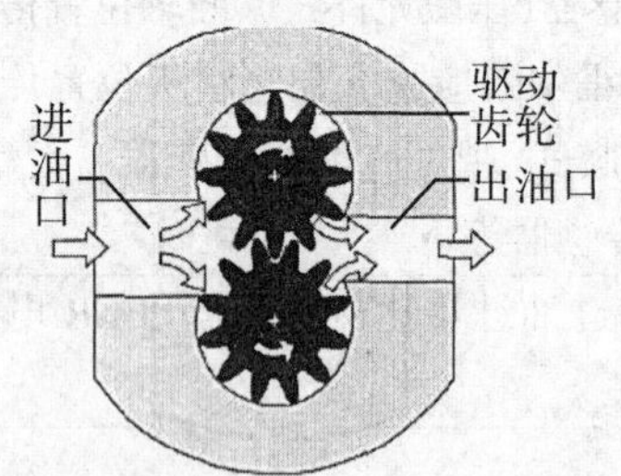

输油泵:采用齿轮式输油泵,与高压油泵制成一体,是免维护的。在第一次启动前、油箱内燃油被用尽和更换燃油滤清器、维修燃油系统时,应排出燃油箱系统内的空气。排出空气时,用手动输油泵压送柴油直到油路中没有空气为止。手动输油泵是和柴油滤清器做成一体的。

带手油泵的燃油滤清器。

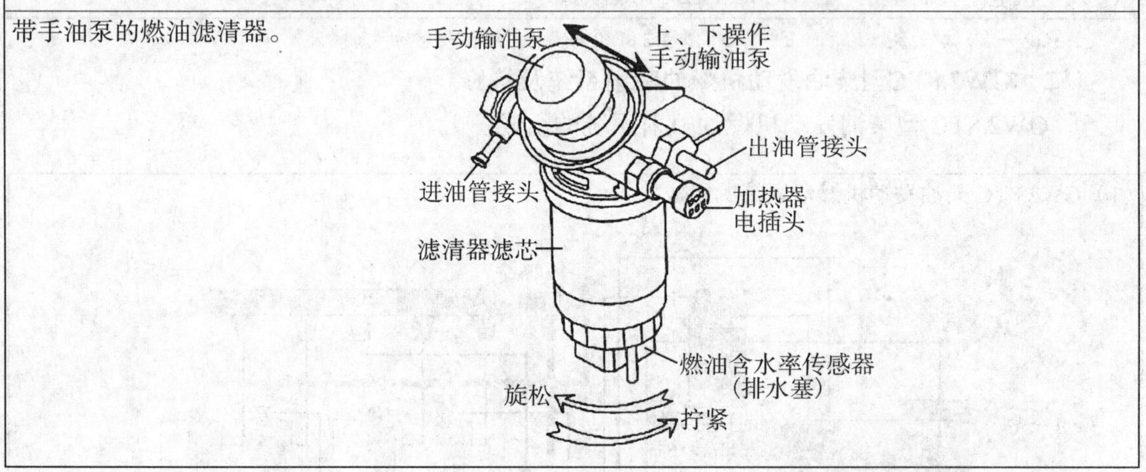

2. GW2.8TC 型柴油发动机燃油喷射系统的控制。

（1）启动控制。

①喷油指令:通过曲轴位置传感器、凸轮轴位置传感器信号,确定 1 缸上止点位置。

②燃油压力:系统轨压达到 25MPa 以上,系统才能向喷油器供电。

③喷油量:冷却液温度传感器信号起修正油量的作用。

（2）怠速控制：根据挡位、额外负荷、发动机温度对喷油量进行修正。

①根据车速信号判断出挡位。

②根据空调压缩机、发电机等判断出额外负荷。

③根据冷却液温度传感器信号判断出发动机温度。

（3）平稳运转控制：通过曲轴位置传感器测出发动机某缸“排气冲程转速快、做功冲程转速慢”，则该缸可能密封不良，ECM 向该缸加大喷油量，使曲轴运转平稳。

停机控制：点火开关动作。

（4）供油量限制调节（回家功能）。

①失去了进气质量信号：发动机最高转速只能达 2500r/min。

②失去了冷却液温度信号：系统按-40℃控制喷油量，开启电子风扇；当冷却液温度超过1050℃，则系统限制喷油量。

③发动机转速超过设定最高转速：系统自动断油。

3. 高压喷油泵及检修。采用 CP1H 型高压油泵，能提供 160MPa 燃油压力。

（1）结构及工作原理。

<table>
<tr><th>图示</th><th>说明</th></tr>
<tr><td>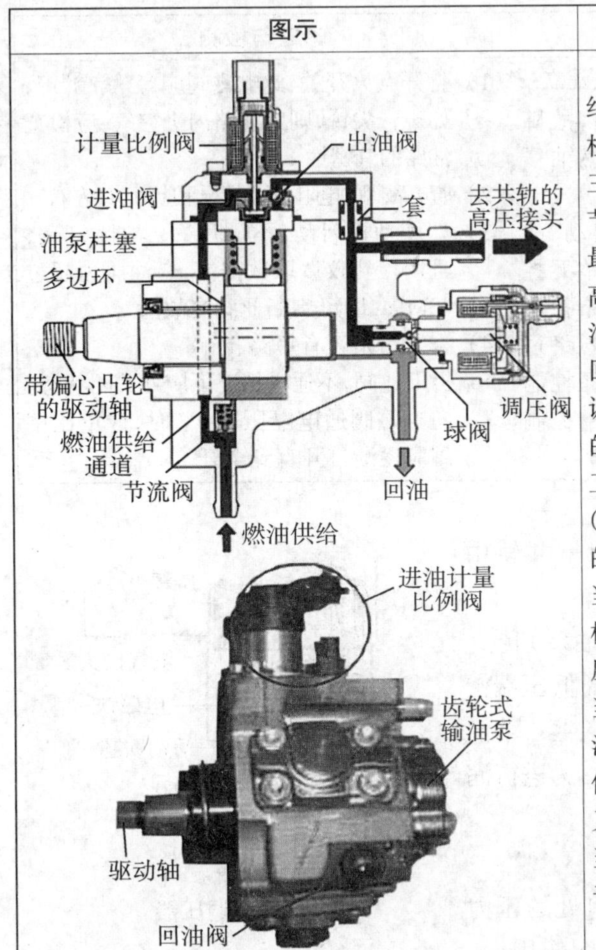
</td><td>结构：燃油被三个成辐射状安装、互隔 120°的泵油柱塞压缩，高压泵每转一圈，有三次供油。有一个第三柱塞的关闭电磁阀（计量比例阀）及共轨压力调节阀（调压阀）。
最高转速不超过 3000r/min。
高压泵使用低压油路过来的燃油润滑。输油泵使燃油经安全阀的节流孔，进入高压泵的润滑和冷却回路。
调压阀的作用：在怠速和部分负荷工作时，被压缩的燃油过多，多余的燃油经调压阀流回油箱。
工作原理：当供油压力超过节流阀的开启压力（0.5～1.5）×10^5Pa、柱塞正向下运动时，输油泵来的燃油经进油阀进入柱塞腔。
当柱塞越过下止点后，进油阀关闭。随柱塞的上行，柱塞腔内的燃油被压缩。油压一旦达到共轨的油压，出油阀被打开向外供油，直到柱塞到达上止点。
当油压减小时，出油阀关闭，仍然在柱塞腔内的燃油压力也下降，柱塞又向下运动。柱塞腔内的压力低至输油泵的供油压力时，进油阀开启，吸油过程又开始。
当需要较小动力时，一个油缸中断供油，高压泵处于间歇供油状态。</td></tr>
</table>

（2）计量比例阀(电磁阀)。

①结构。

图示	说明
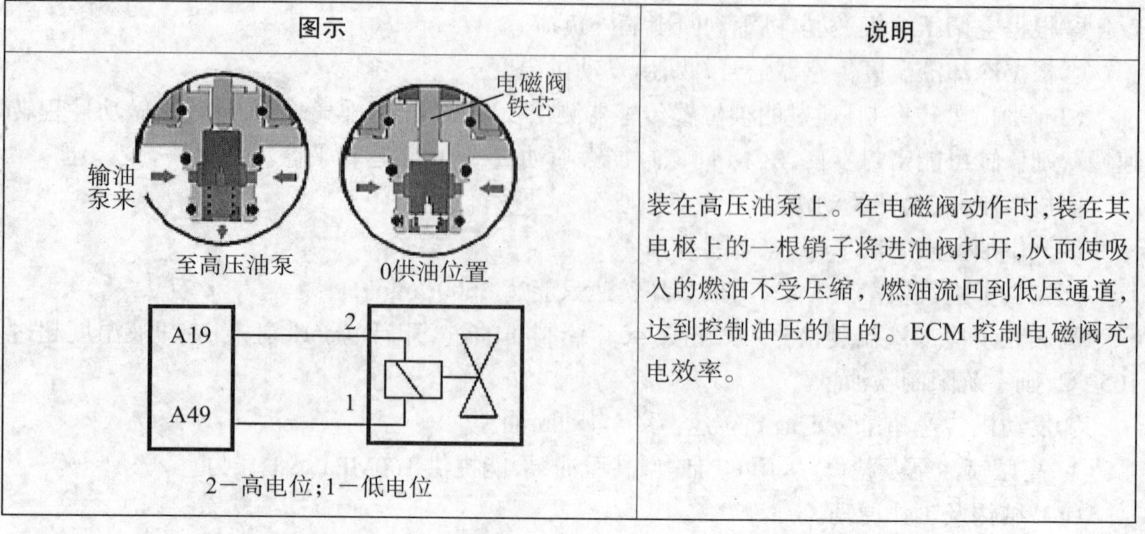	装在高压油泵上。在电磁阀动作时,装在其电枢上的一根销子将进油阀打开,从而使吸入的燃油不受压缩，燃油流回到低压通道，达到控制油压的目的。ECM 控制电磁阀充电效率。

②计量比例阀的常见故障及检测见表 9–2。

表 9–2 计量比例阀的常见故障及检测

故障原因	可能的现象	诊断与检测
（1）阀内线圈断路、短路 （2）阀内柱塞卡滞、磨损、油道堵塞 （3）事故车、运输过程中防护不当等导致磕碰	（1）发动机无法启动,油压无法建立 （2）发动机启动后立即熄火,故障灯亮,故障码为“P0088 燃油压力超过最大限值” （3）故障灯亮,发动机无法启动,故障码为“P0251 油量控制单元控制线路开路”、“P0252 油量控制单元的 ECM 内部驱动电路过热”、“P0253 油量控制单元控制线对地短路”、“P0254 油量控制单元控制线对高电平短路”	（1）打开点火开关,此电磁阀应有“嗡嗡”声,如声音尖锐,则为油路内进空气,应检查油路的气密性 （2）查电磁阀的电阻:正常情况下应为 3Ω 左右 （3）如发动机启动后立即熄火,故障灯亮,且用检测仪读取数据流,燃油压力超过 40MPa,即可判断此阀有故障 （4）查线路是否有短路、断路 （5）拆下此阀,不通电情况下应处关闭状态。向电磁阀通电电压达 5V 时,计量比例阀应逐渐打开直到全开

（3）调压器如图 9–1 所示。

①作用:根据发动机的负荷状况调整,保持共轨中的压力。

②结构:是一个常开阀,固定在共轨(或供油泵)上。

活动铁芯将一钢球压入密封座,使高压端对低压端密封,弹簧将活动铁芯往下压。电磁线圈通电时产生一个向下的电磁力,电磁吸力的大小与控制电流成正比。为进行润滑和散热,整个活动铁芯周围有燃油流过。

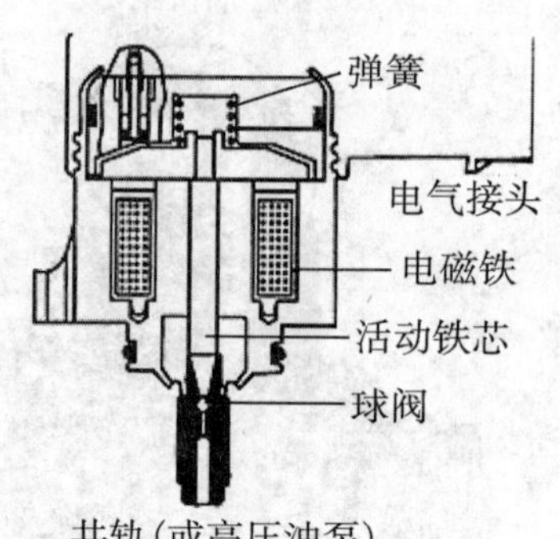

图 9–1 调压器

③工作原理。

a. 调压阀不工作时:共轨(或供油泵)出口处的压力高于调压阀进口处的压力。电磁线圈不通电,无作用力,当燃油压力大于弹簧力时，阀打开，共轨（或供油泵）一部分燃油流回油箱。

b. 调压阀工作时：若要提高共轨中的油压，使电磁线圈通电，产生电磁吸力，此时只有当电磁吸力和弹簧力之和大于共轨（或供油泵）出口处燃油高压时，球阀才被关闭。

4. 共轨及共轨压力传感器。

（1）共轨。

图示	说明
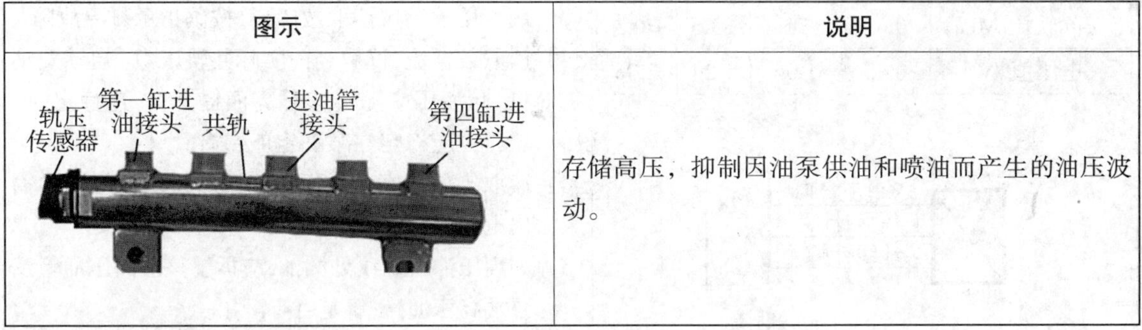	存储高压，抑制因油泵供油和喷油而产生的油压波动。

（2）共轨压力传感器。

图示	说明
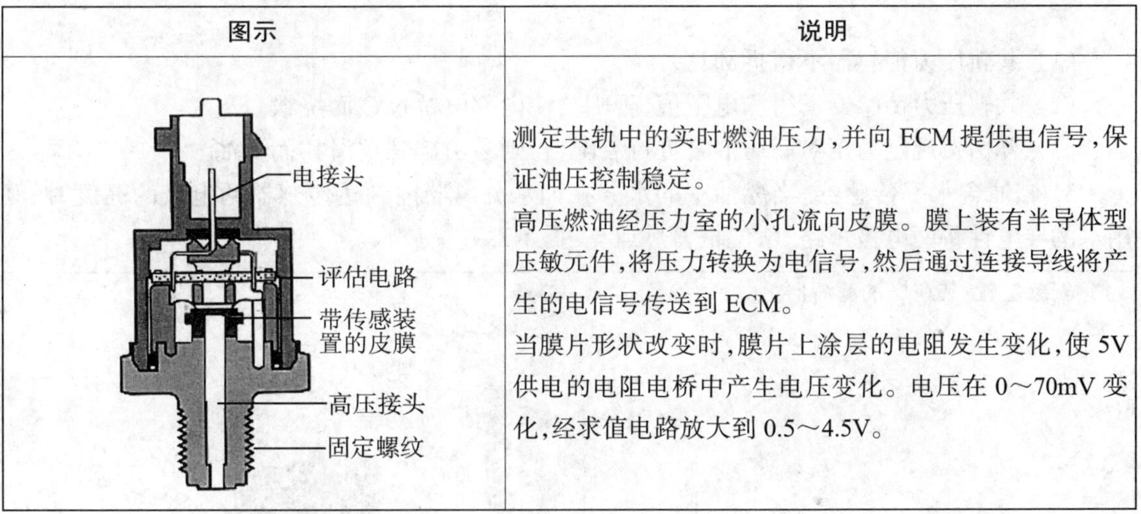	测定共轨中的实时燃油压力，并向 ECM 提供电信号，保证油压控制稳定。 高压燃油经压力室的小孔流向皮膜。膜上装有半导体型压敏元件，将压力转换为电信号，然后通过连接导线将产生的电信号传送到 ECM。 当膜片形状改变时，膜片上涂层的电阻发生变化，使 5V 供电的电阻电桥中产生电压变化。电压在 0～70mV 变化，经求值电路放大到 0.5～4.5V。

（3）共轨压力传感器的常见故障及可能产生的现象见表 9–3。

表 9–3　共轨压力传感器的常见故障及可能产生的现象

常见故障	可能产生的现象
（1）信号电压过大导致内部电桥过载损坏、传感器不工作； （2）线路故障，传感器针脚锈蚀、氧化； （3）螺纹处滑扣	（1）发动机无法启动、故障灯亮； （2）加速无力或冒黑烟（检测到的压力与实际的相差较大，使混合气过浓或过稀）； （3）故障码有："P0652 传感器供电电压 2 过低""P0653 传感器供电电压 2 过高""P0191 轨压传感器正向漂移过大""P0192 轨压传感器输出电压高于下限""P0193 轨压传感器输出电压高于上限"、"P0194 轨压传感器负向漂移过大"； （4）高压油轨螺纹处漏油

（4）共轨压力传感器的检测。

<table>
<tr><th>图示</th><th>说明</th></tr>
<tr><td>
<table>
<tr><td>实际轨压/MPa</td><td>0.65</td><td>25</td><td>33.6</td><td>70.3</td></tr>
<tr><td>电压值 /V</td><td>0.45</td><td>1.06</td><td>1.24</td><td>2.06</td></tr>
</table>
ECU
3　5V电压针脚　A28
2　信号针脚　A43
1　地线针脚　A08
</td><td>
（1）测传感器与 ECM 间的线路有无短、断路及搭铁情况。
（2）用专用检测仪读取故障码，按码指示排除故障。
（3）读取数据流，读取当前实际共轨压力。启动发动机，此油压应随转速升高而提升；转速稳定时，轨压也应稳定在某一定值左右。
（4）读取当前实际共轨压力的同时检测信号端的输出电压。
（5）如高压油轨螺纹处漏油，应拆下该缸高压油管及泵端高压油管，看是否有滑扣。
</td></tr>
</table>

注意：

（1）共轨压力传感器不得拆卸！

（2）共轨压力传感器不得测电阻值，否则会使内部电桥过载而烧毁。

（3）严格按规定力矩对高压油管进行装配，否则易引起螺纹滑扣而漏油。

5. 燃油含水率传感器。当燃油中的水分在油水分离器内到达传感器两电极的高度时，利用水的导电性将两电极短路，水位报警灯点亮，提示驾驶员放水。

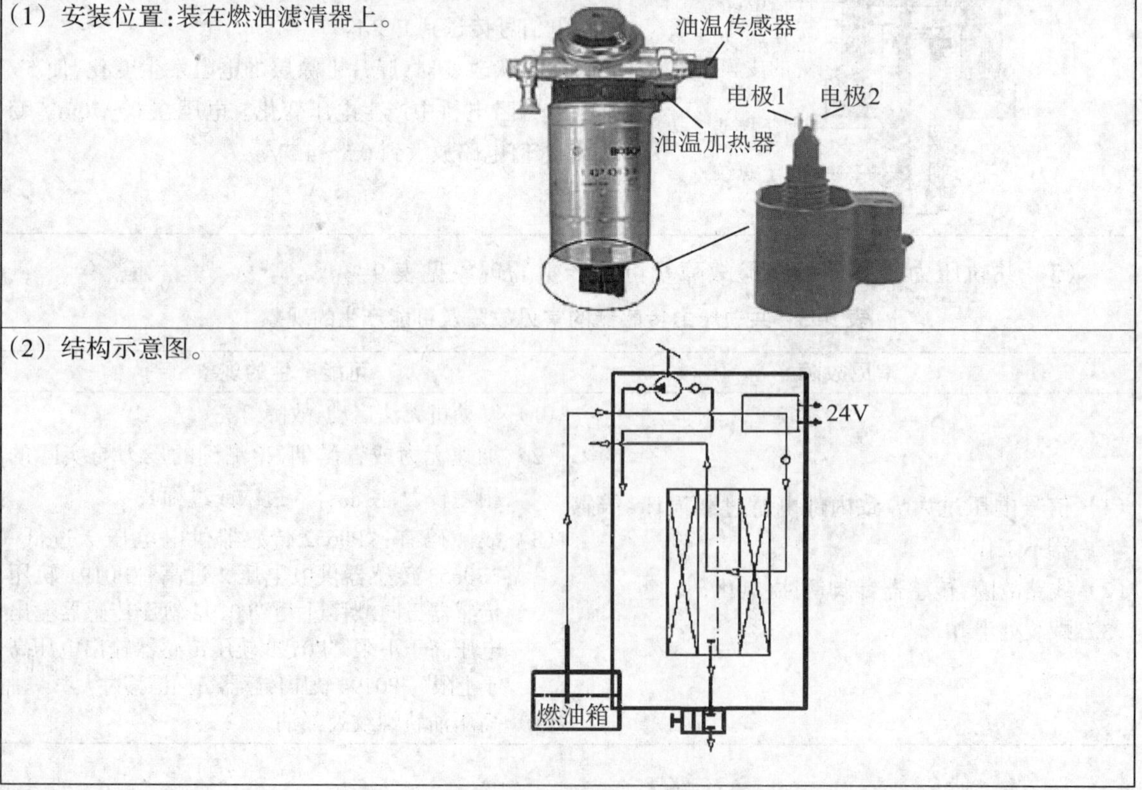

（3）故障原因及处理方法。

①传感器内部故障，应更换传感器。

②传感器针脚断、锈蚀、氧化，线束插头脱落、虚接、氧化。修复线束，不得更换传感器。

（4）故障可能的现象。

①故障灯亮，有故障码为“P2264 柴油滤清的油水分离器的水位传感器故障”“P2267 柴油滤清的油水分离器的水位满”。

②车辆油水报警灯闪烁。

（5）故障诊断步骤：用检测仪读故障码，如有码“P2264”“P2267”时，拧松传感器放净水，路试。如故障现象消失，则不是传感器故障；如故障现象仍存在，则：

①打开点火开关，不启动发动机，拧下传感器，插上线束，测电压：电极 1：0V，电极 2：5～6V。

②短接两电极，测信号线电压约 10V，电极处电压约 0V，否则就查线路是否有异常。如正常，则为传感器故障。

③传感器测试。应如表中所示，否则为传感器故障。

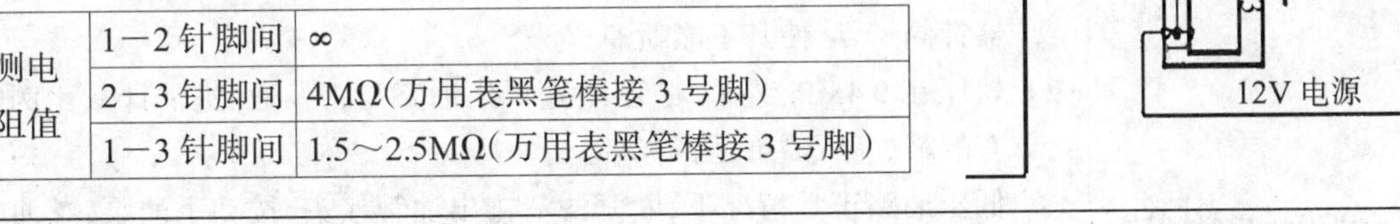

测电阻值	1－2 针脚间	∞
	2－3 针脚间	4MΩ（万用表黑笔棒接 3 号脚）
	1－3 针脚间	1.5～2.5MΩ（万用表黑笔棒接 3 号脚）

6. 喷油器。

（1）结构及工作原理。

图示	说明
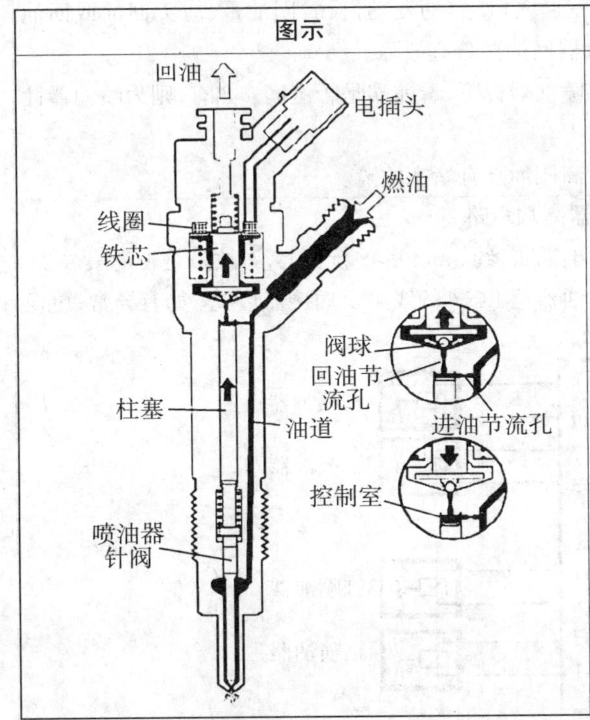	（1）结构：燃油从高压接头进入喷油器，经进油节流孔送入控制室，控制室通过由电磁阀打开的回油节流孔与回油孔连接。 （2）工作原理。 ①电磁阀不通电时，回油节流孔关闭，进油节流孔的进油使控制室中建立起与共轨中相同的压力，作用在柱塞上的液压力大于作用在喷油器针阀承压面上的力，针阀被压在座面上，没有燃油进入燃烧室。 ②电磁阀通电后，打开回油节流孔，燃油从控制室流入上面的空腔，并经回油通道回流到油箱，控制室内的压力下降。当作用在控制活塞上的液压力低于作用在针阀承压面上的作用力时，针阀立即开启，燃油通过喷油孔喷入燃烧室。

（2）喷油器的常见故障及可能产生的现象见表 9–4。

表 9–4　喷油器的常见故障及可能产生的现象

故障	可能产生的现象
①油中胶质引起的针阀卡滞、无法打开； ②喷孔堵塞； ③节流孔处单向阀磨损、回油量大； ④喷油器烧蚀（燃烧室内温度过高）； ⑤铜垫圈变形导致汽缸密封不严； ⑥喷油器线路故障	①发动机无法启动，无故障码； ②高速行驶时，故障灯亮、发动机熄火、无法再次启动，故障码为“P1223 喷油器高端短路”； ③发动机抖动，故障灯亮，故障码为“P0201 1 缸喷油器开路”“P0202 2 缸喷油器开路”“P0203 3 缸喷油器开路”“P0204 4 缸喷油器开路”的其中之一，为某缸喷油器线路断路； ④发动机抖动，无故障码

（3）喷油器的检测。

发动机无法启动故障	读取数据流，打开点火开关，选取“实际共轨压力值”，记下轨压值，启动发动机，看轨压的变化情况： （1）轨压达 25MPa 以上，喷油器线束插头有脉冲电压：喷油器线束插错或喷油器针阀卡、堵使其不能喷油。 （2）轨压在 0.4MPa 左右无变化：查低压油路是否畅通、进油计量比例阀是否有故障、高压油泵是否有堵。 低压油路正常情况下，断开滤清器出油管接头，按动手油泵，燃油应喷出 30cm 左右，否则应查油路是否堵或气密性不良。 （3）轨压虽能上升但达不到 25MPa： ①断开喷油器回油管三通入口，启动发动机，看回油量，应无回油或回油量很小，否则为喷油器回油部分有故障。 ②如回油部分正常，将喷油器拆下，看前端是否湿润。如有，则为喷油器针阀卡滞，引起喷孔常开。 ③如喷油器正常，则为高压油泵有堵塞故障。
高速行驶时，故障灯亮，发动机熄火、无法再次启动	读取故障码为“P1223 喷油器高端短路”。 （1）断开蓄电池负极，拔掉电插头，约 5min 后重新装上，看故障是否消失。 （2）如故障现象仍在，查喷油器至 ECM 的线束及插接器情况。如有异常，更换此线束。 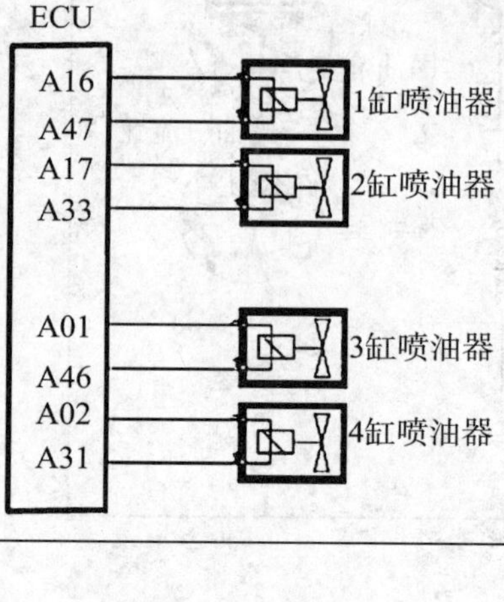 ECU A16　A47　1缸喷油器 A17　A33　2缸喷油器 A01　A46　3缸喷油器 A02　A31　4缸喷油器

（三）供油路漏气及排气方法

1. 从低压油路组成上来看，有两个地方能排气，即输油泵和油水分离器，最好是在油水分离器上压油和在喷油器前放气。

2. 低压油路上大多用的是软管，不容易爆裂和折断，应主要检查油箱口、油水分离器、输油泵、回油阀和各个连接头是否漏气。

注意：车辆的第一次启动必须进行低压油路和高压油路的排气和充油。

3. 排气步骤：

（1）拧松排气螺母。

（2）按压手油泵直到有柴油和空气从排气螺母排出。

（3）拧紧排气螺母，等待进入泵内的柴油达到60mL。

（4）排出高压回路的空气。

①拧松第一缸喷油器和高压油管接头。

②用启动机带动柴油发动机运转（数次）。

③直至第一缸接头处有持续的无气泡的柴油流出。

④按规定拧紧力矩，重新拧紧第一缸高压油管接头。

⑤启动发动机。

提示：

（1）不能在发动机运转时拆检高压油管或喷油器，以免高压油喷射飞溅伤人（可能会射穿人体）。

（2）当共轨式柴油喷射系统维修时，必须维持绝对的清洁度。

（3）为了防止手套上的棉絮脱落或灰尘、杂质掉落燃油系统，从事相关零件的拆卸与分解工作时，请徒手操作。

知识拓展

波许公司常见的高压共轨喷油系统。

<table>
<tr><th>图示</th><th>说明</th></tr>
<tr><td>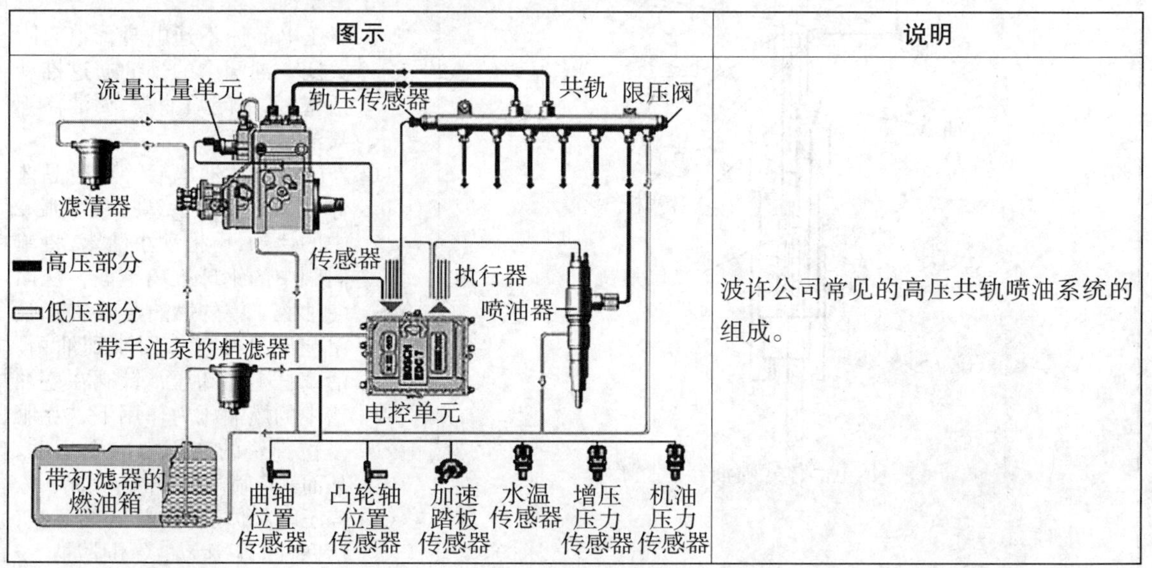
</td><td>波许公司常见的高压共轨喷油系统的组成。</td></tr>
</table>

图示	说明
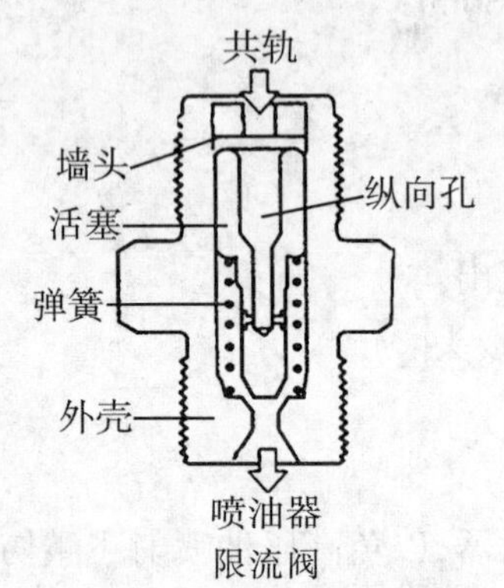 限压阀	当共轨中燃油压力过高时，打开放油孔卸压。当油压过低时，阀复位，保持共轨内的压力。 一般工况下，弹簧将活塞紧压在座面上，共轨呈关闭状态。当共轨中的燃油压力超过规定的最大压力时，活塞在高压燃油压力的作用下克服弹簧作用力，高压燃油从共轨中经过通孔流入活塞中央，然后经集油管流回油箱，共轨中的压力降低。
共轨 墙头 活塞 纵向孔 弹簧 外壳 喷油器 限流阀	防止喷油器可能出现的持续喷油现象。当共轨流出的油量超过最大流量时，流量限制器将自动关闭流向相应喷油器的进油口，停止继续喷油。 喷油量过大时，活塞从静止位置被压到喷油器端的密封座面上，一直保持到发动机停机时，从而关闭通往喷油器的进油口。
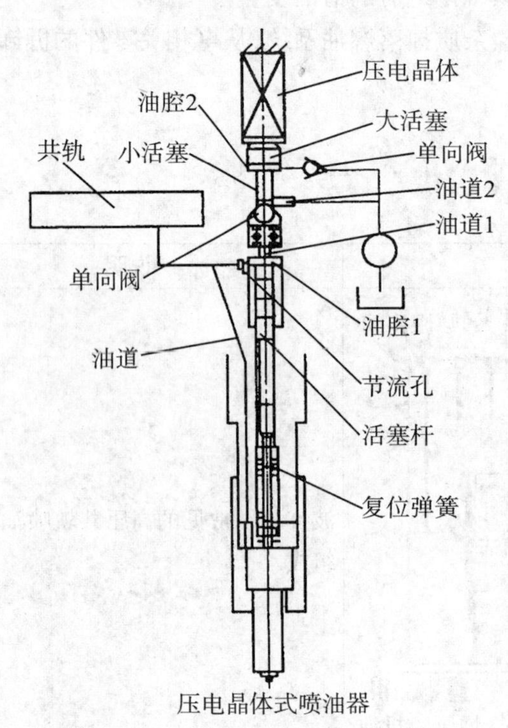 压电晶体式喷油器	（1）结构：压电晶体结构采用多层技术，由20～200μm陶瓷层烧结而成，层与层之间有电极。 高压燃油从共轨中进入喷油器后，一路由通道进入喷油器盛油槽，作用于针阀锥面上；一路通过节流孔进入活塞顶部油腔1。 （2）工作原理。 ①当压电晶体不通电时，单向阀关闭，油阀中的燃油通过推动活塞杆，关闭喷油嘴，喷油器不喷油。 ②当压电晶体通电后，压电晶体伸长，推动大活塞压缩油腔2中的燃油，再推动小活塞，将单向阀中的钢球推离锥面，从而使油腔1中的燃油经过油道1、单向阀及油道2回流到油箱。活塞杆上部卸压，针阀在盛油槽中的燃油压力作用下，克服复位弹簧的作用力向上运动，从而开启喷油嘴，开始喷油。 ③若压电晶体断电，单向阀落座，活塞杆向下运动，关闭喷油嘴。

任务二　电子控制柴油发动机的辅助系统及检修

任务引入

某 GW2.8TC 发动机冷车无法启动，经汽车维修技师分析，可能的故障原因是该发动机的预热系统有故障，需对其进行故障的诊断和排除。

任务分析

通过本任务的学习，知道电子控制柴油发动机进、排气系统及预热系统的结构及工作原理，会进行废气增压技术、废气再循环系统零部件的检测及预热系统的故障诊断与排除，并会正确使用装有废气涡轮增压系统的汽车。

任务实施

一、准备

场地/用具、设备

1. 车间或模拟车间留 10 人左右用的实习场地一块，对应数量的课桌椅，白板或张贴板一块，多媒体教学设备一套。
2. 个人防护用品、用具，汽车常用维修设备和工具。
3. 一汽解放汽车有限公司无锡柴油发动机厂生产的 GW2.8TC 柴油发动机一台。
4. 博世公司专用检测仪。

资料

1. 长城汽车公司售后服务网页。
2. GW2.8TC 柴油发动机维修手册。
3. 汽车常用维修、检测设备的使用说明书和安全操作规定。
4. 相关教学视频、PPT。
5. 教材、笔记本。

二、要求

10 人左右为一组，在教师的指导下，先进行 GW2.8TC 型柴油发动机进、排气系统、预热系统实车的认知，并结合相关知识的学习，对各元器件进行诊断与检修的技能训练，了解电子控制柴油发动机的发展历史。在教学过程中，可以采用以 2～3 人为一小组进行轮换操作训练、其余同学观摩的方式，教师现场指导并适时组织学生进行点评、小结。

三、相关知识学习

（一）电子控制柴油发动机进、排气系统

以 GW2.8TC 型电子控制柴油发动机为例说明。

1. 进、排气系统的介绍。

图示	说明
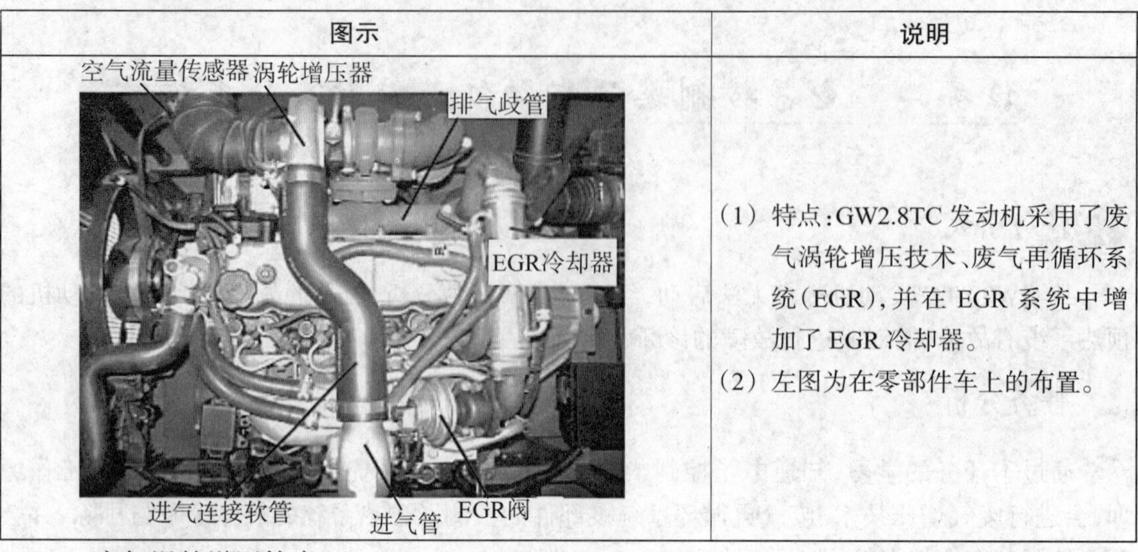	（1）特点：GW2.8TC 发动机采用了废气涡轮增压技术、废气再循环系统（EGR），并在 EGR 系统中增加了 EGR 冷却器。 （2）左图为在零部件车上的布置。

2. 废气涡轮增压技术。

（1）结构及工作原理。

图示	说明
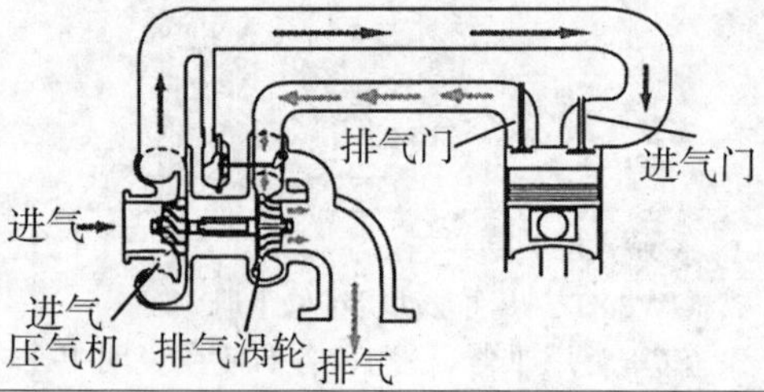 排气门　进气门　进气　进气压气机　排气涡轮　排气	工作原理：利用排气的能量，对空气进行压缩后进入汽缸，从而提高发动机的动力性、经济性。 高速废气从排气门出来，推动排气涡轮快速转动，排气涡轮通过轴又带动进气压气机快速转动，被加压后的新鲜气体进入汽缸。
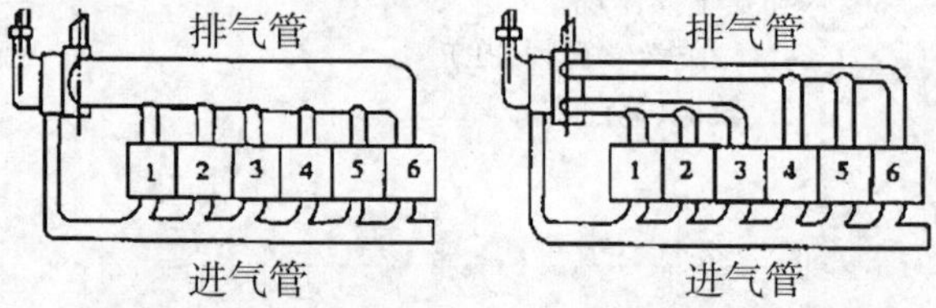 排气管　进气管　(a)定压涡轮增压系统 排气管　进气管　(b)脉冲涡轮增压系统 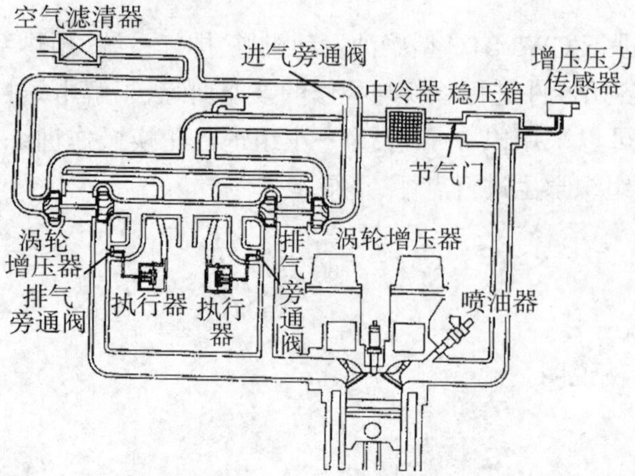 空气滤清器　进气旁通阀　增压压力传感器　中冷器　稳压箱　节气门　涡轮增压器　排气旁通阀　执行器　执行器　排气旁通阀　涡轮增压器　喷油器	形式。根据排气能量利用方式不同分为： （1）定压式——涡轮前的排气压力基本恒定。 （2）脉冲式（变压式）——能更好地利用排气能量。 根据涡轮增压器数量不同分为：单涡轮增压系统、双涡轮增压系统（增压器转动平稳）。

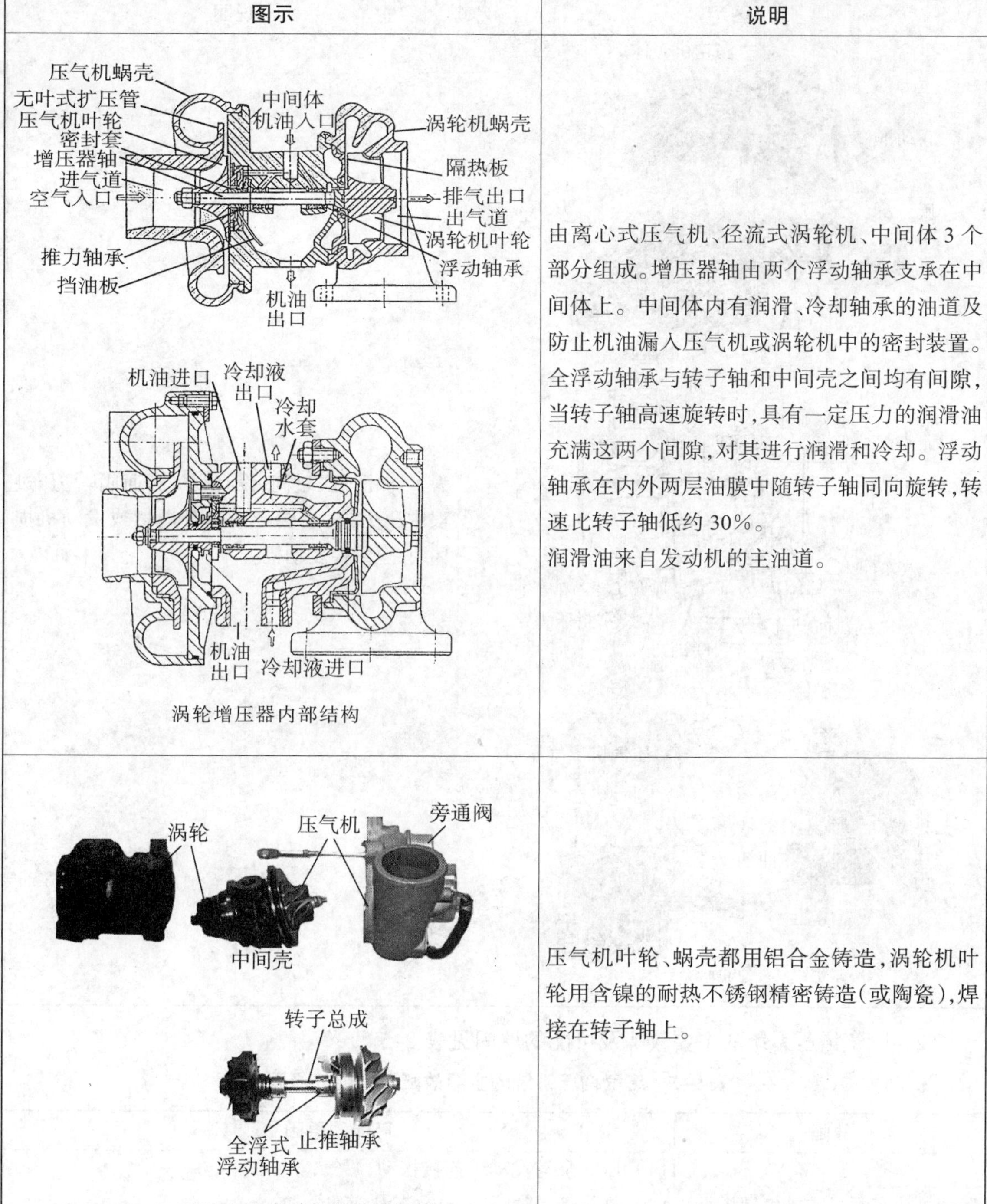

图示	说明
涡轮增压器内部结构	由离心式压气机、径流式涡轮机、中间体 3 个部分组成。增压器轴由两个浮动轴承支承在中间体上。中间体内有润滑、冷却轴承的油道及防止机油漏入压气机或涡轮机中的密封装置。全浮动轴承与转子轴和中间壳之间均有间隙，当转子轴高速旋转时，具有一定压力的润滑油充满这两个间隙，对其进行润滑和冷却。浮动轴承在内外两层油膜中随转子轴同向旋转，转速比转子轴低约 30%。 润滑油来自发动机的主油道。
GW2.8TC 发动机涡轮增压器	压气机叶轮、蜗壳都用铝合金铸造，涡轮机叶轮用含镍的耐热不锈钢精密铸造(或陶瓷)，焊接在转子轴上。

图示	说明
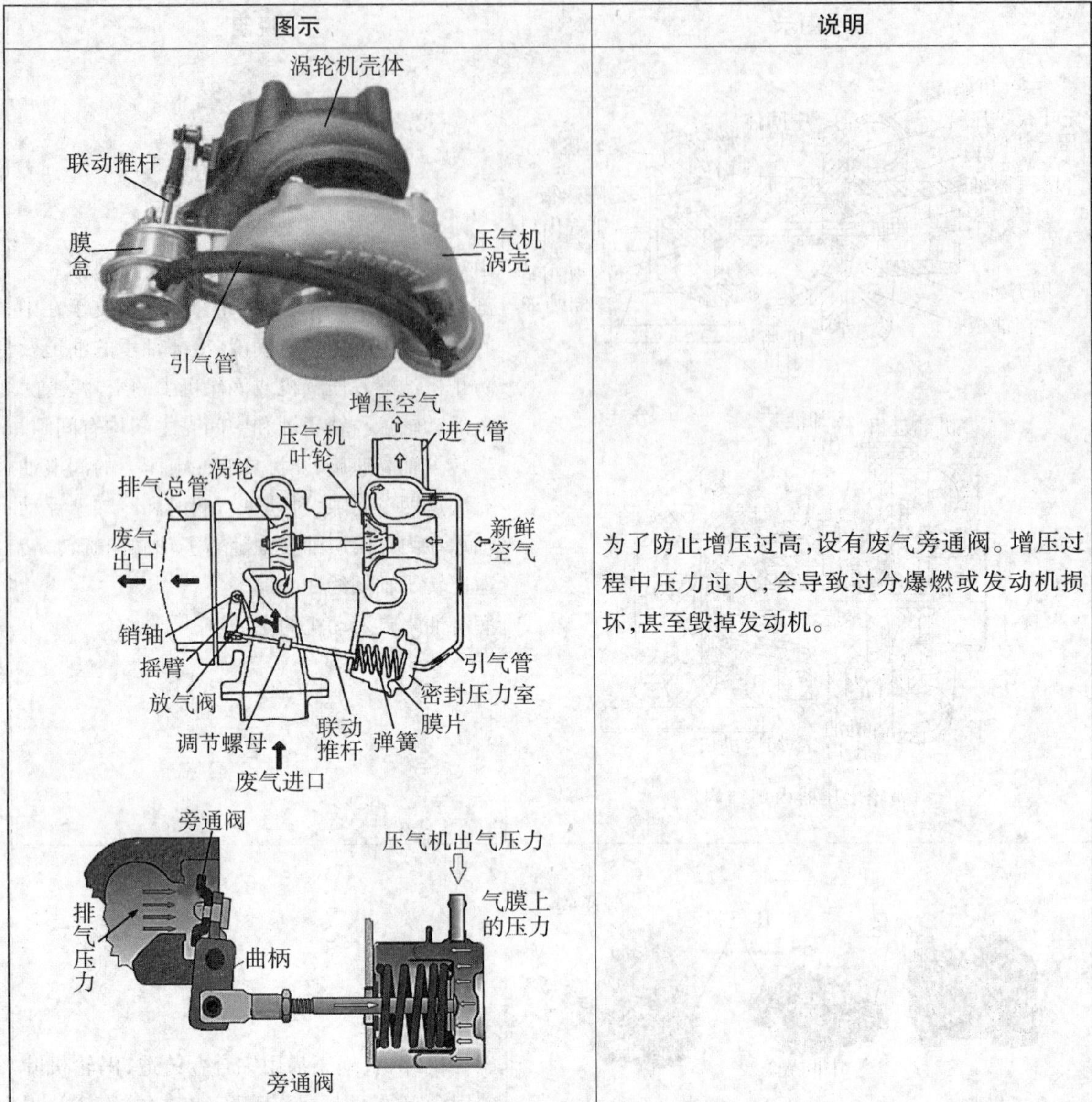	为了防止增压过高，设有废气旁通阀。增压过程中压力过大，会导致过分爆燃或发动机损坏，甚至毁掉发动机。

（2）废气增压系统的主要故障及可能的原因见表 9–5。

表 9–5　废气增压系统的主要故障及可能的原因

故障	可能的原因
发动机功率不足或排气冒黑烟	（1）压气泵与发动机连接松动，漏气； （2）排气管漏气或节流，涡轮转速低； （3）涡轮增压器转子有黏合或摩擦现象
发动机冒蓝烟、机油消耗大，涡轮增压器压气泵侧油封漏油	（1）进气阻力大，造成压气泵侧压力低，油封两侧压力平衡被破坏； （2）涡轮增压器润滑油排油管路堵，使油压侧压力升高； （3）压气泵叶轮损坏； （4）轴承、轴径或轴承孔磨损； （5）机油压力过高

续表

故障	可能的原因
涡轮增压器工作噪音大，转子总成有黏合或摩擦现象	（1）涡轮壳有积炭，涡轮叶轮背面积炭过多； （2）压气叶轮或涡轮蹭壳； （3）异物碰击造成压气叶轮或涡轮损坏； （4）轴承、轴径或轴承孔磨损； （5）中间壳淤泥或润滑油焦化

（3）废气涡轮增压装置的检修及安全使用注意事项。

①检修注意事项：

a. 检查废气旁通阀的机械运动。

b. 转动叶轮，检查有无卡滞等不良状况。

c. 检查壳体内部有无油污和灰尘，并进行相应的清洁。

d. 检查油封有无损坏或泄漏，视情更换。

e. 检查叶片有无裂纹、断裂或叶片弯曲。

②安全使用注意事项见表 9-6。

表 9-6　安全使用注意事项

注意人身安全	（1）不在发动机运转时对涡轮增压器进行作业； （2）避免被涡轮增压器烫伤； （3）避免被涡轮增压器部件尖锐的边缘伤到手； （4）作业时戴上专用的防护镜
保证增压器的润滑	（1）新车或放置时间超 1 周以上，发动前应将增压器的进油口拆下提前加润滑油润滑增压器； （2）在运行一段时间后，润滑油管路要进行清洗； （3）不能一着车就走，应先怠速运转一段时间。发动机熄火前，应先怠速转一会儿（3～5min）
保持清洁	（1）应保证空滤器和进气管路的密封； （2）拆卸增压器时，防止杂物掉进增压器内损坏转子

另外，不得长时间怠速运转：气压过低、转速过低，润滑油会通过密封环渗漏到压气端或涡轮端。

3. 循环系统。参加再循环的废气由于具有惰性，燃烧速度将会放慢，导致燃烧室中火焰温度降低，从而使 NO_x 减少。

图示	说明
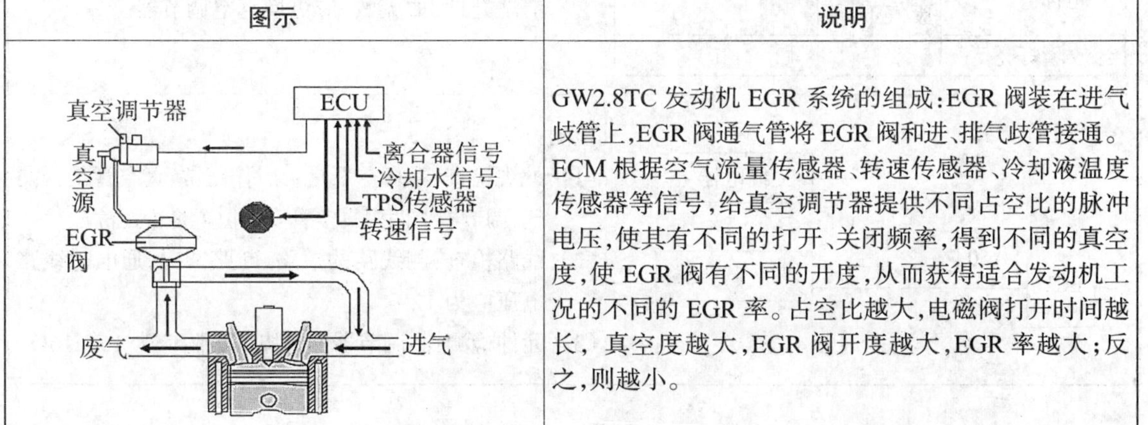	GW2.8TC 发动机 EGR 系统的组成：EGR 阀装在进气歧管上，EGR 阀通气管将 EGR 阀和进、排气歧管接通。ECM 根据空气流量传感器、转速传感器、冷却液温度传感器等信号，给真空调节器提供不同占空比的脉冲电压，使其有不同的打开、关闭频率，得到不同的真空度，使 EGR 阀有不同的开度，从而获得适合发动机工况的不同的 EGR 率。占空比越大，电磁阀打开时间越长，真空度越大，EGR 阀开度越大，EGR 率越大；反之，则越小。

<table>
<tr><th>图示</th><th>说明</th></tr>
<tr><td> 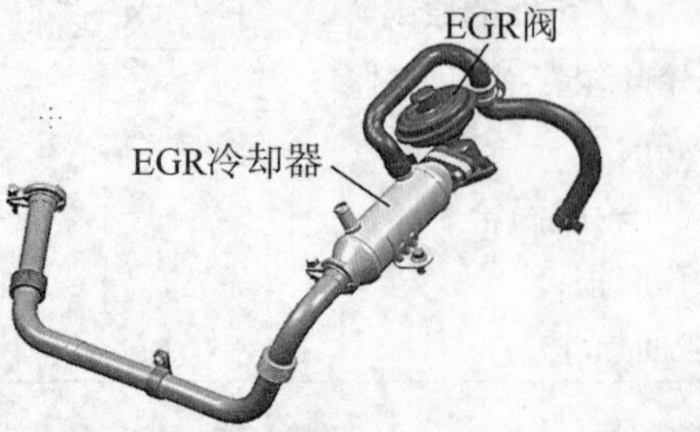EGR阀
EGR冷却器 
EGR冷却器
EGR阀
进水管
出水管</td><td>EGR 冷却器：提高废气再循环率会使总的气流（进气）量减少，因此为了减少再循环废气对发动机进气量的影响，装有 EGR 冷却器。</td></tr>
<tr><td>  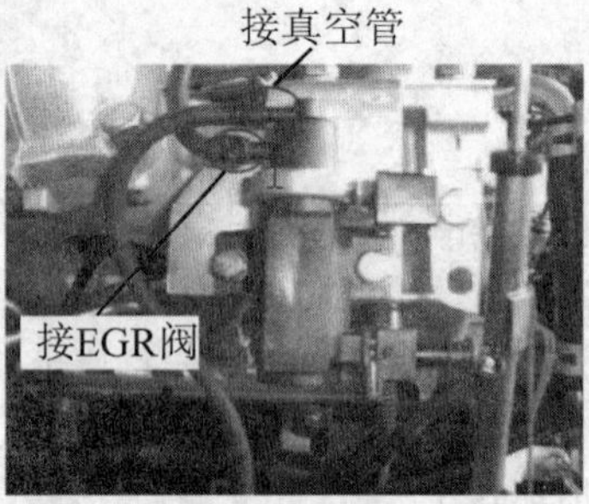接真空管
接EGR阀</td><td>真空调节器。</td></tr>
<tr><td>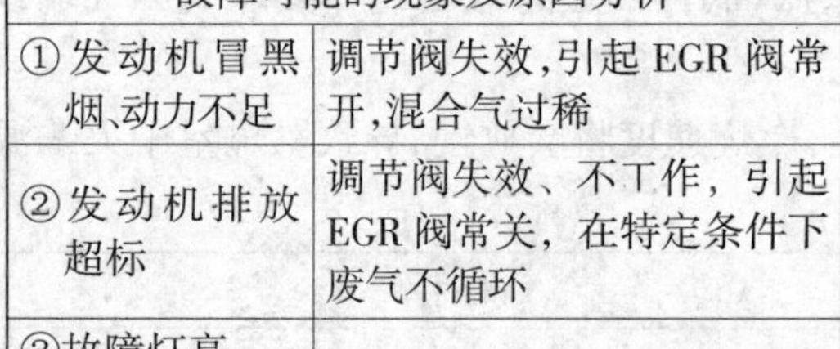
故障可能的现象及原因分析
①发动机冒黑烟、动力不足 | 调节阀失效，引起 EGR 阀常开，混合气过稀
②发动机排放超标 | 调节阀失效、不工作，引起 EGR 阀常关，在特定条件下废气不循环
③故障灯亮。 |</td><td>故障原因及处理方法。
（1）电磁阀断、短路，应予更换。
（2）内部进油泥、进水、锈蚀，导致电磁棒卡滞。应予清洗处理，如无效，应更换真空调节器。</td></tr>
<tr><td>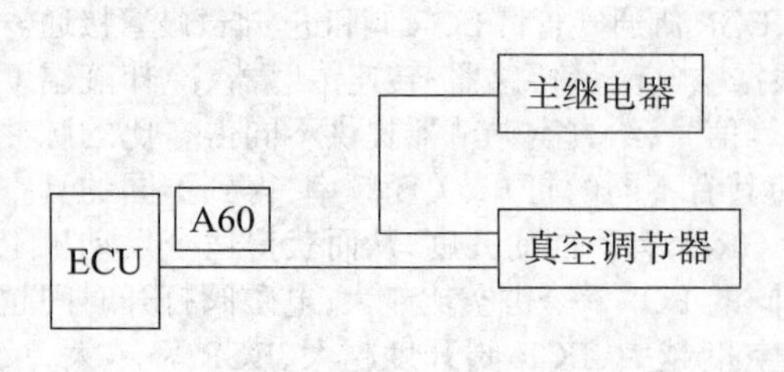</td><td>检测方法。
（1）外观检查：看真空泵是否工作正常、真空管是否漏气，调节器上两根真空管安装位置是否正常。
（2）线路检查：测线路的短路、断路情况，通电时线路电压应为 12V。
（3）元件检测：测调节器两针脚间电阻应为 15～16Ω。</td></tr>
</table>

EGR 系统的日常维护：在车辆行驶 4000～5000km 时，应对进、排气歧管、EGR 阀（包括冷却器）进行检查。

①各处螺母是否松动。在紧固进、排气歧管螺母时，扭力要均匀，否则会产生漏气现象。

②检查进、排气歧管、EGR 管有无裂纹和孔洞，衬垫有无损坏或冲蚀迹象。进气歧管垫片最好只用一次。为了保证空气密封性，要及时更换损坏的垫片。

③从压气机到缸盖进气口的管路漏气，会直接影响发动机正常工作，必须保证密封。

（二）电子控制柴油发动机预热控制系统及检修

1. 预热控制器。ECM 根据发动机启动时冷却液温度来确定是否进行预热及预热的时间。预热时，ECM（K93）控制预热控制器 K 针脚接地，电磁线圈通过电流使内部触点吸合，将 30 号接线柱与预热塞导通，进行预热。预热结束后，电磁线圈断电，触点断开，停止预热。

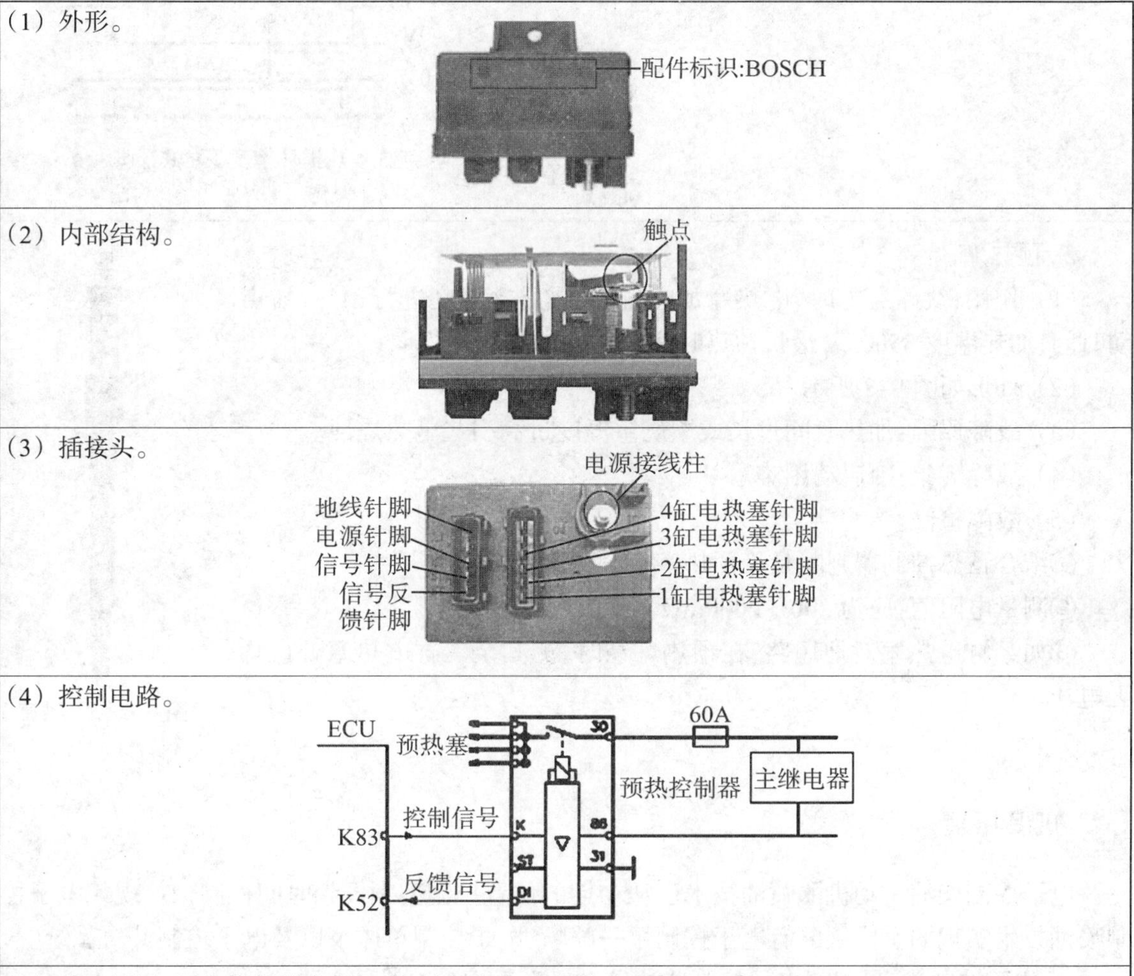

（5）故障原因：预热控制器内部短路、触点张力过大无法吸合。

（6）故障现象。

①故障灯亮，故障码为“P0380 ECM 不请求预热塞工作，但预热塞实际工作”“P0382 ECM 不请求预热塞工作，但预热塞实际不工作”“P0383 ECM 对预热塞的控制线对地短路”“P0384 ECM 对预热塞的控制线对高电平短路”“P0670 ECM 对预热塞的控制线开路或其驱动模块过热”等。

②发动机冷车启动困难。

(7) 故障检修。

①30 号电压应为 12V,否则,查供电线路情况。

②点火开关处于 ON 位,86 号电压应为 12V,否则,查主继电器、供电电路。

③预热灯亮过程中,K 针脚电压为 0V,Di 针脚电压为 12V,预热塞处电压应为 12V。如预热塞处无电压,应为控制器内部触点接触不良。

④预热结束后,K 针脚电压应为 12V,Di 针脚电压为 0V,预热塞处应无电压。如 K针与 Di 针电压相同,则为控制器内部短路。

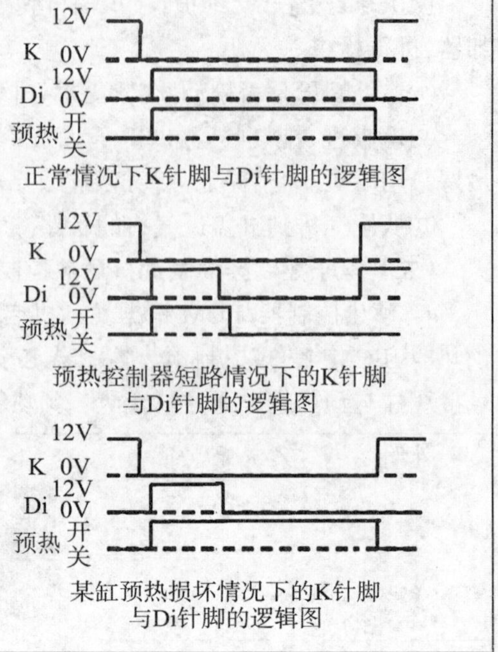

2. 预热塞。

(1) 作用:线路通电时,电热塞加热,提高燃烧室温度进行预热,短启动时间,加热温度 8500℃,最长预热时间不超过 350s。

(2) 外形如图 9–2 所示。

(3) 故障原因:加热时间过长或燃烧室温度过高引起电热烧蚀。

(4) 故障现象:冷启动困难。

(5) 故障检修。

①结合预热控制器判断是否预热塞有故障。

②测量电阻值:应为 200～2000mΩ。

③如某缸电热塞对地短路,在预热灯亮时,测其余三缸电热塞处也均无电压。

图 9–2 预热塞

知识拓展

电子控制柴油发动机的喷油技术已从初期的位置控制型发展到时间控制型。现代电子控制喷油技术实现的手段主要有电子控制泵—喷嘴、电子控制单体泵以及电子控制共轨系统。

1. 位置控制式:早期的电子控制柴油发动机上采用。

它是对传统供油系统中的齿条或滑套的运动位置(喷油量)由原来的机械调速器控制改为微机控制的电子调速器,有柱塞泵和分配泵之分。

图示	说明
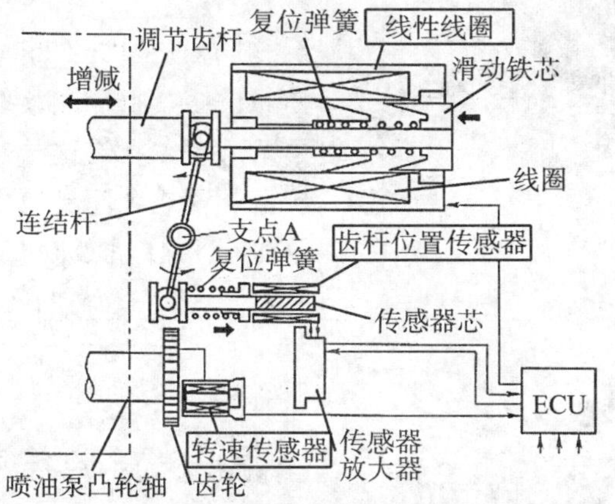 调节齿杆 复位弹簧 线性线圈 增减 滑动铁芯 线圈 连结杆 支点A 复位弹簧 齿杆位置传感器 传感器芯 ECU 转速传感器 传感器 放大器 喷油泵凸轮轴 齿轮	柱塞泵电子调速器。
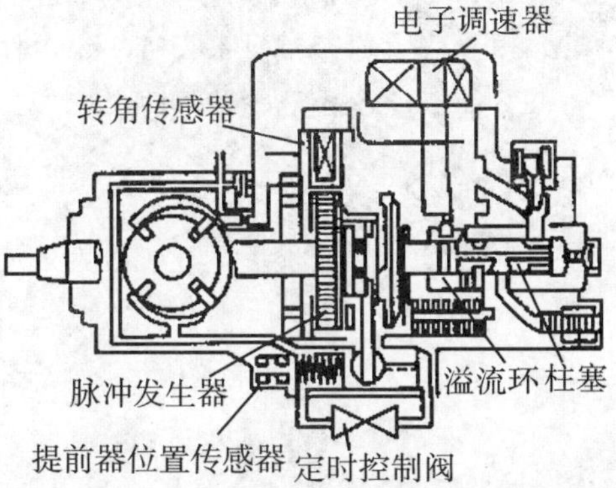 电子调速器 转角传感器 脉冲发生器 溢流环 柱塞 提前器位置传感器 定时控制阀	分配泵电子调速器。

2. 时间控制式：喷油量、喷油时刻均通过 ECM 来控制，有分配泵、单体泵、共轨式等几种类型。

图示	说明
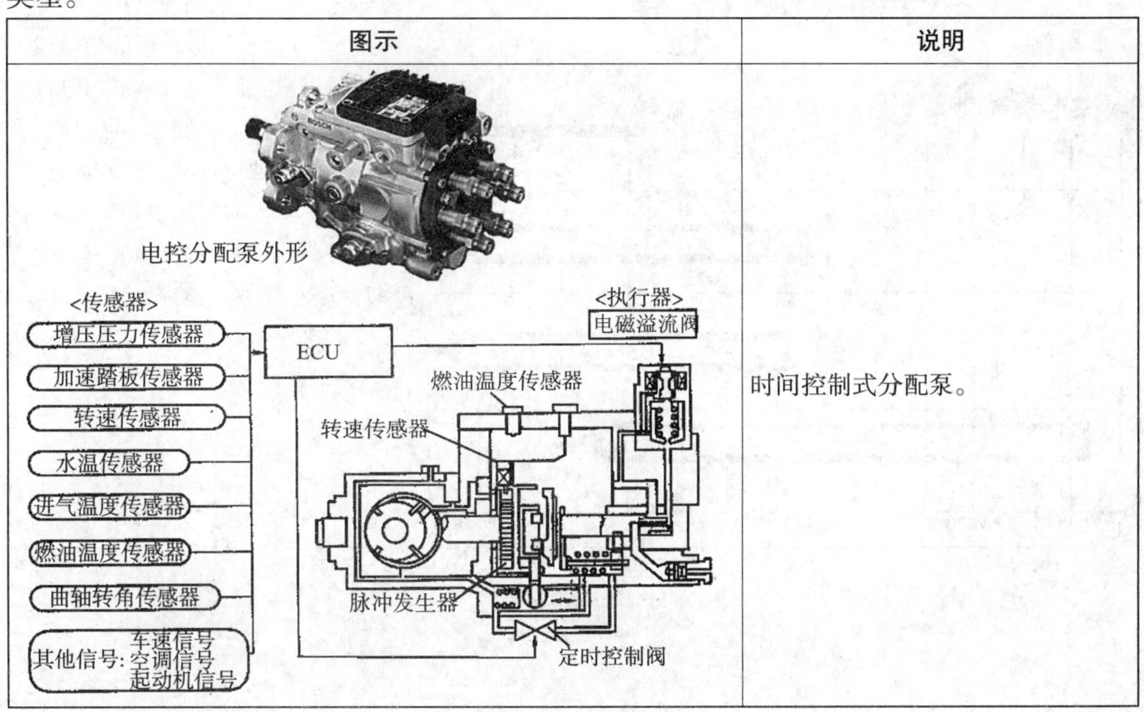 电控分配泵外形	时间控制式分配泵。

图示	说明
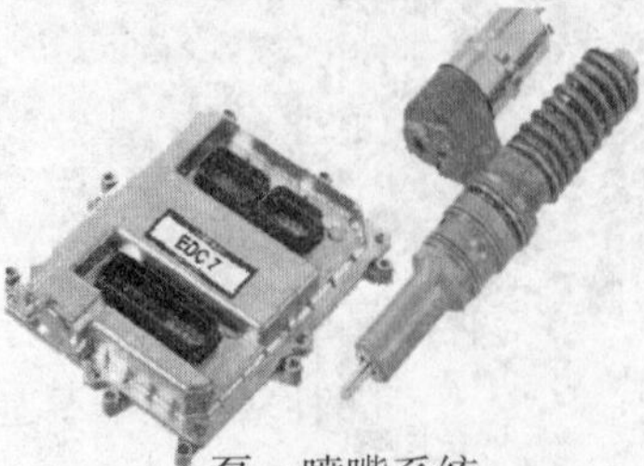 泵—喷嘴系统	泵—喷嘴(UIS—Unit Injector System)：喷油泵和喷油嘴组成一个单元，每个缸都有这样一个单元，直接由摇臂或者间接地由发动机凸轮轴通过推杆来驱动。
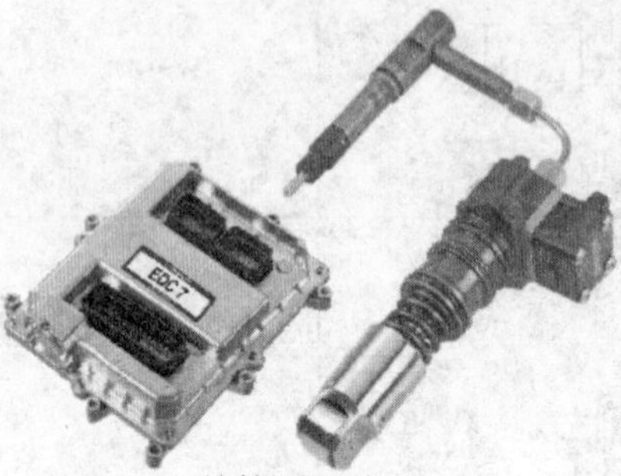 单体泵系统	单体泵(UPS-Unit Pump System)：喷油嘴和泵用一根较短的油管连接，每个汽缸都设置一个单柱塞喷油泵，由凸轮轴驱动。
共轨式喷射系统 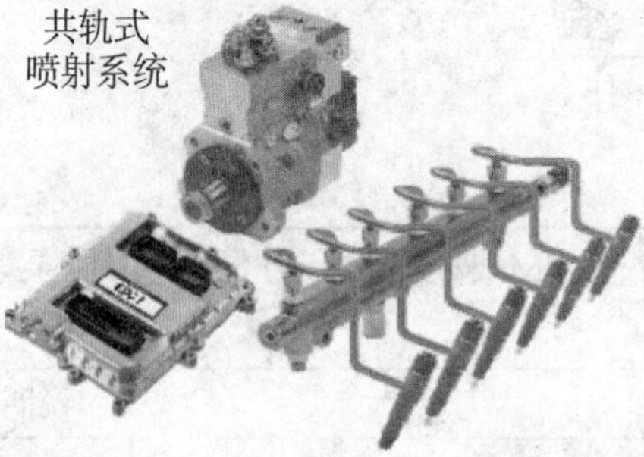 共轨系统发展概况 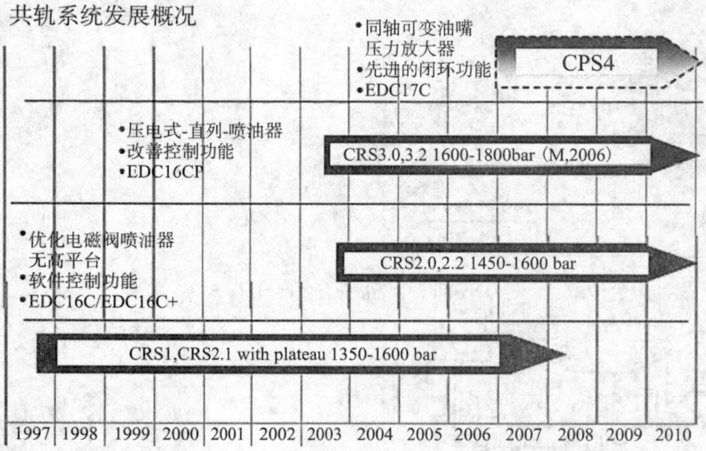 •同轴可变油嘴压力放大器 •先进的闭环功能 •EDC17C CPS4 •压电式-直列-喷油器 •改善控制功能 •EDC16CP CRS3.0,3.2 1600-1800bar (M,2006) •优化电磁阀喷油器无高平台 •软件控制功能 •EDC16C/EDC16C+ CRS2.0,2.2 1450-1600 bar CRS1,CRS2.1 with plateau 1350-1600 bar 1997 1998 1999 2000 2001 2002 2003 2004 2005 2006 2007 2008 2009 2010	共轨式喷射系统(CRS-Common Rail System)：也叫蓄压器喷射系统，ECM通过接收各传感器的信号，控制喷油器电磁阀，让柴油以正确的喷油压力在正确的喷油时间喷射出正确的喷油量。能达到较高的喷射压力，实现喷射压力和喷油量的精确控制，且能实现预喷射和后喷，降低柴油发动机噪声和大大减少废气的排放量。

项目十　润滑系统的检修

学习目标与要求

1. 能识别润滑系统的零部件、类型及在车上的位置。
2. 能说明润滑系统零部件的结构、作用和工作原理。
3. 能完成润滑系统的正常维护作业、润滑油道泄漏的检查，并会检查、添加、更换机油。
4. 能完成润滑系统主要元件的检测(集滤器、机油泵、机油滤清器、曲轴箱通风装置)。
5. 会查阅润滑系统及其零部件的技术资料。
6. 会进行机油压力的检查和机油压力异常的检修。

任务一　机油的检查与更换

任务引入

某装用1ZR-FE发动机的卡罗拉汽车启动后，机油压力指示灯偶尔亮起，维修技师初步判断为长时间没有更换机油导致机油压力不正常的润滑系统故障，需对该车进行机油油路清洗和机油的检查与更换处理。

任务分析

通过本任务的学习，能知道润滑系的构造与作用，熟知机油在润滑系中的润滑油路；能识别机油的等级；能进行车辆机油油路清洗及机油的检查与更换操作，为润滑系统的故障诊断与检修打好基础。

任务实施

一、准备

场地/用具、设备

1. 车间或模拟车间中留10人左右用的实习场地一块，多媒体设备一套，对应数量的课桌椅，白板或张贴板一块。
2. 个人防护用品、用具，汽车常用维修、检测设备和工具。
3. 装用卡罗拉发动机的汽车一辆。
4. 丰田新型汽车故障诊断系统（GTS）。
5. 机油压力表等常用诊断设备。
6. 机油、机油滤清器等耗材。

资料

1. 各汽车公司售后服务网页。
2. 卡罗拉汽车维修手册及电子技术资料。
3. 汽车常用维修、检测设备的使用说明书和安全操作规定。
4. 相关教学视频、教学课件PPT。
5. 教材、笔记本。

二、要求

10人左右为一组，在教师的指导下，结合相关知识的学习，利用专用检测仪对卡罗拉1ZR-FE发动机进行工作状况检测，确认故障现象的存在，再进行润滑系统实车的认知和机油油路清洗及机油检查与更换技能学习。由教师对机油的检查与更换进行示范操作，然后学生按2～3人一组进行轮换实训学习，其他同学观摩，教师现场指导并组织学生适时点评、小结。

三、相关知识学习

（一）润滑系统的作用与组成

它主要由集滤器、机油泵、限压阀、油道和油管、机油滤清器、旁通阀、机油散热器、机油压力传感器、机油压力表（指示灯）、机油标尺等组成（不同发动机略有不同）。

图示	说明
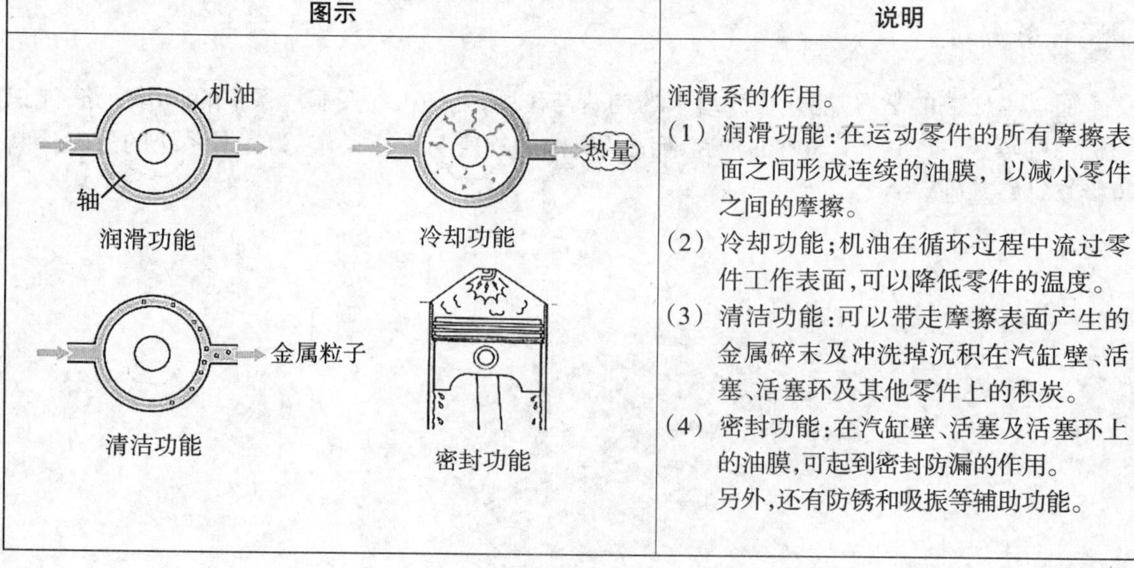 润滑功能　冷却功能 清洁功能　密封功能	润滑系的作用。 （1）润滑功能：在运动零件的所有摩擦表面之间形成连续的油膜，以减小零件之间的摩擦。 （2）冷却功能；机油在循环过程中流过零件工作表面，可以降低零件的温度。 （3）清洁功能：可以带走摩擦表面产生的金属碎末及冲洗掉沉积在汽缸壁、活塞、活塞环及其他零件上的积炭。 （4）密封功能：在汽缸壁、活塞及活塞环上的油膜，可起到密封防漏的作用。 另外，还有防锈和吸振等辅助功能。

图示	说明
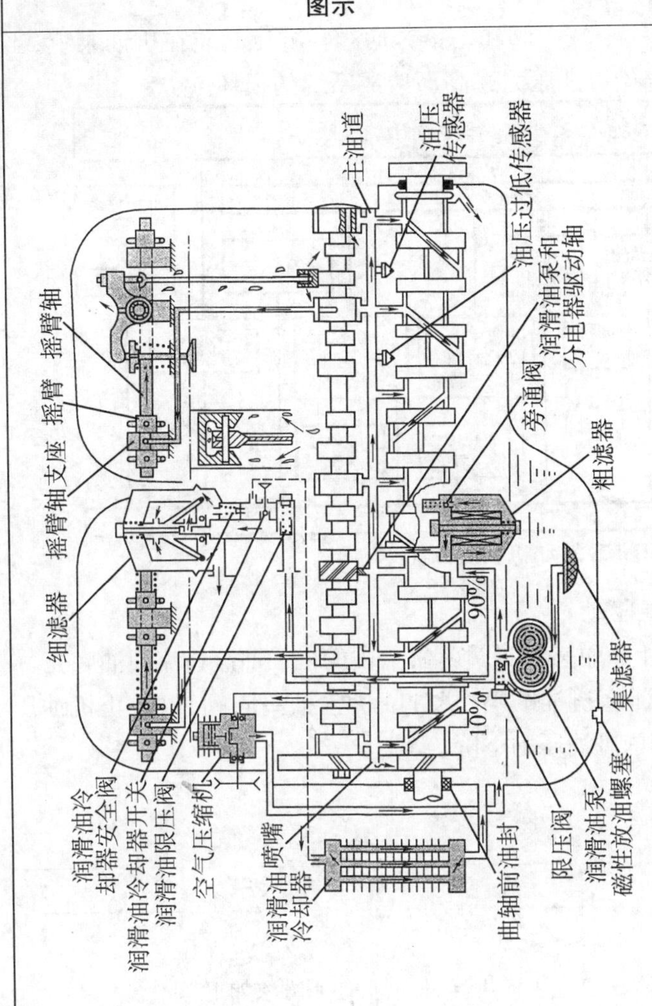	润滑方式。 （1）压力润滑：利用机油的压力对各摩擦表面进行强制性的润滑，如曲轴轴承与轴颈、凸轮轴轴承与轴颈、气门摇臂轴与摇臂、气门与气门导管等。 （2）飞溅润滑：利用曲轴的运转将油从轴承两侧甩出，在曲轴箱内形成许多油滴或油雾，飞溅到各摩擦表面进行润滑，如凸轮与挺杆、偏心轮与汽油泵摇臂、活塞与汽缸壁等。 现代汽车发动机一般采用压力、飞溅复合式润滑系统。 典型发动机润滑系。 限压阀：当机油压力过高时，使部分机油直接流回油底壳，避免过高的机油压力造成机油泵、机油冷却器、机油滤清器等一系列零部件的损坏。 旁通阀：在滤清器被污物堵塞时，旁通阀打开，未被滤清的机油仍能输送到各润滑部位。
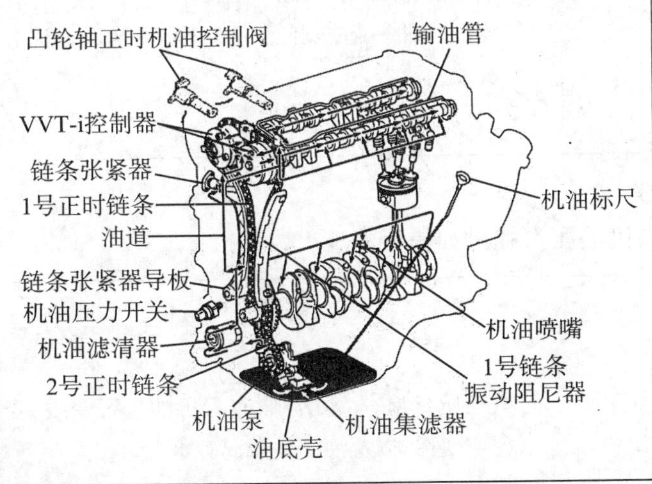	1ZR-FE 发动机润滑系：机油压力是通过安装在正时链盖上的机油压力开关总成检测的，若机油压力不正常，机油压力指示灯就会亮起。

（二）机油在润滑系统中的润滑油路

如图10–1所示，在润滑油路中，装有一个减压阀和一个旁通阀。减压阀装在机油泵上，当冷启动发动机或者机油黏度较大时，可避免机油压力过高而造成系统的损坏。

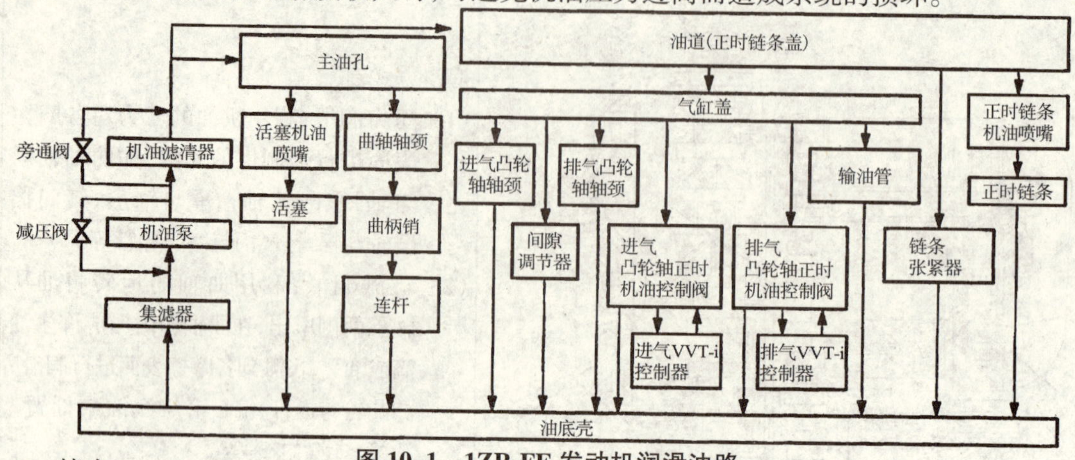

图 10–1　1ZR-FE 发动机润滑油路

特点：

（1）摆线齿轮型机油泵通过曲轴链条驱动。

（2）有机油回流系统，机油强制送到上汽缸盖并通过汽缸盖内的机油回流口流回油底壳。

（3）汽缸体装有用于冷却和润滑的活塞机油喷嘴，机油喷嘴包括单向阀，以防止机油压力较低时机油回流，从而防止发动机中的总机油压力下降。

（4）采用双 VVT-i 系统。

（三）1ZR-FE发动机润滑油路清洁

图示	方法
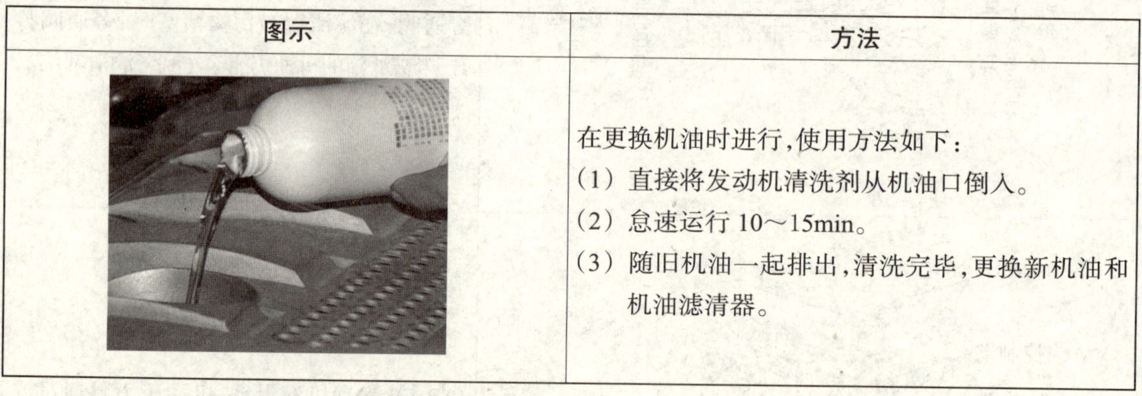	在更换机油时进行，使用方法如下： （1）直接将发动机清洗剂从机油口倒入。 （2）怠速运行 10～15min。 （3）随旧机油一起排出，清洗完毕，更换新机油和机油滤清器。

（四）1ZR-FE发动机机油的车上检查

检查内容包括：机油液位、机油质量、机油压力和机油是否泄漏。

图示	检查过程
新发动机机油　用过的发动机机油	机油质量检查：用肉眼查看机油是否变质、变色或变稀，以及油中是否混有水。

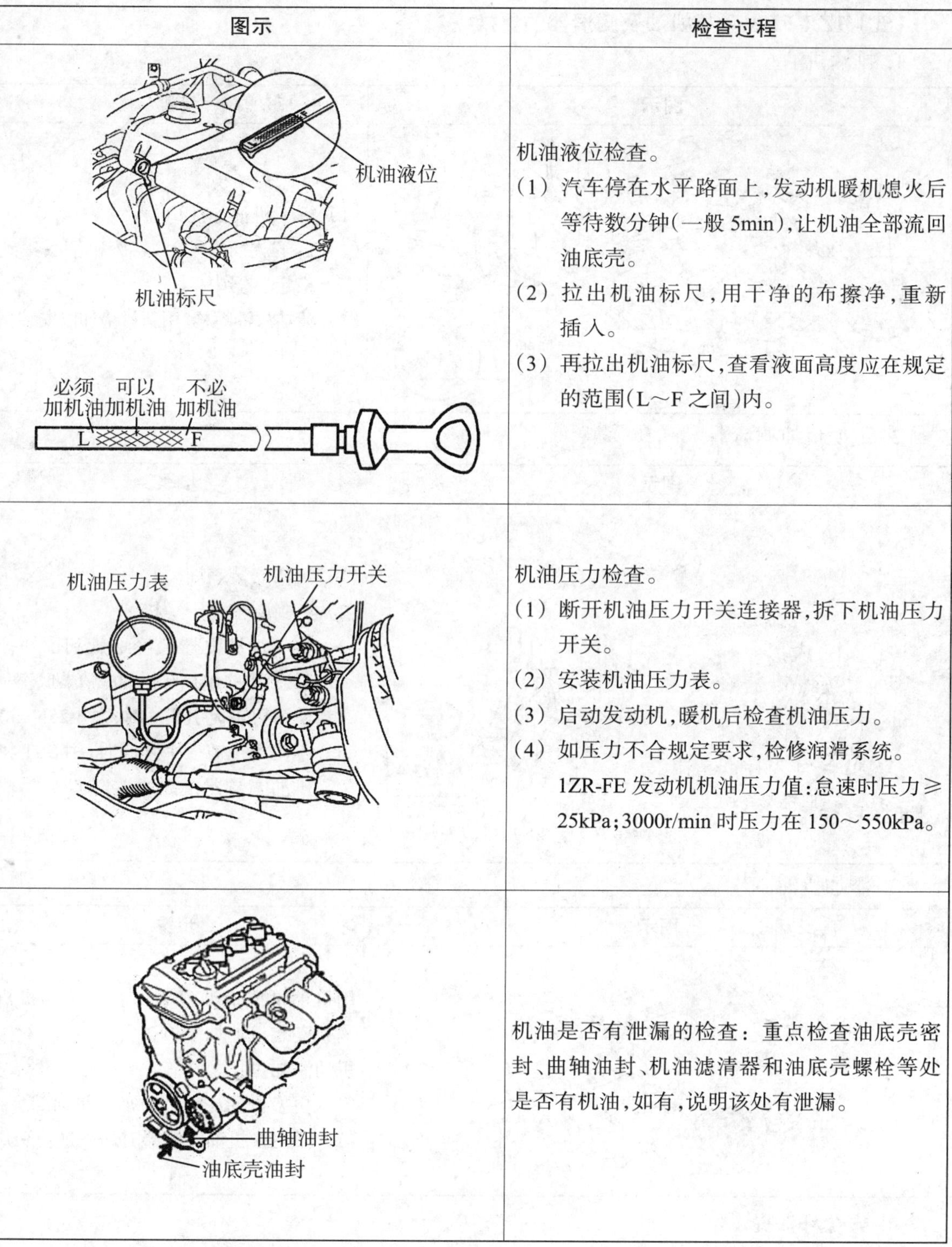

图示	检查过程
机油液位 机油标尺 必须 加机油 可以 加机油 不必 加机油 L F	机油液位检查。 （1）汽车停在水平路面上，发动机暖机熄火后等待数分钟（一般 5min），让机油全部流回油底壳。 （2）拉出机油标尺，用干净的布擦净，重新插入。 （3）再拉出机油标尺，查看液面高度应在规定的范围（L～F 之间）内。
机油压力表 机油压力开关	机油压力检查。 （1）断开机油压力开关连接器，拆下机油压力开关。 （2）安装机油压力表。 （3）启动发动机，暖机后检查机油压力。 （4）如压力不合规定要求，检修润滑系统。 1ZR-FE 发动机机油压力值：怠速时压力≥25kPa；3000r/min 时压力在 150～550kPa。
曲轴油封 油底壳油封	机油是否有泄漏的检查：重点检查油底壳密封、曲轴油封、机油滤清器和油底壳螺栓等处是否有机油，如有，说明该处有泄漏。

（五）1ZR-FE发动机机油及滤清器的更换

1. 排净机油。

图示	步骤
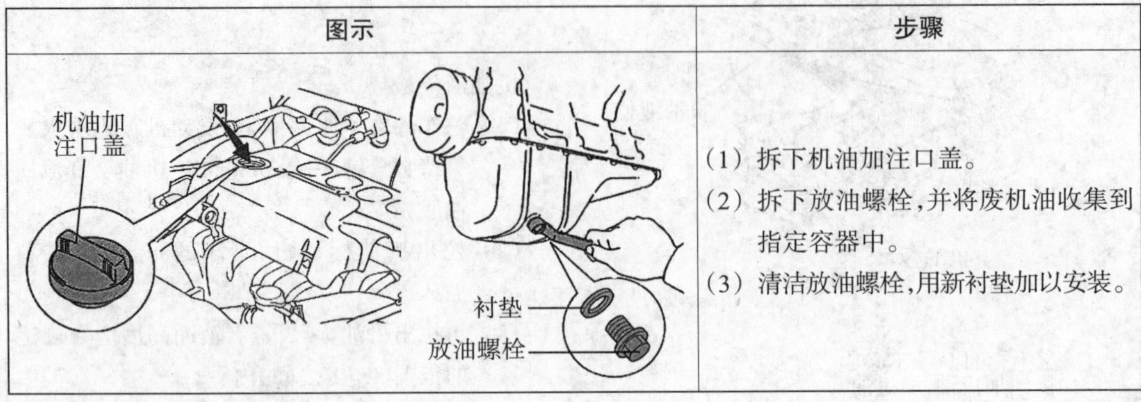	（1）拆下机油加注口盖。 （2）拆下放油螺栓，并将废机油收集到指定容器中。 （3）清洁放油螺栓，用新衬垫加以安装。

2. 更换机油滤清器。

图示	步骤
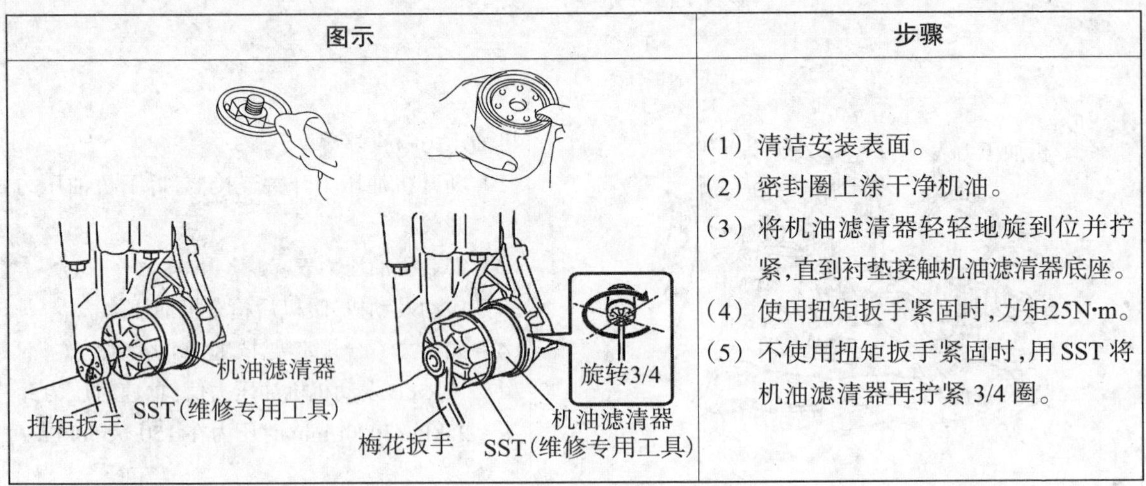	（1）清洁安装表面。 （2）密封圈上涂干净机油。 （3）将机油滤清器轻轻地旋到位并拧紧，直到衬垫接触机油滤清器底座。 （4）使用扭矩扳手紧固时，力矩25N·m。 （5）不使用扭矩扳手紧固时，用 SST 将机油滤清器再拧紧 3/4 圈。

3. 添加机油。

图示	步骤
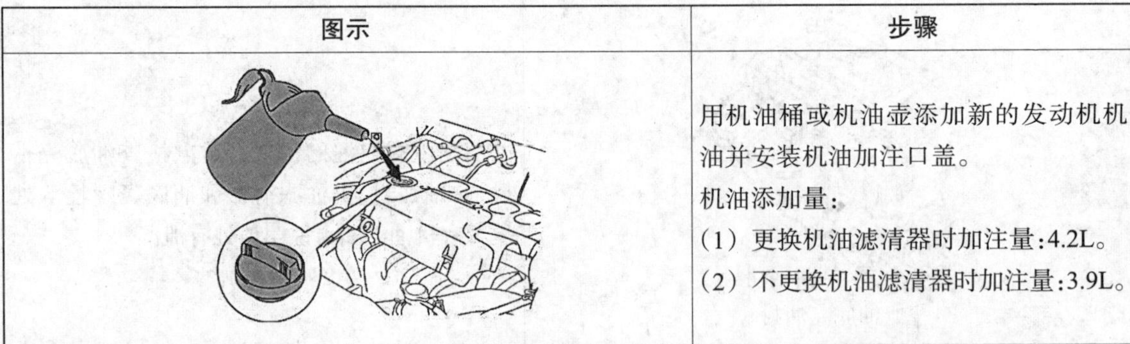	用机油桶或机油壶添加新的发动机机油并安装机油加注口盖。 机油添加量： （1）更换机油滤清器时加注量：4.2L。 （2）不更换机油滤清器时加注量：3.9L。

4. 安全环保提示。

（1）更换机油时，为了减少皮肤与用过的机油接触，必须穿防护服和戴胶皮手套。过长时间反复地接触发动机机油，特别是用过的机油内含有潜在的危害性污染物，会造成皮肤干燥，容易引起过敏，甚至可能会导致皮肤癌，故应用肥皂和水彻底清洗，切勿用汽油、稀释剂或溶剂清洗。

（2）必须在指定的报废点报废用过的机油和机油滤清器。

（六）机油

机油是由基础油和添加剂两部分组成的。基础油是从石油中提炼而来的，具有最基本的黏度特征；添加剂用以改善和提高机油的品质。发动机机油应有：适当的黏度、优异的氧化安定性、良好的防腐性、较低的起泡性、强烈的清净分散性能。

1. 机油的分类。

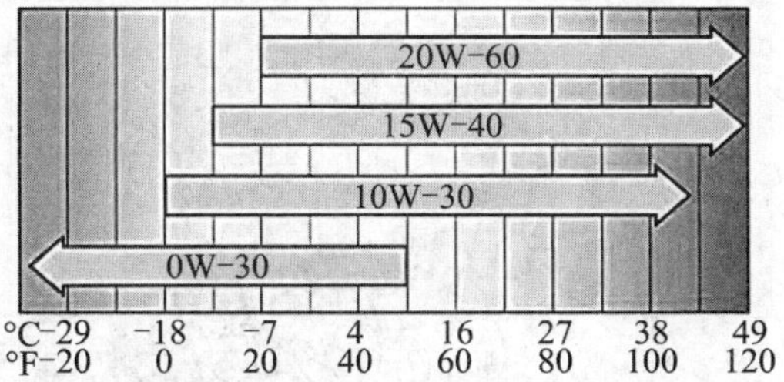

20W-60
15W-40
10W-30
0W-30
°C -29　-18　-7　4　16　27　38　49
°F -20　0　20　40　60　80　100　120

汽油机

API	维修及机油说明	质量
SL、SJ、SH、SG	适用于在各种条件下工作的发动机	高
SF	适用于在连续高速、高温并且反复停机—开机条件下工作的发动机	↑
SE	适用于在比SD分类更严酷的条件下工作的发动机	
SD、SC、SD、SA		低

柴油发动机

API	维修及机油说明	质量
CF-4	提供比CF分类更好的特性和质量	高
CF	提供比CE分类更好的洗洁剂弥散和抗热性能	↑
CE	适用于在低速、高负载条件和高速、高负载条件下工作的发动机	
CD	适用于在高速、高功率输出条件下工作的发动机	
CC	适用于在比CB分类更严酷的条件下工作的发动机	
CB、CA		低

（1）按黏度分类——SAE等级：例如SAE10W－30，这种油被称为“多等级”油；前一个数字越低，如“10”，油在低温时变硬的可能越小；第二个数字越高，如“30”，油在高温下变稀的可能越小；“W”表示“冬季”，表示这个黏度是用于低温的。

SAE：汽车工程师协会。

（2）按质量分类——API等级：对于汽油发动机而言，适用机油是SA至SL等级，但只有SE或更高的等级是用于汽车的。SM等级是机油的最高等级。对于柴油发动机，机油划分为从CA至CF－4的等级，CF－4为最高质量等级。

API：美国石油研究所。

2. 机油的选用原则。

（1）根据汽车发动机的强化程度选用合适的机油使用等级。

（2）根据地区的季节气温选用适当黏度等级的机油。

3. 机油消耗原因：发动机机油在正常情况下也会一点点地被消耗掉，主要是一小部分机油会随燃油燃烧。一般很难从视觉上去判断机油的消耗情况，故需依据行驶距离或时间更换机油。

图示	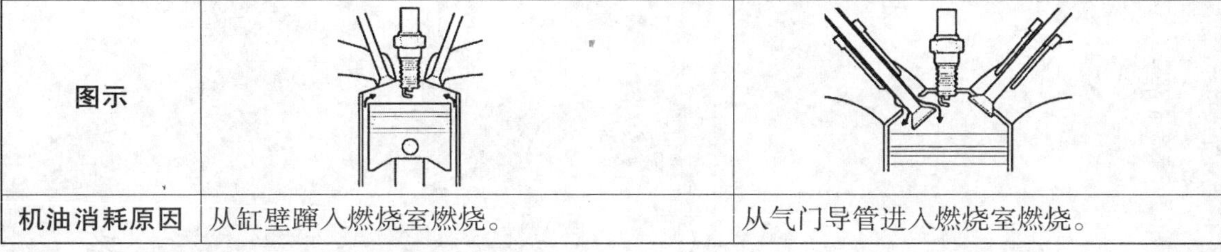	
机油消耗原因	从缸壁蹿入燃烧室燃烧。	从气门导管进入燃烧室燃烧。

知识拓展

柴油发动机润滑系统

以 6BTA5.9 柴油发动机润滑系统为例，该系统由机油泵、限压阀、机油冷却器、机油滤清器、旁通阀、油道等组成。

（1）6BTA5.9 柴油发动机润滑系统机油流向图：

发动机启动后，机油泵通过集滤器将机
油底壳中吸出，机油从机油泵中泵出后，
缸体上的油道进入机油冷却器。机油从冷
流出后，经过滤清器滤清，流到缸体上
道中，再经过汽缸体上的中间横向油道，
缸体的另一侧(高压油泵侧)的主油道中。
主油道的机油，沿主油道上各个分支油道
不同的润滑部位。

限压阀开启压力为 0.46MPa。

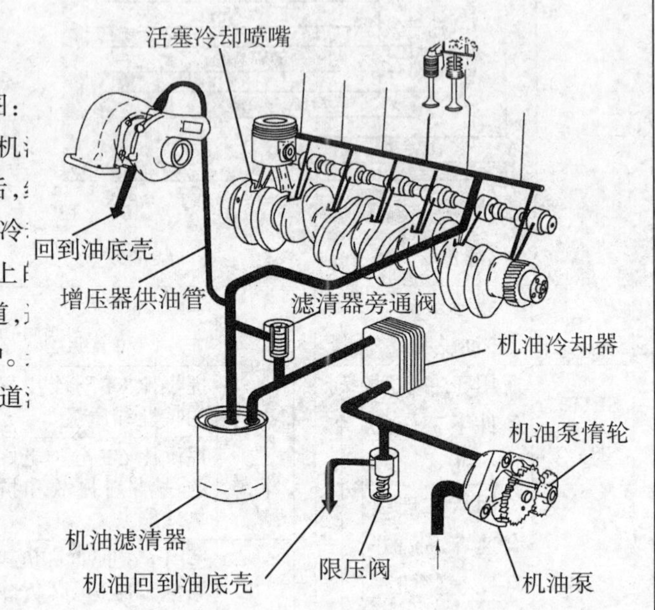

（2）6BTA5.9 柴油发动机润滑油路示意图。

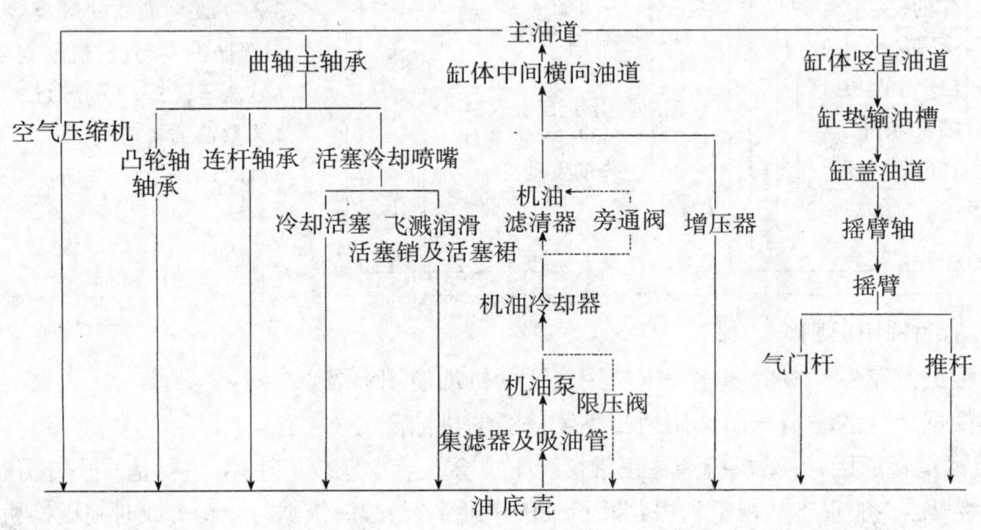

(3) 机油滤清器及旁通阀:采用的是旋转式纸芯滤清器。滤清器座和机油冷却器座铸为一体,旁通阀设在机油冷却器座中。应定期更换滤清器。	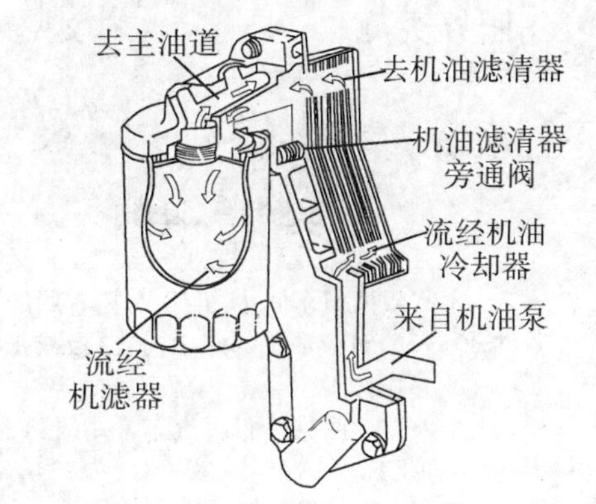
(4) 6BTA5.9 柴油机增压器部分油路:增压器的机油来自机油滤清器座上的一个接头,通过软管输送至增压器中间体的进油口。增压器的回油,通过一根回油管,靠重力流回曲轴箱中。由于增压器轴承处的温度很高,需要有一定量的机油保证冷却,所以一般要求进油管的内径不小于 9.5mm,保证回油管畅通,回油管内径不小于 19mm 且尽量保持垂直。发动机从满负荷突然停机,由于增压器转子的惯性作用,增压器转子不可能很快停止运转而机油停止了供给,这样会给增压器轴承带来不利的影响,故发动机要在怠速状态下运转数分钟后再停机。	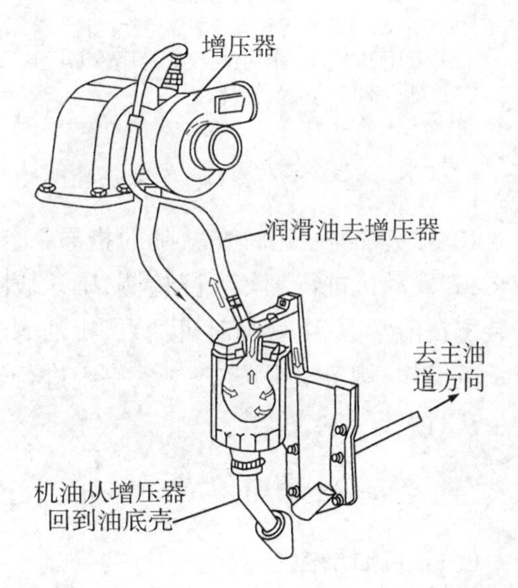

任务二　润滑系统主要部件的检修

任务引入

某装用 1ZR-FE 发动机的卡罗拉汽车启动后,机油压力指示灯常亮,维修技师初步判断为机油压力不正常导致的润滑系统故障,需对该系统进行检修。

任务分析

通过本任务的学习,能知道润滑系各组成部件的构造,熟知润滑系各组成部件在润滑系中的功能;能进行润滑系各组成部件的拆卸、检查和装配操作,为润滑系统的故障诊断与检修打好基础。

任务实施

一、准备

场地/用具、设备

1. 车间或模拟车间中留 10 人左右用的实习场地一块，对应数量的课桌椅，白板或张贴板一块，多媒体教学设备一套。
2. 个人防护用品、用具，汽车常用维修、检测设备和工具。
3. 装用卡罗拉发动机的汽车一辆。
4. 丰田新型汽车故障诊断系统（GTS）。
5. 刀尺、厚薄规等汽车常用检测设备。
6. 万用表、汽车故障检测仪等常用诊断设备。
7. 黏合剂等检修所需耗材。

资料

1. 各汽车公司售后服务网页。
2. 卡罗拉汽车维修手册及电子技术资料。
3. 汽车常用维修、检测设备的使用说明书和安全操作规定。
4. 相关教学视频、教学课件。
5. 教材、笔记本。

二、要求

10 人左右为一组，在教师的指导下，结合相关知识的学习，利用专用检测仪对卡罗拉 1ZR-FE 发动机进行工作状况检测，确认故障现象的存在，再进行润滑系统各部件的拆卸、检查和装配技能学习。由教师对机油泵、机油滤清器、机油压力开关和 PCV 阀的检修四部分内容进行示范操作，然后学生按 2～3 人一组进行轮换实训学习，其他同学观摩，教师现场指导并组织学生适时点评、小结。

三、相关知识学习

（一）机油泵检修

1. 作用与结构。

（1）作用：把一定量的机油压力升高，强制性地将机油压送到发动机各摩擦表面上去。多采用齿轮式机油泵或转子式机油泵。齿轮式机油泵常用的有内啮合与外啮合式两种，其工作原理基本相同。

（2）外啮合齿轮式机油泵。

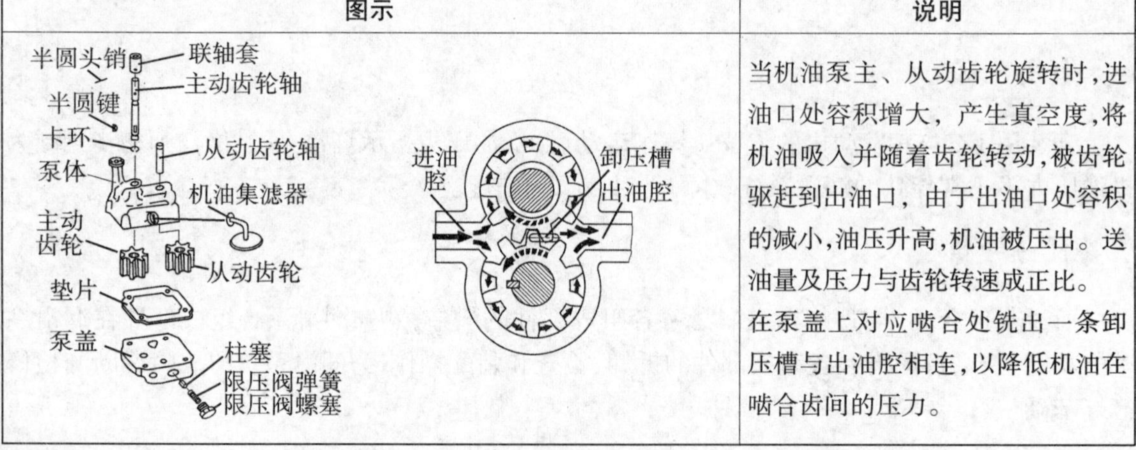

图示	说明
（见上图）	当机油泵主、从动齿轮旋转时，进油口处容积增大，产生真空度，将机油吸入并随着齿轮转动，被齿轮驱赶到出油口，由于出油口处容积的减小，油压升高，机油被压出。送油量及压力与齿轮转速成正比。 在泵盖上对应啮合处铣出一条卸压槽与出油腔相连，以降低机油在啮合齿间的压力。

（3）内啮合齿轮式机油泵结构如图 10–2 所示。

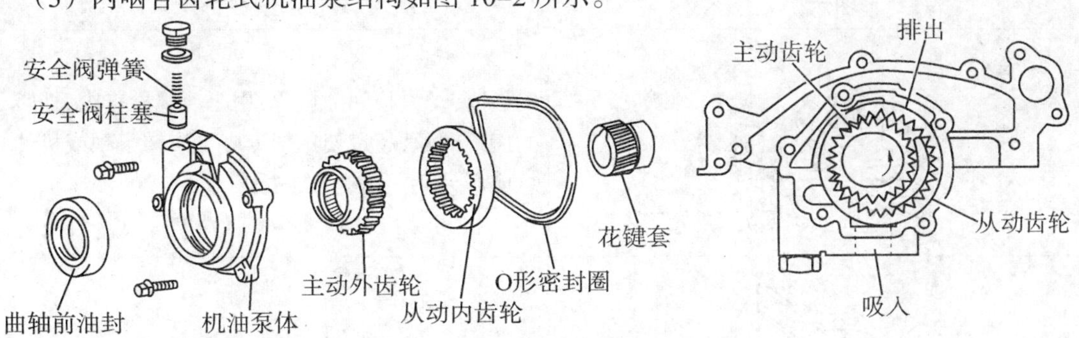

图 10–2 内啮合齿轮式机油泵结构

2. 1ZR-FE 发动机转子式机油泵的检修。

图示	步骤
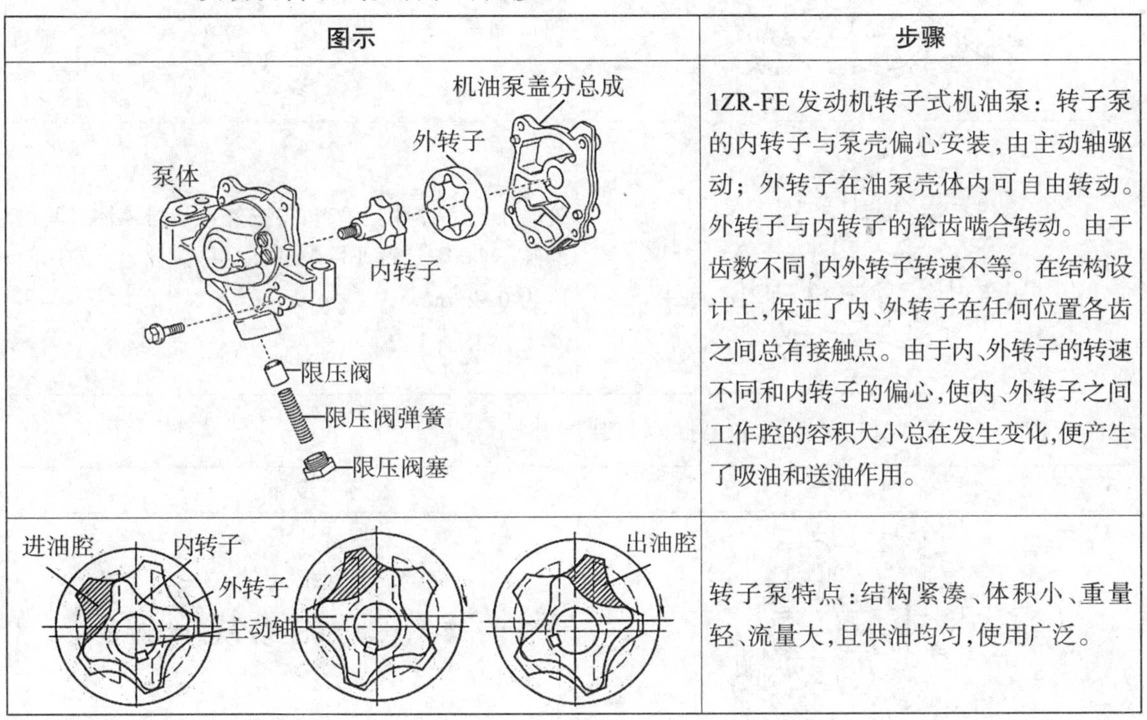	1ZR-FE 发动机转子式机油泵：转子泵的内转子与泵壳偏心安装，由主动轴驱动；外转子在油泵壳体内可自由转动。外转子与内转子的轮齿啮合转动。由于齿数不同，内外转子转速不等。在结构设计上，保证了内、外转子在任何位置各齿之间总有接触点。由于内、外转子的转速不同和内转子的偏心，使内、外转子之间工作腔的容积大小总在发生变化，便产生了吸油和送油作用。
	转子泵特点：结构紧凑、体积小、重量轻、流量大，且供油均匀，使用广泛。

3. 1ZR-FE 发动机转子式机油泵检查。

图示	步骤
	限压阀检查：在机油泵限压阀上涂抹一层发动机机油，检查并确认该阀能依靠自身重量顺畅地滑入阀孔中，否则，应更换汽油泵。

图示	步骤
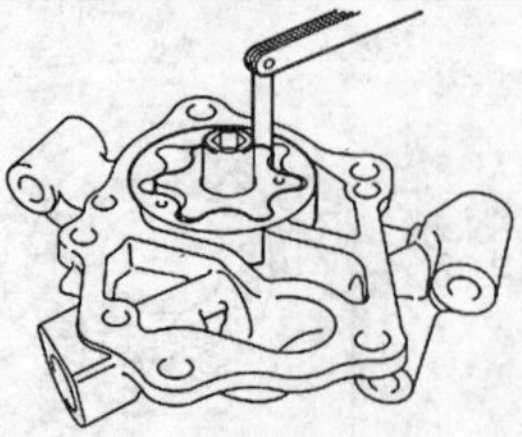	内、外转子齿顶间隙检查：用厚薄规检查内、外转子的齿顶间隙，超过使用限度应更换转子副或机油泵总成。使用限度为 0.35mm。
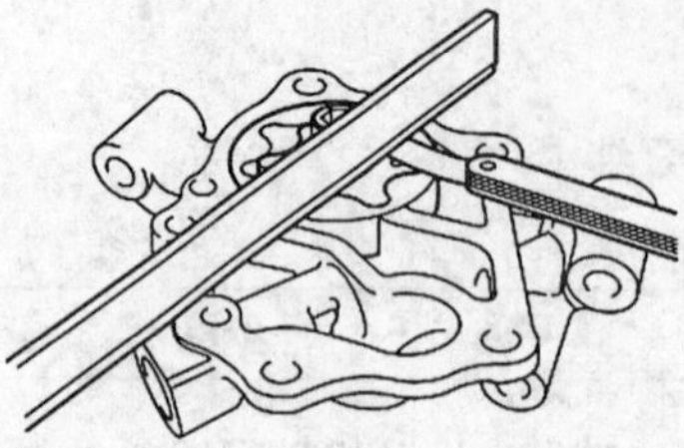	内、外转子与泵体平面度检查：用厚薄规和平尺，测量 2 个转子和平尺之间的间隙，超过使用限度应更换机油泵。使用限度为 0.16mm。
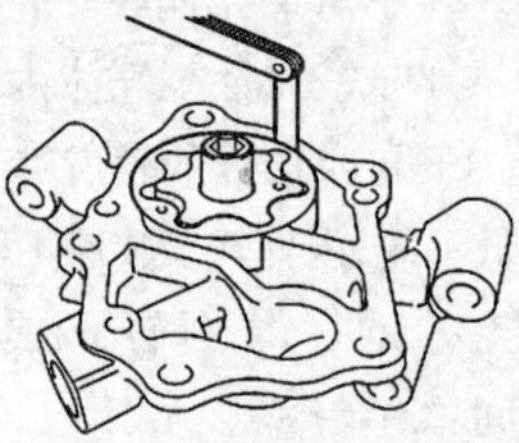	外转子与泵体侧隙检查：检查外转子与泵体之间的间隙，若间隙超过使用限度，应更换机油泵。使用限度为 0.325mm。

4. 1ZR-FE 发动机转子式机油泵拆解与装配。

图示	步骤
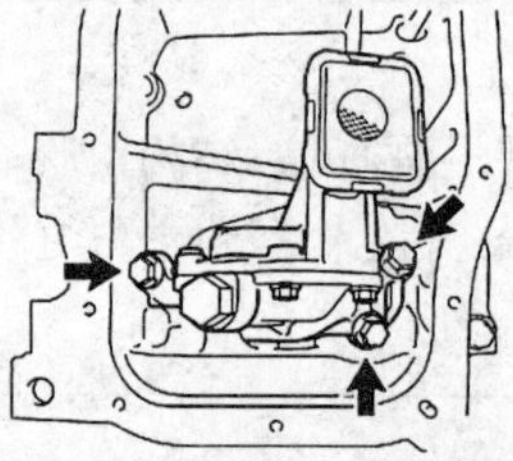	拆下 3 个螺栓，从发动机上拆下机油泵总成。
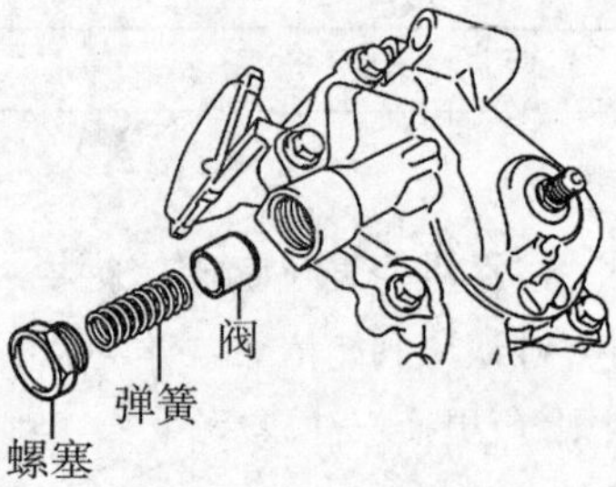	用 27mm 套筒扳手拆下机油泵限压阀螺塞，取出阀弹簧和阀体。
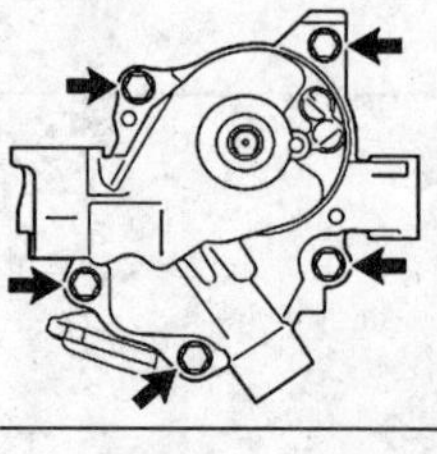	拆下 5 个螺栓，取下机油泵盖。

图示	步骤
内转子　外转子	从机油泵上取出内、外转子。
标记	（1）用汽油清洗机油泵各零件。 （2）机油泵装配按拆解相反的顺序进行。 注意：将发动机机油涂抹在机油泵内转子和外转子上，并将其标记朝向机油泵盖侧放入机油泵。

（二）机油滤清器检修

机油滤清器常采用全流式滤清器、分流式滤清器，并分别并联或串联在主油道中。与主油道串联的称为全流式滤清器，与主油道并联的为分流式滤清器。目前轿车上普遍采用全流式滤清器。

1. 机油集滤器及检修。

（1）作用：机油集滤器安装在机油泵进油口的前面，以防止较大的机械杂质进入机油泵。

（2）结构与工作原理。

（3）主要损伤：滤网堵塞。轻微堵塞时，机油不经过过滤就通过中心孔进入油管，会加速机油泵和滤清器的损坏；滤网严重堵塞时，会造成供油不足甚至不供油。维修时应注意检查集滤器的状况，如有堵塞应彻底清洗。中间没有圆孔的滤网，在使用中要保证滤网有足够大的机油流通面积。

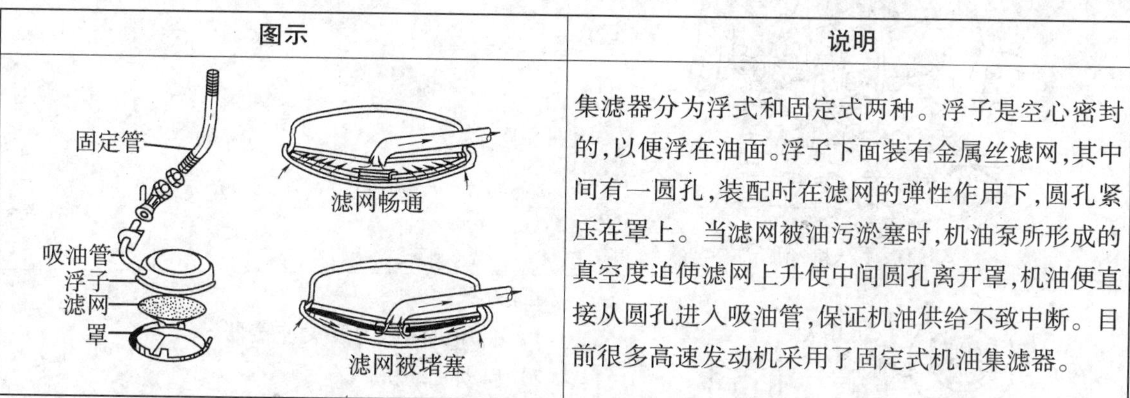

图示	说明
	集滤器分为浮式和固定式两种。浮子是空心密封的，以便浮在油面。浮子下面装有金属丝滤网，其中间有一圆孔，装配时在滤网的弹性作用下，圆孔紧压在罩上。当滤网被油污淤塞时，机油泵所形成的真空度迫使滤网上升使中间圆孔离开罩，机油便直接从圆孔进入吸油管，保证机油供给不致中断。目前很多高速发动机采用了固定式机油集滤器。

2. 全流式滤清器及检修。

（1）作用：滤去机油中的金属磨屑、机械杂质和机油中的氧化胶质。现代汽车发动机多采用全流式、纸质滤芯、在滤芯底部装有旁通阀的一次性机油滤清器。该滤清器不可分解，维修时只能整体更换。

（2）全流式滤清器。

<table>
<tr><th>图示</th><th>说明</th></tr>
<tr><td>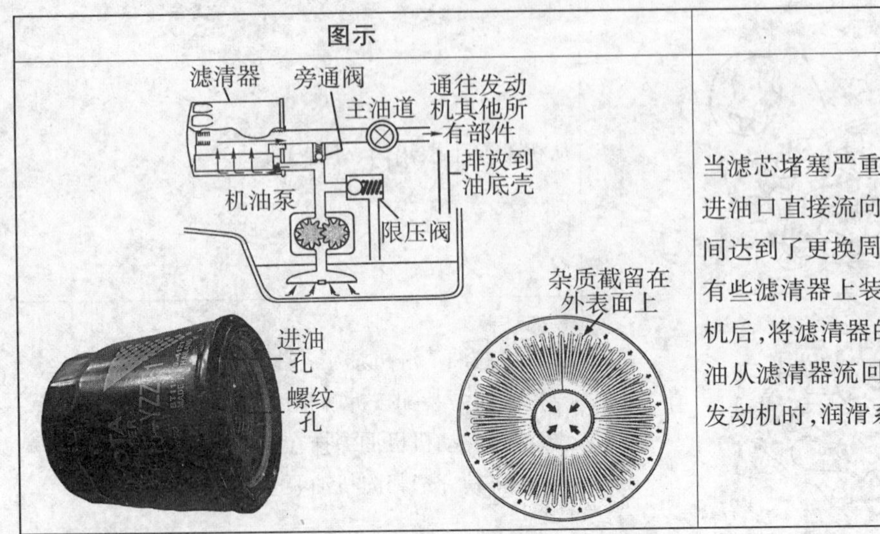
</td><td>当滤芯堵塞严重时，旁通阀打开，机油从进油口直接流向出油口。滤清器使用时间达到了更换周期时，应更换。
有些滤清器上装有止回阀，当发动机停机后，将滤清器的进油口关闭，以防止机油从滤清器流回油底壳，以便下次启动发动机时，润滑系能迅速建立油压。</td></tr>
</table>

（三）1ZR-FE发动机机油压力开关及检修

<table>
<tr><th>图示</th><th>内容</th></tr>
<tr><td> 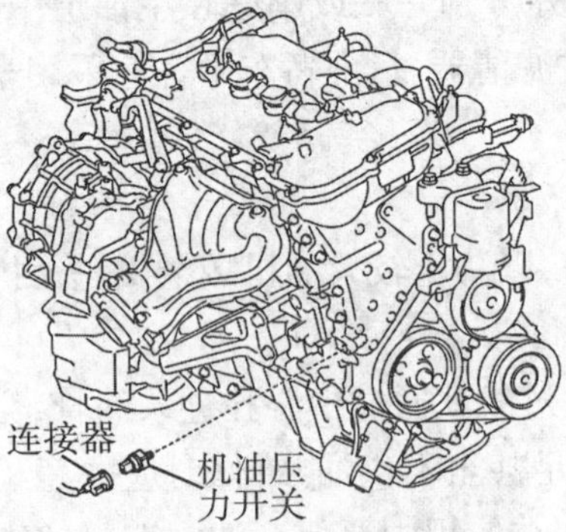连接器
机油压力开关 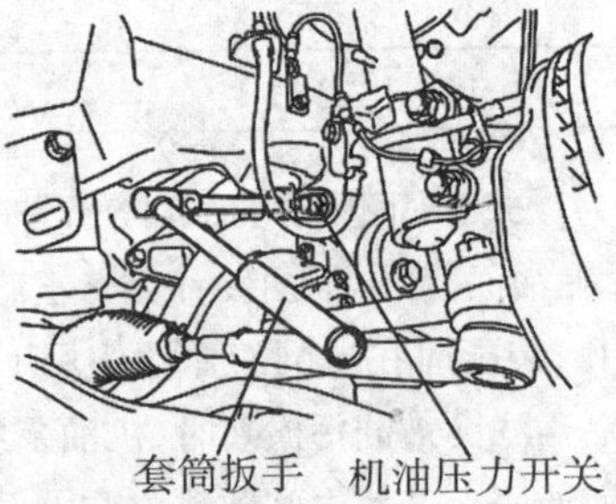
套筒扳手
机油压力开关</td><td>拆卸过程。
（1）断开机油压力开关连接器。
（2）用 24mm 套筒扳手拆下机油压力开关。</td></tr>
<tr><td>万用表
机油压力开关</td><td>检查方法。
（1）断开机油压力开关连接器。
（2）启动发动机。
（3）根据下表测量电阻。
<table>
<tr><th>万用表连接</th><th>条件</th><th>规定状态</th></tr>
<tr><td rowspan="2">1－开关壳体</td><td>怠速运转时</td><td>10kΩ 或更大</td></tr>
<tr><td>发动机停止</td><td>小于 1Ω</td></tr>
</table>
（4）若结果不符合规定，应更换机油压力开关。</td></tr>
</table>

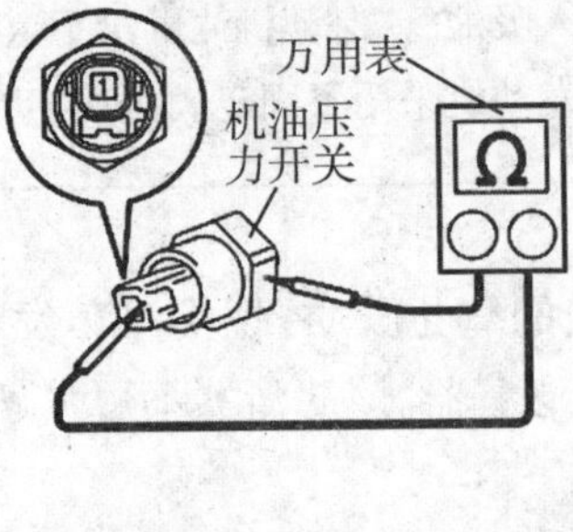

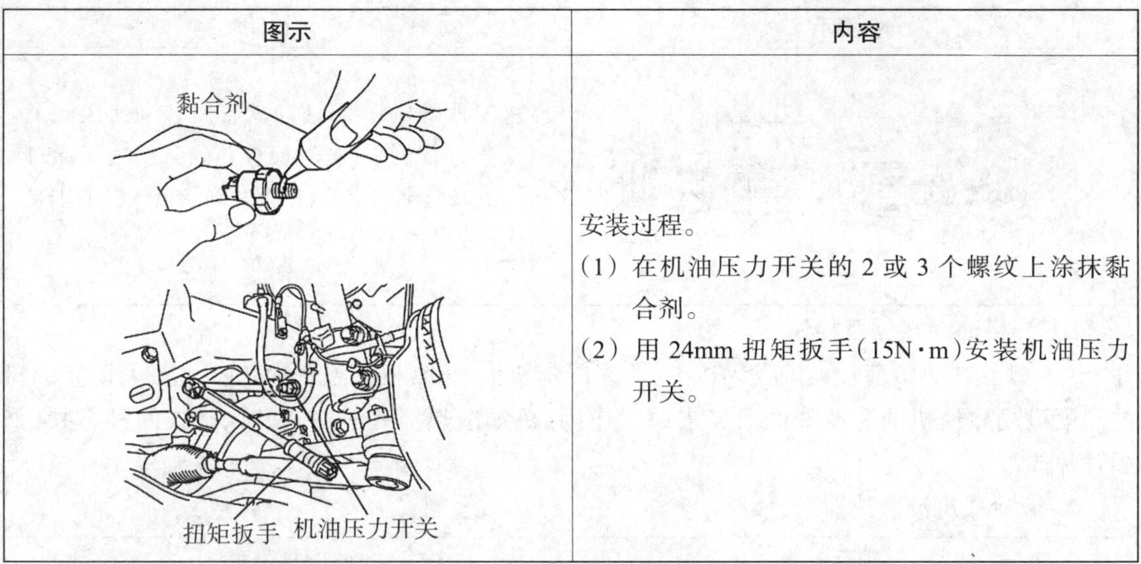

图示	内容
黏合剂 扭矩扳手　机油压力开关	安装过程。 （1）在机油压力开关的 2 或 3 个螺纹上涂抹黏合剂。 （2）用 24mm 扭矩扳手（15N·m）安装机油压力开关。

（四）曲轴箱强制通风装置及检修

发动机工作时，部分可燃混合气、废气甚至液态燃油经汽缸壁蹿入曲轴箱，会加速机油变质，造成机件受到腐蚀或锈蚀。因此，必须将曲轴箱内气体通过通风软管带入汽缸重新燃烧。

有强制式曲轴箱通风和自然式曲轴箱通风两种，汽油机常用强制式曲轴箱通风。

图示	说明
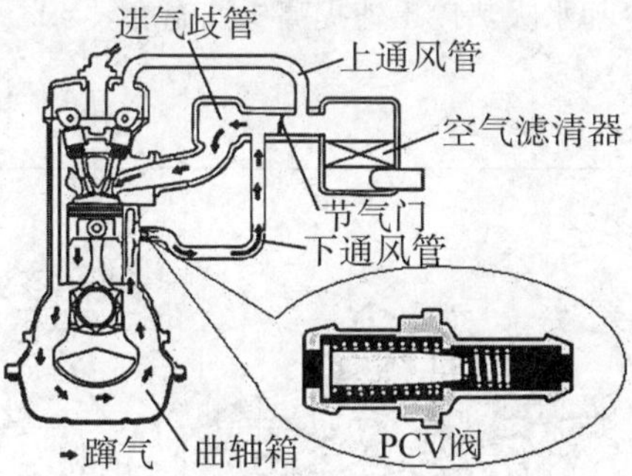 进气歧管 上通风管 空气滤清器 节气门 下通风管 蹿气　曲轴箱　PCV阀	强制式曲轴箱通风装置的工作原理：当怠速时，汽缸中的真空度将单向阀吸压在阀座上，通风量较少；当节气门开度加大时，进气管内真空度减小，阀门开度增大，曲轴箱的通气量增加。 PCV 阀的作用：防止发动机怠速时过多的气体流入汽缸，造成怠速不稳或熄火。
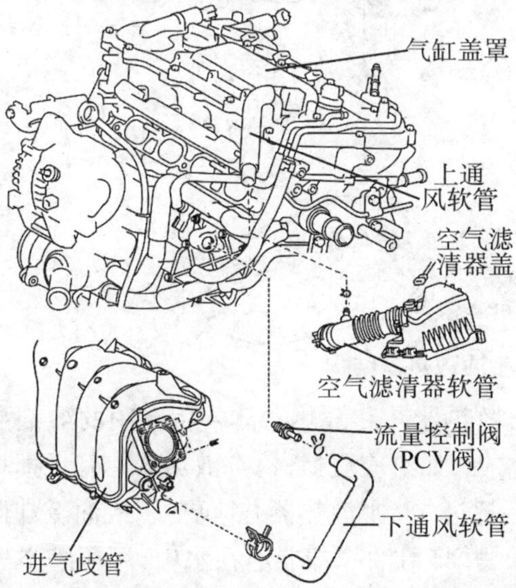 气缸盖罩 上通风软管 空气滤清器盖 空气滤清器软管 流量控制阀（PCV阀） 下通风软管 进气歧管	1ZR-FE 发动机曲轴箱通风装置的结构。

图示	说明
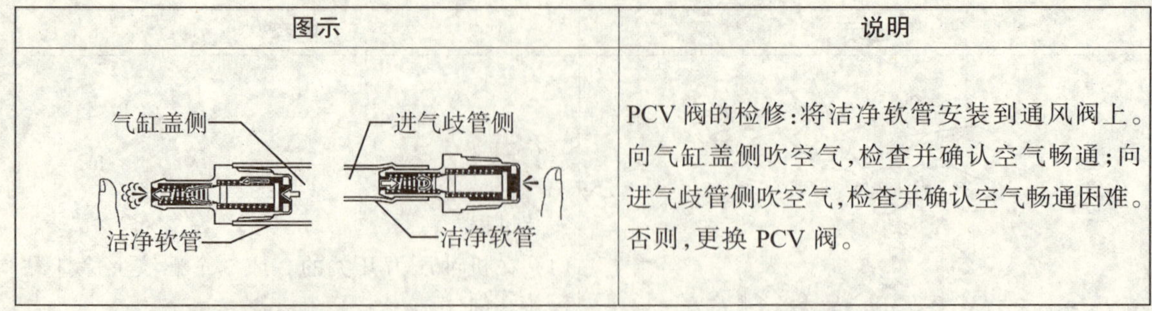	PCV 阀的检修：将洁净软管安装到通风阀上。向气缸盖侧吹空气，检查并确认空气畅通；向进气歧管侧吹空气，检查并确认空气畅通困难。否则，更换 PCV 阀。

（五）机油散热器及检修

1. 作用：在热负荷较大的发动机上，用来冷却机油（正常机油温度为 70～90℃），防止因机油温度过高致使机油黏度降低而失去润滑作用。机油散热器有液冷式和风冷式两种，通常采用管片式。

2. 液冷式机油散热器。

图示	工作原理
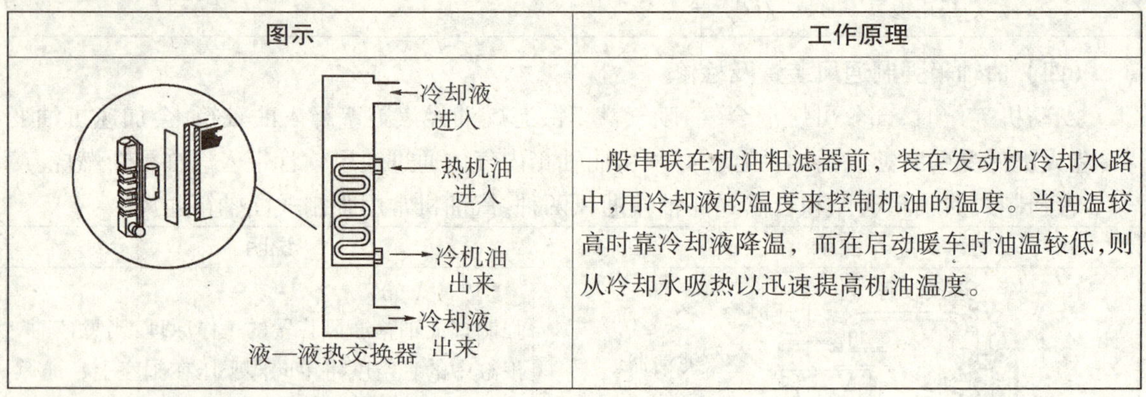	一般串联在机油粗滤器前，装在发动机冷却水路中，用冷却液的温度来控制机油的温度。当油温较高时靠冷却液降温，而在启动暖车时油温较低，则从冷却水吸热以迅速提高机油温度。

3. 轿车上常见的机油散热器结构如图 10–3 所示。

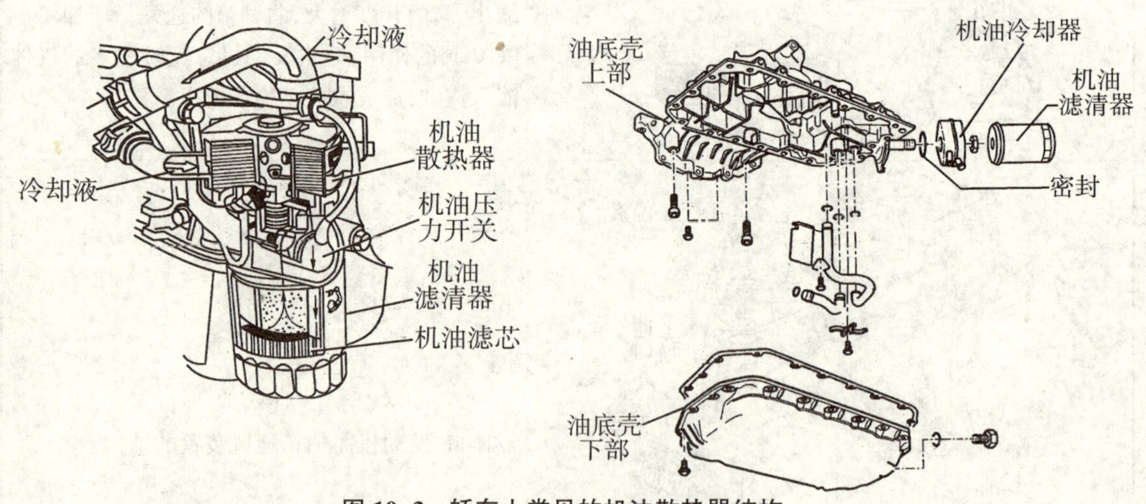

图 10–3　轿车上常见的机油散热器结构

4. 液冷式机油散热器的清洗与检修：拆卸后，散热器芯和散热器体要用专用的溶剂浸泡和清洗；检查散热器体、盖、支架有无裂纹、损坏和腐蚀，如有应更换；检查散热器芯有无损坏或渗漏，如管子变形或损坏不超过 5% 可以进行修理，超过 5% 则散热器芯应更换。机油冷却器维修保养时可用肥皂水清洗干净，用压缩空气吹干燥，并将机油冷却器泡在水中，用压缩空气试压(483kPa),如果没有渗漏,这个机油冷却器可继续使用,如发现有油水混合现象,则应及时更换。

知识拓展

一、分流式滤清器及检修

1. 作用:清除机油中直径在 0.01～0.03mm 的细小杂质。有过滤式和离心式两种,货车上大多采用离心式滤清器。

2. 工作原理。

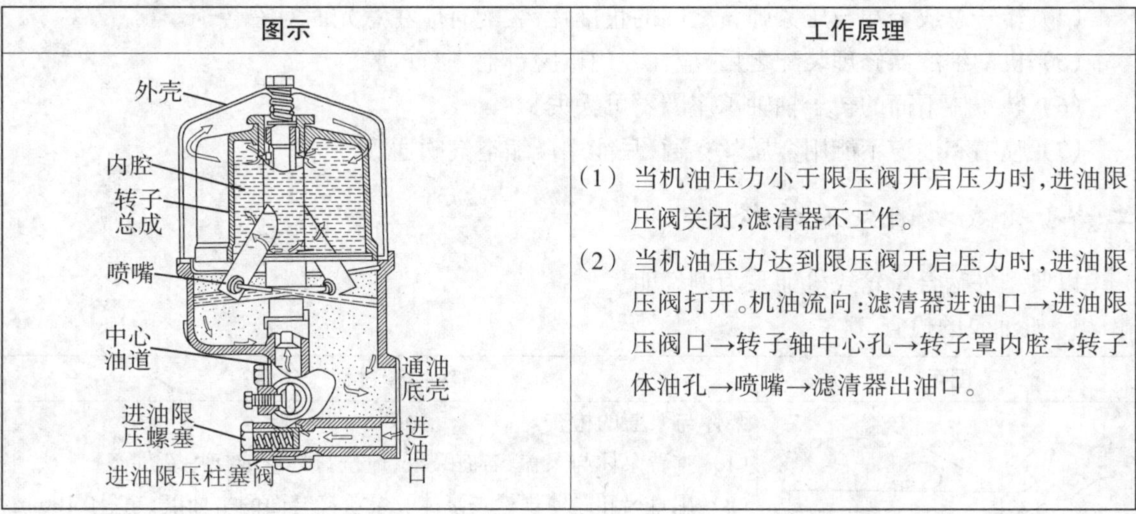

图示	工作原理
	(1) 当机油压力小于限压阀开启压力时,进油限压阀关闭,滤清器不工作。 (2) 当机油压力达到限压阀开启压力时,进油限压阀打开。机油流向:滤清器进油口→进油限压阀口→转子轴中心孔→转子罩内腔→转子体油孔→喷嘴→滤清器出油口。

3. 分流式滤清器结构如图 10-4 所示。

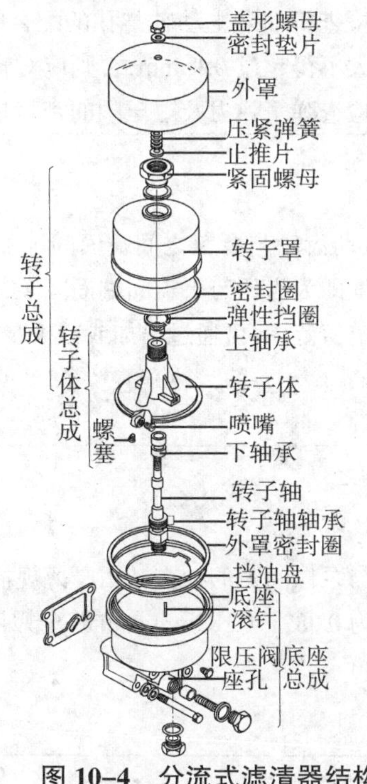

图 10-4　分流式滤清器结构

4. 零件的检修。

（1）喷嘴磨损后孔径超过规定值，限压阀弹簧弹力下降，密封圈损坏、变形或老化等都应更换新件。

（2）转子轴与转子体的配合间隙超过规定值，可用镀铬法修复或换用新件。

（3）进油阀磨损不严重时，可用细研磨阀座，磨后换用新钢球。

5. 维修提示。

（1）装转子总成时，注意对准转子座之间的装配标记，以免破坏转子总成的平衡。

（2）注意装好密封圈，如发生漏油，转子将不能转动。

（3）转子上部锁紧螺母不能拧得过紧，若超过 29～49N·m，将破坏转子的正常工作。

（4）转子总成上端与压紧弹簧之间的止推片，装配时应注意光面对着转子。

（5）机油细滤器修理装配之后，应在专门试验台上进行试验。

（6）转子体下面的转子轴轴承座圈不可丢失。

（7）喷嘴和油道不能用金属丝穿通，只能用压缩空气吹通。

二、齿轮式机油泵及检修

以典型外啮合齿轮式机油泵为例说明。

1. 机油泵的检查。

图示	检查过程
	泵体与泵盖的检查。 （1）查看泵体与泵盖，若有裂纹，应进行焊修或换用新件。 （2）用直尺和厚薄规检查泵体及泵盖接合面的平面度，超过0.10mm时，应进行磨削或研磨修复。 （3）检查机油泵主动轴与孔的配合间隙，一般为 0.03～0.08mm，最大不得超过 0.15mm，否则应对轴孔进行镶套修复。 （4）检查弹簧弹力及限压阀的密封是否良好，否则应换用新件。
	主、从动齿轮与泵盖之间端面间隙的检查：所测值加上机油泵盖垫片厚度即为齿轮与泵盖间端面间隙，间隙应为 0.06～0.10mm。如超过规定值范围，可通过增加或减少泵盖下垫片的方法进行调整。
	齿轮与泵体间隙的检查：用厚薄规插在齿顶与泵体之间进行测量，间隙为 0.082～0.185mm。如超过规定值范围，视情更换泵体或齿轮。

图示	检查过程
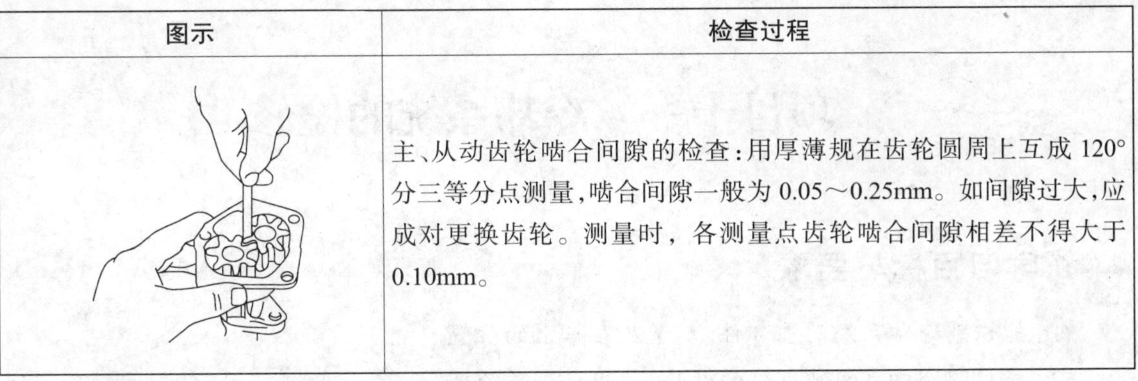	主、从动齿轮啮合间隙的检查：用厚薄规在齿轮圆周上互成120°分三等分点测量，啮合间隙一般为0.05～0.25mm。如间隙过大，应成对更换齿轮。测量时，各测量点齿轮啮合间隙相差不得大于0.10mm。

2. 外啮合齿轮式机油泵的装配后试验及调整。

（1）经验试验法：用手转动主动轴，应转动灵活，无卡滞现象；将机油泵注满干净的机油，堵住出油口，用手转动主动轴，应有明显的压力感，并有机油压出。

（2）在试验台上试验及调整：若油压不符合要求，应重新调整限压阀。调整方法是增减限压阀螺塞下面的调整垫片，减少垫片厚度，机油泵的泵油压力升高，反之则泵油压力下降。也可以在限压阀弹簧座处增减垫片进行调整。

三、曲轴箱自然通风装置的工作原理

图示	工作原理
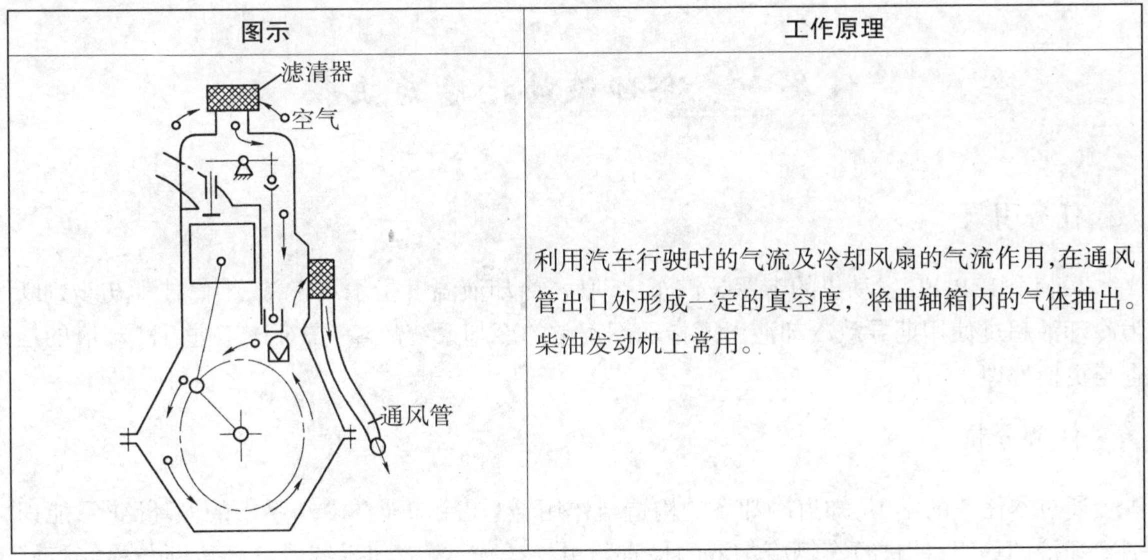	利用汽车行驶时的气流及冷却风扇的气流作用，在通风管出口处形成一定的真空度，将曲轴箱内的气体抽出。柴油发动机上常用。

项目十一　冷却系统的检修

学习目标与要求

1. 能识别冷却系统的零部件、类型及在车上的位置。
2. 能说明冷却系统零部件的结构、作用和工作原理。
3. 能完成冷却系的正常维护作业，会检查、添加、更换冷却液。
4. 能完成冷却系统主要元件的检测（冷却液泵、节温器、散热器、电子风扇、温控开关）。
5. 会用专用压力表检查冷却系统泄漏情况。
6. 会使用汽车常用工具、仪器和仪表检查冷却系统。
7. 会查阅冷却系统及其零部件的技术资料（包括维修手册的使用和网络资源的利用）。
8. 会进行冷却液温度异常的检修。

任务一　冷却液的检查与更换

任务引入

某装用 1ZR-FE 发动机的卡罗拉汽车启动后，冷却液温度指示不正常，维修技师初步判断为冷却液超过使用期导致冷却液温度指示不正常的冷却系统故障，需对该车进行冷却液的检查与更换处理。

任务分析

通过本任务的学习，知道冷却系的构造与作用，熟知冷却液在冷却系中的循环路径；能识别冷却液的等级；能进行车辆冷却液的检查与更换操作，为冷却系统的故障诊断与检修打好基础。

任务实施

一、准备

场地/用具、设备

1. 车间或模拟车间中留 10 人左右用的实习场地一块，多媒体设备一套，对应数量的课桌椅，白板或张贴板一块。
2. 个人防护用品、用具，汽车常用维修、检测设备和工具。
3. 装用卡罗拉发动机的汽车一辆。
4. 丰田新型汽车故障诊断系统（GTS）。
5. 压力检测仪等常用诊断设备。
6. 冷却液等耗材。

资料

1. 各汽车公司售后服务网页。
2. 卡罗拉汽车维修手册及电子技术资料。
3. 汽车常用维修、检测设备的使用说明书和安全操作规定。
4. 相关教学视频、教学课件。
5. 教材、笔记本。

二、要求

10 人左右为一组，在教师的指导下，结合相关知识的学习，利用专用检测仪对卡罗拉 1ZR-FE 发动机进行工作状况检测，确认故障现象的存在，再进行冷却系统实车的认知和冷却液检查与更换技能学习。由教师对冷却液的检查与更换进行示范操作，然后学生按 2～3 人一小组进行轮换实训学习，其他同学观摩，教师现场指导并组织学生适时点评、小结。

三、相关知识学习

（一）冷却系统的作用与组成

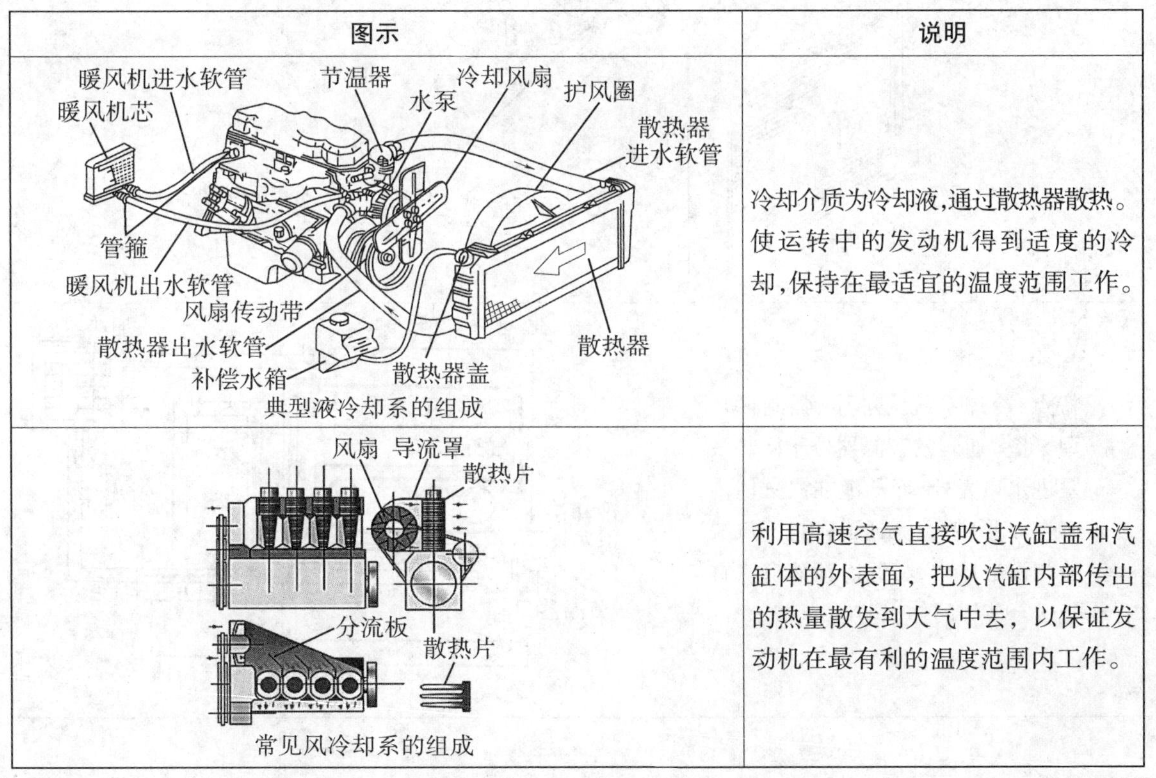

图示	说明
典型液冷却系的组成	冷却介质为冷却液，通过散热器散热。使运转中的发动机得到适度的冷却，保持在最适宜的温度范围工作。
常见风冷却系的组成	利用高速空气直接吹过汽缸盖和汽缸体的外表面，把从汽缸内部传出的热量散发到大气中去，以保证发动机在最有利的温度范围内工作。

（二）冷却液在冷却系统中的循环路径

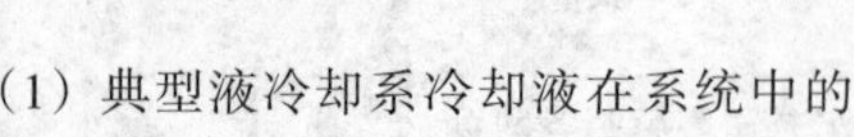

（1）典型液冷却系冷却液在系统中的循环路径。

（2）小循环：冷却液泵→水套→节温器旁通管路→冷却液泵。

（3）大循环：冷却液泵→水套→节温器→散热器→冷却液泵。

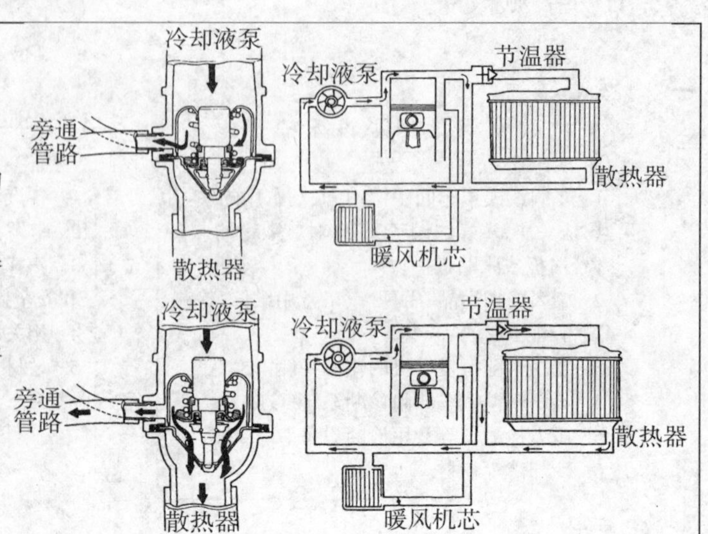

（4）1ZR-FE 发动机冷却液的循环路径。

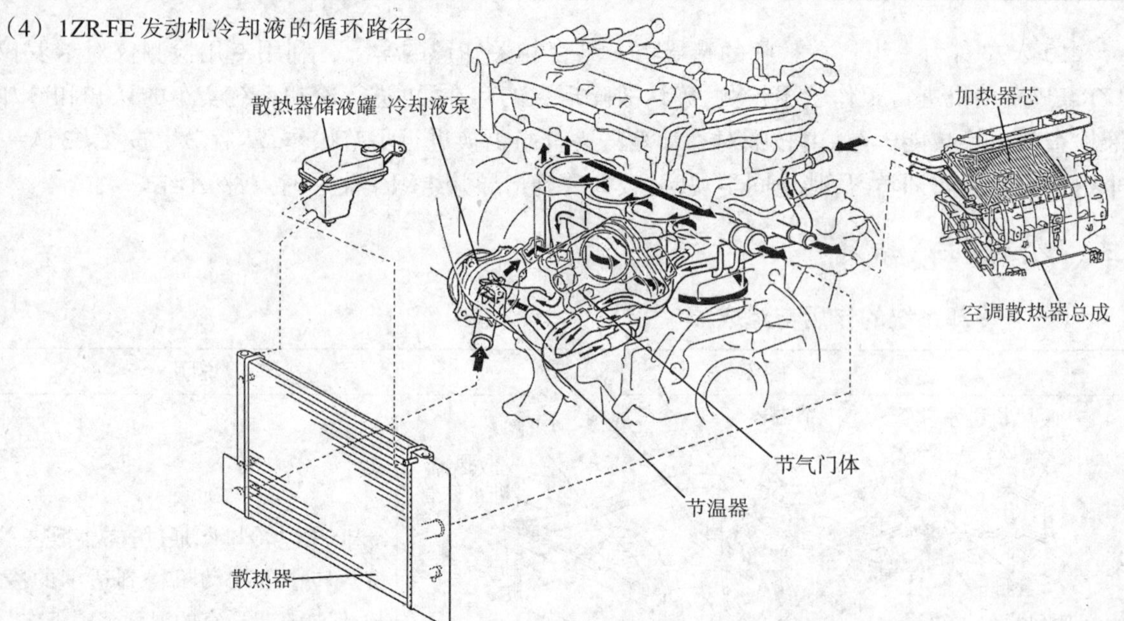

（5）特点：冷却系统为加压、强制循环型。带旁通阀的节温器位于冷却液泵进水口壳处，冷却液在汽缸体内产生U形转弯，旁通道密封于汽缸盖与汽缸体内，将温冷却液自汽缸盖送至节气门体以防冻结。

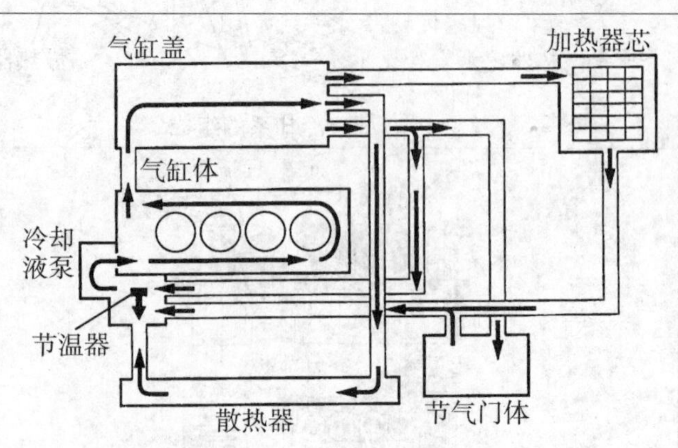

（三）冷却液

1. 冷却液成分。冷却液是软水和防冻剂的混合物，最常见的防冻剂是乙二醇。防冻剂作用：降低冷却液冰点，提高冷却液沸点，延缓或阻止发动机水套壁及散热器的锈蚀或腐蚀，同时有效抑制泡沫的产生。冷却液中软水与乙二醇的比例不同，其冰点也不同。50%的软水和50%的乙二醇混合而成的冷却液，其冰点约为－35.5℃，具体参数见表 11-1。

表 11-1　冷却液参数

冷却液冰点/℃	－10	－20	－30	－40	－50	－60
乙二醇的质量分数/%	26.4	36.4	45.6	52.6	58.0	63.1
软水的质量分数/%	73.6	63.8	54.4	47.7	42.0	36.9
密度/(kg/m³)	1.0340	1.0506	1.0627	1.0713	1.0780	1.0833

2. 1ZR-FE 发动机冷却液介绍见表 11-2。

表 11-2　1ZR-FZ 发动机冷却液介绍

类型		丰田原厂超长冷却液（SLLC：50%冷却液与 50%去离子水混合液）或类似的高质量乙烯乙二醇冷却液，以无硅酸盐、无胺、无亚硝酸盐及无硼酸盐为基础，采用了长效混合有机酸技术（是一种低磷酸盐和有机酸的化合物）
容量	M/T	5.6L
	A/T	5.5L
颜色		粉红色
保养周期	首次	160000km
	随后	80000km

3. 卡罗拉 1ZR-FE 发动机冷却液车上的检查内容包括冷却液位、冷却液质量和冷却液是否泄漏。

图示	检查内容
FULL LOW	冷却液液位检查：在发动机冷机状态下，液位应在“LOW”和“FULL”刻度线之间。如果低于“LOW”刻度线，应检查冷却液是否泄漏，并添加丰田原厂超长冷却液（SLLC）至“FULL”刻度线。
新冷却液　用过的冷却液	冷却液质量检查：拆下散热器盖分总成，查看加注口周围是否有过多积锈或水垢，冷却液中应没有机油。若过脏，应更换冷却液。因为难以通过目视来判断它的变质程度，故一般根据行驶里程或时间长短来更换发动机的冷却液。
储液罐盖 压力表 压力检测仪	冷却液是否泄漏检查：向散热器总成中注满发动机冷却液，然后连接散热器储液罐盖压力检测仪，泵压至 108kPa，检查并确认压力有否下降。 （1）如下降：检查软管、散热器总成和冷却液泵总成是否泄漏。 （2）如发动机外部没有冷却液泄漏痕迹：检查散热器芯、汽缸体和汽缸盖等总成是否泄漏。

安全提示：

①冷却液温度变高或打开空调，电动冷却风扇可能自动开始运转，所以靠近电动冷却风扇和散热器工作时，应确保点火开关关闭。

②为避免烫伤，不要在发动机和散热器总成很热时拆下散热器盖，热膨胀会导致冷却液和蒸气从散热器中溢出。

4. 1ZR-FE 发动机冷却液的车上更换。

图示	更换过程
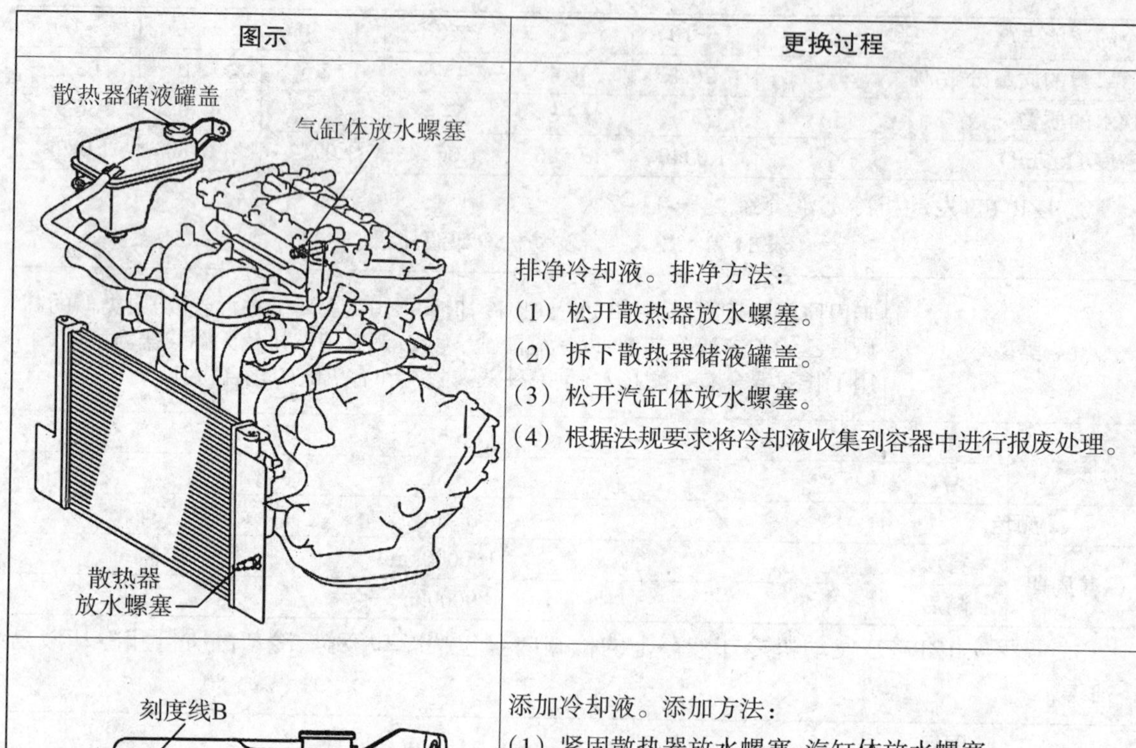	排净冷却液。排净方法： （1）松开散热器放水螺塞。 （2）拆下散热器储液罐盖。 （3）松开汽缸体放水螺塞。 （4）根据法规要求将冷却液收集到容器中进行报废处理。
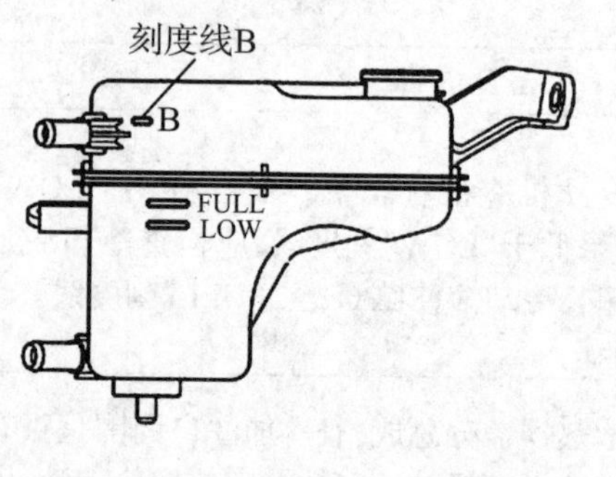	添加冷却液。添加方法： （1）紧固散热器放水螺塞、汽缸体放水螺塞。 （2）将丰田原厂超长冷却液添加至储液罐 B 刻线。 （3）用手按压散热器进水软管和出水软管数次。 （4）检查冷却液液位，若过低，添加冷却液。 （5）安装储液罐盖。 （6）启动发动机充分暖机，排空冷却系统内的空气。 （7）发动机冷却后，检查并确认冷却液液位在正常范围内。

小知识：冷却系统内空气的排除。

①发动机暖机至节温器打开，使冷却液循环数分钟。

②发动机暖机后，以 3000r/min 的转速运转 5s，怠速运转 45s，按此周期重复操作至少 8 次（即至少 7min）。

③用手按压散热器进水软管和出水软管数次，以排空系统内的空气。

安全提示：

按压散热器软管时戴保护手套，小心被散热器软管烫伤，同时远离散热器风扇。

任务二　冷却系统主要部件的检修

任务引入

某装有 1ZR-FE 发动机的卡罗拉汽车启动后，冷却液温度指示不正常，维修技师初步判断为冷却系统主要部件工作不正常导致的冷却系统故障，需对该系统进行检修。

任务分析

通过本任务的学习，能知道冷却系各组成部件的构造，熟知冷却系各组成部件在冷却系中的功能；能进行冷却系各组成部件的检查和更换操作，为冷却系统的故障诊断与检修打好基础。

任务实施

一、准备

场地/用具、设备

1. 车间或模拟车间中留 10 人左右用的实习场地一块，对应数量的课桌椅，白板或张贴板一块，多媒体教学设备一套。
2. 个人防护用品、用具，汽车常用维修、检测设备和工具。
3. 装用卡罗拉发动机的汽车一辆。
4. 丰田新型汽车故障诊断系统（GTS）。
5. 散热器盖检测仪、皮带张力仪等汽车常用检测设备。
6. 钳式电流表等常用诊断设备。
7. 密封圈、密封垫等检修所需耗材。

资料

1. 各汽车公司售后服务网页。
2. 卡罗拉汽车维修手册及电子技术资料。
3. 汽车常用维修、检测设备的使用说明书和安全操作规定。
4. 相关教学视频、教学课件。
5. 教材、笔记本。

二、要求

10 人左右为一组，在教师的指导下，结合相关知识的学习，利用专用检测仪对卡罗拉 1ZR-FE 发动机进行工作状况检测，确认故障现象的存在，再进行冷却系统各部件检查和更换技能学习。由教师对冷却液泵、散热器、节温器和风扇总成的检修四部分内容进行示范操作，然后学生按 2～3 人一组进行轮换实训学习，其他同学观摩，教师现场指导并组织学生适时点评、小结。

三、相关知识学习

（一）冷却液泵及检修

1. 冷却液泵的作用与结构。作用：对冷却液加压，使冷却液在冷却系中强制循环流动。结构：主要由叶轮、泵壳体、泵轴、进水管和出水管等组成。汽车上绝大多数发动机使用离心式冷却液泵。

图示	说明
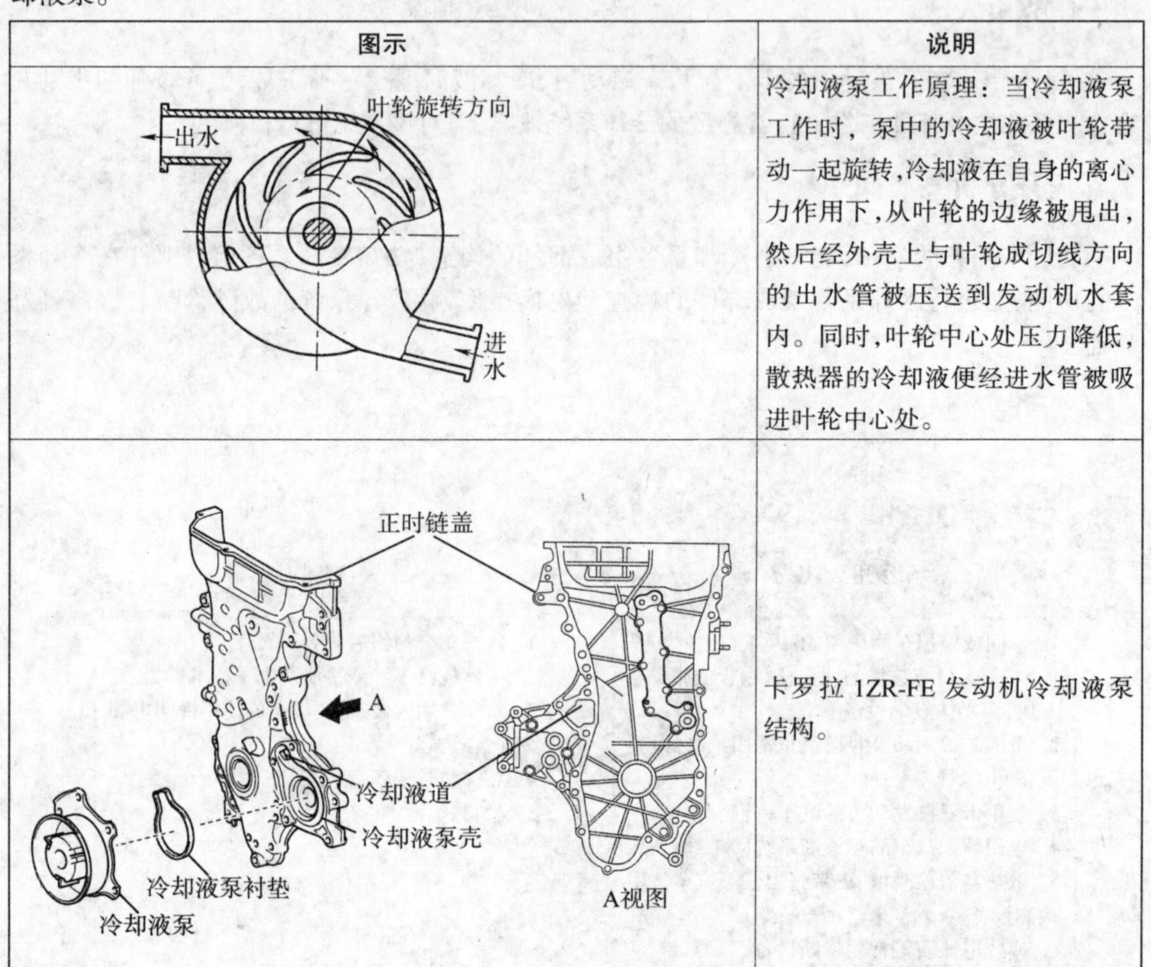	冷却液泵工作原理：当冷却液泵工作时，泵中的冷却液被叶轮带动一起旋转，冷却液在自身的离心力作用下，从叶轮的边缘被甩出，然后经外壳上与叶轮成切线方向的出水管被压送到发动机水套内。同时，叶轮中心处压力降低，散热器的冷却液便经进水管被吸进叶轮中心处。
	卡罗拉 1ZR-FE 发动机冷却液泵结构。

2. 冷却液泵总成的检查与更换。

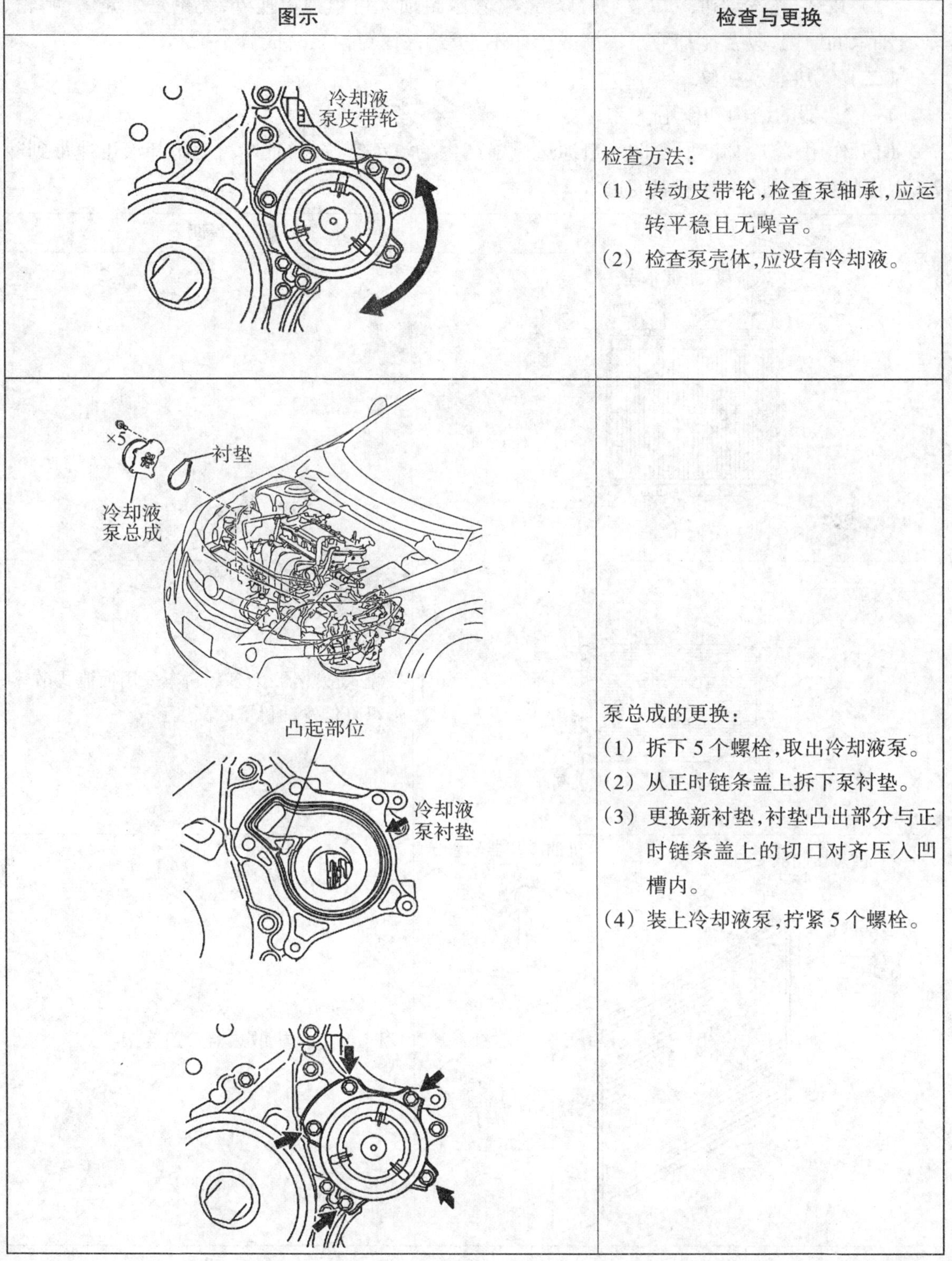

图示	检查与更换
	检查方法： （1）转动皮带轮，检查泵轴承，应运转平稳且无噪音。 （2）检查泵壳体，应没有冷却液。
	泵总成的更换： （1）拆下5个螺栓，取出冷却液泵。 （2）从正时链条盖上拆下泵衬垫。 （3）更换新衬垫，衬垫凸出部分与正时链条盖上的切口对齐压入凹槽内。 （4）装上冷却液泵，拧紧5个螺栓。

3. 冷却液泵的检修。

（1）冷却液泵常见的损伤有：泵壳体渗漏、破裂、变形，泵叶轮破裂，水封损坏，冷却液泵轴和轴承磨损，轴承座孔磨损。

（2）1ZR-FE 发动机冷却液泵检修方案。除水封损坏可单独更换外，无论是泵壳体、叶轮、轴或轴承的原因，只要冷却液泵渗漏或工作不正常，一律更换泵总成。

（二）散热器及检修

1. 散热器的结构和作用。

（1）作用：将冷却液所含的热量通过风扇产生的流动空气进行散发，使冷却液迅速得到冷却，以保持发动机的冷却液温度正常。

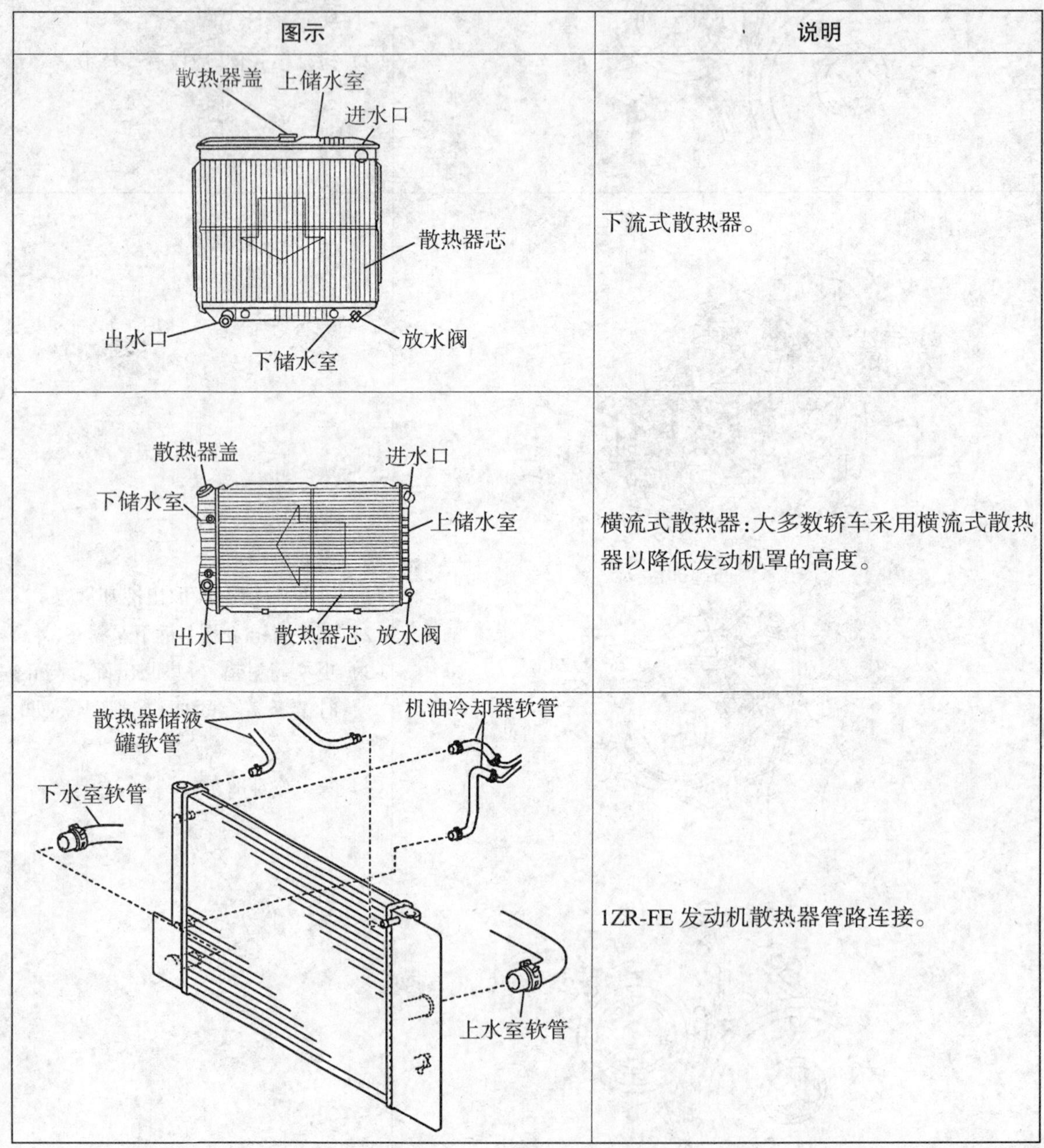

图示	说明
	下流式散热器。
	横流式散热器：大多数轿车采用横流式散热器以降低发动机罩的高度。
	1ZR-FE 发动机散热器管路连接。

（2）散热器芯。散热器芯由许多冷却管和散热片组成。双列管带式冷却管散热器结构相对简单，冷却效果好，在轿车上广泛使用。

分类方式：

按冷却管布置分	（1）单列冷却管。 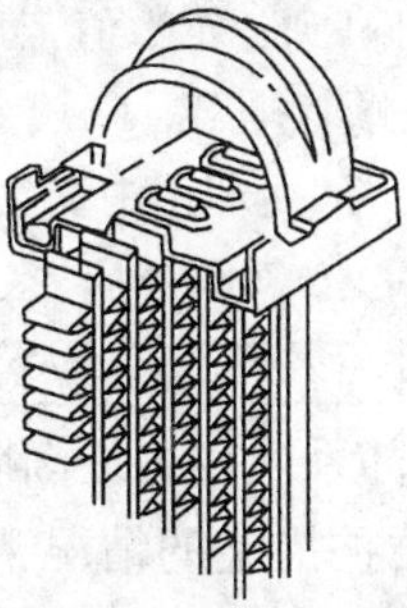	（2）双列冷却管。 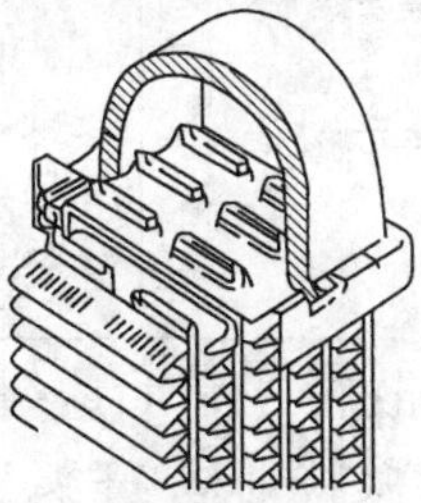	（3）三列冷却管。 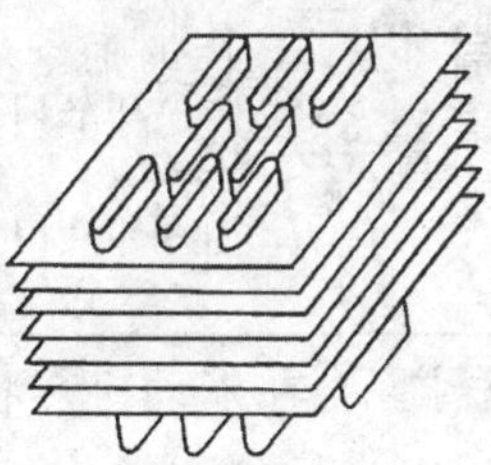
按散热片结构分	（1）管片式：散热面积大，气流阻力小，结构刚度好。 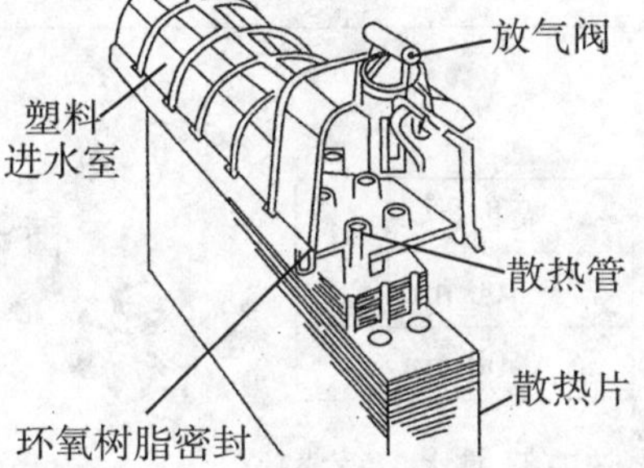 放气阀 塑料进水室 散热管 散热片 环氧树脂密封	（2）管带式：散热能力强，制造工艺简单，质量轻，成本低，故在轿车上得到了广泛应用。 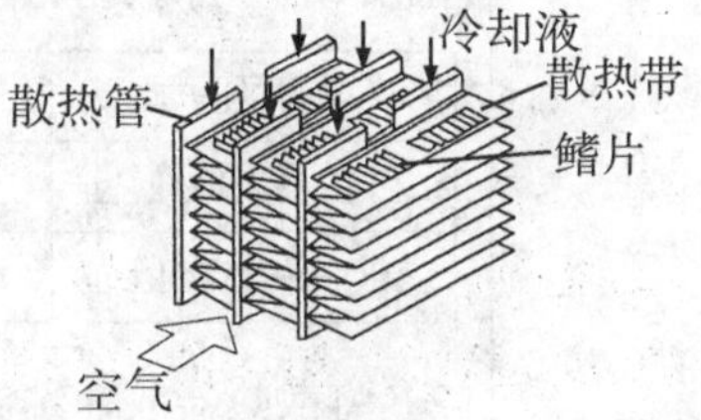 冷却液 散热带 散热管 鳍片 空气	
	（3）板式：散热效果好，制造简单，但焊缝多、不坚固，容易沉积水垢且不易维修。 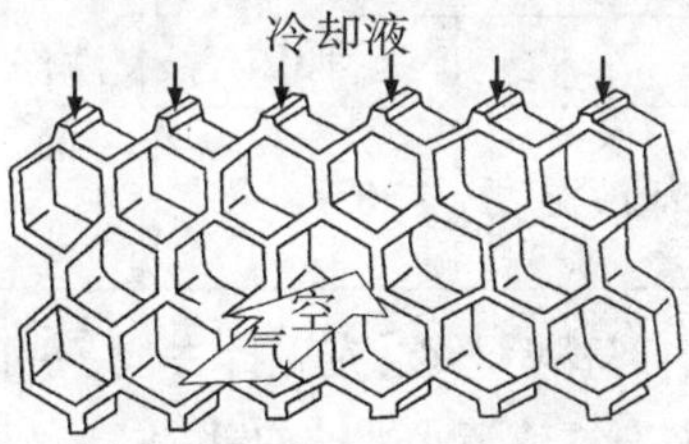 冷却液 空气		

（3）散热器盖。散热器盖对冷却系有着密封加压作用，它主要由空气阀和蒸汽阀组成。

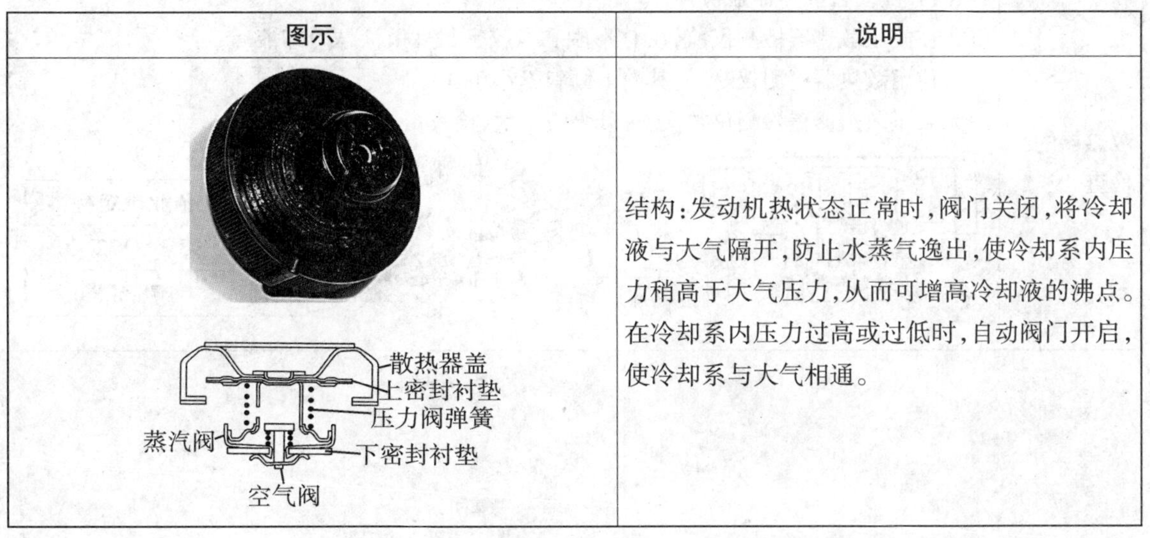

图示	说明
	结构：发动机热状态正常时，阀门关闭，将冷却液与大气隔开，防止水蒸气逸出，使冷却系内压力稍高于大气压力，从而可增高冷却液的沸点。在冷却系内压力过高或过低时，自动阀门开启，使冷却系与大气相通。

<table>
<tr><th>图示</th><th>说明</th></tr>
<tr><td>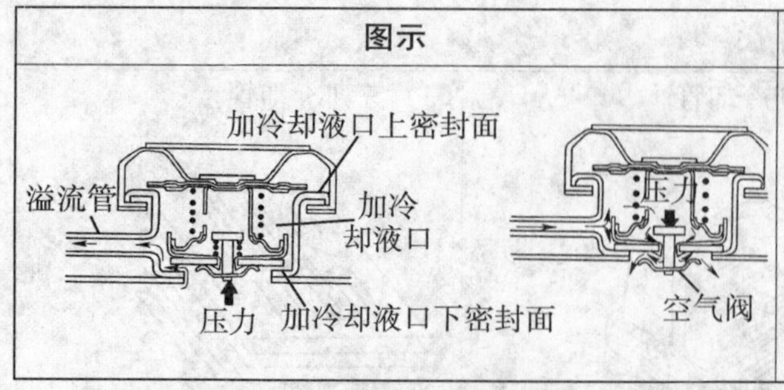
</td><td>工作原理：
（1）当散热器压力升高到一定数值，蒸汽阀便开启而使水蒸气顺管排出。
（2）当冷却液温度下降，冷却系中产生的真空度达一定数值后，空气阀开启，空气进入冷却系，以防止水管及储水室被大气压瘪。</td></tr>
</table>

安全提示：在发动机热状态下开启散热器盖时，应缓慢旋开，使冷却系内压力逐渐降低，以免被喷溅出来的热水烫伤。当温度较高（特别是“开锅”）时，在没有防护措施的情况下，禁止开启散热器盖。

2. 散热器的检查与修复。

<table>
<tr><td>散热器的清洗</td><td>
（1）用压缩空气和清水清洗外部。
注意：喷射方向、压力和距离。
<table>
<tr><th>喷射压力</th><th>喷射方向</th><th>喷射距离</th></tr>
<tr><td>2942～4903kPa</td><td>垂直</td><td>300mm</td></tr>
<tr><td>4903～7845kPa</td><td>垂直</td><td>500mm</td></tr>
</table>
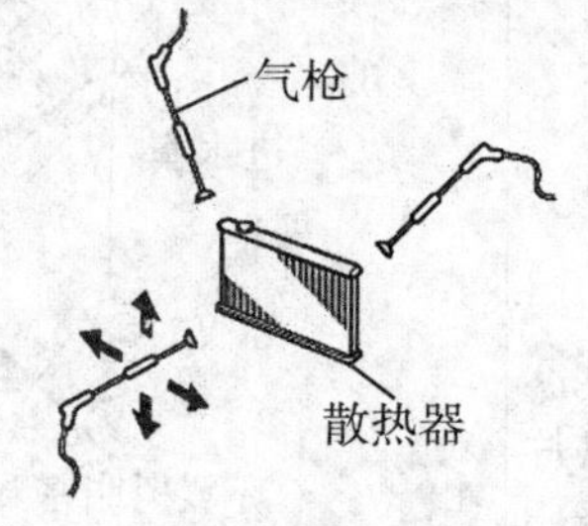

（2）将散热器放在洗涤池内，用氢氧化钠或铬酸水溶液煮洗。
<table>
<tr><td rowspan="4">洗涤剂</td><td>氢氧化钠</td><td>750g</td><td rowspan="4">洗涤剂</td><td>铬酸酐</td><td>50g</td></tr>
<tr><td>水</td><td>10L</td><td>水</td><td>0.9L</td></tr>
<tr><td rowspan="2">冷却液温度</td><td rowspan="2">70～80℃</td><td>磷酸</td><td>0.1L</td></tr>
<tr><td>冷却液温度</td><td>30℃</td></tr>
</table>
（3）若散热器内部积垢严重，应先拆去上、下水室，用通条进行通插，清除水管内积垢，然后再用压缩空气或清水冲洗内部。
（4）若散热器盖O形圈中发现水垢或异物，则用清水冲洗并用手指擦拭干净。
</td></tr>
<tr><td>散热器的检查</td><td>
1ZR-FE发动机散热器盖检查：
（1）在使用散热器检测仪前，在O形圈和橡胶密封件上涂抹冷却液。
（2）使用散热器检测仪时，使其向上倾斜不小于30°。
（3）泵压散热器盖检测仪数次，每秒泵吸1次，检查最大压力。
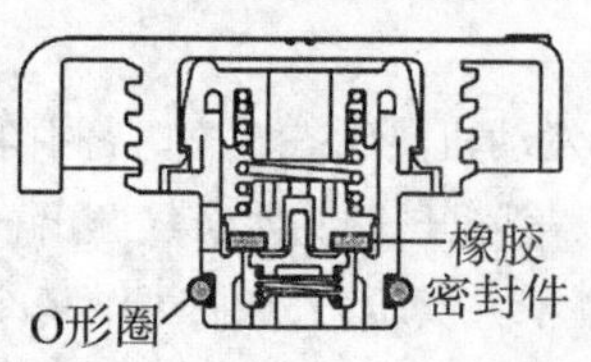

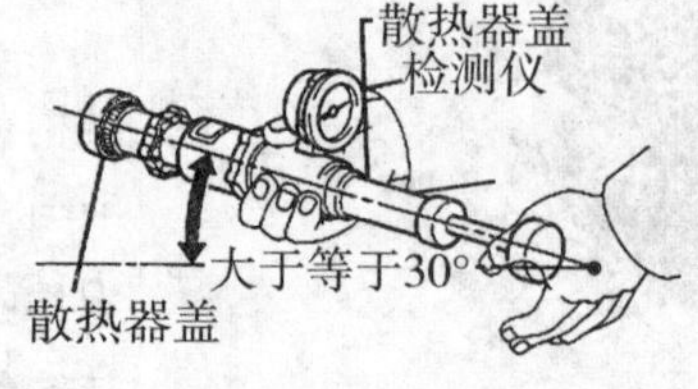

<table>
<tr><th>项目</th><th>企业规定标准</th></tr>
<tr><td>新盖</td><td>93.3～122.7kPa</td></tr>
<tr><td>旧盖</td><td>78.5kPa</td></tr>
</table>
</td></tr>
</table>

散热器的修复	（1）上下水室的修复： ①腐蚀不严重时，采用镀锡法修复。 ②有孔洞或裂纹时，采用补板法修复。 ③散热器裂纹小于 0.3mm 时，采用散热器堵漏剂进行修补。 （2）散热器盖的修复： ①O 形圈和橡胶密封件有变形、开裂或膨胀时，应更换。 ②用散热器检测仪检测散热器盖时，若不能保持最大压力，不属于故障；若最大压力小于最小标准值，应更换散热器总成。 （3）冷却管的修复： ①当散热器外层少数冷却管有部分损坏，且长度不大时，用接管法修复。 ②当冷却管损坏长度较大时，用换管法修复。 （4）散热器片的修复： ①散热器片弯曲，用螺丝刀或钳子校直。 ②散热器片严重变形，更换散热器片总成。 （5）1ZR-FE 发动机散热器修复： ①散热器的任何组成部位损坏，不再修复，直接更换。 ②上下水室和散热器芯可以单独更换，但重新压接 2 次后，必须更换散热器芯。

（三）节温器及检修

1. 节温器的作用、结构及工作原理。

（1）作用：随发动机冷却液温度变化自动地控制通过散热器的冷却液流量，使其工作在正常的温度范围内。目前广泛采用蜡式节温器（分单阀式和双阀式两种）。

（2）结构：

图示	说明
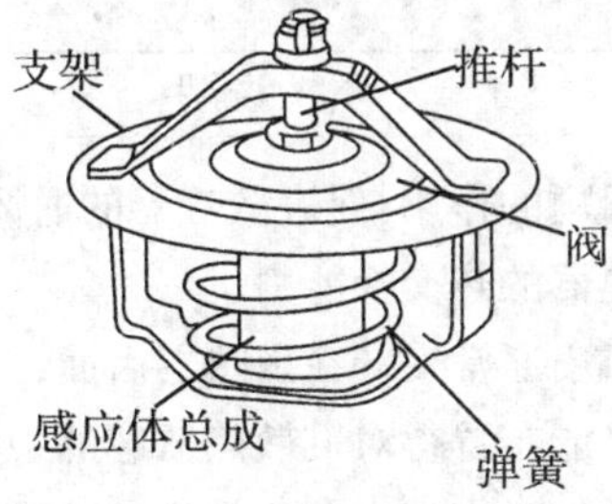	单阀式蜡式节温器结构。
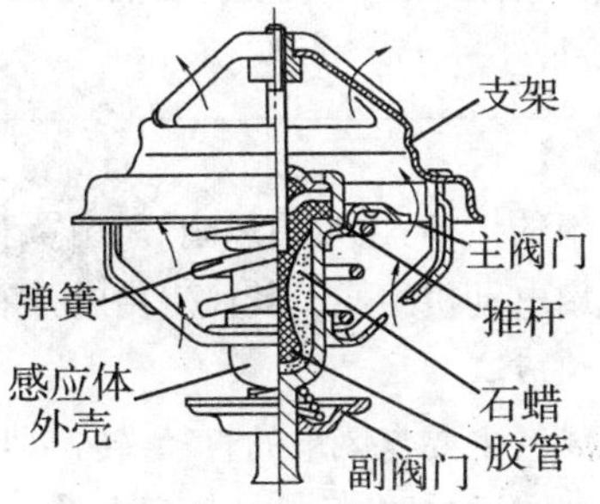	双阀式蜡式节温器结构。

（3）双阀式蜡式节温器工作原理。

图示	说明
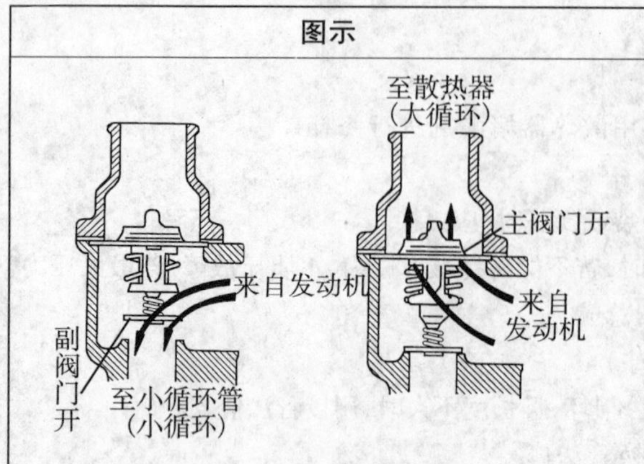	在冷却液升温时，石蜡熔化，体积急剧膨胀，压缩胶管，挤压推杆向外伸出。由于推杆固定在阀座上，反作用力推动感应体总成打开主阀门(同时使副阀门关闭)，进行大循环的冷却液流量增加。当冷却液温度降低时，石蜡降温，体积缩小，在弹簧的推动下，感应体总成被逐渐拉回原位，主阀门逐渐关闭而副阀门则逐渐打开，进行小循环的冷却液增加。

2. 1ZR-FE 发动机节温器检修。

图示	说明
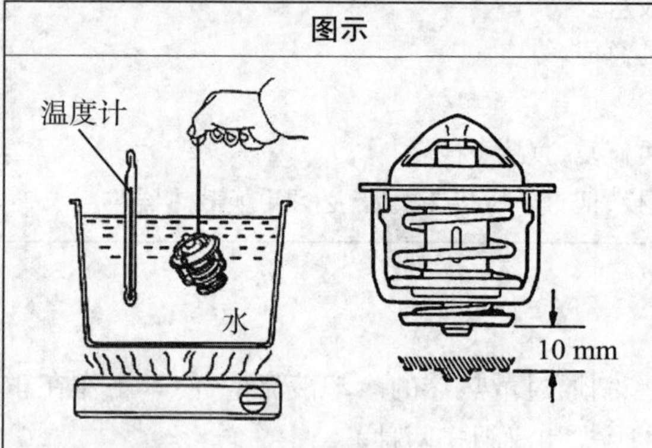	在发动机大修和汽车行驶 50000km 维护时，应检查节温器的工作情况： (1) 先在常温下观察节温器主、副阀门的开、闭情况。若在室温下开启，则应予以更换。 (2) 将节温器埋入水中然后逐渐将水加热，主阀门开启温度为 80～84℃。若不符合规定，则应更换节温器。 (3) 检查阀门升程：95℃时为 10mm 或更大。若不符合规定，则应更换节温器。

（四）风扇总成及检修

1. 风扇总成的作用和结构。

图示	说明
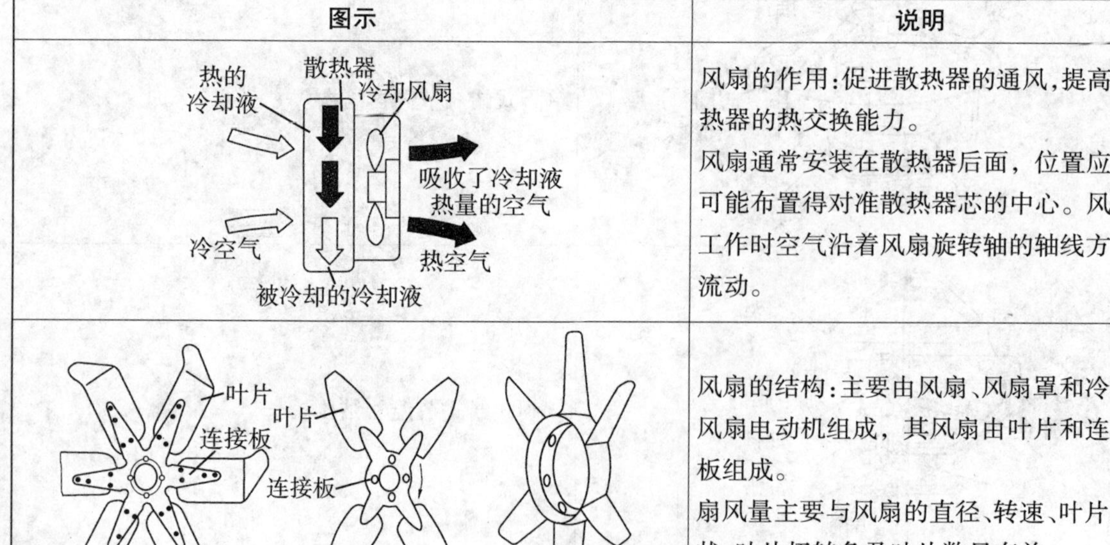	风扇的作用：促进散热器的通风，提高散热器的热交换能力。 风扇通常安装在散热器后面，位置应尽可能布置得对准散热器芯的中心。风扇工作时空气沿着风扇旋转轴的轴线方向流动。
	风扇的结构：主要由风扇、风扇罩和冷却风扇电动机组成，其风扇由叶片和连接板组成。 扇风量主要与风扇的直径、转速、叶片形状、叶片扭转角及叶片数目有关。

2. 风扇的控制与检修。

（1）风扇皮带张紧装置。风扇常和发电机一起由曲轴皮带轮通过传动皮带驱动，常将发电机的支架做成可移动式的，以便调节皮带的张紧度。现代汽车发动机传动皮带常采用张紧轮进行张紧。

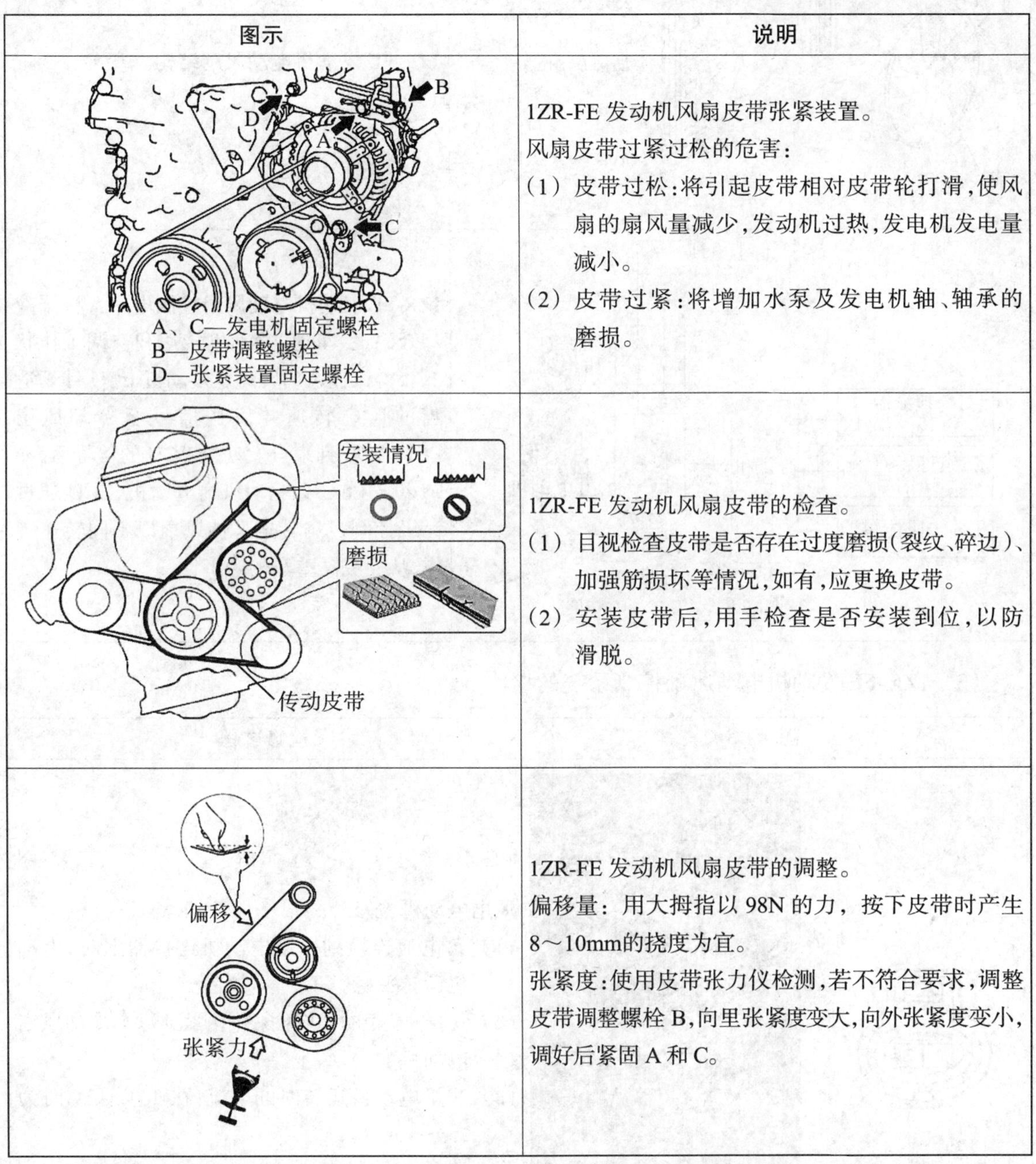

图示	说明
A B C D A、C—发电机固定螺栓 B—皮带调整螺栓 D—张紧装置固定螺栓	1ZR-FE 发动机风扇皮带张紧装置。 风扇皮带过紧过松的危害： （1）皮带过松：将引起皮带相对皮带轮打滑，使风扇的扇风量减少，发动机过热，发电机发电量减小。 （2）皮带过紧：将增加水泵及发电机轴、轴承的磨损。
安装情况 磨损 传动皮带	1ZR-FE 发动机风扇皮带的检查。 （1）目视检查皮带是否存在过度磨损（裂纹、碎边）、加强筋损坏等情况，如有，应更换皮带。 （2）安装皮带后，用手检查是否安装到位，以防滑脱。
偏移 张紧力	1ZR-FE 发动机风扇皮带的调整。 偏移量：用大拇指以 98N 的力，按下皮带时产生 8～10mm的挠度为宜。 张紧度：使用皮带张力仪检测，若不符合要求，调整皮带调整螺栓 B，向里张紧度变大，向外张紧度变小，调好后紧固 A 和 C。

（2）风扇转速的控制及风扇的检修。现代汽车发动机常采用控制风扇转速来调节扇风量。风扇转速控制的方法有：利用电动风扇控制；利用风扇离合器控制。现代汽车上常采用电动风扇控制。

图示	说明
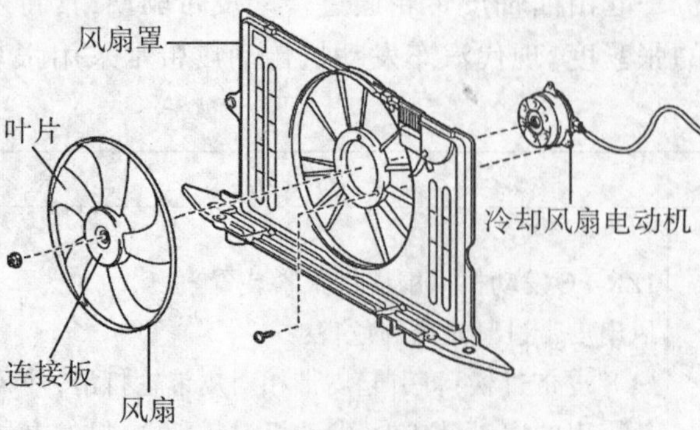 风扇罩 叶片 冷却风扇电动机 连接板 风扇	1ZR-FE 发动机电动风扇结构。
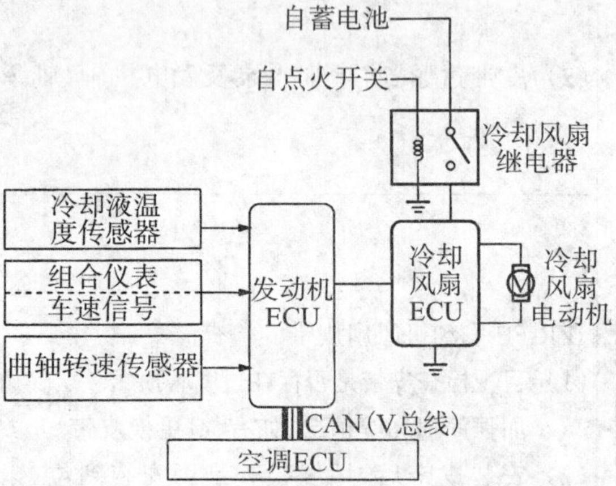 自蓄电池 自点火开关 冷却风扇继电器 冷却液温度传感器 组合仪表 车速信号 曲轴转速传感器 发动机ECU 冷却风扇ECU 冷却风扇电动机 CAN（V总线） 空调ECU	1ZR-FE 发动机电动风扇控制电路：根据冷却液温度、车速、发动机转速和空调工作状况获得最佳风扇转速，发动机 ECU 计算适当的风扇转速并发送信号至冷却风扇 ECU。接收到来自发动机 ECU 的信号后，冷却风扇 ECU 会驱动风扇电动机，ECU 通过无级控制风扇转速，使风扇以不同转速工作，从而提高整车的经济性。

（3）1ZR-FE 发动机电动风扇控制系统的检修。

图示	检修过程
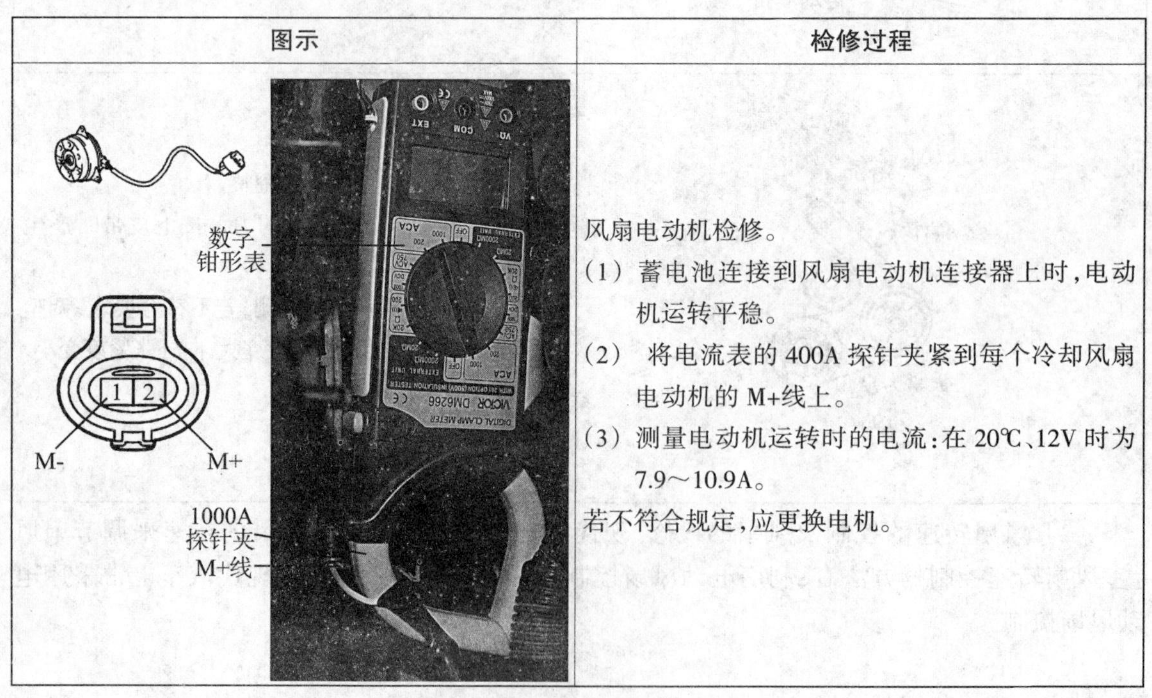	风扇电动机检修。 （1）蓄电池连接到风扇电动机连接器上时，电动机运转平稳。 （2） 将电流表的 400A 探针夹紧到每个冷却风扇电动机的 M+线上。 （3）测量电动机运转时的电流：在 20℃、12V 时为 7.9～10.9A。 若不符合规定，应更换电机。

<table>
<tr><th>图示</th><th>检修过程</th></tr>
<tr><td>
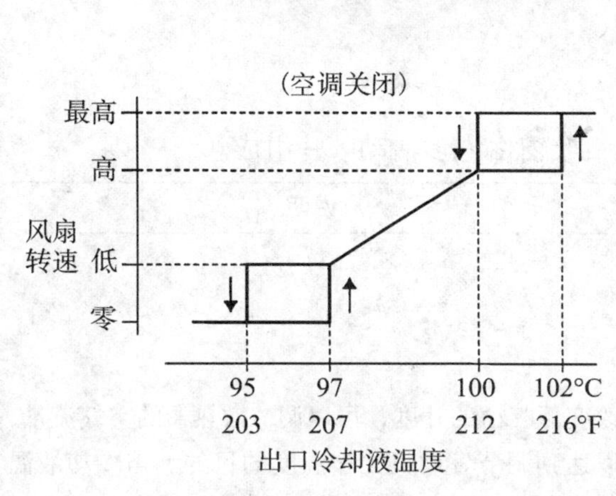

</td><td>
风扇 ECU 检修。
(1) 将车辆置于以下条件:点火开关置于“OFF”位置;冷却液温度低于 95℃;蓄电池电压介于 11～14V 之间;空调开关关闭。
(2) 将点火开关置于“ON”位置,等待约 10s,检查并确认风扇停止。
(3) 启动发动机,检查并确认发动机怠速时风扇停止。
(4) 在冷却液温度低于 95℃,打开空调开关时,检查并确认风扇工作。
(5) 检查并确认当冷却液温度传感器连接器断开时风扇工作。
(6) 发动机暖机后,冷却液温度约为 97℃时,检查并确认风扇开始工作,其转速与冷却液温度的关系如图。
若冷却风扇控制系统其他都正常,而检查结果不符合要求,则更换风扇 ECU。
</td></tr>
<tr><td>
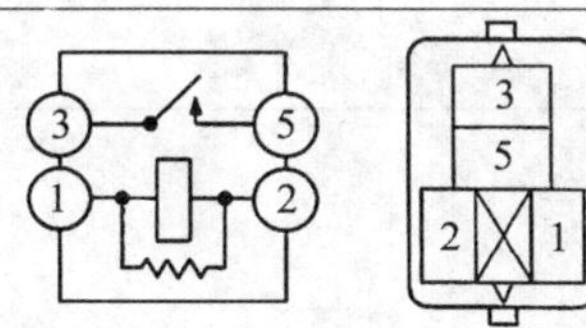

<table>
<tr><th>检测仪连接</th><th>条件</th><th>规定状态</th></tr>
<tr><td>3－5</td><td>正常</td><td>10kΩ 或更大</td></tr>
<tr><td>3－5</td><td>在端子 1 和 2 之间加蓄电池电压</td><td>小于 1Ω</td></tr>
</table>
</td><td>
风扇继电器检修。
(1) 从发动机继电器盒上拆下冷却风扇继电器。
(2) 根据要求测量电阻。若不符合要求,更换冷却风扇继电器。
</td></tr>
<tr><td>
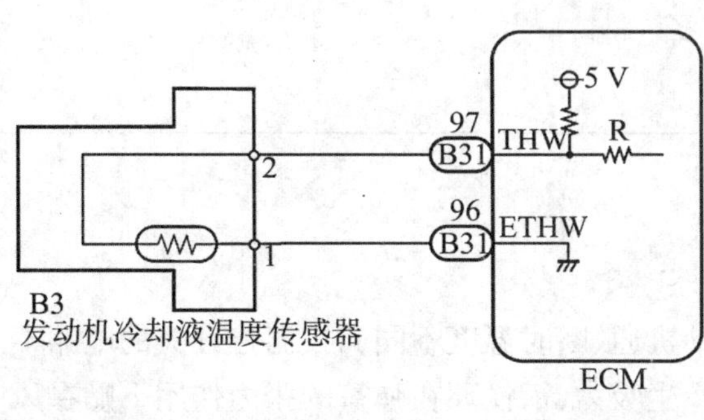

</td><td>
冷却液温度传感器检修:1ZR-FE 发动机冷却液温度传感器故障会产生故障码 P0115、P0117、P0118。其中的任一个出现时,ECM 即进入失效保护模式,设定温度为 80℃。
检查步骤:
(1) 将智能检测仪连接到 DLC3。
(2) 将点火开关置于“ON”,并开启检测仪。
(3) 选择下列菜单项:Powertrain/Engine and ECT/Data List/Coolant Temp。
(4) 读取检测仪上的显示值,正常为 80～100℃。若断开冷却液温度传感器连接器为－40℃,连接线束侧冷却液温度传感器连接器两端子为 140℃,则更换此传感器。
</td></tr>
</table>

知识拓展

一、百叶窗

有些汽车发动机在散热器前面安装百叶窗。百叶窗由许多活动叶片组成。

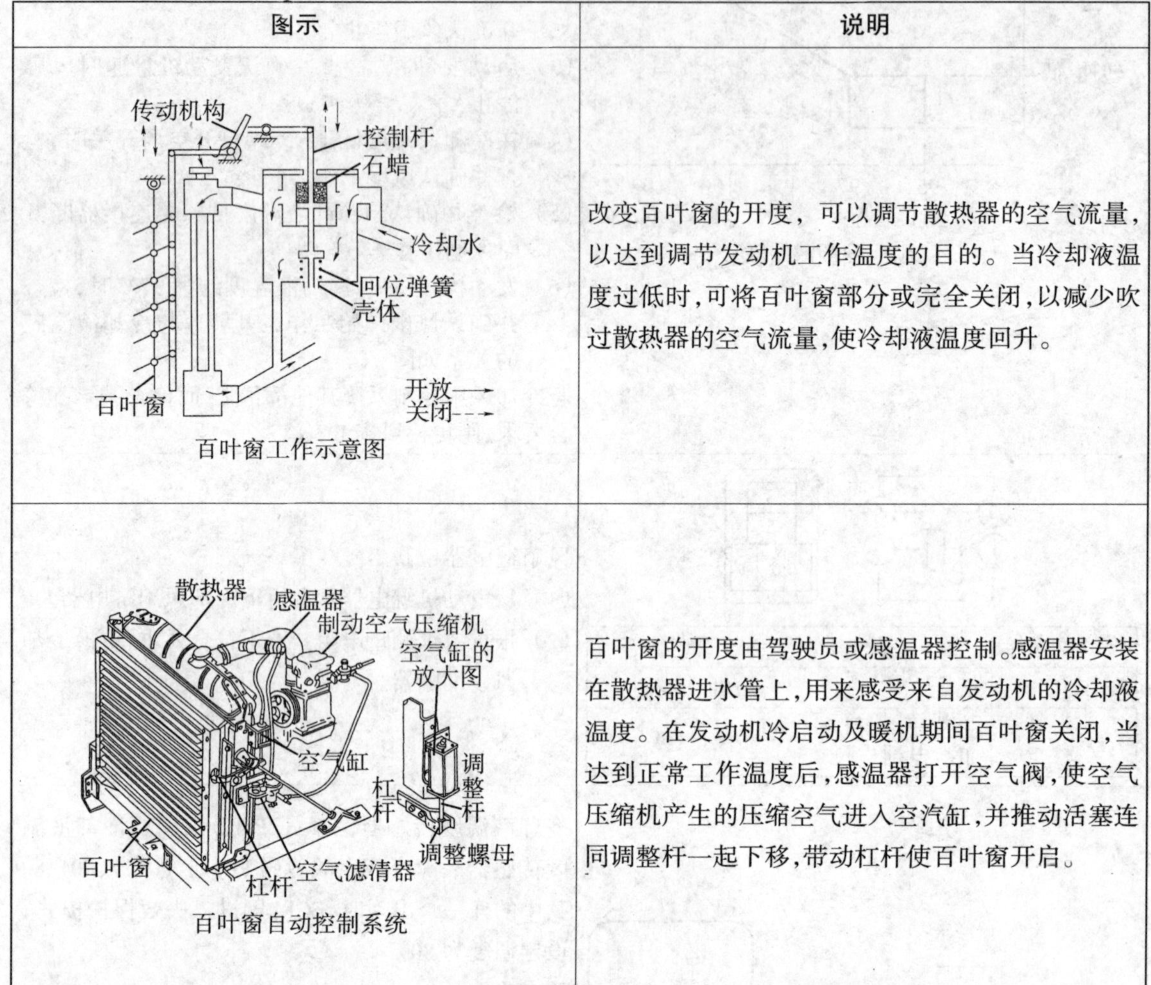

图示	说明
百叶窗工作示意图	改变百叶窗的开度，可以调节散热器的空气流量，以达到调节发动机工作温度的目的。当冷却液温度过低时，可将百叶窗部分或完全关闭，以减少吹过散热器的空气流量，使冷却液温度回升。
百叶窗自动控制系统	百叶窗的开度由驾驶员或感温器控制。感温器安装在散热器进水管上，用来感受来自发动机的冷却液温度。在发动机冷启动及暖机期间百叶窗关闭，当达到正常工作温度后，感温器打开空气阀，使空气压缩机产生的压缩空气进入空汽缸，并推动活塞连同调整杆一起下移，带动杠杆使百叶窗开启。

二、风扇离合器

1. 电磁式风扇离合器。

工作原理：当冷却液温度低于92℃(不同发动机通、断时温度不同)时，温控开关的电路不通，线圈中没有电流通过，电磁壳体对衔铁环不产生吸力，衔铁环在弹簧的张力作用下贴在风扇毂上，与摩擦片分离，此时离合器处于分离状态，风扇不转动。当冷却液温度超过92℃时，温控开关的电路自动接通，线圈通电后电磁壳体产生吸力将衔铁环压紧在摩擦片上，此时离合器处于结合状态，风扇随风扇毂一起被电磁壳体带动旋转。

<table>
<tr><th>图示</th><th>说明</th></tr>
<tr><td>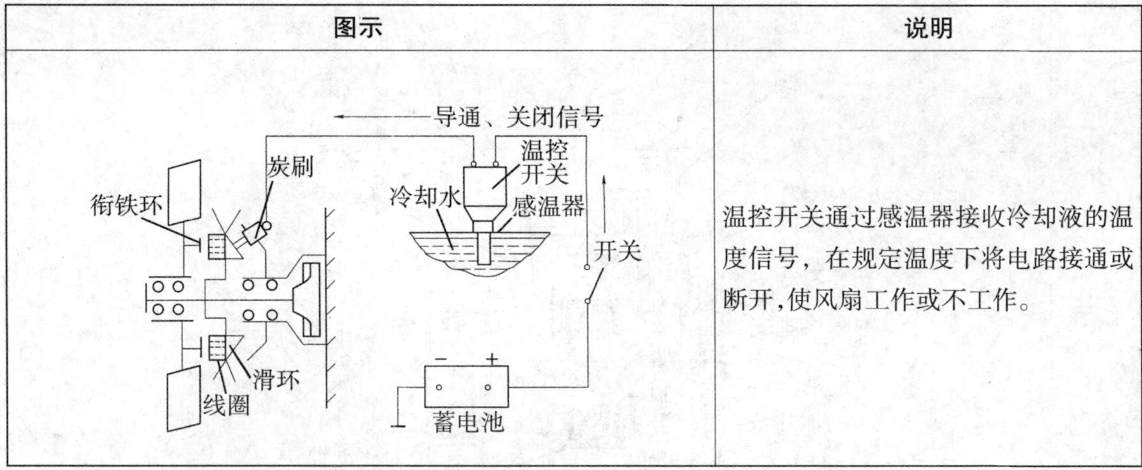</td><td>温控开关通过感温器接收冷却液的温度信号，在规定温度下将电路接通或断开,使风扇工作或不工作。</td></tr>
</table>

2. 硅油风扇离合器。

<table>
<tr><td>图示</td><td>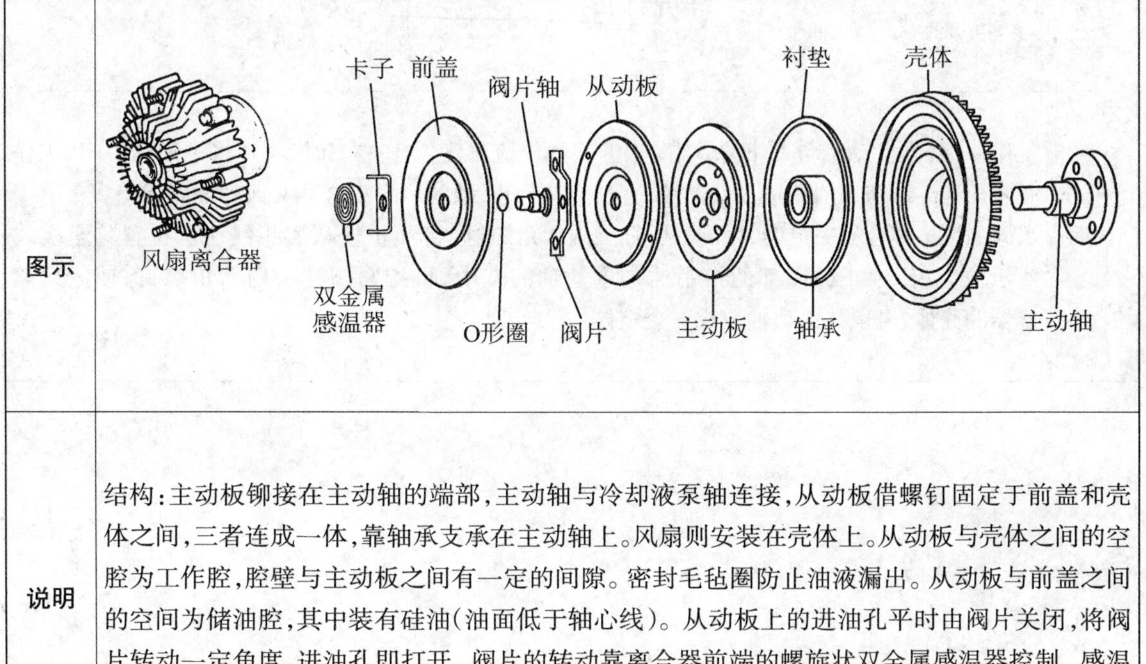</td></tr>
<tr><td>说明</td><td>结构:主动板铆接在主动轴的端部,主动轴与冷却液泵轴连接,从动板借螺钉固定于前盖和壳体之间,三者连成一体,靠轴承支承在主动轴上。风扇则安装在壳体上。从动板与壳体之间的空腔为工作腔,腔壁与主动板之间有一定的间隙。密封毛毡圈防止油液漏出。从动板与前盖之间的空间为储油腔,其中装有硅油(油面低于轴心线)。从动板上的进油孔平时由阀片关闭,将阀片转动一定角度,进油孔即打开。阀片的转动靠离合器前端的螺旋状双金属感温器控制。感温器外端固定在前盖上,内端卡在阀片轴前端的槽内,从动板外缘有一回油孔。</td></tr>
</table>

<table>
<tr><td>图示</td><td>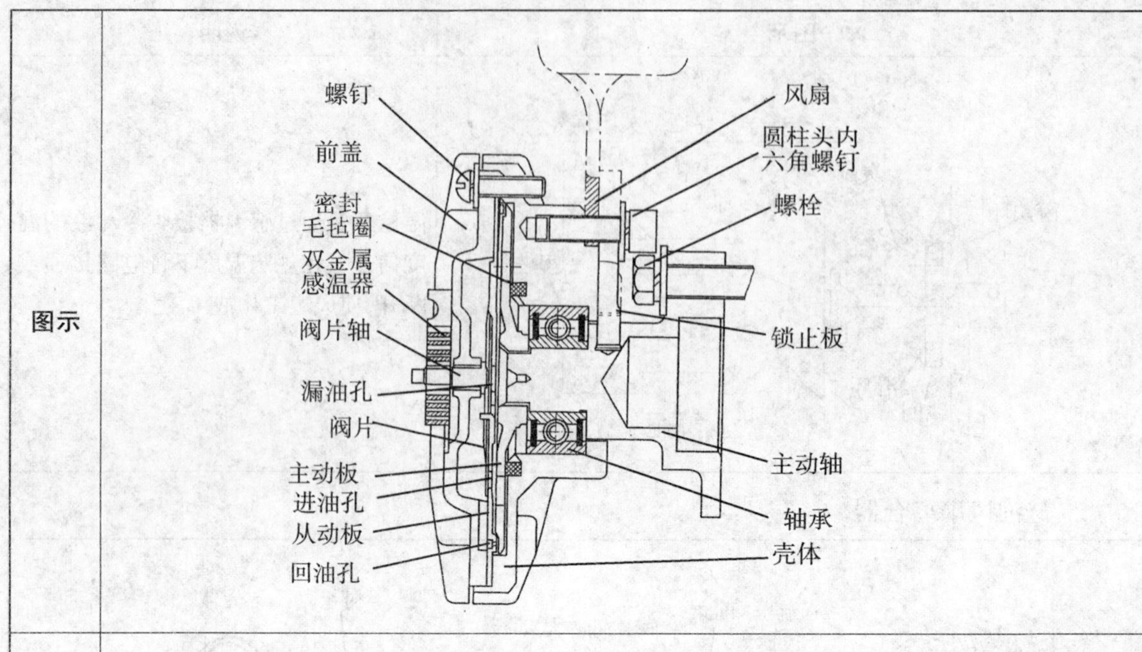
</td></tr>
<tr><td>说明</td><td>工作原理：当发动机负荷下降，吹向感温器的气流温度低于35℃时，阀片将进油孔关闭，工作腔内油液继续从回油孔甩入储油腔，直至甩空为止，致使风扇离合器又回到分离状态。
当硅油风扇离合器失灵时，可旋松圆柱头内六角螺钉，将锁止板从假想线所示位置移至实线所示位置，使锁止板端部的指销插入主动轴的孔中，再拧紧圆柱头内六角螺钉，使风扇离合器的壳体、风扇与主动轴连成一个整体。</td></tr>
</table>

参考文献

[1] 施托德.汽车机电技术[M].华晨宝马汽车有限公司,组译.北京:机械工业出版社,2005.

[2] 赵树国,侯江丽.汽车发动机机械系统的检测与修复[M].上海:上海交通大学出版社,2011.

[3] 霍尔德曼,米切尔.汽车维修基础知识[M].马林才,刘颖,译.北京:中国劳动社会保障出版社,2007.

[4] 霍尔德曼,米切尔.汽车发动机性能[M].张葵葵,译.北京:中国劳动社会保障出版社,2007.

[5] 栾琪文.卡罗拉 / 花冠 / 威驰轿车快修精修手册[M].北京:机械工业出版社,2010.

[6] 陈春明.汽车电喷发动机规范化维修[M].北京:人民交通出版社,2008.

[7] 徐家龙.柴油发动机电控喷油技术[M].北京:人民交通出版社,2004.

[8] 杜先平,张纲,等.柴油发动机 VE 分配泵构造与维修图解[M].北京:国防工业出版社,2004.

[9] 日本 GP 企业策划.汽车构造(发动机)[M].董铁有,译.北京:人民交通出版社,2004.

[10] 张弟宁.汽车发动机构造与维修[M].北京:人民交通出版社,2004.

[11] 冯晋祥.汽车构造·上册[M].北京:人民交通出版社,2007.

[12] 李雷.汽车发动机电控系统维修[M].北京:人民邮电出版社,2011.

[13] 程森.汽车电控汽油发动机检修[M].北京:中国劳动社会保障出版社,2011.